IMF
International Management and Finance

Herausgegeben von o. Professor Dr. Klaus Spremann

Bisher erschienene Werke:

Behr · Fickert · Gantenbein · Spremann, Accounting,
Controlling und Finanzen
Bernet, Institutionelle Grundlagen der Finanzintermediation
Scott, Wall Street Wörterbuch,
Börsenlexikon von A bis Z für den Investor von heute,
Englisch–Deutsch, Deutsch–Englisch, 2. Auflage
Spremann, Vermögensverwaltung
Spremann, Portfoliomanagement, 2. Auflage
Spremann, Finanzanalyse und Unternehmensbewertung
Spremann, Valuation
Spremann, Wirtschaft, Investition und Finanzierung, 5. Auflage
Spremann · Gantenbein, Zinsen, Anleihen, Kredite, 2. Auflage
Spremann · Pfeil · Weckbach, Lexikon Value-Management
Yamashiro, Japanische Managementlehre – Keieigaku,
Japanisch-Deutsch mit Transkription,
1., deutschsprachige Auflage

Valuation

Grundlagen moderner Unternehmensbewertung

Von

Dr. Klaus Spremann

o. Professor für Betriebswirtschaftslehre an der
Universität St. Gallen und Direktor am
Schweizerischen Institut für Banken und Finanzen

R. Oldenbourg Verlag München Wien

Bibliografische Information Der Deutschen Bibliothek

Die Deutsche Bibliothek verzeichnet diese Publikation in der Deutschen Nationalbibliografie; detaillierte bibliografische Daten sind im Internet über <http://dnb.ddb.de> abrufbar.

© 2004 Oldenbourg Wissenschaftsverlag GmbH
Rosenheimer Straße 145, D-81671 München
Telefon: (089) 45051-0
www.oldenbourg-verlag.de

Das Werk einschließlich aller Abbildungen ist urheberrechtlich geschützt. Jede Verwertung außerhalb der Grenzen des Urheberrechtsgesetzes ist ohne Zustimmung des Verlages unzulässig und strafbar. Das gilt insbesondere für Vervielfältigungen, Übersetzungen, Mikroverfilmungen und die Einspeicherung und Bearbeitung in elektronischen Systemen.

Gedruckt auf säure- und chlorfreiem Papier
Gesamtherstellung: Druckhaus „Thomas Müntzer" GmbH, Bad Langensalza

ISBN 3-486-27562-3

Für wen: Dieses Buch wendet sich an Personen, die Kapitalanlagen oder Unternehmen bewerten, Kapitalerträge und Kapitalkosten ermitteln und den Periodenerfolg, die Performance beurteilen. Diese Aufgaben stehen im Zentrum des *Corporate Finance*. Sie stellen sich bei der finanziellen Führung von Unternehmen, in der Wirtschaftsprüfung und der Unternehmensberatung sowie bei M&A (*Mergers and Acquisitions*).

Der Autor: Prof. Dr. KLAUS SPREMANN lehrt im Bereich *Finance* an der Universität St. Gallen — HSG (seit 1990); zudem ist er Direktor am Schweizerischen Institut für Banken und Finanzen. Jahrgang 1947, studierte SPREMANN Mathematik an der Technischen Universität *München*: 1972 Dipl.-Math., 1973 Dr.rer.nat. Die Habilitation erfolgte 1975 an der wirtschaftswissenschaftlichen Fakultät der Universität *Karlsruhe*. Von 1977 bis 1990 war SPREMANN Professor für Wirtschaftswissenschaften im Studiengang Wirtschaftsmathematik an der Universität *Ulm*. Gastprofessuren führten ihn an die University of British Columbia in *Vancouver* B.C. (1982), an die National Taiwan University in *Taipeh* (1987) sowie an die Universität *Innsbruck* (2003/04). Zwei Jahre (1993-94) war der Autor der HongkongBank Professor of International Finance an der University of *Hong Kong*.

Schlüsselbegriffe: Abnormal Earnings, Autonomes Wachstum, Beta, Buchwert, Budgetierte Investitionen, *Capital Asset Pricing Model* (CAPM*)*, Cashflow, *Clean Surplus Accounting*, DCF-Methode, Diskontierung, *Dividend-Discounting Model* (DDV), *Earnings Yield*, *Economic Value Added* (EVA), Entity-Value, Equity-Value, Freier Cashflow, Fisher-Separation, Flow-to-Entity, Gewinn, Gordon-Modell, Investivaufwand, Kapitalerträge, Kapitalkosten, Konversionen, Leverage, Miles-Ezzel-Formel, Ohlson-Modell, Organisches Wachstum, Performance, Replikation, Residualgewinn, *Residual Income Valuation* (RIV), Transversalität, Wachstum, *Weighted Average Cost of Capital* (WACC).

Inhaltsübersicht

1. Prolog 1

2. Wert 15

3. Gordon-Modell 47

4. Wachstum 67

5. Perlen und Lasten 83

6. Unsicherheit 101

7. Kapitalkosten — CAPM 129

8. Marktrendite und Hurdle Rate 157

9. Equity-Value 169

10. Entity-Value und WACC 193

11. Performance und Kapitalertrag 219

12. Residual Income Valuation 239

13. Diskontierung 253

14. Ausbau der Diskontierung 275

15. Konklusion 297

Gliederung

1. Prolog 1
    1.1 Warum ist *Valuation* wichtig? 1
    1.2 Schon wieder ein Buch? 4
    1.3 Ist *Finance* alles? 5
    1.4 Course-Outline 6
    1.5 Hinweise und Literatur 11
    1.6 Dank 13

2. Wert 15
    2.1 Was ist Kapital? 15
    2.2 Der Wertbegriff 19
    2.3 Generelle oder realitätsnahe Bewertung? 27
    2.4 Budgetierung 28
    2.5 Fisher-Separation 32
    2.6 Die Veränderung der Werte 36
    2.7 Kapitalverzehr? 38
    2.8 Variable Information 41
    2.9 Fragen 45

3. Gordon-Modell 47
    3.1 Gleiche Zahlungshöhe 47
    3.2 Gleichförmiges Wachstum 50
    3.3 Multiplikatorenansätze 53
    3.4 Das Gordon-Modell 55
    3.5 Gordon-Modell mit abschnittsweisem Wachstum 61
    3.6 Wie wurde das entdeckt? 63
    3.7 Fragen 65

4. Wachstum 67
    4.1 Warum wachsen Unternehmen? 67
    4.2 Organisches Wachstum 72
    4.3 Ergänzung: Duration 75
    4.4 Fragen 82

5. Perlen und Lasten 83
    5.1 Nur Dividenden? 83
    5.2 Kaufen, Halten, Verkaufen 85

5.3 Die Lösung 88
  5.4 Fallunterscheidung 92
  5.5 Verschuldungsprozesse 95
  5.6 Fragen 98

6. Unsicherheit 101
  6.1 Unsichere Zahlungen 101
  6.2 Replikation 104
  6.3 Die Risikoprämienmethode für $t=1$ 109
  6.4 Der Fall $t=2$ 112
  6.5 Der Fall $t>2$ 117
  6.6 Wertformel 119
  6.7 Kommentar 123
  6.8 Fragen 125

7. Kapitalkosten — CAPM 129
  7.1 Wie Kapitalkosten schätzen? 129
  7.2 CAPM 132
  7.3 Beta 138
  7.4 Anwendung für t=1 140
  7.5 Anwendung für t≥1 144
  7.6 Zur Natur des CAPM 148
  7.7 Was wurde geschätzt? 151
  7.8 Fragen 154

8. Marktrendite und *Hurdle Rate* 157
  8.1 Finanzwirtschaftliche Schätzung der Marktrendite 157
  8.2 Realwirtschaftliche Schätzung der Marktrendite 163
  8.3 Hurdle Rate 165
  8.4 Fragen 168

9. Equity-Value 169
  9.1 Ertragsorientierung 169
  9.2 Cashflows oder Dividenden? 174
  9.3 Freie Cashflows 176
  9.4 Dividendenersatz 181
  9.5 Die Wertformel 183
  9.6 Leveraging — Unleveraging 187
  9.7 Die indirekte Methode zur Definition des Cashflows 191
  9.8 Fragen 192

10. Entity-Value und WACC 193
10.1 Drei Wege zum Entity-Value 193
10.2 Flow-to-Entity..197
10.3 WACC..201
10.4 Gewinne diskontieren? 203
10.5 EBIT diskontieren? 208
10.6 Ein Nachsatz 212
10.7 Was bleibt? 214
10.8 Fragen..216

11. Performance und Kapitalertrag..................................219
11.1 Bewertung oder Performancemessung?..............219
11.2 Varianten 221
11.3 Abnormal Earnings und EVA 223
11.4 Economic-Performance 228
11.5 Organisches Wachstum......................................232
11.6 Kapitalerträge 235
11.7 Fragen..237

12. Residual Income Valuation 239
12.1 Clean Surplus Accounting 239
12.2 Das Ohlson-Modell 244
12.3 Ergebnisse...248
12.4 Fragen..250

13. Diskontierung 253
13.1 Risikoprämienmethode 253
13.2 Versagt diese Form der Diskontierung?..............255
13.3 Replikation 261
13.4 Die Wertformel...265
13.5 Untere und obere Schranken 268
13.6 Fragen..272

14. Ausbau der Diskontierung 275
14.1 Korrelation ≠ 1 275
14.2 Fälligkeitszeitpunkt ≠ 1 277
14.3 Lognormalverteilung 279
14.4 Marktübliche Transformationen 281
14.5 Zahlentabelle 285
14.6 Optionen 287
14.7 Dichotome Zahlung 289
14.8 Fragen 295

15. Konklusion 297
15.1 Synthese 297
15.2 Literatur 299
15.3 Sachworte 305

1. Prolog

Dieses Buch behandelt die Grundlagen der modernen Unternehmensbewertung, stellt die einschlägigen Modelle dar und erläutert, wie diskontiert wird und wie Kapitalkosten ermittelt werden. Der Gegenstand, die Course-Outline, Hinweise auf andere Bücher zum Thema. Hier die Inhaltsübersicht zum Prolog:

1.1 Warum ist *Valuation* wichtig? 1
1.2 Schon wieder ein Buch? 3
1.3 Ist *Finance* alles? 4
1.4 Course-Outline 6
1.5 Hinweise und Literatur 10
1.6 Dank 13

1.1 Warum ist *Valuation* wichtig?

Geschäftliche Vorhaben, Investitionen, Kapitalanlagen und Unternehmen zu *bewerten* ist zu einer wichtigen Grundaufgabe in der Wirtschaft geworden. Die "richtige" Investition zu wählen und die "falsche" zu meiden, ist eine Entscheidungsaufgabe hohen Rangs unserer Gesellschaft, und auch sie setzt die Bewertung der Vorhaben voraus. Die *Valuation* — mittlerweile ein Begriff der deutschen Fachsprache — verlangt es, zukünftige und unsichere Geldbeträge zu diskontieren, Kapitalkosten zu bestimmen, und zu verstehen, mit welchen Ansätzen Projekte und Unternehmen bewertet können.

Wir werden erklären, *warum* Investitionen, Kapitalanlagen und Unternehmungen im Finanzmarkt anhand der Geldbeträge bewertet werden, die sie zuhanden der Kapitalgeber erwirtschaften. So gilt heute als Best-Practice, Unternehmen mit der *DCF-Methode* zu bewerten. Die Abkürzung *DCF* steht für "Discounted Cashflow" und weist darauf hin, dass die zukünftigen Cashflows *diskontiert* werden, und die Summe ihrer Barwerte den heutigen Wert der Unternehmung darstellt. Doch es gibt die DCF-Methode in verschiedenen Varianten. Zudem gibt es Alternativen zur DCF-Methode, die ebenso der Bewertung dienen. Hierzu gehören beispielsweise Bewertungsansätze, die ein *Multiple* auf eine Basisgröße anwenden ebenso wie die *Residual Income Valuation*.

Zwar gab es bereits vor Jahrzehnten "Wirtschaftlichkeitsrechnungen" für Projekte, und auch Unternehmen wurden dann und wann bewertet. Doch die Rechnungen wurden vorgenommen, ohne dass dabei die Sicht der Kapitalmärkte eingeflossen wäre. Das unternehmerische Risiko wurde lediglich pauschal geschätzt.[1] Ein aus der *Marktsicht* bestimmter Wert wäre damals abstrakt gewesen und es mangelte zudem an Methoden zu seiner Bestimmung.

Demgegenüber hat sich inzwischen einiges verändert. Vor allem ist die Bewertung von Investitionen, Kapitalanlagen und Unternehmungen zu einem Routinevorgang geworden, und zwar aus drei Gründen.

- Erstens haben sich die Märkte für Kapitalanlagen, für Projekte und für Unternehmen stark entwickelt. Es kommt zu Transaktionen nicht nur im Sinn einer gelegentlichen Nachfolge. Damit Unternehmen eine effiziente Gestalt annehmen, bieten sich Verkäufe und Zukäufe von Unternehmensteilen an. Der allgemeine Druck zur Steigerung von Effizienz belebt daher die Überprüfung des Unternehmensportfolios und entsprechende Transaktionen. Sie sind mithin Ausdruck des Bemühens der Wirtschaft, Unternehmen schnell eine effiziente Struktur zu geben.

- Mit den häufiger gewordenen Transaktionen kam als Zweites die Erfordernis, Preisvorschläge nicht mehr aus den konkreten Umständen einer einzelnen Transaktion abzuleiten, sondern zahlreiche, vergleichbare Transaktionen sprechen zu lassen. Gefragt waren Marktbewertungen — das Spezielle trat zurück.

- Drittens wird vielfach die Zielorientierung über die Wertschaffung verstanden wird. Die Wertschöpfung eines Jahres wird als Summe von den Ausschüttungen während des Jahres und der Wertänderung von Jahresbeginn bis Jahresende verstanden. Die Rendite drückt die Wertschöpfung in Relation auf den Wert aus. Die Valuation ist daher grundlegend für die Beurteilung des wirtschaftlichen Erfolgs einer Periode und für die Berechnung der Rendite. Ohne Verständnis der Ansätze und Methoden zur Bewertung und der Renditeberechnung kann daher nicht erörtert werden, welche Maßnahmen im Projekt oder in der Unternehmung dem wirtschaftlichen Ziel entsprechen, und welche an ihm vorbeigehen.

---

[1] Früher waren Bewertungen in der Praxis eher ein Sonderfall. Wenn Unternehmen bewertet wurden, geschah das gelegentlich, wenn es um eine Nachfolge ging. Meistens standen dann traditionelle Paradigmen wie die Substanzbewertung im Vordergrund, die mit einer groben Schätzung des Goodwills oder des "Firmenwerts" kombiniert wurde. Vielfach war bei Änderungen der Eigentümerschaft das Wichtigste, überhaupt einen Kaufinteressenten zu finden. Mangels weiterer Interessenten bestimmten die konkreten Wünsche der beiden Seiten das Verhandlungsergebnis.

1. PROLOG

In den letzten beiden Jahrzehnten ist deutlicher geworden, dass Unternehmen auf lange Sicht nur Bestand haben können, sofern sie die Ziele ihrer Kapitalgeber angemessen berücksichtigen. Durch das Geschehen an den Finanzmärkten wird festgelegt, welche Renditen marktüblich sind, mit welchen *Kosten also die Unternehmung für den Kapitaleinsatz* rechnen muss. Die marktorientierte Erfolgsbeurteilung verlangt daher den Vergleich der erzielten Rendite mit *Kapitalkosten*. Für die periodische Beurteilung des Kapitaleinsatzes in der Unternehmung müssen traditionelle Kalkulationen ergänzt werden. Kapitalkosten müssen in die Wirtschaftlichkeitsrechnungen einbezogen werden.

Die Märkte für Kapitalanlagen und Unternehmungen haben sich also entfaltet: Auf jeder Seite gibt es Alternativen. Es wird verglichen und Urteile aus Marktsicht sind verlangt. Was ist *generell* vorteilhaft, was nicht? Oft sind die Unterschiede zwischen den Alternativen fein. Dann sind quantitative Messungen und *Rechnungen* erforderlich, die das Urteil in einer Zahl, im Wert, zusammenfassen. Den Marktwert einer Investition als Zahl auszudrücken, setzt selbstverständlich voraus, dass die grundsätzliche Funktionsweise von Finanzmärkten bekannt und auch in ihren quantitativen Zusammenhängen erfaßt ist. Das geschieht in Modellen.[2]

1.2 Schon wieder ein Buch?

Der Autor muss werbend eintreten. Also: Mein Buch bietet einige Vorteile gegenüber der anderen Literatur.

1. Die vorliegende Darstellung bietet die genannten Inhalte zur Valuation — Unternehmen bewerten, Kapitalkosten bestimmen, diskontieren — auf eine *knappe* Art. Es ist kompakt und zeigt das Wichtigste. Es ist bewußt kein Handbuch entstanden.

2. Die Darstellung *begründet*, warum es bei der Valuation auf die Zahlungen ankommt und erläutert, dass der Wert nicht in allen

---

[2] Das traditionelle Rechnungswesen, Buchhaltung und Jahresabschluß (Accounting) hatten zwar den Einsatz von Fremdkapital, nicht aber den von Eigenkapital berücksichtigt. Das erklärt sich aus den früheren Zielen der externen Rechnungslegung, die vor allem "Außenstehende" informieren sollte, den Fiskus und die Fremdkapitalgeber. Zudem hängen die Wertansätze in der Bilanz eher mit historischen Beschaffungsvorgängen als mit der Sicht der Investoren an der Finanzmärkten zusammen. Als Grund dafür sei das Vorsichtsprinzip genannt. Buchwerte und Marktwerte werden deshalb vielfach differieren. Das Interesse an Buchwerten ist nicht verschwunden, doch werden heute daneben Rechnungen mit Marktwerten benötigt. In diesen Rechnungen ist die finanzielle Perspektive wichtiger als eine buchhalterische Sicht. Doch auch das Accounting kann eine Hilfestellung bieten. Gelegentlich können aus den Buchwerten durch Korrekturen oder Konversionen Marktwerte ermittelt werden. Freilich setzten auch diese Konversionen eine Kenntnis der Finanzmärkte und ihrer Wirkungsweise voraus.

Fällen einzig durch Zahlungen begründet ist — es gibt gelegentlich Perlen oder Lasten.

3. Das Buch geht für die Schätzungen der Kapitalkosten nicht nur auf die Schätzung über historische Finanzmarktdaten ein. Es erläutert die neueren Ansätze der *realwirtschaftlichen* Schätzung und ihre Ergebnisse.
4. Erwähnung findet, dass bei den Kapitalkosten durchaus neben dem Erwartungswert der Rendite ihr *Median* oder ihr *Modus* Verwendung finden könnte.
5. Wir werden *Kapitalkosten* und *Kapitalerträge* unterscheiden — wichtig für Preiskalkulationen.
6. Wir gehen auf Verwechslungen ein, die darauf zurückgehen, dass der Begriff *Cashflow* in der angelsächsischen Literatur und im deutschen Sprachraum *unterschiedlich* definiert ist.
7. *Fehler*, die bei der traditionellen Diskontierung auftreten können, sind *ausgeräumt*. Hierzu wird der Ansatz der Diskontierung durch Replikation (Duplikation) vorgeführt.
8. Zudem wird die moderne *Residual Income Valuation* behandelt, die das Denken, die Theorie und die Praxis stark beeinflußt.

Liebe Leserin oder lieber Leser: Der Autor hofft, dass Sie nun überzeugt sind. Vielleicht läßt sich der Verleger sogar dazu hinreißen, wie früher einmal bei einem anderen Buch geschehen, von einer "atemberaubend modernen" Darstellung zu sprechen. Doch keine Angst: es geht um die Grundlagen, um Inhalte, die überall zum Kern des Gebiets gezählt werden. Das Buch setzt keine "speziellen Akzente" in der einen oder anderen Richtung. Doch die Schlacke wurde entfernt.

1.3 Ist *Finance* alles?

Die Berücksichtigung des Kapitals als Ressource und die wirtschaftliche Bewertung von Investitionen bedeutet nicht, dass die Unternehmung, vertreten und handelnd durch Geschäftsführer und Manager, *einzig* die Ziele der Kapitalgeber verfolgen sollte und sich ansonsten ziemlich rücksichtslos verhalten dürfte. Gerade im Hinblick auf die in einer Unternehmung tätigen Menschen, die Kundschaft und die Umwelt wird jede Unternehmung Wünsche beachten, die von diesen Seiten artikuliert werden oder die sich aus der Verantwortung der Unternehmung in der Gesellschaft ergeben. Der praktischen Politik ist dabei ein gewisser Raum gegeben, und die Kooperation verlangt, dass die verschiedenen Interessen sich zu einem akzeptablen Ausgleich finden.

1. PROLOG

Abgesehen davon geht es in diesem Buch nicht um ein Plädoyer zugunsten des einen oder anderen Kurses: Weder werden der Shareholder-Value noch der Stakeholder-Value zur Norm erhoben. Der Punkt ist vielmehr, dass die Unternehmung *in jedem Fall* über Rechnungen und Instrumente verfügen muss, um den Kapitaleinsatz aus wirtschaftlicher Sicht beurteilen zu können. Ähnlich wie ein Segler die Richtung und Stärke des Windes kennen und messen können muss, ungeachtet der Frage, wie hart er am Wind segeln möchte.

Die Frage, ob ein Unternehmen für Kapitalgeber interessant ist oder nicht, wird allerdings gelegentlich so eingeschätzt, als ob sie allein für Aktionäre und Banken Bedeutung hätte. Der Finanzbereich wird dann als einer von mehreren Bereichen der Unternehmung angesehen und es besteht vielfach die Vorstellung, man könne die finanzielle Thematik isolieren und losgelöst von anderen Aufgaben der Unternehmung an das entsprechende Fachpersonal delegieren. Diese Sicht ist falsch. Warum? Weil der Finanzbereich im Positiven wie im Negativen auf die Mitarbeiter, die Kunden und andere Gruppen *ausstrahlt*.

- Unternehmen, die für Kapitalgeber attraktiv sind, erfreuen sich zunächst einer steigenden Bewertung an den Finanzmärkten. Sie können deshalb dann und wann eine Kapitalerhöhung durchführen und wachsen. Gelegentlich können die eigenen Aktien als "Währung für Akquisitionen" dienen. Das Wachstum drückt sich vielfach nicht einfach in Breite und Menge, sondern in Qualität und Innovationskraft aus. Das Wissen der Unternehmung wird gefördert. Diese Unternehmen sind folglich für Arbeitnehmer und für Kunden attraktiv. Nicht nur sind Arbeitsplätze sicher und der Absatz der Produkte stabil. Mitwirkende, etwa im Bereich Forschung und Entwicklung, sehen ihre Tätigkeit bewertet, weil die Unternehmung das Erarbeitete verwirklichen kann. Kunden sehen nicht allein im gekauften Produkt und seiner Funktion Nutzen, sondern schätzen das Ansehen der Unternehmung und den Markennamen. Nicht zuletzt zahlt die rentable Unternehmung nachhaltig Steuern und hilft dem Staat und den Kommunen bei den gesamtwirtschaftlichen Aufgaben.

- Umgekehrt kommen Unternehmen, die immer wieder an berechtigten Renditewünschen der Kapitalgeber vorbeigehen, irgendwann in einen Zustand finanzieller Enge (*Financial Distress*). Sie können dann nicht mehr investieren und müssen vielleicht sogar Unternehmensteile verkaufen und Mitarbeiter freistellen. Die finanzielle Notlage bleibt niemandem verborgen. Kunden wenden sich von einer solchen Unternehmung ab, denn sie fürchten, dass die Unternehmung ihre Produkte nicht mehr verbessern kann und Service und Kulanz in Gefahr sind. Die Arbeitsplätze werden unsicher und verlieren an Attraktivität. Der Druck wächst, zu restrukturieren und zu reorganisieren. Oft verfällt sogar der Ort, in dem die Unternehmung ansässig ist.

Rechnungen zur Beurteilung der Wirtschaftlichkeit des Kapitaleinsatzes dienen daher nur vordergründig dazu, die Wünsche der Finanzinvestoren in Entscheidungen einfließen zu lassen. Kalkulationen mit Kapitalkosten sind für die anderen Bereiche wichtig, weil der Finanzbereich auf alle unternehmerischen Bereiche und die Zufriedenheit aller Gruppen ausstrahlt. Die Beurteilung der Wirtschaftlichkeit des Kapitaleinsatzes hat für die Unternehmung insgesamt Bedeutung und bildet daher den Kern von Führung und Entscheidung. Nicht ohne Grund wird der Bereich der Finanzen als *Königsdisziplin* der Betriebswirtschaft bezeichnet.

1.4 Course-Outline

Das Buch eignet sich für einen *Kurs* oder für eine *Seminarreihe*, bei der die Bewertung von Unternehmen sowie die Fragen der Diskontierung und der Kapitalkosten inhaltlich integriert sind oder vielleicht sogar den Schwerpunkt bilden. Es wird sowohl Orientierungs- als auch Handlungswissen vermittelt. Die Materialien sind in Vorlesungen an mehreren Universitäten sowie in der Aus- und Weiterbildung *getestet* worden. Auch das *Selbststudium* wird unterstützt.

Daneben sollte die Darstellung den in einer Unternehmung tätigen Personen Know-how bieten. Besonders ist hier an Personen gedacht, die im Finanz- und Rechnungswesen oder in der Planung tätig sind. Letztendlich möge es allen Leserinnen und Lesern Freude bereiten, die an finanziellen Dingen Interesse haben.

Im *Schwierigkeitsgrad* dürfte die Darstellung so bemessen sein, dass es sich für Studierende an Fachhochschulen und an Universitäten eignet, die sich in den unteren und mittleren Semestern befinden. Das Buch ist einführender Natur.

Die Das Buch ist abgesehen von dieser einführenden Übersicht (Prolog) und dem Schluß (Konklusion) in dreizehn Kapitel gegliedert.

Kapitel 2 (Wert) legt wichtige begriffliche und konzeptionelle Grundlagen. Wir beginnen mit dem Begriff des Kapitals und definieren, was unter dem *Wert* verstanden wird: Der *Preis in einem gut funktionierenden Markt*. Sodann kommen wir zur Budgetierung, deren formale Behandlung eine Abstraktion verlangt: Investitionsprojekte und Finanzierungsmaßnahmen werden auf Zahlungsreihen reduziert. Dennoch bleibt die Budgetierung auch in der *Modellebene* komplex. Sie vereinfacht sich indessen stark, wenn es (in der Modellebene) einen Kapitalmarkt gibt. Diese Erkenntnis ist die *Fisher-Separation*. Das Kapitel 2

1. PROLOG

verdeutlicht also den Wertbegriff und die Notwendigkeit, auf der Modellebene, in der Werte berechnet werden, einen gut funktionierenden Markt vorauszusetzen. Sodann werden zur Ergänzung Fragen geklärt, wie etwa die: Leben wir über unsere Verhältnisse?

Kapitel 3 (Gordon-Modell) unterstellt für die Modellebene immer noch Sicherheit. Zunächst wird Schulwissen rekapituliert: Wie sehen die gegebenen Formeln für den *Present-Value* und den *Net-Present-Value* aus, wenn die Zahlungen konstant sind oder gleichförmig wachsen? Diese Formeln münden in das *Gordon-Modell*, mit dem eine Unternehmung anhand ihrer *Dividenden* bewertet wird, wobei die Dividenden im Verlauf der Jahre wachsen.

Kapitel 4 (Wachstum) untersucht, aus welchen Gründen Unternehmen überhaupt *wachsen*. Es folgen als eine Ergänzung die *Duration* als virtueller Zeithorizont und die Sensitivität des Werts bei Änderungen des Zinssatzes, der für die Diskontierung herangezogen wird.

Kapitel 5 begründet, weshalb sich der Wert einer Kapitalanlage oder Unternehmung aus den Zahlungen ableitet, die sie für ihre Kapitalgeber erwirtschaftet — nicht aus Gewinnen oder anderen Ertragsgrößen. Zum Beweis betrachten wir einen Investor, der eine Beteiligung erwirbt und nach einigen Jahren wieder abwirft. Der Wert dieser Anlagestrategie läßt sich anhand der Zahlungen beschreiben, wobei allerdings noch der unbekannte Wert heute und zum Verkaufszeitpunkt hineinspielen. So entsteht ein Gleichungssystem für die Werte und mit etwas Mathematik können wir es lösen. Hier wird die sogenannte *Transversalität* besprochen. Bei der allgemeinen Lösung treten indessen noch "Perlen" und "Lasten" auf. Sie bewirken, dass der Wert einer Unternehmung vom Barwert der Ausschüttungen abweichen kann.

Kapitel 6 (Unsicherheit) betrachtet auf der Modellebene Unsicherheit. Unsichere Zahlungen werden durch eine Wahrscheinlichkeitsverteilung beschrieben. Ihre Bewertung geschieht durch *Replikation*: Wir versuchen, die Wahrscheinlichkeitsverteilung als Ergebnis von Anlagevorgängen nachzubilden, deren heutiger Wert bekannt ist. Der gesuchte Wert einer unsicheren Zahlung errechnet sich dann aus den Werten der Anlagen, aus denen sie erzeugt werden kann. In vielen Fällen gelingt sogar die Replikation mit *einer einzigen* Anlage. In diesen Fällen kann die *Lehrbuchformel* abgeleitet werden und sie liefert den korrekten Wert. Diese Formel, auch als *Risikoprämienmethode* bezeichnet, folgt der klassischen Form der Diskontierung: Im Zähler steht der Erwartungswert der zu bewertenden, unsicheren Zahlung. Im Nenner stehen *Kapitalkosten*. Sie sind gleich dem Erwartungswert der Rendite, mit der die Replikation gelingt. Wichtig ist die Diskussion der Voraussetzungen, unter denen die Lehrbuchformel gilt.

Chapter	Title	Subject
1	Prologue	- Introduction - Course-Outline - References
2	Value	- Definition - FISHER - Investment versus Desinvestment
3	Gordon-Modell	- Present Value and NPV - GORDON
4	Growth	- Why Corporations grow
5	Substance and Liabilities	- Why Cashflow matters - Transversality
6	Uncertainty	- Probability Distributions - Valuation by Replication - The Textbook formula and assumptions made
7	Cost of Capital	- CAPM - Beta
8	Market Return and Hurdle Rate	- Estimates of the Return on the Market Portfolio - Hurdle Rate
9	Equity-Value	- Cashflows versus Dividends - Flow-to-Equity - Leveraging and Unleveraging
10	Entity-Value an WACC	- Free Cashflow - WACC - MILES and EZZEL
11	Performance	- Abnormal Earnings and EVA - Organic Growth - Cost of Capital versus Income generated by Capital
12	Residual Income Valuation	- PEASNELL and the Clean Surplus Relation - OHLSON - Empirical Validation
13	Discounting I	- Cases in which the textbook formula misleads - Replication using two instruments
14	Discounting II	- Replication using Options
15	Conclusion	- So what? - Literature and Index

Bild 1-1: The Outline of the Course on *Valuation* and the Main Points in each Chapter of the Book.

1. PROLOG

Kapitel 7 (Kapitalkosten — CAPM) zeigt, wie jene Größen berechnet werden können, die bei der Lehrbuchformel im Nenner stehen. Hierzu ist der Weg über das *Capital Asset Pricing Model* (CAPM) üblich. Wir erläutern das CAPM und gehen auf die klassische Portfoliotheorie ein, den Rahmen also, in dem das CAPM hergeleitet wurde.

Anschließend, in Kapitel 8 (Marktrendite und Hurdle Rate) befassen wir uns mit der numerischen Bestimmung der Renditeerwartung, die mit dem *Marktportfolio* verbunden ist und gehen auf die Bestimmung des *Betas* ein. Diese Finanzwirtschaftliche Schätzung der Renditeerwartung des Marktportfolios wird mit einfachen und mit stetigen Renditen vorgeführt. Schließlich wird eine Methode der realwirtschaftlichen Schätzung besprochen, um die Marktrendite zu bestimmen. Das Kapitel endet mit einem Blick auf die *Hurdle Rate*.

Kapitel 9 (Equity-Value) führt in die Welt um 1980 ein: Nach einer Phase des Umsatzwachstums mußten Unternehmen rentabler werden und dazu restrukturieren und reorganisieren. RAPPAPORT schuf unter dem Begriff *Shareholder Value* adäquate Recheninstrumente, um den Wert einer Maßnahme korrekt ermitteln zu können. Sodann werden die "Cashflows" näher betrachtet. Damit kann die Valuation aus der Perspektive der Eigenkapitalgeber (*Equity-Value*) vorgenommen werden. Schließlich die Formeln für Leveraging und Unleveraging.

Kapitel 10 (Entity-Value) entwickelt für die Bewertung die Sicht aller Kapitalgeber, Eigen- und Fremdkapitalgeber zusammengefaßt. Jetzt kommen die Weighted Average Cost of Capital hinein, die bekanntlich mit *WACC* abgekürzt werden. Eine Variante, die auf MILES und EZZEL zurückgehenden Cost of Capital nennen wir *MECC*. Doch Namen sind Schall und Rauch. Es kommt auf die Wertformeln an und darauf, ob sie nützlich sind. Und die Wirksamkeit der Formel von Miles-Ezzel-Formel in der Praxis steht außer Zweifel.

Kapitel 11 (Performance und Kapitalertrag) betrachtet Konzepte für die Beurteilung des Kapitaleinsatzes in einem Jahr. Je nachdem, was unter "Ergebnis" verstanden wird, gibt es verschiedene Varianten für dieses Maß. Konkrete Beispiele sind die *Abnormal Earnings*, das Residualeinkommen, und der *Economic Value Added* (*EVA*). Wird die ökonomische Performance — im Unterschied zu einer Performance, die sich am Rechnungswesen orientiert — betrachtet, so kann die im Jahr erzielte Wertsteigerung durch das Wachstum erfaßt werden, und hier spielt das organische Wachstum hinein. So wird auch der Unterschied zwischen dem Kapitalertrag und den Kapitalkosten wesentlich durch die Rate des organischen Wachstums bestimmt.

Kapitel 12 (*Residual Income Valuation*): Die Performancemessung kann zu einem Bewertungsansatz ausgebaut werden. PEASNELL hat gezeigt, das im Rahmen des Clean Surplus Accounting ein Zusammenhang zwischen dem Marktwert und dem Buchwert besteht. OHLSON hat 1995 die entsprechende Wertformel mit einer Formulierung der Dynamik der Information über Residualgewinne ergänzt. Das interessante am Ohlson-Modell sind die *Other Information*, die den Residualgewinn des kommenden Jahres zum Teil vorhersagen. Die *Residual Income Valuation* hat als Theorie für die Bewertung große Beachtung gefunden, weil sie Marktwerte und Buchwerte verbindet und die Informationsstruktur einbezieht. Empirische Untersuchungen wurden nicht nur durchgeführt, um die Parameter des Modells zu schätzen, sondern auch, um Vorschläge für die Offenlegung und das Reporting zu begründen.

Kapitel 13 (Diskontierung) betrachtet etwas knifflige Situationen, in denen die zu bewertende Zahlung nicht durch eine einzige Anlage repliziert werden kann und daher eine mechanische Anwendung der Lehrbuchformel nicht den korrekten Wert liefert. Wir replizieren mit Hilfe von zwei Anlagen und zeigen, wie dass die Ergebnisse nicht rein theoretischer Natur sind sondern in praktischen Situationen helfen.

Kapitel 14 baut die Diskontierung durch Replikation aus. So gibt es Situationen, in denen Optionen für die Replikation herangezogen werden müssen. Wir bewerten *dichotome* Zahlungen mit Replikation.

Diese Übersicht zu den Kapiteln ist in Bild 1-1 als Tabelle wiederholt. Die englischen Bezeichnungen in der Tabelle erklären sich daraus, dass ausländische Gaststudierende für die Anerkennung von Lerneinheiten stets die Course-Outline bei ihrer Heimatuniversität zur Genehmigung vorlegen müssen.

1.5 Hinweise und Literatur

Das Buch ist in Kapitel unterteilt und jedes Kapitel ist in Abschnitte untergliedert. Praktiker betonen immer wieder, man müsse zu "*Results*" und "*Solutions*" geführt werden. So wird oft ein praktisches Problem in Form eines Beispiels herausgegriffen und behandelt. Die Beispiele sind numeriert und enden mit einem ■. Zur Wiederholung und zum Lernen endet jedes Kapitel mit Fragen.

| Definitionen sind durch einen Balken hervorgehoben.

> Ergänzungen sind in einem Kasten gerahmt.

Es wird schon beim Blättern auffallen: Das Buch enthält einige Portraits. Die *didaktische* Erfahrung lehrt, dass wir uns wissenschaftliche Ergebnisse und Ansätze besser merken können, wenn eine Assoziation zu jener Person bildlich konkret wird, der wir den betreffenden Denkansatz verdanken.[3] Außerdem soll durch die Portraits deutlich werden, dass jedes Lehrgebäude von Menschen geschaffen wurde. Deshalb ist es teils unfertig, und die kritische Weiterentwicklung verlangt wieder Menschen, ihre intellektuellen Fragen und ihre Kreativität. Ein Lehrgebiet hat sich nie "von allein" entwickelt. Ihnen, dem jungen Leser oder der jungen Leserin möchte der Autor die Steigbügel halten, auf dass sie in der *Valuation* und im *Finance* weit kommen mögen ...

Auf Quellen und weiterführende Literatur wird an den jeweiligen Stellen in Fußnoten verwiesen. Alle zitierten Quellen sind nochmals zum Schluß des Buches zusammengetragen. An den Zitaten werden Sie auch erkennen, welche Fachzeitschriften (Journale) Sie vielleicht regelmäßig auf Neuerscheinungen durchsehen sollten.

Da sich Teilnehmer und Teilnehmerinnen an Seminaren oft nicht so sehr Hinweise auf vertiefende Literatur sondern Tips zum Aufbau einer *Handbibliothek* wünschen, hier einige Vorschläge. Eigentlich ist dieser oft geäußerte Wunsch verfrüht — wo Sie gerade ein Buch in den Händen halten, von dem ich hoffe, dass es Ihren Wissensdurst aufs Erste befriedigen kann. *Alas*, die Welt ist offen, und hier sind Alternativen und Hinweise auf andere Bücher, die sich aus Sicht des Autors zum Aufbau einer Handbibliothek eignen.

1. Vorweg nenne ich ein Buch, das erstmals die DCF-Methode dargestellt hat: ALFRED RAPPAPORT: *Creating Shareholder Value*, Simon & Schuster, London 1997.

2. Die in diesem Buch in den Kapitel 6, 7 und 8 entwickelten Ideen finden sich in einem Werk, das im angelsächsischen Raum weithin als Standard gilt und auch in deutscher Übersetzung vorhanden ist: TOM COPELAND, TIM KOLLER und JACK MURRIN: *Valuation — Measuring and Managing the Value of Companies*. McKinsey & Company, Inc., 3. Auflage, 2000.

3. SIMON Z. BENNINGA und ODED SARIG: *Corporate Finance: A Valuation Approach*. McGraw-Hill/Irwin, 1996. Dieses Buch bietet interessante Erweiterungen, zum Beispiel die Behandlung von Steuern, die der Investor zu zahlen hat (*personal taxes*).

---

[3] Alle Personen sind in einem Alter abgebildet, in dem sie schon zu Amt und Würde gelangt waren. Eigentlich sollten sie als Kinder und Jugendliche gezeigt werden. Der polnische Schriftsteller JANUSZ KORCZAK (1878-1942) drückte es so aus: "Ich halte es überhaupt für besser, Bilder von Königen, Reisenden und Schriftstellern zu bringen, auf denen man sie sieht, als sie noch nicht erwachsen und alt waren, denn sonst könnte man ja auf den Gedanken kommen, sie wären schon immer so klug und niemals klein gewesen. Die Kinder denken dann, sie selbst könnten niemals Minister, Reisender oder Schriftsteller werden, und dabei stimmt das gar nicht."

4. Sodann empfehle ich ein umfassendes Werk, das mein Kollege in Bern zusammen mit Mitarbeitern verfaßt hat: CLAUDIO LODERER, PETRA JÖRG, KARL PICHLER, LUKAS ROTH UND PIUS ZGRAGGEN: *Handbuch der Bewertung*. Verlag Frankfurter Allgemeine Zeitung, Frankfurt 2002. Diese Darstellung enthält zahlreiche konkrete Rechnungen und Beispiele.

5. Von einem anerkannten Autor auf dem Gebiet zusammen mit einem Kollegen verfaßt ist ein anspruchsvolles Lehrbuch, das auch für Praktiker Inputs liefert und das Problembewußtsein fördert. Zudem geht es detailliert auf das deutsche Steuersystem ein: JOCHEN DRUKARCZYK und BERNHARD SCHWETZLER: *Unternehmensbewertung*, Verlag Vahlen, 2002.

6. Schließlich ein Buch, das zu vielen Punkten mehr als nur ein Stichwort bietet: KLAUS SPREMANN, OLIVER PFEIL und STEFAN WECKBACH: *Lexikon Value-Management*. Oldenbourg-Verlag München, 2002.

Ein bewährtes Vorgehen, mit dem sich an einem Wissensgebiet Interessierte auf dem Laufenden halten und Neuerungen und Weiterentwicklungen zur Kenntnis nehmen, ist das regelmäßige Studium einer Fachzeitschrift. Hilfreich ist die Gewöhnung an regelmäßige Besuche einer Bibliothek. Viele Fachzeitschriften differenzieren die Abonnementpreise, und für Privatpersonen oder Studierende ist meistens ein geringer Tarif eingerichtet. Einige Fachverbände pflegen eine Zeitschrift, und deren Bezug ist im Mitgliedsbeitrag inbegriffen.

> Ein Tip: Wenn Sie ein "Journalanfänger" sind, sollten Sie bei einem Fachaufsatz zunächst einmal die Literaturhinweise *überlesen*, damit Sie nicht gleich von der Komplexität überrollt werden. Im Laufe der Zeit entdecken Sie dann, bei welchen Quellen es sich für Sie persönlich vielleicht lohnt, tiefer in die Materie einzusteigen.

Hier sind einige Empfehlungen. Wer damit beginnt, Aufsätze in einer dieser Fachzeitschriften zu lesen, durch über die Literaturhinweise schnell zu anderen Journalen geführt. Weitere Informationen sind über das Internet zugänglich. Zu den renommiertesten deutschsprachigen Zeitschriften, in denen immer wieder Aufsätze zum Gebiet der Unternehmensbewertung erscheinen, gehören:

1. *Schmalenbachs Zeitschrift für betriebswirtschaftliche Forschung (ZfbF)*. Hier finden Sie quantitativ anspruchsvolle, theoretisch orientierte Beiträge.[4]

---

[4] 1. Die *Zeitschrift für Wirtschafts- und Sozialwissenschaften* (Verlag Duncker und Humblot GmbH, Carl-Heinrich-Becker-Weg 9, D-12165 Berlin) ist eine Vierteljahresschrift der Gesellschaft für Wirtschafts- und Sozialwissenschaften — Verein für Socialpolitik

2. Ebenso renommiert, aber auch mit allgemeinen Themen der Betriebswirtschaftslehre und dem Management befaßt ist in Deutschland die *Zeitschrift für Betriebswirtschaft.*

3. Des weiteren: *Die Unternehmung.*[5] Ferner können Sie in den Treuhänder sehen, in die Kostenrechnungs-Praxis und vor allem in den Betrieb.

1.6 Dank

Zunächst geht mein Dank jenen Institutionen und Personen, die Portraits oder Materialien zur Verfügung gestellt haben: AP Foto, Associated Press GmbH (Frankfurt am Main), die *Association for Investment Management and Research* (AIMR), die *Boston Public Library*, die Firma Stern Stewart & Company sowie die Professoren MYRON GORDON (Toronto), ROBERT MERTON (Harvard), ALFRED RAPPAPORT (La Jolla), KENNETH PEASNELL (Lancaster), WILLIAM SHARPE (Stanford). Die Zeichnungen in diesem Buch sind mit dem Programm Powerpoint der Firma Microsoft erstellt worden.

Die Anregung, ein *knapp* gefaßtes Buch zu schreiben, verdanke ich Personen, die an weiterführenden Programmen (*Executive Master of Business Administration*) teilgenommen haben und stets auf die begrenzte Zeit des Praktikers hinwiesen, der schnell zum Ziel gelangen muss und trotzdem einen korrekten Weg einschlagen möchte.

Für Fachgespräche zur Thematik und fachliche Hinweise danke ich meinen Kollegen GÜNTER BAMBERG (Augsburg), PASCAL GANTENBEIN (St. Gallen) und LUTZ KRUSCHWITZ (Berlin). Für Vorschläge, Literaturhinweise und eine besondere Unterstützung bin ich WERNER BONADURER (Arosa), URBAN LAUPPER (Schaan) und STEFAN WECKBACH (München) verpflichtet. Hilfestellung des aufmerksamen Lesens der verschiedenen Versionen haben JOCHEN ANDRITZKY (München), NATALIE OUTECHEVA (St. Gallen), ANTONIYA SIMEONOVA (St. Gallen) und DR. ERIK REDERER (Ulm) geboten, letzte Korrekturhinweise stammen von JAN BERNHARD. Alle haben mit Sachverstand und Sprachvermögen Inhalt und Text geprüft. Es versteht sich von selbst, dass ich mit diesen Worten nicht die Verantwortung von mir weisen möchte. Hervorheben möchte ich schließlich die stets ange-

---

(Hinweis: Bei Gründung, schrieb sich Sozialpolitik noch mit "c"). 2. *Schmalenbachs Zeitschrift für betriebswirtschaftliche Forschung (ZfbF),* begründet von SCHMALENBACH im Jahre 1906, wird von der Schmalenbach-Gesellschaft e.V. geführt. Das Jahresabonnement ist im Mitgliedsbeitrag enthalten (Postanschrift: Geschäftsstelle der Schmalenbach Gesellschaft e.V., Bunzlauer Straße 1, D-50858 Köln).

[5] Sechs Hefte jährlich, Organ der Schweizerischen Gesellschaft für Betriebswirtschaft, Verlag Paul Haupt, Falkenplatz 14, CH-3001 Bern.

nehme Zusammenarbeit mit meinem Freund und Verleger MARTIN M. WEIGERT.

Eigentlich jede Person kann sich die Grundlagen der *Valuation* aneignen auseinandersetzen. Indes ist diese Auseinandersetzung wie das Erlernen eines Handwerks ein Weg, der Zeit erfordert und Mühen kostet. Hierbei eine Hilfestellung anzubieten, war das Motiv des Autors. Den Weg müssen Sie, wie bei jedem anderen Lernprozeß, selbst gehen, wenngleich nicht allein. Ihr Begleiter wünscht Freude und Erfolg. K.S.

2. Wert

Dieses Kapitel legt begriffliche und konzeptionelle Grundlagen. Wir beginnen mit dem Begriff des *Kapitals* und definieren, was unter dem *Wert* verstanden wird. Sodann kommen wir zur Budgetierung, deren formale Behandlung eine Abstraktion verlangt: Investitionsprojekte und Finanzierungsmaßnahmen werden auf Zahlungsreihen reduziert. Dennoch bleibt die Budgetierung auch in der Modellebene komplex. Sie vereinfacht sich indessen stark, sofern es (in der Modellebene) einen Kapitalmarkt gibt. Diese Erkenntnis ist die *Fisher-Separation*. Das Kapitel verdeutlicht also den Wertbegriff und die Notwendigkeit, auf der Modellebene, in der Werte berechnet werden, einen *gut funktionierenden Markt* vorauszusetzen. Sodann, zur Ergänzung, werden einige Fragen geklärt, so etwa die: Leben wir über unsere Verhältnisse?

2.1 Was ist Kapital? 15
2.2 Der Wertbegriff 19
2.3 Generelle oder realitätsnahe Bewertung? 27
2.4 Budgetierung 28
2.5 Fisher-Separation 32
2.6 Die Veränderung der Werte 36
2.7 Kapitalverzehr? 38
2.8 Variable Information 41
2.9 Fragen 45

2.1 Was ist Kapital?

Bevor wir uns einer Wirtschaftlichkeitsbeurteilung des Kapitaleinsatzes zuwenden, muss der Begriff des Kapitals definiert werden. Die englische Professorin JOAN V. ROBINSON (1903-1983) meinte, der Begriff des Kapitals sei einer der schillerndsten überhaupt. Daher kann der Begriff wohl *nur umrissen* werden.

> *Kapital* bietet Nutzungsmöglichkeiten, Produktivität oder Ansprüche auf Zahlungen über *mehrere* Perioden oder Jahre hinweg.

Kapital nützt demnach nicht nur augenblicklich oder nur innerhalb eines Jahres, so wie ein Konsumgut, das unmittelbar verbraucht wird. Kapital bietet dem Eigentümer oder dem Anspruchsberechtigten Vorteile in der *Zukunft*. Kapital ist das Ergebnis einer *Investition*, denn Investition oder Geldanlage bedeutet Konsumverzicht zugunsten der Schaffung von Nutznieß in kommenden Jahren. Entsprechend können wir von einer *Kapitalanlage* sprechen.

Hier wird schon ein Zeitbegriff unterstellt. In diesem Buch beschreiben wir die Zeit durch *diskrete* Zeitpunkte, $t = 0, 1, 2, ...$, die man sich jeweils um ein Jahr auseinander denkt. Der Zeitpunkt 0 ist "heute" und die Jahre 1, 2, ... beschreiben die Zukunft. Wenn Zahlungen betrachtet werden, sollen sie zu einem dieser Zeitpunkte fällig werden. Wir wollen nicht in eine unterjährige Rechnung einsteigen und Zahlungen betrachten, die etwa halbjährlich oder vierteljährlich anfallen. Desgleichen versuchen wir nicht, Modellen zu folgen, die einen stetigen Verlauf der Zeit (*continuous time*) modellieren. In diesem Buch wird die Zeit als ein Parameter betrachtet, der nur die diskreten Zeitpunkte $t = 0, 1, 2, ...$ annehmen kann.

Mit Kapital werden Phänomene beschrieben, die nicht nur das laufende Jahr 0 sondern auch zukünftige Jahre 1, 2, ... übergreifen. Solche Phänomene gibt es vielen Erscheinungsformen.

Beispiel 2-1: Der Begriff des Kapitals faßt ganz unterschiedliche Objekte zusammen: Rohstoffe und Vorräte, Maschinen, Produktionsanlagen, Immobilien, Wissen, Patente, Lizenzen, Beteiligungen und Eigentumsrechte an Unternehmen, Wertpapiere.

Alle Wege der Investition und alle Formen von Kapital sollen dem Eigentümer oder dem Berechtigten wirtschaftlichen Nutzen in kommenden Jahren geben. Das heißt in einer arbeitsteiligen Welt letztlich, sie sollen auf *Zahlungen* führen, die dem Eigentümer oder dem Berechtigten in der Zukunft zufließen oder *Geldbeträge*, die entnommen werden.

> Das Wesen des Kapitals liegt demnach in der *Zeittransformation von Zahlungen*: Auszahlungen, die der Investor in der Gegenwart leistet oder in der Vergangenheit geleistet hat, werden in Einzahlungen transformiert, die ihm in der Zukunft zufließen werden.[1]

Um die mannigfachen Formen von Kapital in der Wirtschaftswelt zu ordnen, wird *Realkapital* und *Finanzkapital* unterschieden.

---

[1] Ob Konsum beziehungsweise Verbrauch oder Investition beziehungsweise Kapitalaufbau vorliegt, hängt von der gewählten Zeitperspektive ab. Konsum oder Verbrauch liegt vor, wenn Ausgaben getätigt werden und dafür praktisch gleichzeitig Nutzen entsteht (innerhalb derselben Zeitspanne, die als dieselbe Periode angesehen wird). Werden Ausgaben getätigt und man erhält dafür Nutzen zu späteren Zeitpunkten (die als Zukunft betrachtet werden), dann wird die Maßnahme als Investition oder Kapitalaufbau betrachtet.

Unter Realkapital werden erstens *Objekte* wie Land, Infrastruktur, Fabrikationsanlagen und Vorräte verstanden, die produktiv und wirtschaftlich eingesetzt werden können, hierbei für mehr als nur ein Jahr nützlich sind und direkt oder gemeinsam mit anderen Inputs Erträge ausbringen. Diese Erträge führen letztlich auf Geldbeträge, die dem Eigentümer und anderen Berechtigten zufließen. Die genannten Objekte stellen alle greifbares oder materielles Realkapital (*Tangibles*) dar, es wird auch von Sachkapital gesprochen.[2]

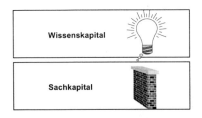

Bild 2-1: Realkapital umfaßt das Sachkapital und das Wissenskapital.

Zweitens gibt es neben dem Sachkapital immaterielles Realkapital, sogenannte *Intangibles*. Hierunter fällt Wissen in verschiedenen Formen, weshalb das immaterielle Realkapital auch als Wissenskapital bezeichnet wird. Dazu gehören beispielsweise die Bekanntheit der Firma und ihrer Produkte, die gute Organisation des Aufbaus und der Abläufe, das Know-how, Forschung und Entwicklung. Es wird deutlich, dass Wissen vornehmlich in indirekter Weise wirtschaftlich nützt, indem es mit dem Sachkapital — und anderen Inputs, insbesondere der menschlichen Arbeit — kombiniert wird. Wissen verbessert die Wirtschaftlichkeit von Inputs. Das immaterielle Realkapital kann (in Verbindung mit dem materiellen Realkapital) über mehrere Jahre hinweg wirtschaftlich nutzbringend eingesetzt werden und leistet so einen Beitrag zum Ergebnis. Realkapital ist demnach Sachkapital und Wissenskapital.[3]

---

[2] Ein erster Ansatz des Realkapitals (Sachkapital) stammt von CHARLES A. TUTTLE: The Real Capital Concept. *The Quarterly Journal of Economics* 18 (1903) 1, pp. 54-96.

[3] Wohl der erste Bewertungsansatz von Intangibles geht zurück auf: YANG, J.M.: The Valuation of Intangibles. *The Accounting Review*, Vol. 2, No. 3. (Sep., 1927), pp. 223-231. Neuere Ansätze: 1. DAVID ABOODY und BARUCH LEV: The Value Relevance of Intangibles: The Case of Software Capitalization. *Journal of Accounting Research*, Vol. 36, Studies on Enhancing the Financial Reporting Model. (1998), pp. 161-191. 2. JOHAN ROOS, G. ROOS, N. C. DRAGONETTI und LEIF EDVINSSON, LEIF: *Intellectual Capital. Navigating in the new business landscape.* Mcmillan, London, 1997. 3. OLIVER P. PFEIL: *Earnings from Intellectual Capital as a Driver of Shareholder Value.* Universität St. Gallen 2003.

Unter Finanzkapital hingegen werden *Verträge* verstanden, Finanzkontrakte, die zwischen zwei Parteien — einem Kapitalgeber und einem Kapitalnehmer — geschlossen worden sind.

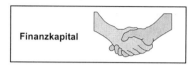

Bild 2-2: Mit Finanzkapital werden Verträge bezeichnet, mit denen zwischen zwei Parteien, einem Kapitalgeber und einem Kapitalnehmer, Zahlungen zu verschiedenen Zeitpunkten vereinbart werden sowie Rechte und Verpflichtungen, die in direktem Zusammenhang mit diesen Zahlungen stehen.

Finanzkontrakte sehen vor, dass der Kapitalgeber zu Beginn des Vertrages Zahlungen an den Kapitalnehmer leistet und dafür Ansprüche auf spätere Rückzahlungen erhält.

Damit die Zusicherung des Kapitalnehmers, später Zahlungen an den Kapitalgeber zu leisten, glaubwürdig sind, und auf dass der Kapitalgeber seine Ansprüche durchsetzen kann, räumt der Kapitalnehmer dem Kapitalgeber Rechte ein. Der Kapitalgeber erhält Informations- Kontroll- und eventuell auch Entscheidungsrechte. Deshalb wird kurz gesagt, Finanzierung (aus Sicht des Kapitalnehmers) sei der Verkauf von Rechten.[4]

> Eine Investition dient dazu, Realkapital zu beschaffen und dann wirtschaftlich einzusetzen, oder sie begründet Finanzkapital und damit Ansprüche (gegenüber einem Kapitalnehmer).

Der Unterschied zwischen beiden Wegen — Aufbau von Realkapital oder Finanzkapital — liegt vor allem in diesen beiden Punkten:

1. Realinvestitionen verlangen in der Phase der Auswahl oder der Selektion deutlich mehr Aufwand für die Suche und Expertise als Finanzinvestitionen. Denn die Rentabilität von Realinvestition streut wesentlich stärker als die Rentabilität von Finanzinvestitionen. Finanzinvestitionen werden in Märkten gehandelt, die vergleichsweise gut funktionieren. Deshalb führt die Preisbildung in Finanzmärkten schnell dazu, daß eine Beteiligung oder ein Wertpapier ziemlich genau an anfänglicher Einzahlung verlangt,

---

[4] Häufig wird zwischen klassischen, neoklassischen und relationalen Vertragstypen unterschieden. Siehe OLIVER E. WILLIAMSON: *The economic institutions of capitalism: firms, markets, relational contracting.* Free Press, New York, NY 1985.

was später an Rückflüssen erwartet werden kann. Das ist bei Realinvestitionen ganz anders, weil sie in der Regel aus Kombinationen verschiedensten Sach- und Wissenskapital bestehen. Diese Konstellation führt bei Realinvestitionen dazu, dass einige eine sehr hohe Rentabilität, andere eine sehr geringe oder negative Rentabilität aufweisen.

2. Wer eine Realinvestition getätigt hat, muss sich auch anschließend während des Haltens der Investition um den wirtschaftlichen Einsatz des Sach- und Wissenskapitals kümmern. Das verlangt recht umfangreiche Entscheidungen und Kontrollen. Es wird eine Strategie erforderlich, ein Geschäftsplan muss aufgestellt werden, und es muss ein Management bestellt werden, das die operative Führung der Geschäfte übernimmt. Wer eine Finanzinvestition getätigt hat, kann im Vergleich viel passiver sein. Zwar müssen die Rechte, die für den Kapitalgeber mit dem Finanzkontrakt verbunden sind, ausgeübt werden. Dabei dürfte es sich jedoch im wesentlichen um die Überwachung des Kapitalnehmers handeln.

Unternehmen verfügen einerseits über alle drei Arten von Kapital: Sie sind Eigentümer von Sachkapital (Tangibles), sie können auf Wissenskapital (Intangibles) zugreifen und zu ihrem Vermögen gehören oft Finanzanlagen. Andererseits haben Unternehmen Verträge mit ihren Kapitalgebern abgeschlossen, mit Eigen- und oftmals auch mit Fremdkapitalgebern.

2.2 Der Wertbegriff

Jemand soll eine Investition getätigt haben, also ein Projekt oder eine Produktionsstätte betreiben, oder Rechte an einer Unternehmung begründet oder erworben haben. Für eine rechnerische Behandlung möchte man das Kapital — Ergebnis eines Investitionsvorganges — in *einer* Zahl ausdrücken. Das ist der Wert.

> Das Lexikon definiert den Begriff des Wertes in der Gesellschaft ganz allgemein als Vorstellung über das Wünschenswerte, das sich im Entwicklungsprozeß herausgebildet hat und von der Mehrheit der Gesellschaftsmitglieder akzeptiert und verinnerlicht wurde.[5]

---

[5] FRANKLIN H. GIDDINGS: *The Idea and Definition of Value* (in Abstracts of Papers and Discussions; Contributions to Economic Theory). *Publications of the American Economic Association*, Vol. 8, No. 1. (Jan., 1893), pp. 87-95.

Diese generelle Definition werden wir ergänzen, um näher an das Wirtschaftsleben zu gelangen. Doch schon jetzt ist deutlich, dass eine Bewertung aus verschiedenen Perspektiven vorgenommen werden kann.

Viele Teilnehmer am Wirtschaftsleben werden den Vorgang der Investition als wertbegründend ansehen. Sie werden dann vielleicht den Wert aus den Anschaffungskosten ableiten (*Anschaffungswert*).

Vier Wertvorstellungen

Anschaffungswert abzüglich Abschreibung (oft als Buchwert aus Bilanz ablesbar)

Liquidationswert (Erlös bei hinreichend schnellem Verkauf)

Ersatzwert (Geldbetrag zur Wiederbeschaffung betrieblich äquivalenter Kapazität)

Ertragswert (Wert der in Zukunft möglichen Erträge)

Bild 2-3: Vier übliche und vielfach geteilte Wertvorstellungen.

In der Tat, wenn sich jemand für einen Gebrauchtwagen oder eine Eigentumswohnung interessiert, lautet oft die erste Frage an den Verkäufer, was dieser seinerzeit dafür bezahlt habe.

Selbstverständlich werden für eine Bewertung, die sich am Anschaffungswert orientiert, das Alter und der Verschleiß berücksichtigt. Denn viele Dinge haben mit zunehmendem Alter eine geringere Nutzungsdauer, und Verschleiß erhöht die Wahrscheinlichkeit für einen Ausfall durch Bruch. Außerdem steigen meistens die Unterhaltskosten mit dem Alter. Des weiteren kommt es auf die zwischenzeitlichen Veränderungen im Umfeld an, denn die Dinge werden durch technischen Fortschritt und Geschmackswandel obsolet. Oft werden daher die Anschaffungswerte, korrigiert um Abschreibungen, aus Aufzeichnungen in den Büchern abgelesen (Buchwert). Beispielsweise sind die Buchwerte der Gegenstände des Sachkapitals auf der linken Seite einer Bilanz angeführt. Einige Teilnehmer im Wirtschaftsleben werden sich hingegen bei einer Bewertung fragen, was bei einem schnellen Verkauf der Kapitalanlage erlöst werden kann (Liquidationswert). Wiederum andere fragen, welcher Geldbetrag erforderlich wäre, um das Kapital, sollte es verloren gehen, zu ersetzen (Ersatzwert). Die Orientierung am Ersatzwert findet sich häufig beim Sachkapital.[6] Die meisten Personen dürften indessen in die Zukunft blicken und versuchen, den Wert des Kapitals aus den

---

[6] Der *Ersatzwert* ist nicht mit den Kosten einer Neubeschaffung (des Sachkapitals) gleichzusetzen. Vielmehr bezieht sich der Ersatzwert auf technisch äquivalente Produktionsmittel und Anlagen, die betrieblich dasselbe leisten. Jeder, dem ein fünf Jahre altes Auto gestohlen wurde weiß, dass die Versicherung nicht den Kaufpreis für das neueste Modell erstattet. Gelegentlich wird zur Unterscheidung von Ersatzwert und den Kosten für eine Neubeschaffung auch vom *Zeitwert* gesprochen.

Erträgen abzuleiten, die durch wirtschaftlichen Einsatz in der Zukunft möglich werden. Das ist der *Ertragswert*. Es wird die Fortführung angenommen und dazu muss feststehen, *wie* die Fortführung geschehen soll. Bei der Ermittlung eines Ertragswerts kommt es daher auf die Strategie, den Geschäftsplan und das Management an.

Der gewählte Wertbegriff ist daher von der *Absicht* geprägt, die der Eigentümer oder Anspruchsberechtigte mit dem Kapital verfolgt.

- Wer eine Fortführung beabsichtigt, wird wohl den *Ertragswert* im Auge haben. Wer zwischen verschiedenen Strategien oder alternativen Geschäftsplänen entscheiden kann, etwa im Zusammenhang mit einer Neuausrichtung oder Restrukturierung der Unternehmung, wird für jede der denkbaren Richtungen den jeweiligen Ertragswert ermitteln.

- Wer periodisch die regulären Geschäfte plant, budgetiert, über Finanzierungen diskutiert, die Gewinnausschüttung festlegt, wird sich vielleicht stärker an der Gewinn- und Verlustrechnung sowie an der *Bilanz* orientieren. So dürfte eine Präferenz für den Buchwert entstehen, der zur Planungsgrundlage für das reguläre Geschäft wird.

- Ingenieure sind vielfach mit der Frage konfrontiert, was Anlagen und Produktionskapazität angesichts von technischem Fortschritt noch wert sind, wie richtig abzuschreiben ist und welche Einrichtungen aus technisch-ökonomischer Sicht ersetzt werden sollten. Sie führen ihre Überlegungen anhand des *Ersatzwertes*.

- Wer sich schließlich schnellstens vom Kapital trennen möchte, wird vielleicht den Liquidationswert betrachten. Ebenso kann es Gegenstände des Sachkapitals geben, die für die Fortführung eines Betriebs nicht erforderlich sind. Für die Entscheidung, ob nicht-betriebsnotwendiges Vermögen verkauft werden soll, wird der *Liquidationswert* dieser Gegenstände betrachtet.

Abgesehen von solch speziellen Situationen wird in den Wirtschaftswissenschaften der Wert eines Gutes allgemein als "Marktwert" oder "Verkehrswert" verstanden. Das ist der von Preisschwankungen und von zufälligen Besonderheiten einer konkreten Marktsituation bereinigte Maßstab für das Entgelt bei Kauf und Verkauf. Es kommt bei der Bewertung eher auf das Generelle an. Diese Wertdefinition gilt ebenso für Kapital.

> Der *Wert* einer Kapitalanlage ist jener Geldbetrag, der sich in einem *gut funktionierenden* Markt (für die Kapitalanlage) als *Preis* einstellen würde.

Märkte für Kapitalanlagen gibt es in vielfältiger Erscheinungsform. Selbstverständlich kommt es immer wieder zu Käufen und Verkäufen von Objekten des Realkapitals. Für Maschinen werden auf Messen Kontakte gebahnt und Vergleiche gezogen. Auch Wissen und Patente können durchaus weitergegeben werden. Dabei werden einzelne Produktionsmittel gekauft und verkauft ebenso wie Teile von Betrieben oder ganze Unternehmungen.

Ähnliches ist für das Finanzkapital zu sagen. Obwohl Finanzkontrakte *bilaterale* Verträge zwischen einem Kapitalgeber und der kapitalnehmenden Unternehmung sind, können sie vom Kapitalgeber fast immer auf andere Finanzinvestoren übertragen werden. Oft wird der Finanzkontrakt gleich in die Form eines übertragbaren Wertpapiers gebracht, um die Marktfähigkeit zu erhöhen. Wertpapiere werden an Börsen gehandelt. Daneben sind außerbörsliche Transaktionen mit Paketen üblich. Es gibt also im Wirtschaftsleben für praktisch alle Kapitalanlagen Märkte. Im allgemeinen funktionieren diese Märkte für Finanzkapital besser und sie sind meistens liquider als Märkte für Realkapital.[7] Oft funktionieren die Märkte für Realkapital, wenn überhaupt, nur mit Einschränkungen. Andererseits funktionieren auch die Finanzmärkte nicht in jedem Fall "gut" im Sinn der Wertdefinition (Wert = Preis in einem gut funktionierenden Markt). Drei Einschränkungen für das gute Funktionieren sollen genannt werden:

- Transaktionskosten: Die Kapitalanlage oder der entsprechende Markt können *Hemmnisse* zeitigen, die den Handel behindern. Spezialeinrichtungen lassen sich beispielsweise nicht so leicht verkaufen wie Universalmaschinen. Davon wird in der Definition des Werts abstrahiert.

- Der Markt kann sich temporär in einer *ungewöhnlichen* Situation befinden. Einmal haben die Investoren keine Eile, einige Jahre später möchten sie sich schnell von ihren Engagements trennen. Wenn Investoren sehr aktiv und ungeduldig sind, steigen die Preise für Kapitalanlagen.[8] Analog hat es immer wieder Phasen der Eintrübung der wirtschaftlichen Perspektiven gegeben, die Investoren zeigten dann wenig Interesse und hatten keine Eile

---

[7] Eine Analyse der Effizienz von Finanzmärkten findet sich bei DAVID M. JONES: Fed Policy, Financial Market Efficiency, and Capital Flows (in Panel on Global Financial Markets and Public Policy). *The Journal of Finance*, Vol. 54, No. 4, Papers and Proceedings, Fifty-Ninth Annual Meeting, American Finance Association, New York, New York, January 4-6, 1999. (Aug., 1999), pp. 1501-1507.

[8] Oft war eine solche Marktstimmung in Phasen des Wirtschaftsaufschwunges und generell optimistischer Erwartungen dominant. Die Investoren haben dann für Kapitalanlagen vielfach Preise bezahlt, die über den Ersatzwerten lagen. Die Begründung war, dass ein Ersatz zuviel *Zeit* gekostet hätte und man sich schnell die wirtschaftlichen Möglichkeiten erschließen und sichern wollte.

mit Engagements. In schwachen oder depressiven Wirtschaftsphasen sind die Preise für Kapitalanlagen ungewöhnlich niedrig. Auch diese zyklischen Phänomene sind Besonderheiten, die in der Definition ausgeklammert werden.

- Schließlich gibt es in der Wirklichkeit immer wieder einzelne Investoren, die *persönliche* Momente so in den Vordergrund rücken, dass die von ihnen ausgehandelten Konditionen von dem Preis abweichen, der sich für ein großes Kollektiv von Marktteilnehmern einstellen würde. Es gibt immer wieder Investoren, die "jeden Preis zahlen" oder sich "unter allen Umständen" von einem Engagement lösen wollen. Die Definition des Wertes abstrahiert auch von persönlichen Umständen.

Die gegebene Wertdefinition drückt einige wichtige Punkte aus.

Erstens ist die Definition des Werts als Preis interessant, weil auf diese Weise ein Gut oder eine Kapitalanlage *absolut* bewertet werden kann, gleichsam eine Note oder eine Anzahl von Credits erhält, ohne dass zur Bewertung ein direkter Vergleich mit einem oder mehreren Konkurrenten gezogen werden muss.[9]

In anderen Fällen ist es nur möglich, Vergleiche zu ziehen, was bedeutet, dass man eine Sache A dann nur dadurch und nur relativ "bewerten" kann, dass sie mit einer Sache B verglichen wird und man lediglich zu einer ordinalen Anordnung etwa im Sinn von "A ist besser als B" gelangt. Beim Wertverständnis als Preis ist es indessen möglich, ein Objekt isoliert zu bewerten. Lediglich wird im Hintergrund der gut funktionierende Markt vorausgesetzt.

Zweitens: Da der Wert als Preis eine Marktgröße ist, ergibt sich der Wert aus dem Angebot und der Nachfrage eines *großen* Kollektivs von

---

[9] Jedes Bewertungsmodell greift auf Marktgrößen zurück, wie etwa den Marktzinssatz für die Diskontierung zukünftiger Ergebnisse. Da Marktgrößen wie die Zinssätze durch das gesamte Angebot und die gesamte Nachfrage zustandekommen, fließen die Merkmale aller anderen Kapitalanlagen in die Marktgrößen ein. Deshalb gibt es *immer* einen gewissen Zusammenhang, eine *gewisse Relation* zwischen der Bewertung einer einzelnen Kapitalanlage oder Unternehmung und den Merkmalen der anderen Kapitalanlagen oder Unternehmungen. Indessen wird aufgrund dieser Relation nicht schon von einer "relativen" Bewertung gesprochen. Sie wird trotzdem als "absolut" betrachtet. Indessen gibt es einige Bewertungsverfahren für Unternehmungen, bei denen die Unternehmung mit ein paar anderen Unternehmen verglichen wird. Die zum Vergleich herangezogenen Unternehmungen bilden die *Peer-Group*. Meistens handelt es sich dabei um Unternehmen derselben Branche. Sodann werden die Kurse und Marktkapitalisierungen beobachtet, welche die Unternehmen der Peer-Group an der Börse haben, oder es werden die Preise erkundet, zu denen Transaktionen (Käufen und Verkäufen) stattgefunden haben. Wenn diese konkreten Preise der Peer-Group als Basis für den Wert der zu bewertenden Unternehmung dienen, wird von einer *relativen Bewertung* und einem *relativen Wert* gesprochen. Beispielsweise heißt es, die zu bewertende Unternehmung sollte einen Wert von 100 Millionen € haben, weil ihr Gewinn 5 Millionen € beträgt und in der Peer-Group derzeit ein Kurs-Gewinn-Verhältnis von 20 zu beobachten ist.

Marktteilnehmern. Folglich reflektiert der Wert das Denken eines einzelnen Marktteilnehmers nur in einem ganz geringem Umfang. Von daher kann der Wert aus Sicht eines einzigen Interessenten durchaus "recht hoch" oder "eher tief" erscheinen. Wichtig: Die Nutzenvorstellung eines einzelnen Interessenten ist *nicht* der Maßstab für die Ermittlung des Wertes. So ist zum Beispiel die Risikotoleranz eines einzelnen Investors *nicht* der Maßstab für die Bewertung einer Kapitalanlage mit unsicherem Ergebnis.

Drittens drückt die Definition aus, wozu der Wert dient. Der Wert liefert bei einer Transaktion der Kapitalanlage einen *Preisvorschlag*, der *von Besonderheiten absieht*, die weder als allgemein gültig noch als normal angesehen werden. In einer konkreten Transaktion gibt es immer Besonderheiten, die sich beispielsweise aus der Situation ergeben, in der sich die eine oder die andere Seite befindet. Allenfalls kann der Wert, nachdem er ermittelt worden ist, noch adjustiert werden. Nach Adjustierung entsteht dann ein Preisvorschlag, der diese Besonderheiten widerspiegelt.

Beispiel 2-2: Ein Unternehmer entscheidet über eine Akquisition im Bereich NE-Metalle, um für seine Industriegruppe den Einkauf von Rohmaterial zu sichern (vertikale Integration). Die betreffende Unternehmung wurde "generell" mit 100 Millionen € bewertet. Die mit der Bewertung beauftragte Prüfungsgesellschaft ergänzt, dass aus einer "langfristigen Perspektive" und "den Gesamtmarkt" betrachtend nicht mehr als die genannten 100 Millionen € für die Akquisition geboten werden sollte. Doch sie ergänzt, dass es augenblicklich und vielleicht auch mittelfristig in dem betreffenden Sektor "Sondereinflüsse" gibt, bei deren Berücksichtigung der Wert nach oben adjustiert bis hin zu 120 Millionen € adjustiert werden müsse. ■

Der Wert kann als *Preisvorschlag* dienen. Wenn zwei Interessenten zu einer Transaktion bereit sind, aber wenig Anhaltspunkte über die Höhe des zu vereinbarenden Entgeltes haben, dann liefert die Wertermittlung einen *fairen* Vorschlag. Wenn die Parteien dann doch von diesem Preisvorschlag abweichen, werden sie ihre jeweiligen Gründe haben und nennen können. In diesem Sinn hat der Wert *normativen* Charakter.

Der Wert drückt nicht einen *persönlichen* Nutzen in Geldeinheiten aus, und er ist auch kein Preisvorschlag für eine ganz *spezielle* Marktsituation. Der Wert ist der Preis in einem hinreichend allgemein und groß gedachten und einem auch sonst gut funktionierenden Markt. Das macht den Wert für konkrete Personen und spezielle Umstände nicht minder bedeutungsvoll. Nur wird so vorgegangen: Zunächst wird der Wert ermittelt. Anschließend werden Korrekturen erwogen, um auch für ganz konkrete Umstände zu einem Preisvorschlag zu gelangen, der diesen gerecht wird.

2. WERT

Die Modellebene

Erstens werden hier unter Verwendung von Mathematik die Investitionsvorhaben, Finanzkontrakte, Kapitalanlagen und Unternehmen in ihren wesentlichen (aber nicht in allen) Merkmalen formal beschrieben, etwa als Zahlungsreihen.

Zweitens werden die Zusammenhänge erfasst, die einem gut funktionierenden Finanzmarkt entsprechen — der nicht völlig frei erfunden ist, sondern aufgrund des Studiums realer Finanzmärkte durch Idealisierung gewonnen wurde.

Drittens wird durch eine Rechnung geklärt, welchen Preis die formale Beschreibung einer Kapitalanlage (Zahlungsreihe) im idealisierten Finanzmarkt hat, und dies ist der Wert.

Abstraktion

Die Realität des Wirtschaftsalltags

Hier gibt es konkrete Investitionsvorhaben, Finanzkontrakte, Kapitalanlagen, Unternehmen und die Menschen fragen, ob sie für sich vorteilhaft oder sogar generell wertvoll sind oder nicht und wie hoch ihr „Wert" ist.

Ausserdem gibt es hier mehr oder minder gut funktionierende Märkte, oft werden Transaktionen nur durch Makler oder Market-Maker ermöglicht und die Menschen folgen teils recht subjektiven Vorstellungen und lassen sich von Stimmungen leiten.

Bild 2-4: Die Bewertung eines konkreten Wertpapiers, einer konkreten Kapitalanlage oder einer Unternehmung verlangt es, das Generelle herauszustellen, und dies kann nur durch Abstraktion geschehen. So wird die Bewertung in einem Modell vorgenommen. Das Modell startet mit einer vereinfachten Beschreibung der konkreten Investition oder Kapitalanlage und das Modell trifft die Annahme eines gut funktionierenden Finanzmarktes.

Viertens zeigt die Wertdefinition, wie der Bewertungsvorgang abläuft. Bewerten heißt, Maßstäbe anzulegen, wie sie für einen gut funktionierenden Markt typisch sind — selbst wenn für die zu bewertenden Objekte oder Kapitalanlagen in der Realität ein solcher Markt nicht existiert. Daher wird gesagt, bewerten heiße, das Marktgeschehen nachzubilden, den Markt zu simulieren — dort wo es ihn in der Wirklichkeit vielleicht gar nicht gibt oder wo er nur mangelhaft funktioniert. Um einen Markt nachzubilden oder zu simulieren, müssen demnach

Überlegungen herangezogen werden, die sich aus wissenschaftlichen Erkenntnissen ergeben. Notfalls müssen Annahmen getroffen werden. Das gibt dem Bewertungsvorgang einen gewissen Grad der Abstraktion: Es wird von Handelshemmnissen abgesehen, von temporären Phasen des Booms oder der Rezession und von den Besonderheiten einzelner Transaktionen sowie einzelner Marktteilnehmer.

Deshalb berücksichtigt ein Bewertungsmodell *Durchschnittsbildungen* und gründet auf einer *langfristigen Perspektive*. Beispielsweise wird eher ein durchschnittlicher als der augenblickliche Zinssatz verwendet. Ebenso wird ein Bewertungsmodell eher von der langfristigen Wachstumsrate ausgehen als von jenem Wachstum, das gerade im letzten Jahr zu verzeichnen war. Also auch bei den Daten der Unternehmung, die der Bewertung zugrunde liegen, wird man sich nicht lediglich auf ein einziges Jahr abstützen. Vielfach wird gesagt, die Bewertung stütze sich auf "nachhaltig" erzielbare Ergebnisse.

Beispiel 2-3: Im Jahr 2003 waren die Zinssätze überall niedrig im langfristigen Vergleich. Viele Personen sahen, wie günstig es ist, Immobilien zu finanzieren. Die Banken haben jedoch stets geantwortet: "Rechnen Sie nicht mit Finanzierungskosten aufgrund der heutigen tiefen Zinsen, denn die Hypothek haben Sie nicht in fünf oder zehn Jahren zurückbezahlt. Niemand weiß, welche Konditionen gelten werden, wenn eine heute getroffene Zinsvereinbarung ausläuft und Sie eine Anschlußfinanzierung benötigen. Kalkulieren Sie auch heute mit dem mittleren Zinssatz, der in den vergangenen Jahrzehnten zu beobachten war". ∎

Zur Notation: In diesem Buch werden Werte oder Marktwerte (Preise in einem gut funktionierenden Markt) mit W bezeichnet. Erscheinen die zu bewertenden Objekte in einer Bilanz, so wird der Bilanzansatz oder Buchwert mit B bezeichnet. Werden die Objekte auch in einem konkreten Markt, etwa an einer Börse gehandelt, so wird der Kurs oder Preis mit P bezeichnet.

Dass der so definierte und erklärte Wert genau so im Wirtschaftsleben umgesetzt wird, zeigen die Worte eines Praktikers: "Der faire Wert entspricht dem Preis, den gut informierte Unternehmer für eine Gesellschaft zu zahlen bereit sind. Basis der Berechnung sollten die Erträge über einen Konjunktur- beziehungsweise Industriezyklus hinweg sein und nicht die Gewinne in einem besonders guten oder schlechten Jahr. Auf diese Gewinne respektive Cashflows sind dann die üblichen Methoden der Unternehmensbewertung wie abdiskontierte Cashflows … und so weiter anzuwenden.", so THOMAS BRAUN (verwaltet zusammen mit GEORG VON WYSS den *Classic Global Equity Fund*) in der Finanz und Wirtschaft, Nr. 25 vom 29. März 2003, p. 27.

2.3 Generelle oder realitätsnahe Bewertung?

Modelle sind durch Annahmen beschrieben, weshalb es einen großen Freiraum für die Aufstellung von Modellen gibt. Denn Annahmen lassen sich so und anders treffen. Insbesondere können die Annahmen eine sehr langfristige und sehr generelle Perspektive modellieren oder etwas näher die konkrete Situation erfassen. Kurz: Die Modelle können sich hinsichtlich ihrer Realitätsnähe noch beträchtlich unterscheiden. Wer einen Bewertungsauftrag erteilt, muss daher eine Vorgabe dahingehend machen, in welchem Umfang von konkreten Umständen abgesehen werden soll beziehungsweise in welchem Umfang sie in die Bewertung einfließen sollen. Oft ist es so, dass an Werten, die aufgrund einer sehr langfristigen und sehr generellen Perspektive ermittelt worden sind, niemand Interesse hat. BENJAMIN GRAHAM (1874-1976), Begründer der Finanzanalyse, gab diesen Rat: Der Investor solle erstens Aktien bewerten und dann jene kaufen, deren Börsenkurs unterhalb des Werts liegt. Zweitens solle er die Titel drei Jahre halten und dann verkaufen. Hier muss das Bewertungsmodell offensichtlich auf einer mittelfristigen Perspektive gründen, auf einer Sicht, die sich in etwa drei Jahren konkretisiert. Andererseits gibt es Industriebeteiligungen, die nicht nur auf drei Jahre sondern vielleicht auf zwanzig Jahre gedacht sind. Hier wird man für die Bewertung eine längerfristige Perspektive wählen.

Was heißt das konkret? Die Diskussion zeigt, daß für die Bewertung eine Perspektive gewählt wird (Annahmen im Bewertungsmodell), die eher langfristig und generell oder eher mittelfristig und konkret sein kann. Wir wollen dafür kurz sagen, das Modell und der gefundene Wert können eher *generell* oder eher *realitätsnah* sein.

- In einer *generellen* Bewertung werden langfristige Zinssätze betrachtet und es wird von Transaktionskosten abgesehen. Bei einer Unternehmung wird weniger beachtet, welche Ergebnisse sie derzeit erzielt. Vielmehr kommt es auf Ergebnisse an, die sie (nach gewissen Veränderungen, etwa des Geschäftsplans) erzielen könnte.

- In eine *realitätsnahe* Bewertung fließen die augenblicklichen Zinssätze ein. Außerdem wird, falls Veränderungen zu betrachten sind, mit Transaktionskosten gerechnet. Darunter fallen vor allem Kapitalbeschaffungskosten, wenn verschiedene Finanzierungen betrachtet werden. Schließlich kommt es bei einer Unternehmensbewertung auf die Ergebnisse an, die ohne große Veränderungen erzielt werden.

Diese Überlegungen sind wichtig, wenn wir später (in den Kapitel 6, 7 und 8) Kapitalkosten definieren und in Berechnungsformeln behandeln. Wenn beispielsweise ein neues Projekt bewertet werden soll, so stellt dem Anwender die Frage, ob die Kapitalkosten eher aufgrund der aktuellen Marktlage oder der langfristigen Erwartung ermittelt werden sollen. Gleichfalls muss der Anwender wählen, ob Kosten für die Kapitalbeschaffung berücksichtigt werden sollen oder nicht. Die Leitlinie zur Beantwortung dieser Vorentscheidungen bildet der Bewertungszweck: Ist eine generelle oder eine realitätsnahe Bewertung verlangt?

2.4 Budgetierung

Der Wertbegriff verlangt, das zu bewertende Finanzkapital oder die zu bewertende reale Kapitalanlage *in einem Modell abzubilden*, das zusätzlich die ökonomischen Aspekte eines gut funktionierenden Marktes enthält. Der gut funktionierende Markt ist demnach eine Annahme, die wir als in der Modellebene erfüllt ansehen. Diese Erkenntnis hat in unübertroffener Eleganz der amerikanische Nationalökonom IRVING FISHER (1867-1947) vorgeführt. FISHER hat argumentiert, dass die zur Auswahl stehenden Investitionsprojekte ebenso wie die möglichen Finanzierungsmaßnahmen in einer abstrakten Darstellung auf die Zahlungen reduziert werden können, die mit ihnen heute und im Verlauf der kommenden Jahre verbunden sind. Augenfällig werden bei dieser Vereinfachung die wichtigsten Wesensmerkmale wiedergegeben, wenn es um einen Kreditvertrag oder eine Geldanlage bei einer Bank geht. Selbstverständlich spielen bei Finanzgeschäften weitere Aspekte hinein, doch im Vordergrund steht zweifellos, welche Zahlungen diese Geschäfte in welchem Jahr bedingen. Auch bei Investitionsprojekten wie etwa dem Aufbau von Produktionskapazität, dem späteren Betrieb und Absatz der Erzeugnisse kann man sich — so vielfältig diese realwirtschaftlichen Vorhaben auf den ersten Blick sind — auf das rein Finanzielle konzentrieren und kommt so auf die *Beschreibung* der Investitionen *durch eine Zahlungsreihe*. Von daher ist die Abstraktion und Reduktion auf Zahlungsreihen zwar eine starke Vereinfachung, enthält trotzdem immer noch die wesentlichen Aspekte. Auf der Modellebene der Zahlungsreihen hat FISHER sodann die Budgetierung untersucht:[10]

Das Management einer Unternehmung kann verschiedene Investitionsprojekte ergreifen, und es bieten sich dafür diverse Finanzierungen an. Gesucht ist ein Gesamtplan, eben ein Budget. Der Gesamtplan legt fest, welche der Investitionsprojekte und welche der Finanzierungsmaßnahmen gewählt werden und welche nicht. Das Kriterium für die Beurtei-

---

[10] Der Ansatz von FISHER wurde von zahlreichen Wissenschaftlern aufgegriffen und zu Budgetierungssystemen weiterentwickelt: Siehe etwa: 1. DRUCKER A. P. R.: Budgeting and the Sales Quota. *The Accounting Review*, Vol. 4, No. 3. (Sep., 1929), pp. 175-180. 2. THEISS EDWIN L.: Accounting and Budgeting: *The Accounting Review*, Vol. 10, No. 2. (Jun., 1935), pp. 156-161. 3. THEISS EDWIN L.: The Beginnings of Business Budgeting. *The Accounting Review*, Vol. 12, No. 1. (Mar., 1937), pp. 43-55.

lung der verschiedenen Kombinationen ist der Nutzen des Kapitalgebers der Unternehmung.

Eine Zahlungsreihe ist eine Folge von einzelnen Geldbeträgen oder Zahlungsmitteln $z_1, z_2, z_3, \ldots$, wobei der Laufindex die Zeit der Fälligkeit des Geldbetrags wiedergibt. Die Zeitpunkte sollen jeweils ein Jahr auseinander liegen. Der Geldbetrag z_1 ist demnach heute in zwölf Monaten fällig, und z_t ist in t Jahren fällig.

Bild 2-5: IRVING FISHER (1867-1947), Mathematiker und Wirtschaftswissenschaftler (rechts), hier zusammen mit JOHN M. KEYNES (1883-1946) gezeichnet. FISHER hat erheblich zur volkswirtschaftlichen Kapitaltheorie beigetragen und dazu Mathematik und Statistik innovativ eingesetzt. So sind durch ihn die empirischen Methoden in der finanzwirtschaftlichen Forschung gefördert worden. FISHER studierte ab 1884 in Yale und lehrte dort von 1898 bis 1935 zunächst Mathematik und später Ökonomie. Die Hauptwerke: *Theory of Value and Prices* (1892), *Appreciation and Interest* (1896), *The Nature of Capital and Income* (1906), *The Rate of Interest* (1907), *Theory of Interest* (1930). FISHER war breit gebildet und wirkte auf Zeitgenossen als schillernde Persönlichkeit. Zudem betätigte er sich als Geschäftsmann und engagierte sich mit fortschreitendem Alter sozialpolitisch in einer Weise, die heute kritisch gesehen wird. Dennoch bleibt seine herausragende wissenschaftliche Leistung im Bereich der Kapitaltheorie.

Gelegentlich soll auch ein Geldbetrag, der bereits heute fällig ist, in die Beschreibung der Zahlungsreihe mit aufgenommen. Sie beginnt dann mit diesem Betrag z_0. Alle Geldbeträge einer solchen Zahlungsreihe kommen einer berechtigten Person zu. Dabei soll der Geldbetrag z_t positiv und negativ sein können und selbstverständlich ist auch $z_t = 0$ möglich. Üblich ist diese Vorzeichenkonvention:

- Wenn z_t *positiv* ist, soll die berechtigte Person den Geldbetrag *erhalten*: $z_t > 0$ ist für sie eine Einzahlung.

- Wenn z_t negativ ist, soll die berechtigte Person verpflichtet sein, den entsprechenden Geldbetrag zu zahlen. So bedeutet $z_t < 0$ eine Auszahlung, die der Berechtigte leisten muss.

Wenn eine konkrete Investition oder eine Finanzierungsmaßnahme eine Laufzeit bis zum Jahr T hat, und dann alles abgeschlossen ist, dann wird sie in der gewählten Modellwelt durch die von ihr ausgelösten Zahlungen $z_0, z_1, z_2, ..., z_T$ beschrieben. Wir werden indessen auch den Fall betrachten, wo das Projekt für immer weiter läuft und daher nicht zu einem Zeitpunkt T beendet sein wird.

Damit die Beschreibung konkreter Investitionsprojekte und Finanzierungsmaßnahmen durch Zahlungsreihen keine zu großen Fehler bedeutet, werden zwei Voraussetzungen getroffen.

1. Die Beschreibung des Projekts oder der Maßnahme durch die Zahlungen $z_0, z_1, z_2, ..., z_T$ ist *erschöpfend*: Es soll außerhalb dieser Zahlungsreihe keine weiteren Zahlungen geben. So soll es nach erfolgter Zahlung z_T nicht noch weitere Verwertungsmöglichkeiten des Projektes für die Zeit nach T geben.

2. Während der Laufzeit des Projektes gibt es keine Möglichkeit, das Projekt zu verändern oder abzubrechen. Denn solche Veränderungen hätten Einfluß auf die Zahlungen $z_0, z_1, z_2, ..., z_T$. Gibt es derartige Veränderungsoptionen, dann kann das Projekt nicht mehr als eine *Reihe* von Zahlungen aufgestellt werden. Vielmehr muss das Projekt dann durch einen Entscheidungsbaum oder in einer anderen Form beschrieben werden, die den im Verlauf eintretenden Verzweigungen, Fallunterscheidungen und Festlegungen Rechnung trägt und sich für die flexible Planung eignet.

Gelegentlich geben wir einer Zahlungsreihe eine Bezeichnung und schreiben etwa $z \equiv (z_0, z_1, z_2, ...)$.

Es wird deutlich, dass Zahlungsreihen auch addiert werden können. Wenn der Berechtigte neben der Zahlungsreihe $z^{(A)} = (z_0^A, z_1^A, z_2^A, ...)$ eine weitere Zahlungsreihe $z^{(B)} = (z_0^B, z_1^B, z_2^B, ...)$ beansprucht, so hat er im Portfolio insgesamt die Zahlungsreihe $z^{(A)} + z^{(B)}$. Sie ist durch die Geldbeträge $z_0^A + z_0^B$, $z_1^A + z_1^B$, $z_2^A + z_2^B, ...$ beschrieben.

Mit diesen Vorbereitungen können wir die Problemstellung der Budgetierung formaler betrachten.

2. WERT

FISHER hat alle der Unternehmung möglichen Investitionsprojekte und alle ihr überhaupt zugänglichen Finanzierungen durch die ihnen jeweils entsprechen Zahlungsreihen beschrieben. Die möglichen Projekte und Maßnahmen seien so bezeichnet:

$$z^{(A)} = (z_0^A, z_1^A, z_2^A, ...)\,,\ z^{(B)} = (z_0^B, z_1^B, z_2^B, ...)\,,\ z^{(C)} = (z_0^C, z_1^C, z_2^C, ...)\,,\ ...$$

Mit der Aufstellung eines Gesamtplans wird für jede Zahlungsreihe festgelegt, ob sie Teil des Gesamtplans ist oder nicht, eben ob sie angenommen oder abgelehnt wird. Wenn beispielsweise das Management entscheidet, nur die erste und die dritte Zahlungsreihe anzunehmen und alle anderen abzulehnen, resultiert für den Gesamtplan die Zahlungsreihe

$$z^{(A)} + z^{(C)} = (z_0^A + z_0^C, z_1^A + z_1^C, z_2^A + z_2^C, ...)$$

Jede Reihe soll angenommen oder abgelehnt werden können, unabhängig von der Festlegung, wie mit den übrigen Zahlungsreihen verfahren wird. Insbesondere ist es erlaubt, alle möglichen Zahlungsreihen anzunehmen. Gleichfalls ist es möglich, alle abzulehnen.

Nun sind *sehr viele* Kombinationen oder Gesamtpläne denkbar. Bei N Zahlungsreihen gibt es 2^N verschiedene Pläne oder Budgets. Beispielsweise sind bei den $N = 3$ Zahlungsreihen $z^{(A)}$, $z^{(B)}$, $z^{(C)}$ acht Budgets möglich: 1. Keine Zahlungsreihe, 2. nur $z^{(A)}$, 3. nur $z^{(B)}$, 4. nur $z^{(C)}$, 5. $z^{(A)} + z^{(B)}$, 6. $z^{(A)} + z^{(C)}$, 7. $z^{(B)} + z^{(C)}$, 8. Alle drei Zahlungsreihen.

Für praxisnahe Werte von N ist 2^N recht groß. Für $N = 10$ gibt es bereits 1.024 verschiedene Gesamtpläne und bei $N = 20$ sind 1.048.576 Gesamtpläne möglich. Die Aufgabe, unter den 2^N möglichen Gesamtplänen einen besten zu bestimmen, ist aufgrund der hohen Anzahl der Möglichkeiten recht umfangreich. Hinzu kommt die Notwendigkeit, für die Beurteilung der 2^N Gesamtpläne ein Entscheidungskriterium zu formulieren. Hierzu muss eine *Nutzenfunktion des Berechtigten* aufgestellt werden.

Man darf sagen, dass die Frage nach der Vorteilhaftigkeit einer Investition oder einer Finanzierung eine komplexe Simultanoptimierung verlangt. Entsprechend kann eine Investition oder eine Kapitalanlage nicht als "an sich wertvoll" bezeichnet werden, denn es kommt darauf an, in welchem Zusammenhang sie in jenem Gesamtplan steht, in den sie möglicherweise eingebettet wird. Damit kann auch die Frage nach dem "Wert" nicht ohne weiteres beantwortet werden, und schon gar nicht kann ein "Wert" unabhängig von anderen Projekten verstanden werden.

2.5 Fisher-Separation

Die skizzierte Aufgabe der Budgetierung ist zwar komplex, doch FISHER hat ein Ergebnis gefunden, wodurch sie sich auf überraschende Weise vereinfacht.

> Das Ergebnis zeigt, dass die simultane Optimierung unter Einbezug aller 2^N möglichen Gesamtpläne in N einzelne Aufgaben zerfällt, bei denen jede der N Zahlungsreihen für sich *isoliert* beurteilt wird. Diese N Aufgaben sind voneinander unabhängig und können getrennt gelöst werden.
>
> Insbesondere können Entscheidungen über Investitionsvorhaben separiert von Entscheidungen über ihre Finanzierung getroffen werden. Das Ergebnis wird deshalb als *Fisher-Separation* bezeichnet. Damit diese Vereinfachung der ursprünglich komplexen Budgetierung möglich wird, muss es einen Kapitalmarkt geben.

Wir betrachten den Kapitalmarkt näher. FISHER hat sich auf den Fall der *Sicherheit* beschränkt: alle betrachteten Zahlungen sind gegebene Geldbeträge, es gibt *keinerlei Unsicherheit*. Insbesondere besteht auch kein Anlaß, im Verlauf weitere Informationen zu sammeln, um mehr über die Zahlungen zu erfahren. Es gibt auch keine unvollständige Information und keinen Anlaß zum Lernen.

Tatsächlich bietet der Kapitalmarkt die Möglichkeit, den *Fälligkeitstermin* eines sicheren Geldbetrags zu verändern. Hierzu wird entweder ein Kredit aufgenommen oder eine Geldanlage getätigt. Die Konditionen dafür werden durch die Zinssätze beschrieben. Mit solchen im Kapitalmarkt möglichen Transaktionen kann beispielsweise der in einem Jahr fällige Geldbetrag z_1 in den heute fälligen Geldbetrag $z_1/(1+i_1)$ transformiert werden, wobei i_1 den Zinssatz für Transaktionen mit der Frist eines Jahres bezeichnet — die Bezeichnung i für den Zinssatz, die wir in diesem Buch wählen, leitet sich aus dem Angelsächsischen *interest* ab.

- Hierzu nimmt der Berechtigte, wenn z_1 positiv ist, heute einen Kredit in Höhe von $z_1/(1+i_1)$ und zahlt ihn mit Zins in einem Jahr zurück — dazu dient dann der zufließende Geldbetrag in Höhe z_1.

- Andererseits, wenn z_1 negativ ist, legt der Berechtigte heute den Geldbetrag $-z_1/(1+i_1)$ im Kapitalmarkt an und erhält als Anlageergebnis in einem Jahr den (positiven) Geldbetrag $-z_1$. So kann der Berechtigte ohne weiteren Rückgriff auf eigene Mittel die ihm durch die Zahlungsreihe auferlegte Auszahlung leisten.

2. WERT

Genauso kann der zu t fällige Geldbetrag z_t in den heute fälligen Geldbetrag $z_t/(1+i_t)^t$ transformiert werden. Es sind also marktgängige Konditionen, die den heutigen Geldbetrag $z_t/(1+i_t)^t$ und den später zu t fälligen Geldbetrag z_t äquivalent oder gleichwertig machen. In der Tat werden sich immer Marktteilnehmer finden, die bei marktüblichen Zinssätzen zu den entsprechenden Transformationen bereit sind.

Der Kapitalmarkt ermöglicht es mithin, Zahlungen zu verschiedenen Zeitpunkten ineinander zu transformieren. Die Konditionen für diese Zeittransformationen sind die Zinssätze. Da die Abbildung konkreter Investitionsprojekte und Finanzierungsmaßnahmen durch Zahlungsreihen ohnehin schon eine starke Abstraktion bedeutet, kann dieser, in der Modellebene betrachtete Kapitalmarkt auch losgelöst von der aktuellen Zinsstruktur im konkreten Kapitalmarkt eines Landes verstanden werden.

Deshalb werden wir im Folgenden davon ausgehen, dass der Zins für alle Laufzeiten dieselbe Höhe hat, $i_1 = i_2 = i_3 = ...$ und diesen einheitlichen Zins bezeichnen wir fortan mit i.

Die Umrechnung folgt dem traditionellen Weg der Diskontierung. Im Grunde ist $z_t/(1+i)^t$ der heutige Geldbetrag, zu dem der zu t fällige Geldbetrag z_t gehandelt wird. Anders formuliert: $z_t/(1+i)^t$ ist im Kapitalmarkt der *Preis* für eine zu t fällige Zahlung der Höhe z_t, und $1/(1+i)^t$ ist der Preis für eine zu t fällige Geldeinheit. Da der *Wert* als Preis in einem "gut funktionierenden Markt" definiert ist, ist $z_t/(1+i)^t$ der *Wert* der zu t fälligen Zahlung der Höhe z_t. Mit dieser Überlegung hat FISHER den Wert einer Zahlungsreihe in den Mittelpunkt seiner weiteren Untersuchungen gerückt.

> Wir verwenden anstelle des Wertbegriffs hier noch die beiden Bezeichnungen Present-Value beziehungsweise Net-Present-Value, weil die dafür verwendeten Abkürzungen *PV* und *NPV* auch in der deutschen Fachliteratur üblich sind: Die Summe der Werte aller *in der Zukunft* liegenden Geldbeträge $z_1, z_2, z_3, ...$ einer Zahlungsreihe heißt *Present-Value*. Die Summe aller Geldbeträge unter Einschluß von z_0 ist der *Net-Present-Value*:

$$PV \equiv \frac{z_1}{1+i} + \frac{z_2}{(1+i)^2} + ... + \frac{z_T}{(1+i)^T} = \sum_{t=1}^{T} \frac{z_t}{(1+i)^t}$$

$$NPV \equiv z_0 + PV$$

(2-1)

Beispiel 2-4: Um ein Projekt in Gang zu bringen, ist eine Anfangsauszahlung $z_0 = -90$ erforderlich. Dann soll es für den Berechtigten Einzahlungen $z_1 = 10$, $z_2 = 20$, $z_3 = 30$, $z_4 = 40$ geben und die letzte Zahlung für $T = 5$ hat die Höhe $z_5 = 50$. Die Amortisation beträgt $s = 4$ Jahre, denn $z_0 + z_1 + z_2 + z_3 = -30 < 0$ und $z_0 + z_1 + z_2 + z_3 + z_4 = +10 > 0$. Bei einem Zinssatz von konstant $i = 6\%$ für alle Laufzeiten beträgt der Present-Value $PV = 121{,}47$ und der Net-Present-Value ist $NPV = 31{,}47$. ■

Die Definition des PV ist in (2-1) für eine Zahlungsreihe definiert, die mit dem Jahr T endet. Im Fall einer unendlich laufenden Zahlungsreihe müßte man den Present-Value durch

$$PV \equiv \lim_{T \to \infty} \sum_{t=1}^{T} \frac{z_T}{(1+i)^T} \qquad (2\text{-}2)$$

definieren und untersuchen, ob der Grenzwert existiert.

Warum ist es erforderlich, zwischen Present-Value PV und Net-Present-Value NPV zu unterscheiden? Gelegentlich ist z_0 ein Kaufpreis oder eine Einstandszahlung ist, über deren Höhe noch verhandelt werden muss, während die folgenden Zahlungen feststehen. Dann ist der Berechtigte bemüht, die Summe der Barwerte aller *in der Zukunft* liegenden Zahlungen zu ermitteln und klammert z_0 aus. So wird der Present-Value PV bestimmt.

Der Present-Value gibt Hinweise auf akzeptable Einstandzahlungen. Ist schließlich, möglicherweise nach Verhandlungen, z_0 festgelegt, dann ist der Kapitalwert der gesamten Zahlungsreihe durch den Net-Present-Value NPV bestimmt.

> Die *Fisher-Separation* besagt: Im optimalen Gesamtplan sind jene Investitionsprojekte und jene Finanzierungsmaßnahmen angenommen, deren Zahlungsreihen einen positiven Net-Present-Value haben. Investitionen und Finanzierungen mit negativem Net-Present-Value sind nicht im optimalen Budget enthalten.

Die ursprünglich komplexe Aufgabe, das optimale Budget unter Berücksichtigung aller 2^N möglichen Pläne zu bestimmen, zerfällt so in N einzelne Prüfungen, die zudem recht einfach vorzunehmen sind. Nicht einmal die Nutzenfunktion des Berechtigten muss bekannt sein. Es müssen lediglich die Marktzinssätze gegeben sein, mit denen die Kapitalwerte der Zahlungsreihen gemäß (2-1) beziehungsweise (2-2) ermittelt werden. Es wird geprüft, ob der Wert einer Investition oder einer Maßnahme positiv ist. Ist das der Fall, wird sie in das Budget aufgenommen. Jetzt kann man sagen: Ergreife wertvolle Aktivitäten! Doch es braucht einen gut funktionierenden Markt, damit der Wert bestimmt ist und dieser Imperativ auf einen optimalen Gesamtplan führt.

Wir wollen nicht in einen Beweis der Aussage der Fisher-Separation eintreten. Doch soll etwas zu den Eigenschaften gesagt werden, die IRVING FISHER mit dem vorausgesetzten Kapitalmarkt verbindet:

1. *Keine Entstehungsgeschichte*: Der zu einem Zeitpunkt t fällige Geldbetrag z_t ist *vollkommen* durch seine Höhe beschrieben. Weitere Informationen sind nicht verlangt. Es kommt, um seinen Wert zu finden, nicht darauf an, wie der Geldbetrag zustande kommt. Unwichtig ist auch beim Zahlungsvorgang an den Berechtigten der Weg, den das Geld zuvor genommen hat, bevor es dem Berechtigten zufließt. Geld trägt keine Geschichte mit sich herum. "Geld stinkt nicht" meinte der Römer SENECA. Geld ist unbedingtes Zahlungsmittel, seine Verwendung ist nicht noch an weitere Voraussetzungen geknüpft.[11]

2. *Gleiche Konditionen*: Alle betrachteten Personen, sei es der Berechtigte oder weitere Personen, sollen dieselben Konditionen haben. Der Zins für eine Anlage hängt nicht davon ab, wer sie tätigt, und er hängt auch nicht vom Betrag ab, um den es bei einem Finanzgeschäft geht. Eine Geldanlage von € 10.000 bringt denselben Zins wie eine von € 10.100. Insbesondere bringt eine Anlage von € 10.000 denselben Zins wie eine "Anlage" von €−10.100, das heißt, Haben- und Sollzins stimmen im gut funktionierenden Kapitalmarkt überein.

3. *Wertadditivität*: Eine Zahlungsreihe, ein Bündel von Zahlungen $z_0, z_1, z_2, ..., z_T$, kann in seine einzelnen Bestandteile aufgetrennt werden, und jede der einzelnen Zahlungen kann für sich im Kapitalmarkt gehandelt werden. Der Wert der einzelnen Zahlung ergibt sich durch Diskontierung, und der Wert oder das heutige Äquivalent des ganzen Bündels $z_0, z_1, z_2, ..., z_T$ von Geldbeträgen unterschiedlicher Fälligkeit ist gleich der Summe der einzelnen, auf den heutigen Zeitpunkt diskontierten Geldbeträge. Dieses Grundprinzip ist das der *Wertadditivität*. In der Tat ist es auch in einem Gütermarkt, wie man ihn in der Mikroökonomie untersucht, genau gleich: Ein Warenkorb kostet genau so viel wie die Summe seiner Bestandteile. Die Zahlungsreihe $z_0, z_1, z_2, ..., z_T$ enthält neben den einzelnen Zahlungen nichts verstecktes, das noch einen positiven Wert hätte und bei der Zerlegung in einzelne

---

[11] Diese Eigenschaft ist im praktischen Leben *nicht* erfüllt. Es heißt, echte könnten von künstlichen Rubinen nicht unterschieden werden. Dennoch haben identisch aussehende Rubine ihrer Herkunft entsprechend unterschiedliche Werte. Viele andere Beispiele lassen sich finden, und auch wir müssen auf diesen Punkt nochmals zurückkommen, wenn unsichere Zahlungen bewertet werden sollen.

Zahlungen verloren ginge. Die Komposition $z_0, z_1, z_2, ..., z_T$ ist nicht mehr (und nicht weniger) wert als die Summe der Werte der einzelnen Zahlungen z_t, $t = 0,1,2,...,T$.

Diese Annahmen beschreiben einen idealisierten Markt, wie er sich für die Aufnahme in die Modellebene eignet. Die Frage, wie nahe diese Annahmen an der Realität der Budgetierung in einer konkreten Unternehmung sind, muss der Anwender dieser Theorie klären. Zweifellos dürfte die Theorie der Fisher-Separation für Finanzvorhaben und für große Projekte genauer zutreffen als im menschlichen Alltag.

2.6 Die Veränderung der Werte

Investoren, die Kapitalanlagen getätigt haben und von ihnen leben, wollen sich immer vergegenwärtigen, ob ihre Entnahmen nicht vielleicht zu hoch sind und "die Substanz aufgezehrt" wird. Dahinter steht das menschliche Verlangen, zwischen

- Kapitalerträgen, die das Wirtschaftsergebnis des Jahres sind
- und den Einnahmen aus einer Veräußerung von Kapitalanlagen

zu unterschieden. Vielleicht steht dahinter das Bestreben, zukünftige Kapitalerträge zu sichern. Der Wunsch, die Entnahmen in einem Jahr nach "wohlverdientem Ertrag" und "Aufzehrung der Substanz" zu trennen, wurde auch in der *Behavioral Finance* beschrieben.[12]

Wir wollen die damit verbundene Frage formal behandeln. Wir nehmen an, dass im Verlauf des Projektlebens die Zahlungen wie geplant anfallen — wie gesagt unterstellen wir für die Modellebene Sicherheit. Das sind also die Zahlungen $z_0, z_1, z_2, ..., z_T$. Besonders am Anfang und vielleicht auch später noch sind vom Eigentümer der Kapitalanlage Auszahlungen zu leisten. Beispielsweise muss eine Maschine ersetzt, ein Haus renoviert werden. In vielen anderen Jahren dürfte sich der Eigentümer der Kapitalanlage an Einzahlungen freuen, die ihm zufließen. Der Investor entnimmt sie dem Projekt. Wie immer bei Entnahmen stellt sich die Frage, ob man "über seine Verhältnisse" lebt. Die Frage ist, ob die getätigten Entnahmen vom Projekt in dem betreffenden Jahr überhaupt "erwirtschaftet" werden oder ob mit der Entnahme ein Kapitalverzehr stattfindet. Anders ausgedrückt: Sind die Zahlungen

---

[12] Es versteht sich von selbst, dass es in vielen Fällen nicht angebracht ist, so zu verfahren. Wenn ein Mensch in den Ruhestand geht und vielleicht nur noch einige Jahrzehnte zu leben hat, könnte durchaus mit den Kapitalanlagen so verfahren werden, dass sich ihr Wert über diese Zeitspanne reduziert.

$z_0, z_1, z_2, ..., z_T$, mit denen im Verlauf des Projekts gerechnet wird, eher als Investition oder als Desinvestition zu sehen?

> Eine *Investition* liegt vor, wenn eine Person eine Auszahlung tätigt oder aus der Kapitalanlage, an dem sie Rechte hat, eine so geringe Einzahlung erhält, dass sich der Wert der Kapitalanlage erhöht. Eine *Desinvestition* liegt vor, wenn die Person so hohe Entnahmen tätigt — die für sie eine Einzahlung darstellen, dass sich der Wert der Kapitalanlage reduziert.

Die Antwort, in welchen Jahren eine Investition und wann eine Desinvestition vorliegt, verlangt demnach ein Studium der Werte, die das Projekt im Verlauf seiner Lebenszeit hat. Zu Beginn, zum Zeitpunkt 0, wo noch alle Zahlungen $z_1, z_2, ..., z_T$ ausstehen, hat das Projekt den nun mit W_0 bezeichneten Wert

$$PV = W_0 = \frac{z_1}{1+i} + \frac{z_2}{(1+i)^2} + \frac{z_3}{(1+i)^3} + ... + \frac{z_T}{(1+i)^T} \qquad (2\text{-}3)$$

Wenn dann die Jahre vergehen, lassen sich immer wieder die Barwerte der jeweils *dann noch ausstehenden* Zahlungen berechnen. Der auf den Zeitpunkt t bezogene Barwert der Zahlungen $z_{t+1}, z_{t+2}, ..., z_T$ sei mit W_t bezeichnet, also:

$$\begin{aligned}
W_0 &= \frac{z_1}{1+i} + \frac{z_2}{(1+i)^2} + \frac{z_3}{(1+i)^3} + ... + \frac{z_T}{(1+i)^T} \\
W_1 &= \frac{z_2}{1+i} + \frac{z_3}{(1+i)^2} + ... + \frac{z_T}{(1+i)^{T-1}} \\
&... \\
W_t &= \frac{z_{t+1}}{1+i} + ... + \frac{z_T}{(1+i)^{T-t}} \\
&... \\
W_{T-1} &= \frac{z_T}{1+i}
\end{aligned} \qquad (2\text{-}4)$$

Hinweis: Da die Modellebene nach unseren Festlegungen — ein Modell kann selbstverständlich auch anders entworfen werden — wie mehrfach betont *Sicherheit* unterstellt und davon ausgeht, dass im Verlauf der Zeit keine neuen Informationen kommen, können alle diese Werte bereits heute ermittelt werden, eben wie das mit (2-4) geschehen ist. Sobald die Daten in (2-4) eingesetzt sind, stehen die Werte als konkrete Zahlen zur Verfügung.

2.7 Kapitalverzehr?

Wir kehren zum Modell der Sicherheit zurück und greifen (2-4) und die im letzten Abschnitt gegebene Definition auf, in der die Begriffe der Investition und der Desinvestition erklärt worden sind. Entsprechend würde die Zeit von 0 bis 1 als eine Periode der *Investition* angesehen, wenn $W_1 > W_0$ gilt. Es würde eine Phase der Desinvestition vorliegen, wenn $W_1 < W_0$ gilt. Es kommt also auf den Wertunterschied zu Beginn und zu Ende der Periode an. Genauso würde die Zeit von 1 bis 2 als eine Phase der Investition angesehen werden, wenn $W_2 > W_1$ gilt und als eine Phase der Desinvestition, wenn $W_2 < W_1$ gilt.

> Auf die gleiche Weise können die folgenden Perioden klassifiziert werden. Ist der Wert W_{t-1} des restlichen Projektes zu Beginn einer Periode von $t-1$ bis t geringer als der Wert W_t (des dann restlichen Projektes) zum Ende der Periode, dann wird die Wertsteigerung als *Investition* tituliert, es wurde investiert. Andernfalls, wenn eine Wertreduktion zu verzeichnen ist, dann wurde in der Periode *desinvestiert*. Nach dem allgemeinen Sprachgebrauch hat der Eigentümer in einem Jahr "über seine Verhältnisse" gelebt, wenn desinvestiert wurde.

Wir müssen nun die Wertunterschiede $W_1 - W_0$, $W_2 - W_1$, $W_3 - W_2$, ..., $W_{T-1} - W_{T-2}$ berechnen. Dazu verwenden wir (2-4) und gehen wie folgt vor:

Wir beginnen mit $W_1 - W_0$ und bemerken: Wenn W_0 mit $1+i$ multipliziert wird und dann die Zahlung z_1 abgezogen wird, ergibt sich W_1. Als Formel: $W_0 \cdot (1+i) - z_1 = W_1$. Für die gesuchte Differenz $W_1 - W_0$ gilt also:

$$W_1 - W_0 = W_0 \cdot (1+i) - z_1 - W_0 = W_0 \cdot i - z_1 \qquad (2\text{-}5)$$

Der Wertunterschied ist demnach positiv (Investition), $W_1 > W_0$, genau dann, wenn $W_0 \cdot i > z_1$ gilt. Es liegt also eine Investition vor, wenn der auf den Wert zu Beginn der Periode berechnete Zins größer ist als die "Entnahme" z_1. Wir haben hier das Wort "Entnahme" in Anführungszeichen gesetzt, weil es sich natürlich nur im Fall $z_1 > 0$ um eine Einzahlung handelt, die den Berechtigten erfreut. Die Mathematik und die eben getroffene Aussage gilt indessen auch im Fall $z_1 \leq 0$.

Beispiel 2-5: Hans ist Eigentümer eines unbebauten Grundstücks. Es ist heute € 100.000 wert. Obwohl Bauland, hat es Hans zunächst verpachtet. Die Pacht ist gering, sie beträgt jährlich € 500. Ein Jahr später — und das läuft sicher und vorhersehbar ab wie ein Uhrwerk, hat das

Grundstück bereits den Wert € 103.000. Hans denkt: Eigentlich habe ich nicht über meine Verhältnisse gelebt, denn ich habe nur € 500 entnommen. In der Tat kann er sogar auf eine Wertsteigerung zurückblicken. Formal betrachtet, hat er investiert. Wie aktiv er dazu sein musste, ist eine andere Frage. ∎

Beispiel 2-6: Gelegentlich gibt es Wertsteigerungen, die ohne Zutun ablaufen. Maria hält ein Mietshaus, es ist heute € 1.000.000 wert. Der Zins beträgt $i = 3\%$ und genau — so ihre Überlegung — das möchte sie an Mieteinnahmen erzielen. Sie hat für das Objekt auch Mieter gefunden, die € 30.000 an Miete zahlen. Maria denkt, dass sie so nicht über ihre Verhältnisse lebt. Leider wirkt der Zahn der Zeit und das Haus ist ein Jahr später nur noch € 980.000 wert. Maria hat desinvestiert und doch über ihre Verhältnisse gelebt. "Aber warum denn, ich habe doch überhaupt nichts gemacht" klagt sie bei einem Immobilienspezialisten. "Eben deshalb kam es zum Zerfall", war dessen lakonische Antwort. ∎

Diese Betrachtung gilt genauso für die Folgeperioden. Wir führen noch explizit die Phase zwischen den Zeitpunkten 1 und 2 vor und betrachten dazu den Wertunterschied $W_2 - W_1$.

Wieder gilt die Bemerkung: Wenn W_1 mit $1+i$ multipliziert wird und dann die Zahlung z_2 abgezogen wird, ergibt sich W_2. Als Formel:

$$W_1 \cdot (1+i) - z_2 = W_2$$

Für die Differenz $W_2 - W_1$ gilt folglich:

$$W_2 - W_1 = W_1 \cdot (1+i) - z_2 - W_1 = W_1 \cdot i - z_2$$

Der Wertunterschied ist demnach genau dann positiv (Investition), $W_2 > W_1$, wenn $W_1 \cdot i > z_2$ gilt. Es liegt also eine Investition vor, wenn der auf den Wert zu Beginn der betreffenden Periode berechnete Zins größer ist als die "Entnahme" z_2.

Allgemein gilt: Ob in der Periode von t bis $t+1$ eine Investition getätigt wird oder ein Wertverzehr (Desinvestition) vorliegt, hängt allein vom Wert zu Beginn, W_t, vom Zinssatz i, und von der Entnahme z_{t+1} zum Zeitpunkt $t+1$ ab ($t = 1, 2, ..., T-1$).

$$W_t \cdot i \begin{cases} > z_{t+1} & \Leftrightarrow \quad \textit{Investition} \\ < z_{t+1} & \Leftrightarrow \quad \textit{Wertverzehr} \end{cases} \qquad (2\text{-}6)$$

Tätigt der Eigentümer entweder eine Auszahlung oder eine Entnahme, die geringer ist als das Produkt aus Wert und Zinssatz, dann liegt eine Investition vor. Tätigt er eine Entnahme, die den Zins übersteigt, dann liegt eine Desinvestition oder ein Wertverzehr in dem betreffenden Jahr vor.

Zu guter Letzt: was gilt in der letzten Periode, die von $T-1$ bis T geht? Wieder kommt es auf W_{T-1}, i und z_T an. Im Fall $W_{T-1} \cdot i - z_T > 0$ würden wir von einer Investition, im Fall $W_{T-1} \cdot i - z_T < 0$ von einem Wertverzehr sprechen. Nun gilt speziell $W_{T-1} = z_T / (1+i)$, also $W_{T-1} \cdot (1+i) = z_T$. In der letzten Periode gilt folglich $W_{T-1} \cdot i - z_T = W_{T-1}$.

In der letzten Periode wird der noch zu Beginn dieser Periode vorhandene Wert, W_{T-1}, ausgeglichen. Das ist die Besonderheit des letzten Jahres.

Ist dieser Wert positiv, wird dieser Wert verzehrt und es findet eine Desinvestition statt. Wäre dieser Wert W_{T-1} jedoch negativ, dann würde in der letzten Periode noch eine Investition oder, wenn man so möchte, Wertzufuhr erfolgen. In jedem Fall endet das Projekt mit einer zum Schluß ausgeglichenen Wertrechnung.

Beispiel 2-7: Das Projekt sei durch $T = 4$ sowie $z_0 = -100$, $z_1 = 40$, $z_2 = 5$, $z_3 = 120$ und $z_4 = -30$ charakterisiert. Zum Zeitpunkt $T = 4$ wird dem Eigentümer also nochmals eine Zahlung abverlangt, die auf Abbruchkosten hindeutet. Diese Zahlungen sind, wie wir immer wiederholten, Erwartungswerte. Aufgrund einer Überlegung, die wir jetzt überspringen (aber später detailliert behandeln), soll mit einem Zinssatz $i = 10\%$ kalkuliert werden. Die Werte lassen sich in einer Rückwärtsrechnung so finden:

$$W_3 = z_4 / (1+i) = -30 / 1{,}1 = -27{,}27,$$
$$W_2 = (W_3 + z_3) / (1+i) = (-27{,}27 + 120) / 1{,}1 = 84{,}30,$$
$$W_1 = (W_2 + z_2) / (1+i) = (84{,}30 + 5) / 1{,}1 = 81{,}18.$$
$$PV = W_0 = (W_1 + z_1) / (1+i) = (81{,}18 + 40) / 1{,}1 = 110{,}16.$$

Wegen $NPV = PV + z_0 = 110{,}16 - 100 = 10{,}16 > 0$ kann der Eigentümer des Projekts eine anfängliche Wertschöpfung verzeichnen, doch die erste Periode ist wegen $W_0 > W_1$ bereits von einem Wertverzehr geprägt. Dies offensichtlich, weil z_1 recht groß ist. Die zweite Periode ist wegen $W_1 < W_2$ als solche der Investition anzusehen, offensichtlich ist z_2 vergleichsweise gering, jedenfalls geringer als das Ergebnis $W_1 \cdot i = 81{,}18 \cdot 0{,}1 = 8{,}12$. In der Folgeperiode, die vom Zeitpunkt 2 bis zum Zeitpunkt 3 reicht, wird von einem hohen Wertverzehr geprägt. Er ist so hoch, dass das Projekt zum Periodenende sogar einen negativen Wert aufweist. ∎

2.8 Variable Information

Zum Abschluß dieses Kapitels greifen wir nochmals die in Abschnitt 2.6 gestellte Frage auf, ob man nicht heute, zum Zeitpunkt 0, ein Projekt oder eine Kapitalanlage auf einen zukünftigen Zeitpunkt bewerten kann. Es ist die Frage nach den Werten W_1, W_2,... und wir wollen sie nochmals stellen. Wie unterscheiden sich beispielsweise der Wert W_1, den die Kapitalanlage in einem Jahr haben wird, und der heutige Wert W_0? Zwei Unterschiede sind zu beachten.

Erstens besteht der Unterschied zwischen dem heutigen Wert und dem Wert in einem Jahr darin, dass die erste Ausschüttung oder Entnahme noch bei W_0 berücksichtigt ist, bei W_1 aber nicht mehr, weil sie ein Jahr später passé ist. Zudem sind, wenn ein Jahr vergangen ist, alle noch ausstehenden Zahlungen ein Jahr näher gerückt. Das war in den Formeln (2-4) berücksichtigt.

Beispiel 2-8: Jemand hält eine Anleihe mit einer Restlaufzeit von drei Jahren. In einem Jahr und in zwei Jahren beträgt der Kupon $c_1 = c_2 = 6$ und in drei Jahren gibt es nochmals diesen Kupon und die Rückzahlung des Nominalbetrags, $c_3 = 106$. Der heutige Marktzinssatz beträgt (für alle Laufzeiten) $i = 5\%$. Diese Daten sollen sicher sein und es soll feststehen, dass es keine andere Information geben wird. Der heutige Wert der Anleihe ist daher $W_0 = 6/1{,}05 + 6/1{,}05^2 + 106/1{,}05^3 = 102{,}72$. Weil auch in einem Jahr keine anderen Informationen vorliegen werden, kann schon jetzt der Wert der Anleihe berechnet werden, die sie heute in einem Jahr haben wird. Dann ist zwar die erste Kuponzahlung passé aber es gibt noch weitere Kuponzahlungen sowie die Rückzahlung. Diese Zahlungen sind zeitlich um ein Jahr näher gerückt. Somit gilt, wo sich der Zinssatz nicht verändert, $W_1 = 6/1{,}05 + 106/1{,}05^2 = 101{,}86$. ∎

In der Realität hat man es allerdings immer mit Unsicherheit und mit unvollständiger Information zu tun. In diesen Fällen wird die Sache komplexer. Die Unsicherheit kann sich auf Marktgrößen wie den Zinssatz beziehen, die in die Bewertung einfließen. Solche Größen können sich natürlich im Verlauf der Zeit ändern und man weiß zu Beginn nicht immer, welche Richtung die Entwicklung nehmen wird. Die Unsicherheit kann sich ebenso auf projektspezifische Größen beziehen, wie etwa die Höhe der zu einem Zeitpunkt fälligen Zahlung. Man weiß nie alles, doch mit der Zeit kommt vieles an den Tag. Das heißt: Wenn ein Jahr vergeht, dürften sich gewisse Einflußfaktoren, die zum Zeitpunkt 0 als unsichere Größe oder als Zufallsvariable betrachtet worden sind, konkretisiert haben. Zum Zeitpunkt 1 sind dann die Realisationen dieser Zufallsvariablen bekannt. Weiter ändern sich aufgrund neuer Informationen im Zeitverlauf die Wahrscheinlichkeiten, die man unsicheren Entwicklungen zuordnet. Was zu Beginn noch vage ist, weiß man konkreter, auch wenn vielleicht (noch) nicht ganz genau. Eine Bewertung, die zu einem späteren Zeitpunkt vorgenommen wird, bezieht sich daher auf einen anderen Informationsstand.

Im Fall von Unsicherheit und variabler Information geht folglich der Unterschied zwischen dem heutigen Wert W_0 und W_1, dem Wert ein Jahr später, auf zwei Ursachen zurück:

1. Es gibt die eben beschriebene Zeitverschiebung der Zahlungen.
2. Ein Jahr später gibt es einen neuen Informationsstand.

Beispiel 2-9: Jemand hält eine Anleihe mit einer Restlaufzeit von drei Jahren. In einem Jahr und in zwei Jahren beträgt der Kupon $c_1 = c_2 = 6$ und in drei Jahren gibt es nochmals diesen Kupon und die Rückzahlung des Nominalbetrags, $c_3 = 106$. Der heutige Marktzinssatz beträgt (für alle Laufzeiten) $i = 5\%$. Der heutige Wert W_0 der Anleihe ist wie zuvor berechnet gleich $W_0 = 6/1{,}05 + 6/1{,}05^2 + 106/1{,}05^3 = 102{,}72$. Ein Jahr später hat sich der Zinssatz geändert. Er beträgt nicht mehr 5% sondern für alle Laufzeiten $i = 4\%$. Es folgt $W_1 = 6/1{,}04 + 106/1{,}04^2 = 103{,}77$. ∎

Selbstverständlich wird der heutige Wert W_0 durch das Bewertungsmodell als eine Zahl bestimmt. Sie bezieht sich auf den heutigen Informationsstand. Auch könnte man ein Jahr zuwarten, und dann erneut den Wert der Kapitalanlage kalkulieren. Auch dieser Wert W_1 wird dann als konkrete Zahl ermittelt werden können. Allerdings ist dieser Wert W_1 zum Zeitpunkt 0 noch nicht als konkrete Zahl bekannt. Die Frage lautet, was zum Zeitpunkt 0 über diesen späteren Wert W_1 bekannt ist.

Die zum Zeitpunkt 0 verfügbaren Informationen über den Wert des Projektes, den es zum Zeitpunkt 1 haben wird, sind noch unsicher. Sie hängen davon ab, wie sich Zufallsgrößen realisieren und welche Informationen eintreffen. Folglich ist zum Zeitpunkt 0 der auf den Zeitpunkt 1 bezogene Wert eine *Zufallsvariable*: $\widetilde{W}_1$ bezeichnet den zum Zeitpunkt 0 noch unsicheren Wert, der in einem Jahr aufgrund des *dann vorliegenden neuen Informationsstandes* als konkrete Zahl W_1 berechenbar sein wird. Gleichsam wird zum Zeitpunkt 1 eine Ziehung vorgenommen, und W_1 aus der Verteilung $\widetilde{W}_1$ gezogen.

Welche von mehreren möglichen Informationen zum Zeitpunkt 1 eintritt, ist zum Zeitpunkt 0 noch unsicher. Doch man kann zum Zeitpunkt 0 durchaus gewisse Erwartungen dahingehend bilden, welche Informationen zum Zeitpunkt 1 eintreffen können und welche nicht. Im Regelfall gibt es also eine Wahrscheinlichkeitsverteilung, die besagt, welche Information mit welcher Wahrscheinlichkeit eintreffen. Die auf einen zukünftigen Zeitpunkt bezogene Bewertung liefert angesichts der Zufälligkeit neuer Information daher selbst nur eine Zufallsvariable,

2. WERT

keinen konkreten Zahlenwert. Um das zu unterstreichen, trägt die Bezeichnung für diesen Wert $\widetilde{W}_1$ eine Tilde.

Beispiel 2-10: Jemand hält eine Anleihe mit einer Restlaufzeit von drei Jahren. In einem Jahr und in zwei Jahren beträgt der Kupon $c_1 = c_2 = 6$ und in drei Jahren gibt es nochmals diesen Kupon und die Rückzahlung des Nominalbetrags, $c_3 = 106$. Der heutige Marktzinssatz beträgt (für alle Laufzeiten) $i = 5\%$.

1. Die Anleihe ist vorzeitig kündbar. Ob sie gekündigt wird oder nicht, soll in einem Jahr bekannt werden. Die Entscheidung wird per Los getroffen. Die Wahrscheinlichkeit einer Kündigung beträgt ½, und eben ½ ist die Wahrscheinlichkeit keiner Kündigung. Wenn in einem Jahr die Kündigung bekannt wird, erhält der Inhaber nicht erst zum Zeitpunkt 3 sondern bereits zum Zeitpunkt 2 die letzte Zahlung in Höhe von 106.

2. Den heutigen Wert W_0 der Anleihe zu berechnen, ist für uns schon anspruchsvoll, weil dazu die Bewertung einer Lotterie verlangt wird. Denn entweder wird die Anleihe nicht gekündigt und hat dann den Wert $6/1{,}05 + 6/1{,}05^2 + 106/1{,}05^3 = 102{,}72$ oder sie wird gekündigt und hat dann den Wert $6/1{,}05 + 106/1{,}05^2 = 101{,}86$. Nun können wir im Vorgriff auf später sagen, dass die mit dieser Lotterie verbundene Unsicherheit *kein systematisches Risiko* darstellt, für dessen Tragen im Markt eine Prämie erwartet werden kann. Die Ziehung des Loses ist ein unsystematisches Risiko. Die damit verbundene Unsicherheit wird im Markt mit ihrem Erwartungswert bewertet — auch wenn der konkrete Investor vielleicht schlaflose Nächte hat. Folglich ist der heutige Wert der Anleihe $W_0 = (1/2) \cdot 102{,}72 + (1/2) \cdot 101{,}86 = 102{,}29$.

3. Wird zum Zeitpunkt 0 bereits eine Kalkulation des Werts in einem Jahr verlangt, so wird wie folgt vorgegangen: Falls die Anleihe nicht gekündigt werden sollte, wird ihr Wert $6/1{,}05 + 106/1{,}05^2 = 101{,}86$ sein. Falls sie gekündigt wird, hat sie dann den Wert $106/1{,}05 = 100{,}95$. Aufgrund der zum Zeitpunkt 0 verfügbaren Information kann der Wert zum Zeitpunkt 1 folglich nur als eine Zufallsvariable $\widetilde{W}_1$ aufgestellt werden. Sie kann jeweils mit Wahrscheinlichkeit ½ den Zahlenwert 101,86 beziehungsweise 100,95 annehmen. ∎

Angenommen, in einem konkreten Fall wird die Verteilung $\widetilde{W}_1^{(1)}$ tatsächlich aufgestellt. Es geht um eine auf heute in einem Jahr bezogene Bewertung aufgrund der Informationen, die in einem Jahr vorliegen. Jemand hat sich also die Mühe gemacht, verschiedene Möglichkeiten oder Szenarien hinsichtlich der wertrelevanten Informationen aufzustellen, die innerhalb eines Jahres eintreffen könnten. Wenn dann innerhalb der kommenden zwölf Monate diese Informationen eintreffen, dann kommt dies einer Ziehung aus der Verteilung $\widetilde{W}_1^{(1)}$ gleich.

Beispiel 2-11: Ein Treuhänder soll eine Unternehmung bewerten. Man sagt ihm, dass es hinsichtlich des weiteren Geschäftsverlaufs in einem mittleren Zeithorizont sehr wichtig ist, welchen Weg ein Vorhaben in den USA nehme, und dies schicksalhafte Entwicklung könne "gut" oder "schlecht" verlaufen. Welche dieser beiden Zustände eintrete, wisse man genau erst in zwei Jahren. Doch bereits in einem Jahr wird man eine Prognose erfahren. Heute wisse man natürlich noch nicht, was die Prognose aussagen wird. Doch man weiß, dass zwei Aussagen möglich sind:

- A besagt, der gute Zustand werde mit Wahrscheinlichkeit $9/10$ und der schlechte Zustand werde mit Wahrscheinlichkeit $1/10$ eintreten.
- B besagt, die Wahrscheinlichkeit des guten Zustands sie $4/10$ und die des schlechten Zustands $6/10$.

Doch wie gesagt wisse man erst in einem Jahr, ob die Prognose A oder B lautet. Schon jetzt ist bekannt, dass beide Prognosen gleichwahrscheinlich sind.

Der Treuhänder antwortet: "Dann muss aufgrund dieser Informationen damit gerechnet werden, dass der gute Zustand mit Wahrscheinlichkeit

$$1/2 \cdot 0{,}9 + 1/2 \cdot 0{,}4 = 65\%$$

eintritt und der schlechte Zustand mit Wahrscheinlichkeit

$$1/2 \cdot 0{,}1 + 1/2 \cdot 0{,}6 = 35\%.$$

Diese Zustandswahrscheinlichkeiten 65% und 35% bilden meine heutige Information und damit kalkuliere ich nun den heutigen Wert W_0."

Die Auftraggeber möchten auch jetzt schon eine Vorhersage, die sich auf den Wert in einem Jahr bezieht. Der Treuhänder antwortet: "Hier kann ich berücksichtigen, daß man in einem Jahr weiß, ob die Prognose A oder B lautet. Für A habe ich einen Wert, der sich anhand der Zustandswahrscheinlichkeiten 90% und 10% bestimmt. Für B folgt ein Wert aufgrund der Zustandswahrscheinlichkeiten 40% und 60%. Da beide Werte genau wie die beiden Prognosen mit Wahrscheinlichkeit ½ eintreten, folgt somit die Verteilung $\widetilde{W}_1$." ■

Selbstverständlich kann diese Betrachtung für die folgenden Zeitpunkte ebenso angestellt werden. So bezeichnet W_2 den Wert, den die Kapitalanlage in zwei Jahren haben wird. Dieser Wert ist erst in zwei Jahren berechenbar, wenn alle Informationen auf dem Tisch liegen. Hingegen ist $\widetilde{W}_2$ die aufgrund der heute verfügbaren Information aufgestellte Verteilung dieses Werts.

Abschließend nur dies: Der heutige Wert W_0 einer Kapitalanlage oder Unternehmung spielt natürlich in der Praxis die größte Rolle. Daneben ist auch interessant zu spekulieren, wie sich ihre Werte in der Zukunft wohl verändern werden. Die heute mögliche Spekulation wird durch $\widetilde{W}_1$, $\widetilde{W}_2$,... erfaßt.

Anstatt in der Praxis diese Wahrscheinlichkeitsverteilungen zu betrachten, fragen viele Investoren nur nach der erwarteten Wertentwicklung im Laufe der Jahre, so wie sie sich aufgrund der heutigen Information darbietet. Sie fragen nach $E[\widetilde{W}_1]$, $E[\widetilde{W}_2]$, ...

2.9 Fragen

1. Erläutern Sie diese drei Begriffe: Kapital, Investition, Desinvestition.

2. Angenommen, Sie haben eine Unternehmung zu führen müssen sich Gedanken über ihre Zusammensetzung aus Bereichen und Divisionen machen. Wie würden Sie vorgehen (und warum)? A) Sie würden das Sachkapital in den Mittelpunkt rücken und fragen, welches Wissenskapital benötigt wird, um das Sachkapital wirksam einzusetzen. B) Sie würden das Wissenskapital in den Mittelpunkt rücken und fragen, welches Sachkapital benötigt wird, um das Wissenskapital wirksam einzusetzen. C) Sie würden die Finanzanlagen der Unternehmung als Ausgangspunkt für die Planung des Sach- und des Wissenskapitals nehmen.

3. A) Skizzieren Sie die Grundaufgabe des Budgeting. B) Was besagt die von IRVING FISHER aufgezeigte Fisher-Separation?

4. A) Wie ist der *Wert* definiert? Unter welchen Bedingungen kann man davon ausgehen, dass für ein Wertpapier der Wert W und der Preis P, der sich als Kurs an einer Börse einstellt, übereinstimmen? C) In welchen Situationen kann es vorkommen, dass der Kurs P einer Aktie unter beziehungsweise über ihrem Wert W liegt. D) Kennen Sie für Ihnen bekannte Aktiengesellschaften die Relation zwischen dem "Marktwert" (gemeint ist hier P) und dem Buchwert B des Eigenkapitals?

5. A) Charakterisieren Sie die Unterschiede zwischen einer generellen und einer realitätsnahen Bewertung. B) Jemand behauptet, Kosten für die Kapitalbeschaffung müßten bei der Ermittlung der Kapitalkosten berücksichtigt werden. Kommentieren Sie diese Aussage!

6. Richtig oder falsch: Eine Desinvestition oder ein Wertverzehr liegt vor, wenn die Entnahmen als Ergebnis übersteigt, das durch Zins oder Rendite erzeugt wird. Dadurch verringert sich der Wert der Kapitalanlage.

7. Ein Hauseigentümer sieht als Alternative die Anlage in Rentenpapieren und sieht dafür eine mittleren Zins von 5% als sachgerecht an. Beim Haus sieht er, dass es im Verlauf der Jahre durch die Inflation "automatisch" an Wert gewinnt, hier rechnet er mit 2%. Allerdings ist dafür vorauszusetzen, dass er Jahr um Jahr etwa 3% des Werts für Instandhaltung und Schönheitsreparaturen verwendet. So vorzugehen, ist sein Plan. Fragen: A) In welcher prozentualen Höhe soll er seine Mietforderung stellen?[13] B) In welcher prozentualen Höhe kann dem "Projekt" Zahlungen entnehmen?

8. In einem Jahr liegt ein Wertverzehr vor, vergleiche (2-7), wenn der Kapitalanlage mehr entnommen wird als die Rendite angewandt auf den Wert ausmacht. Wie ist diese Überlegung zu modifizieren, wenn es nicht um einen nominalen sondern um einen realen Wertverzehr geht?

9. Ist der Wert eine sichere oder eine unsichere Größe?

---

[13] Antwort: A) Es ist, als ob die Kapitalanalage sich nur mit 3% rentieren muss, weil sie durch die Inflation an Wert gewinnt. Hinzukommen aber die Aufwendungen für Instandhaltung, also: 6%, B) 3%, nämlich Miete abzüglich Auszahlungen für Instandhaltung.

3. Gordon-Modell

Dieses Kapitel unterstellt für die Modellebene Sicherheit. Zunächst wird Schulwissen rekapituliert: Wie sehen die Formeln für den *Present-Value* und den *Net-Present-Value* aus, wenn die Zahlungen konstant sind oder gleichförmig wachsen? Diese Formeln münden in das Gordon-Modell, mit dem eine Unternehmung anhand ihrer Dividenden bewertet wird, wobei die Dividenden im Verlauf der Jahre wachsen.

3.1 Gleiche Zahlungshöhe 47
3.2 Gleichförmiges Wachstum 50
3.3 Multiplikatorenansätze 53
3.4 Das Gordon-Modell 55
3.5 Gordon-Modell mit abschnittsweisem Wachstum 62
3.6 Wie wurde das entdeckt? 64
3.7 Fragen 65

3.1 Gleiche Zahlungshöhe

Zu Beginn, liebe Leserin, lieber Leser, gönnen wir uns eine Pause und lassen Schulwissen aus der Erinnerung Revue passieren. Immer noch behandeln wir Investitionen, Finanzierungen, Kapitalanlagen, die — so vielfältig sie in der Realität sein mögen — nach Abstraktion in der formalen Erfassung auf der Modellebene durch *sichere Zahlungsreihen* beschrieben werden. In dieser Modellebene wird wie zuvor ein idealisierter Kapitalmarkt angenommen, und alle durch ihn gegebenen Möglichkeiten sind durch den Zinssatz i bestimmt. Einige Beispiele werden unsere Bereitschaft wecken, den vorgeführten Weg nicht als rein theoretisch abzutun. Er ist auch für die Praxis nützlich.

Wir rufen die Formel (2-1) beziehungsweise (2-2) für den Present-Value in Erinnerung. In besonderen Fällen kann die Summe durch eine geschlossene Formel ausgedrückt werden. Zwei Fälle sind wichtig.

Im ersten Falle sollen die Zahlungen stets dieselbe Höhe haben, $z_1 = z_2 = z_3 ...$, und diese sei kurz mit z bezeichnet. Außerdem soll der Zinssatz für alle Laufzeiten positiv sein, $i > 0$. Dann folgt:

$$PV = \frac{z}{1+i} + \frac{z}{(1+i)^2} + \ldots + \frac{z}{(1+i)^T} = \frac{z}{i} \cdot \left(1 - \frac{1}{(1+i)^T}\right) \quad (3\text{-}1)$$

Beispiel 3-1: Eine Beteiligung verlangt $z_0 = -500$ als anfängliche Auszahlung und dann kann für die kommenden fünf Jahre mit jährlichen Einzahlungen in Höhe $z = 100$ geplant werden. Der Zinssatz sei $i = 6\%$. Der Present-Value ist $PV = (100/i) \cdot (1 - 1/(1+i)^5) = 1.667 \cdot 0{,}253 = 421{,}67$, doch der Net-Present-Value ist negativ, $NPV = -500 + PV = -78{,}33$. Es ist daher nicht vorteilhaft, die Beteiligung zu erwerben. ∎

Beispiel 3-2: Eine Unternehmung möchte Fremdkapital aufnehmen und es geht um die Höhe des Betrags, den der Schuldner "bewältigen" kann. Die Unternehmung konnte in den vergangenen Jahren immer über Zahlungsmittel in Höhe von $z = 100$ frei verfügen. Dieser Betrag soll auch in jedem kommenden Jahr zur Verfügung stehen. Die Unternehmung möchte diese Zahlungsmittel $z = 100$ so einplanen, dass damit das Fremdkapital verzinst und laufend getilgt wird. Nach $T = 7$ Jahren soll alles zurückgezahlt sein. Mit diesen Vorgaben hängt der mögliche Kreditbetrag — es handelt sich um den PV in Formel (3-1) — nur noch vom Zinssatz ab.

Die Rechnung wird für verschiedene Zinssätze durchgeführt. Für $i = 5\%$ folgt $PV = 578$, für $i = 6\%$ ergibt sich $PV = 558$, für $i = 7\%$ $PV = 539$ und für einen Zins von $i = 8\%$ ergibt sich $PV = 520$. ∎

Die in Beispiel 3-2 betrachteten Kreditbeträge, die im präzisierten Sinn noch gut bewältigt werden können, heißen *Verschuldungskapazität* oder *Debt-Capacity*.[1]

Tradition und Best-Practice verlangen bei Fremdkapital, mit einem Horizont von $T = 7$ Jahren zu rechnen. Bei einer Finanzierung mit Mezzanine werden auch längere Horizonte von 11 Jahren verwendet, um den Höchstbetrag der Verschuldung zu ermitteln.

Eine generelle Bemerkung zu Formel (3-1): Wenn das Projekt Zahlungen in gleicher Höhe von z bis einschließlich zum Zeitpunkt T vorsieht, und eben so beschrieben ist, dann heißt das ganz klar: Mit der letzten Zahlung von z zum Zeitpunkt T ist alles abgeschlossen. Es gibt dann nichts mehr, was der Berechtigte vielleicht noch verkaufen könnte. Von der anfänglichen Auszahlung z_0 ist gleichsam nichts mehr da. Wenn es dagegen zum Zeitpunkt T zusätzlich zur Zahlung z noch eine weitere

---

[1] Literatur: 1. GORDON DONALDSON: *Corporate debt capacity: a study of corporate debt policy and the determination of corporate debt capacity*, 4th print, Boston, Mass, Harvard University, 1965. 2. STUART M. TURNBULL: Debt Capacity. *The Journal of Finance*, Vol. 34, No. 4. (Sep., 1979), pp. 931-940.

3. GORDON-MODELL

Zahlung gibt, weil ein Rest verwertet oder ein Liquidationserlös vereinnahmt werden kann, dann muss (3-1) entsprechend modifiziert werden.

Eine häufige Anwendung der Formel (3-1) liegt im Kapitalverzehr in Form einer Rente, der eine Kapitaldeckung zugrunde liegt. Alle Rentenzahlungen werden als Zahlungsreihe aufgefaßt. Der Preis für eine Rente ist der Barwert und wird oft als *Einmaleinlage* bezeichnet. Die Rente soll zum ersten Mal in einem Jahr und ab dann bis einschließlich zum Jahr T gezahlt werden und stets die Höhe z haben. Bei dieser Anwendung beschreibt i die Verzinsung der Anlage. Die Zusammenhänge zwischen PV, T, z und i vermittelt Formel (3-1).

Beispiel 3-3: Jemand möchte eine Zahlung in der gleichbleibenden Höhe $z = 100$ bewerten, die für $T = 30$ Jahre anfällt. Der Anlagezins sei $i = 5\%$. Die Formel liefert $PV = 1.537$. ■

Gelegentlich sind bei derartigen Anwendungen der Anlagebetrag, der Zinssatz und die Rentenhöhe gegeben und es wird gefragt, *wann* das Kapital verzehrt ist, zu welchem Zeitpunkt T also ein letzes mal die Rente bezogen werden kann. Für die Antwort muss (3-1) nach T aufgelöst werden.

Wenn $z > PV \cdot i$ gilt, dann wird das Kapital wirklich im Laufe der Zeit verzehrt und vermehrt sich nicht, wie das bei recht geringen Entnahmen der Fall wäre. Somit ist $z > PV \cdot i$ für die weiteren Umformungen vorauszusetzen. Einfache Umrechnungen von (3-1) führen zu

$$(1+i)^T = z / (z - PV \cdot i)$$

Werden beide Seiten dieser Gleichung logarithmiert, resultiert:

$$T = \frac{\ln \dfrac{z}{z - PV \cdot i}}{\ln(1+i)} \tag{3-2}$$

Beispiel 3-4: Der heute zur Verfügung stehende Geldbetrag sei $PV = 100$, $z = 8$ und der Zinssatz sei $i = 6\%$. Es folgt $T = 23{,}8$. Zur Probe: Werden die Zahlen $T = 24$, $z = 8$ und $i = 6\%$ in (3-2) eingesetzt, ergibt sich ein Present-Value von $100{,}40$. Deshalb reicht rechnerisch ein Anfangsbetrag von 100 auch nicht ganz 24 Jahre. ■

Oft wird für $z = z_1 = z_2 = z_3 ...$ der Grenzfall betrachtet: Der Zeithorizont gegen strebt gegen Unendlich, $T \to \infty$. Dann entsteht aus (3-2) die bekannte Formel (wieder $i > 0$ vorausgesetzt):

$$PV = \frac{z}{1+i} + \frac{z}{(1+i)^2} + \frac{z}{(1+i)^3} + \ldots = \frac{z}{i} \qquad (3\text{-}3)$$

Beispiel 3-5: Eine Kapitalanlage wirft für immer jährliche Zahlungen in Höhe $z = 100$ ab. Die erste Zahlung erfolgt in 12 Monaten. Es wird mit einem Satz von $i = 6\%$ "kapitalisiert", wie gesagt wird. Ergebnis: Der Wert der Zahlungen beträgt $PV = 1.667$. ■

Die Formel (3-3) wirft neues Licht auf (3-1). Der Wert gleichförmiger Zahlungen, die bis T laufen, ist in (3-1) gleich dem Wert von Zahlungen, die ab dem Zeitpunkt 1 für immer laufen, z/i, abzüglich des Werts $z/(i \cdot (1+i)^T)$ von Zahlungen, die ab $T+1$ für immer laufen.

3.2 Gleichförmiges Wachstum

Ein weiterer Fall, für den sich der Present-Value ebenso in einer geschlossenen Formel darstellen läßt, bezieht sich auf Geldbeträge, die Jahr um Jahr mit einer gleichförmigen Rate g wachsen. Dieser Spezialfall ist durch

$$z_2 = z_1 \cdot (1+g), \ z_3 = z_2 \cdot (1+g) = z_1 \cdot (1+g)^2, \ \ldots$$

beschrieben. Dies wird in (3-1) eingesetzt. Es bieten sich nun Umformungen an, die $0 \leq g < i$ voraussetzen. Wachstumsrate und Zins sollen erstens positiv sein. Zweitens soll die Wachstumsrate kleiner als der Zins sein — das ist ein wichtiger Punkt. Die dann möglichen Umformungen führen auf

$$\begin{aligned} PV &= \frac{z_1}{1+i} + \frac{z_2}{(1+i)^2} + \ldots + \frac{z_T}{(1+i)^T} = \\ &= \frac{z_1}{1+i} + \frac{z_1 \cdot (1+g)}{(1+i)^2} + \ldots + \frac{z_1 \cdot (1+g)^{T-1}}{(1+i)^T} = \\ &= \frac{z_1}{i-g} \cdot \left(1 - \frac{(1+g)^T}{(1+i)^T}\right) \end{aligned} \qquad (3\text{-}4)$$

Beispiel 3-6: Ein Meister überträgt seinen Handwerksbetrieb einem Nachfolger und erklärt: Er habe vom Geschäft immer gut leben können, auch wenn er selbst stets mitgearbeitet hat. Seine Entnahmen sind im Verlauf der Jahre mit der Inflationsrate gestiegen, und die beträgt im

3. GORDON-MODELL

langjährigen Durchschnitt $g = 3\%$. Als nächste Entnahme wären in zwölf Monaten $z_1 = 100.000$ Euro möglich. Außerdem dürfte das Geschäft sicher noch für eine Generation gut laufen, also $T = 25$, doch danach hat es keinen Wert mehr. Es soll mit einem Zinssatz von $i = 8\%$ gerechnet werden. Werden die Angaben in (3-4) eingesetzt, folgt $PV = 1.388.000$ Euro als Wert der Entnahmen für die kommenden fünfundzwanzig Jahre. Diesen Betrag verlangt der Meister. Der Käufer entgegnet, man müsse die eigene Arbeitszeit heraus rechnen. Die Entnahme $z_1 = 100.000$ gehe vielleicht zur Hälfte auf das Kapital und zur anderen Hälfte auf den eigenen Arbeitseinsatz zurück, weshalb das Kapital und damit der Handwerksbetrieb auch nur halb so viel wert sei. Deshalb müsse man den Betrieb mit € 694.000 bewerten. Das erscheint dem Meister etwas wenig. ■

Beispiel 3-7: Jemand wünscht eine Rente, die zum ersten Mal in einem Jahr und dann für 30 Jahre gezahlt wird. Die erste Jahresrente soll die Höhe $z_1 = 1.000$ haben und die Wachstumsrate soll, um die Geldentwertung auszugleichen, $g = 3\%$ betragen. Wie hoch ist der Preis für alle diese 30 Zahlungen im Finanzmarkt? Anhand von (3-4) wird das für verschiedene Zinssätze ausgerechnet: Für $i = 8\%$ ist $PV = 15.175$, für $i = 7\%$ ist $PV = 17.028$, für $i = 6\%$ ist $PV = 19.246$, für $i = 5\%$ ist $PV = 21.919$. Ein Guru meint, etwa das Zwanzigfache seiner jährlichen Ausgaben zu benötigen, um in den Vorruhestand gehen zu können. ■

Wenn das Projekt Zahlungen in gleichförmig wachsender Höhe vorsieht, die in einem Jahr mit z_1 beginnen und bis $z_T = z_1 \cdot (1+g)^T$ zum Zeitpunkt T einschließlich reichen, dann heißt das ganz klar:

- Mit der letzten Zahlung von z_T zum Zeitpunkt T ist das zu bewertende Projekt abgeschlossen. Es gibt dann nichts mehr, was der Berechtigte vielleicht noch verkaufen könnte. Von der anfänglichen Auszahlung z_0 bleibt nichts mehr übrig. Dieser Wert ist in (3-4) ausgedrückt.

- Wenn es dagegen doch noch zum Zeitpunkt T zusätzlich zur Zahlung z_T eine weitere Zahlung geben sollte, vielleicht weil ein Rest verwertet oder ein Liquidationserlös vereinnahmt werden kann, dann muss (3-4) entsprechend modifiziert werden. Es müßte der Barwert des Liquidationserlöses zum Present-Value aus Formel (3-4) addiert werden.

- Ähnlich ist vorzugehen, wenn es zum Zeitpunkt T zwar die Zahlung $z_1 \cdot (1+g)^T$ gibt, daneben aber Abbruchkosten anfallen oder Verpflichtungen ausgeglichen werden müssen.

Die Formel (3-4) kann auch in dieser Form geschrieben werden:

$$PV = z_1 \cdot Multiple$$

$$Multiple = \frac{1}{i-g} \cdot \left(1 - \frac{(1+g)^T}{(1+i)^T}\right)$$

(3-5)

So wird der Wert der Zahlungsreihe gefunden, indem die erste Zahlung mit einem Multiplikator versehen wird. Mit (3-5) ist eine Bewertungsformel gefunden, die eine ausgesprochen einfache Gestalt besitzt.[2] Der Multiplikator, auch als *Multiple* bezeichnet, ergibt sich aus dem Zinssatz i, der Wachstumsrate g und der Laufzeit der Zahlungen T.

- Um die Bewertungsformel (3-5) anzuwenden, so scheint es, muss man zunächst jene Daten ermitteln, die das *Multiple* bestimmen. Man benötigt also den Zinssatz i, die "branchenübliche" Wachstumsrate g und den Horizont T, bis zu dem das Wachstum realistisch scheint.

- In der Praxis wird anders vorgegangen. Unter Geschäftsleuten, Maklern und Brokern spricht man im Wirtschaftsleben direkt über die in der Praxis "üblichen" Multiplikatoren, ohne den unteren Teil von Formel (3-5) rechnerisch auszuwerten. Die in der Praxis üblichen Multiplikatoren sind bekannt und werden unter Experten als "praxisnah" geteilt.

Man beachte: In (3-5) wird das *Multiple* auf jenen Geldbetrag angewendet, der dem Geschäft oder der Unternehmung entnommen werden kann, und der auf den Einsatz des Kapitals zurückzuführen ist, nicht hingegen auf die Mitarbeit des Eigentümers. Zur Illustration kommen wir nochmals auf Beispiel 6 zurück. Der Meister, der seinen Handwerksbetrieb verkaufen möchte, bittet einen Wirtschaftsprüfer um Rat, ob er das gering scheinende Gebot von € 694.000 annehmen solle. Der mit der Praxis sehr vertraute Ratgeber meint, heute werde für einen solchen Betrieb das zwölffache der Jahresdividende bezahlt, und die Jahresdividende sei der Geldbetrag, der am Jahresende an die Eigner *für den Kapitaleinsatz* ausgeschüttet werde. Dieser Betrag, so wurde vorher festgestellt, beträgt € 50.000. Dies mal 12 ergibt € 600.000. Der Verkäufer und der Kaufinteressent kommen schnell zu einem Abschluß.

---

[2] Literatur: 1. MERTON H. MILLER und FRANCO MODIGLIANI: Dividend Policy, Growth, and the Valuation of Shares. *The Journal of Business*, Vol. 34, No. 4. (Oct., 1961), pp. 411-433. 2. KEVIN COLE, JEAN HELWEGE und DAVID LASTER: Stock Market Valuation Indicators: Is This Time Different? *Financial Analysts Journal*, May/Jun96, Vol. 52 Issue 3, 1996, pp. 56-64.

3. GORDON-MODELL

Wir kommen nochmals auf (3-5) zurück und möchten die Formel nach dem Zeithorizont T auflösen. Der Anfangsbetrag PV, der Zinssatz i und die Höhe der ersten Zahlung z_1 sollen gegeben sein; T ist gesucht. Zunächst ergibt sich

$$((1+i)/(1+g))^T = z_1 / (z_1 - PV \cdot (i-g)).$$

Logarithmieren führt auf eine Verallgemeinerung von (3-2). Sie lautet:

$$T = \frac{\ln \dfrac{z_1}{z_1 - PV \cdot (i-g)}}{\ln \dfrac{1+i}{1+g}}. \qquad (3\text{-}6)$$

Beispiel 3-8: Eine Unternehmung gestattet jährliche Entnahmen. Die nächste in zwölf Monaten hat die Höhe $z_1 = 100$. Der Wert der Unternehmung beträgt $PV = 3.000$ bei einem Zinssatz von $i = 8\%$, was einem *Multiple* von 30 entspricht. Das scheint vielen Analysten hoch zu sein und es wird eine Kontrollrechnung verlangt. Es zeigt sich, dass als Rate des Wachstums der Zahlungen $g = 5\%$ postuliert wird, und das ist eine hohe Wachstumsrate. Da stellt sich die Frage, wie lange diese Verhältnisse bestehen bleiben müssen, damit die Bewertung gerechtfertigt ist. Die Antwort aufgrund (3-6) lautet $T = 82$ Jahre. Die Annahme, das Wachstum sei so lange bei $g = 5\%$, wird als unrealistisch abgelehnt. ■

3.3 Multiplikatorenansätze

Die Idee des Multiplikators ist auch auf andere Basisgrößen übertragen worden, so auf den Gewinn, den Umsatz und sogar auf Größen, die nicht aus dem Rechnungswesen stammen, wie beispielsweise die Anzahl von Fachkräften in Forschung und Entwicklung. In der Praxis werden Multiplikatoren kommuniziert, mit denen der Gewinn, der Umsatz oder eine andere Größe zu multiplizieren sei, um den Wert zu erhalten.

Das Multiple für den Gewinn ist weithin bekannt. Es ist das branchenübliche Kurs-Gewinn-Verhältnis oder *Price-Earnings-Ratio*.

Überhaupt können Bewertungsmodelle formuliert werden, dass eine Basisgröße mit einem Multiplikator versehen wird und so der Wert entsteht. Solche Multiplikatorenansätze für die Bewertung wirken auf den ersten Blick recht einfach. Aber sie haben einen theoretischen Hintergrund, der in der Barwertformel besteht. Die gewählte Basisgröße repräsentiert den Ertrag oder ist ein Indiz für den Ertrag, so dass ein Vielfaches dieser Basisgröße eine Ertragsbewertung liefert. Von der Theorie her gesehen dürfen die Multiplikatorenansätze nicht abgetan werden.

In der Praxis der Anwendung kann sich sogar herausstellen, dass Multiplikatorenansätze am Ende "exakter" als kompliziertere Bewertungsmodelle sind. Um dies zu prüfen, sind verschiedene empirische Studien publiziert worden, mit denen für Aktiengesellschaften die Abweichungen zwischen den anhand von Multiplikatorenansätze errechneten Werten und den an der Börse beobachtbaren Kursen beziehungsweise Marktkapitalisierungen untersucht wurden.

- In diesen Studien wird unterstellt, dass die leicht beobachtbare Marktkapitalisierung P im Mittel über alle einbezogenen Aktiengesellschaften dem korrekten Wert W entsprechen, $P \approx W$ — eine Annahme, die auch als Markteffizienz bezeichnet wird. So wird P als Annäherung an den wahren (aber nicht beobachtbaren) Wert verwendet.

- Sodann wird gefragt, wie genau die Produkte aus Basisgröße und Multiple mit der Marktkapitalisierung P übereinstimmen. Im Fall einer genauen Übereinstimmung hätte man wegen $P \approx W$ ein gutes Bewertungsmodell gefunden.

Aufgrund der inzwischen für verschiedene Länder vorliegenden empirischen Studien verdichtet sich dieses Bild:[3]

1. Unternehmensbewertungen aufgrund von Multiplikatoren sind im Vergleich zu komplizierteren Modellen nicht ungenauer.

2. Gute Ergebnisse (im Sinn einer guten Übereinstimmung des mit dem Multiplikatorenansatz bestimmten Wert und der an der Börse bestimmten Marktkapitalisierung) liefern die Basisgrößen heutiger Gewinn und erwarteter zukünftiger Gewinn. Gewinnprognosen für das kommende Jahr sind besser als Basisgröße als der Gewinn des letzten Jahres. Wird als Basisgröße der Gewinn verwendet, resultieren genauere Bewertungen als wenn der Cashflow verwendet wird — dem in der Bewertungspraxis als Basisgröße der Vorzug gegeben wird. Schlechte Ergebnisse liefert der Absatz als Basisgröße.

---

[3] 1. JING LIU, DORON NISSIM und JACOB THOMAS: Equity valuation using multiples. Journal of Accounting Research 40 (2002), pp. 135-172. 2. S. Bhojraj und C. M. C. Lee: Who is my peer? A valuation-based approach to the selection of comparable firms. Journal of Accounting Research 40 (2002), pp. 407-439. 3. JING LIU, DORON NISSIM und JACOB THOMAS: Price multiples based on forecasts and reported values of earnings, dividends, sales, and cash flows: an international analysis. *Working Paper* September 2003.

3. Stets fließen aber in die Bewertung weitere Größen ein, die eher mit dem Industriesektor assoziiert sind. Bleibt man dennoch im Rahmen von Bewertungen anhand eines einzigen Multiples, so muss man die weiteren Einflußgrößen anders berücksichtigen. Beispielsweise kann mit einem branchenspezifischen Multiple gearbeitet werden.

3.4 Das Gordon-Modell

Auch für (3-5) läßt sich der Grenzfall $T \to \infty$ betrachten. Es entsteht die bekannte Formel

$$PV = \frac{z_1}{1+i} + \frac{z_1 \cdot (1+g)}{(1+i)^2} + \frac{z_1 \cdot (1+g)^2}{(1+i)^3} + \ldots$$
$$= \sum_{t=1}^{\infty} \frac{z_1 \cdot (1+g)^{t-1}}{(1+i)^t} = \frac{z_1}{i-g} \qquad (3\text{-}7)$$

Diese Formel wird oft für die Unternehmensbewertung herangezogen, wenn von einem gleichförmigen Wachstum ausgegangen werden kann, das *für immer* währt.

Ohne Zweifel ist die Annahme einer unendlichen Zahlungsreihe *theoretischer* Natur. Die Welt wandelt sich, und mit dem Wandel gehen Unternehmen auch wieder unter — selbst wenn es Fünftausend Jahre dauern sollte. Zudem ist der Wertunterschied zwischen einer endlichen und unendlichen Zahlungsreihe nicht groß, sofern die endliche bis $T = 50$ oder $T = 100$ Jahre dauert und die Wachstumsrate nicht zu nahe am Diskontsatz ist. Wird der Wert der endlichen (3-4) in Relation zum Wert (3-7) der unendlichen Zahlungsreihe gesetzt,

$$\frac{\sum_{t=1}^{T} \frac{z_1 \cdot (1+g)^{t-1}}{(1+i)^t}}{\sum_{t=1}^{\infty} \frac{z_1 \cdot (1+g)^{t-1}}{(1+i)^t}} = 1 - \frac{(1+g)^T}{(1+i)^T}$$

so zeigt sich, dass er für praktisch relevante Daten nahe bei Eins liegt. Das möge eine Tabelle (Bild 3-1) illustrieren. Wird beispielsweise eine Kapitalanlage oder Unternehmung, die im Prinzip für immer existiert, nur aufgrund der Zahlungen bewertet, die in den kommenden 50 Jahren an den Investor ausbezahlt werden, so liegt je nach Wachstumsrate der Barwert der ersten 50 Jahresdividenden bei 85% ($g = 3\%$, $i = 7\%$) beziehungsweise bei 97% ($g = 0\%$, $i = 7\%$) des Werts aller Dividenden.

	$T = 5$	$T = 10$	$T = 25$	$T = 50$	$T = 100$
$g = 0\%$	29%	49%	82%	97%	100%
$g = 3\%$	17%	32%	61%	85%	98%
$g = 6\%$	5%	9%	21%	37%	61%

Bild 3-1: Der Wert der endlichen, bis T laufenden Zahlungsreihe als Prozentzahl des Werts der unendlichen Zahlungsreihe. Als Zinssatz wurde mit $i = 7\%$ gerechnet. Wenn die Wachstumsrate nicht sehr nahe an der Diskontrate ist sondern ein paar Prozentpunkte beträgt, erklären die Zahlungen der ersten Hundert Jahre für die Praxis hinlänglich genau, was in allen Jahren bis in die unendliche Zukunft passiert.

Selbstverständlich kann in der Praxis schon der Zweifel aufkommen, ob bei einer Unternehmungsbewertung wirklich mit Zahlungen oder Ausschüttungen gerechnet werden darf, die erst in 100, 500 oder gar in 10.000 Jahren anfallen. Aufgrund dieser Überlegung wäre es zu empfehlen, nicht mit der Formel (3-7) sondern doch mit (3-4) zu arbeiten und hierzu einen Zeitpunkt T zu bestimmen, ab dem dann keine Zahlungen mehr in die Bewertung einfließen. Dennoch ist die Einfachheit der Formel (3-7) ein Pluspunkt. Man erspart sich für den Fall einer als endlich unterstellten Zahlungsreihe, die Aufgabe festzulegen, welches genau der Zeitpunkt der Beendigung sein soll.

Allerdings ist bei (3-7) Vorsicht angebracht. Wenn in der Praxis bei einer Unternehmensbewertung anhand des Barwerts der unendlichen Zahlungsreihe (3-7) Fehler begangen wurden, dann lagen sie stets in der *Überschätzung der Rate des langfristig möglichen Wachstums*. Selbstverständlich gibt es in einer Wirtschaft zu jedem Zeitpunkt immer einige Sektoren, die schneller wachsen als andere. Wenn die Wirtschaft als Ganzes vielleicht mit einer Rate von 5% nominal wächst (2% reales Wachstum und 3% Inflation), so kann es durchaus Unternehmen geben, die sich einer Wachstumsrate von 10% erfreuen während andere ein nominales Wachstum haben, das kaum die Geldentwertung übertrifft. Außerdem gibt es immer Unternehmen, die schrumpfen. Im Mittel entsteht die Wachstumsrate der Gesamtwirtschaft. Wenn es aber auf Dauer bei der angegebenen Wachstumsrate von nominal 5% für die Wirtschaft als Ganzes bleibt, so kann eine Unternehmung, die derzeit mit 10% wächst, nicht für immer mit dieser Rate wachsen. Schon das Bild, dass diese eine Unternehmung bald 99% der Volkswirtschaft darstellen müßte, ist unrealistisch. So ist die Formel (3-7) zwar elegant und man drückt sich um die Bestimmung eines Endzeitpunkts T herum, doch verlangt sie eine sorgfältige Bestimmung der Wachstumsrate.

3. GORDON-MODELL

Bild 3-2: MYRON J. GORDON (geboren 1920). Zunächst Assistenz Professer an der der Carnegie-Mellon University (1947-1952) und Associate Professor am Massachusetts Institute of Technology (1952-1962), dann Professor an der University of California at Berkeley und der University of Rochester. Seit 1970 an der School of Management der University of Toronto. Gordon war 1975-1976 Präsident der American Finance Association. Zahlreiche Gastprofessuren, Verleihung des Ehrendoktors 1993. Gordon hat das heute nach ihm benannte Dividenden-Wachstums-Modell Modell zu großer Bekanntheit gebracht.

Es wurde vorgeschlagen, eine Unternehmung auf der abstrakten Modellebene durch die *Dividendensumme* zu beschreiben, die sie an ihre Aktionäre auszahlt. Hiervon wird abgesehen: Die Aktionäre könnten mit ihren Entscheidungsrechten vielleicht erreichen, dass nicht betriebsnotwendiges Vermögen verkauft oder die Unternehmung als Ganzes verkauft beziehungsweise liquidiert wird. Es gibt weder "Perlen" noch "Altlasten" in der Unternehmung — die Aktionäre können nicht mehr und nicht weniger erwarten als eben einen Dividendenstrom. In dieser Beschreibung ist z_1 die in einem Jahr gezahlte Dividende, für die bis in alle Zukunft das Wachstum mit der Rate g unterstellt wird. So entsteht das Dividenden-Wachstums-Modell oder Gordon-Modell bezeichnet, benannt nach MYRON J. GORDON.[4]

Der "Zinssatz" ist dabei jener Satz, zu dem ein Aktionär im Markt die erst später zu erwartenden Dividenden bereits vorher beziehen kann, in dem er die Ansprüche verkauft. Da in der Realität Dividenden doch mit Unsicherheit behaftet sind wird im Gordon-Modell regelmäßig mit sehr hohen Sätzen für die Kapitalisierung gearbeitet, damit das Ergebnis, der

---

[4] Der 1920 geborene Professor an der Universität von Toronto hat das heute nach ihm benannte Dividenden-Wachstums-Modell Modell zu großer Bekanntheit gebracht.

heutige Wert, als realistisch betrachtet werden darf. Wir kommen darauf zurück. Schon jetzt soll dieser Punkt so berücksichtigt werden: Es wird mit einer Rendite diskontiert, die mit r bezeichnet sei.[5] Dann nimmt die Formel für das Gordon-Modell diese Gestalt an:

$$\text{Wert} \quad W_0 = \frac{z_1}{1+r} + \frac{z_1 \cdot (1+g)}{(1+r)^2} + \frac{z_1 \cdot (1+g)^3}{(1+r)^3} + \ldots = \frac{z_1}{r-g} \qquad (3\text{-}8)$$

Wieder kann die Wertformel auf die Gestalt des Multiplikators gebracht werden:

$$W_0 = z_1 \cdot Multiple$$

$$Multiple = \frac{1}{r-g} \qquad (3\text{-}9)$$

Beispiel 3-9: Eine Person hat bei einer Erbschaft die Wahl zwischen einer einmaligen Abfindung in Höhe von 3.000 und der Begünstigung durch eine Stiftung, die ihr auf Lebenszeit jährliche Zahlungen leisten würde. Die jährlichen Zuwendungen steigen mit der Rate $g = 3\%$ und die nächste Zahlung hat die Höhe $z_1 = 100$. Bei der Stiftung hat die Person allerdings nie Anspruch auf eine Kapitalauszahlung — sie kann auch im hohen Alter nichts entnehmen, wenngleich die jährlichen Zahlungen immer weitergehen solange sie lebt und nominal wachsen. Die Erbin sieht die Zahlungen der Stiftung als sicher an und vergleicht mit einer Rendite von $r = 5\%$. Anstatt die Rechnung mit einem Ableben zu irgendeinem Zeitpunkt T zu führen, soll der Fall $T \to \infty$ betrachtet werden. Aus (3-9) ergibt sich $Multiple = 1/(0{,}05 - 0{,}03) = 50$, und folglich wäre $PV = 100 \cdot 50 = 5.000$ der Wert der Zahlungen der Stiftung. Zwar wurde die Stiftung für eine ewige Laufzeit der Zuwendungen bewertet, doch sie erscheint dennoch deutlich attraktiver als die einmalige Abfindung in Höhe von 3.000. ■

Die Formeln abschließend sei dies erwähnt: Gelegentlich wird (3-8) nach der Wachstumsrate g aufgelöst. Denn oft ist der Preis gegeben und es stellt sich die Frage, welches "nachhaltige" Wachstum bei der Preisbildung unterstellt wird. Die Auflösung nach g liefert

---

[5] In unserer Darstellung ist die nächste, in zwölf Monaten gezahlte Dividende eine sichere und bekannte Größe, und auch die Wachstumsrate g soll gegeben sein und sich nie ändern. In der Literatur wurden Verallgemeinerungen des Gordon-Modells vorgeschlagen, die diese Annahmen abschwächen.

3. GORDON-MODELL

$$g = r - \frac{z_1}{PV} \qquad (3\text{-}10)$$

Beispiel 3-10: Ein Bürger von St. Gallen fühlt sich der Kantonalbank verbunden und hält deren Aktien, doch nicht nur aus patriotischen Gefühlen. Kantonalbanken haben stets stabile Dividenden geboten. Aufgrund der bisherigen Entwicklung — gerade letzte Woche wurde eine Dividende von 8 Franken pro Aktie ausbezahlt — erwartet der Bürger in zwölf Monaten eine Dividende von CHF 8,50 pro Aktie. Augenblicklich steht der Kurs bei 215 Franken. Die Frage lautet, welches nachhaltige Wachstum diesen Kurs rechtfertigt. Eine Auswertung von (3-9) setzt voraus, dass der Zinssatz feststeht, der für die Bewertung der Reihe zukünftiger Dividenden verwendet wird. ∎

Der Aktionär wünscht Alternativrechnungen. Für $i = 6\%$ ergibt sich $g = 0{,}06 - (8{,}50 / 215) = 2\%$ und für $r = 8\%$ folgt $g = 0{,}08 - (8{,}50 / 215) = 4\%$. Ein Wachstum in dieser Größenordnung erscheint dem Aktionär realistisch. Denn die Geschäfte und Einnahmen der Bank — ausgedrückt als Nominalbeträge — nehmen ohnehin im Verlauf der Zeit aufgrund der Inflation zu. Außerdem ist die St. Galler Kantonalbank in der Vermögensverwaltung tätig, und selbst wenn keine neuen Kunden gewonnen werden, steigen die verwalteten Vermögen (und die Einnahmen der Bank) langfristig mit der Anlagerendite. Die Aktie erscheint günstig bewertet. ∎

Beispiel 3-11: Der Eigentümer einer Immobilie rechnet so: Die Mieteinnahmen betragen € 170.000, und nach Verwaltungsgebühren und Aufwand für die laufende Renovierung stehen mir mit Ende des laufenden Jahres € 100.000 für eine Entnahme zur Verfügung. Die Immobilie wird aufgrund der Lage und angesichts meiner ständigen baulichen Verbesserungen Jahr um Jahr 3% mehr wert. Würde ich das Geld woanders anlegen, erhielte ich dabei eine Rendite von 5%. Daher hat die Immobilie einen Wert $w_0 = 100.000 / (0{,}05 - 0{,}03) = 5.000.000$ Euro. ∎

Beispiel 3-12: Ein Unternehmer möchte sein Geschäft in Genf, einen Kiosk, verkaufen. Neben Zeitungen und Zeitschriften werden verschiedene Dienstleistungen angeboten. Der Kiosk hatte stets fünf Angestellte, die turnusmäßig eingesetzt sind. Er selbst, so erklärt er einem Interessenten, habe neben einem üblichen Lohn für die eigene Mitarbeit jährliche Entnahmen für den Kapitaleinsatz tätigen können. Trotzdem habe er stets investiert und der Kiosk sei immer wieder renoviert worden. Zwar habe sich das Geschäft nicht wesentlich erweitert, aber der Standort garantiere eine stabile Nachfrage. Dennoch hat sich, in nominalen Geldbeträgen ausgedrückt, das Geschäftsvolumen Jahr um Jahr allein schon aufgrund der Geldentwertung ausgeweitet. Auch seine Entnahmen sind über die Jahre hinweg immer gestiegen, und er habe gut leben können, die letzte Entnahme war 100.000 Franken. Eine genauere Untersuchung der letzten Jahre zeigt: Umsatz, Gewinn und die Entnahmen sind nicht nur mit der Rate der allgemeinen Inflation gestiegen, die sich vor allem auf die Preisentwicklung für Güter bezieht. Vielmehr haben sich Preise, Umsatz, Gewinne und Entnahmen entsprechend der Preisentwicklung für Dienstleistungen erhöht. Zwar betrug im langfristigen Durchschnitt die normale Inflation nur 2,4% in der Schweiz, die Dienstleistungsinflation lag 1,8% darüber, denn die Preise für Dienstleistungen sind eng mit der Lohnentwicklung verbunden. Als Wachstumsrate muss infolgedessen $g = 4{,}2\%$ unterstellt werden. Die Entnahmen in einem Jahr werden also $d_1 = 104.200$ Franken betragen. Zur Kapitalisierung wird aufgrund der hohen Stabilität der Einnahmen mit $r = 7\%$ gerechnet. Verkäufer und Käufer legen gemäß (3-7) den Wert in Höhe $w_0 = 104.200 / (0{,}07 - 0{,}042) = 3.721.429$ Franken fest. Anschließend kommen sie noch auf Besonderheiten des konkreten Geschäfts zu sprechen, die so im Wert nicht berücksichtigt sind und einigen sich auf einen Kaufpreis von 3 Millionen Franken. ■

Beispiel 3-13: Eine Aktie läßt in einem Jahr eine Dividende von 10 Euro erwarten. Langfristig, so heißt es, sollte die Unternehmung mit einer Rate von $g = 4\%$ wachsen. Diese Wachstumsrate soll möglich sein, ohne dass Kapitalerhöhungen stattfinden und neue Aktien ausgegeben werden. Deshalb wird auch die Dividende mit dieser Rate wachsen. Es soll mit $r = 9\%$ diskontiert werden. Als Wert der Aktie folgt mit dem Gordon-Modell $10 / (0{,}09 - 0{,}04) = 200$ Euro. Die Dividendenrendite sollte daher $10 / 200 = 5\%$ betragen. Im Beispiel war diese Bemerkung wichtig: Die Unternehmung kann die angegebene Wachstumsrate ohne Kapitalerhöhungen und Ausgabe neuer Aktien ermöglichen. ■

Beispiel 3-14: Für den Vorstand einer Aktiengesellschaft steht Wachstum an erster Stelle. Den Aktionären berichtet er immer über die gesamten Ausschüttungen, und die sind Jahr um Jahr tatsächlich mit 8% angestiegen. Allgemein wird mit $r = 10\%$ diskontiert. Der Vorstand rechnet so: Die nächste Dividende pro Aktie beträgt 3 Euro. Die Zahlen für Wachstum und Rendite führen auf den Wert einer Aktie von $3 / (0{,}10 - 0{,}08) = 150$ Euro. Ein Aktionär entgegnet: "Es kam immer wieder zu Kapitalerhöhungen, und über die Jahre hinweg muss festgehalten werden, dass die jährliche Rate der Neuaufnahme von Eigenmitteln und die Ausweitung der ausgegebenen Aktien mit 5% zu veranschlagen ist. Das Wachstum der auf eine Aktie bezogenen Dividende sei daher geringer als das Wachstum von 8% der Dividendensumme, es betrage nur etwa $g = 3\%$. Andererseits hat es immer Bezugsrechte gegeben, so dass mit kommenden Ausschüttungen pro Aktie von $d_1 = 4$ anstatt 3 Euro gerechnet werden kann. Der Wert einer Aktie beträgt folglich $w_0 = 4 / (0{,}10 - 0{,}03) = 57$ und nicht 150 Euro." ■

3. GORDON-MODELL

Beispiel 3-15: Der CEO einer Publikumsgesellschaft berichtete auf einem Analysten-Meeting: "Die Größe und der Wert des Konzerns haben sich in den vergangenen zehn Jahren verdoppelt, und dieses Tempo rechtfertigt angesichts der Dividende von 10 Euro, die in einem Jahr gezahlt wird, ein Kursziel für die Aktie von über 500 Euro."

Aus der Angabe errechnet sich als Wachstumsrate der Unternehmung 7,18%, denn $(1+0,0718)^{10} = 2$. Für $r = 9\%$ folgt tatsächlich $10/(0,09-0,0718) = 549$.

Die totale Dividendensumme, welche die Gesellschaft Jahr für Jahr ausgeschüttet hat, ist auf das Doppelte gestiegen. Allerdings fällt auf, dass auch die Anzahl der ausgegebenen Aktien größer geworden ist, denn die Gesellschaft hatte mit Kapitalerhöhungen neue Finanzinvestoren angesprochen. Während zu Beginn der Dekade noch 13 Millionen Aktien ausgegeben waren, sind es jetzt 19 Millionen Aktien. Der auf eine Aktie bezogene Teil der Unternehmung ist daher nicht um den Faktor 2 gestiegen sondern nur um den Faktor $2 \cdot 13/19 = 1,37$. Dieser Faktor führt auf ein jährliches Wachstum — bezogen auf die Ansprüche, die mit einer Aktie verbunden sind — von $g = 3,2\%$, denn $1,032^{10} = 1,37$.

So errechnet sich als Wert für die Aktie nur $w_0 = 10/(0,09-0,032) = 172$ Euro.

Allerdings ist auch diese Zahl keine ganz korrekte Größe, weil die Aktionäre bei den Kapitalerhöhungen Bezugsrechte erhalten haben. Die Bezugsrechte können verkauft werden und erhöhen die Dividenden. Vielleicht müßte aufgrund der Bezugsrechte die nächste Zahlung pro Aktie nicht mit 10 sondern mit 20 Euro veranschlagt werden. Der Wert einer Aktie beläuft sich dann auf $w_0 = 20/(0,09-0,032) = 344$ Euro. Dies wäre dann ein Kursziel. ■

Die Formel (3-10) ist nicht nur für Beispielrechnungen nützlich. Sie bildet den Kern der realwirtschaftlichen Schätzung der Rendite, die mit Aktien erzielt werden. Hierzu wird (3-10) in der Form

$$r = g + \frac{z_1}{PV} \qquad (3\text{-}11)$$

geschrieben. Sodann werden die Dividendenrendite (z_1/PV) und das nachhaltige Wachstum (g) geschätzt. Die Summe beider gibt die Rendite r, die langfristig mit Aktien verbunden ist.

3.5 Gordon-Modell mit abschnittsweisem Wachstum

Um nochmals auf die Diskussion der Wachstumsrate in (3-7) beziehungsweise (3-8) zurück zu kommen: Wie geht man mit einer Unternehmung um, die derzeit vielleicht ein hohes Wachstum zeigt, das sich jedoch nicht für alle Ewigkeit halten dürfte? Hier werden die Formeln (3-4) und (3-7) *abschnittsweise* kombiniert.

- Es wird eine anfängliche Wachstumsrate g_A bestimmt, die bis zu einem Zeitpunkt T einschließlich halten soll.
- Ab dann wird mit einer (kleineren) Wachstumsrate g_B gerechnet.

Ein Zahlenbeispiel soll die genaue Bedeutung des Umschaltzeitpunkts illustrieren: Für

$$z_1 = 100, \; T = 5, \; g_A = 10\%, \; g_B = 2\%$$

folgt:

$$z_2 = 110, \; z_3 = 121, \; z_4 = 133{,}10, \; z_5 = 146{,}41, \; z_6 = 149{,}34, \; z_7 = 152{,}33.$$

Achtung: $z_5 = 146{,}41 = z_1 \cdot 1{,}10^4$, $z_6 = z_1 \cdot 1{,}10^4 \cdot 1{,}02$.

Also geht es um den Barwert dieser Zahlungsreihe:

$$\begin{aligned}
& z_1 \\
& z_2 = z_1 \cdot (1+g_A) \\
& \ldots \\
& z_T = z_1 \cdot (1+g_A)^{T-1} \\
& z_{T+1} = z_1 \cdot (1+g_A)^{T-1} \cdot (1+g_B) \\
& z_{T+2} = z_1 \cdot (1+g_A)^{T-1} \cdot (1+g_B)^2 \\
& \ldots
\end{aligned} \quad (3\text{-}12)$$

Für den Fall abschnittsweisen Wachstums lautet das Gordon-Modell:

$$\begin{aligned}
W_0 & = \left(\frac{z_1}{1+i} + \frac{z_2}{(1+i)^2} + \ldots + \frac{z_T}{(1+i)^T} \right) + \frac{1}{(1+i)^T} \cdot \left(\frac{z_{T+1}}{(1+i)^1} + \frac{z_{T+2}}{(1+i)^2} + \ldots \right) \\
& = \sum_{t=1}^{T} \frac{z_1 \cdot (1+g_A)^{t-1}}{(1+i)^t} + \frac{1}{(1+i)^T} \cdot \sum_{t=1}^{\infty} \frac{z_{T+1} \cdot (1+g_B)^{t-1}}{(1+i)^t}
\end{aligned} \quad (3\text{-}13)$$

3. GORDON-MODELL

Wird $z_{T+1} = z_1 \cdot (1+g_A)^{T-1} \cdot (1+g_B)$ berücksichtigt, so läßt sich dies wie folgt umformen:

$$W_0 = \sum_{t=1}^{T} \frac{z_1 \cdot (1+g_A)^{t-1}}{(1+i)^t} + \frac{1}{(1+i)^T} \cdot \sum_{t=1}^{\infty} \frac{z_{T+1} \cdot (1+g_B)^{t-1}}{(1+i)^t} =$$

$$\frac{z_1}{i-g_A} \cdot \left(1 - \frac{(1+g_A)^T}{(1+i)^T}\right) + \frac{1}{(1+i)^T} \cdot \frac{z_1 \cdot (1+g_A)^{T-1} \cdot (1+g_B)}{i-g_B}$$

(3-14)

Selbstverständlich kann die in 12 Monaten fällige Zahlung oder Dividende z_1 ausgeklammert werden und es folgt als Verallgemeinerung von (3-9) für das abschnittsweise Wachstum:

$$W_0 = z_1 \cdot Multiple$$

$$Multiple = \frac{(1+i)^T - (1+g_A)^T}{(1+i)^T \cdot (i-g_A)} + \frac{(1+g_A)^{T-1} \cdot (1+g_B)}{(1+i)^T \cdot (i-g_B)}$$

(3-15)

Beispiel 3-16: Eine Unternehmung soll bewertet werden, und die nächste, in einem Jahr fällige Dividende beträgt $z_1 = 100$. Sie dürfte bis zum Jahr $T = 20$ mit einer Rate von $g_A = 5\%$ wachsen, ab dann sollte sie gleich beleiben (also $g_B = 0$). Es soll mit $i = 8\%$ diskontiert werden.

Drei Fragen sollen geklärt werden: A) Wie hoch ist der Wert? B) Wie hoch wäre der Wert, wenn die Dividende nur bis $T = 20$ einschließlich gezahlt wird und ab dann keine Ausschüttungen mehr erfolgen? C) Wie hoch wäre der Wert, wenn die Dividende für immer mit 5% wachsen würden und für immer gezahlt werden?

Wir beginnen mit der Antwort auf die Frage C. Hier greift die Formel für das klassische Gordon-Modell und der Wert ist gleich $z_1 = 100$ multipliziert mit $1/(0,08-0,05)) = 33,33$, also $W_0 = 3.333$.

Im Fall B greifen (3-4) und (3-5). Das Multiple beträgt 14,36 und der Wert der mit $T = 20$ endenden Zahlungen beträgt $W_0 = 1.436$.

Schließlich die Frage A: Nach (3-15) folgt als Multiple die Summe aus dem bereits berechneten Multiple 14,36, das ist der erste Term in (3-15) unten. Der zweite Term in (3-15) unten beträgt 6,78; insgesamt ist das Multiple nach (3-15) also $14,36 + 6,78 = 21,14$ und der Wert der abschnittsweise wachsenden Zahlungen ist 2.114. ∎

3.6 Wie wurde das entdeckt?

Die im Gordon-Modell getroffene Feststellung, dass allein die zukünftigen Dividenden den Wert einer Unternehmung bestimmen sollten, hat immer wieder Mühe bereitet.

1. Um 1920 wurde allgemein gedacht, der Wert einer Unternehmung sei durch das vorhandene Sachkapital festgelegt, also durch die Substanz. Für die Bewertung wurde damals vorgeschlagen, von den Werten der einzelnen Vermögensgegenstände auszugehen und diese zu addieren. Die Werte der Gegenstände des Sachkapitals sollten anhand der Bilanz bestimmt werden. Da sich die Bilanzansätze aus den historischen Anschaffungskosten ableiteten, wurde die Unternehmung letztlich "anhand ihrer Vergangenheit" bewertet, wie häufig gesagt wird. Außerdem sieht der Ansatz vom immateriellen Vermögen ab.

2. Ab 1925 propagierte EDGAR L. SMITH in seinem Buch *Common Stocks as Long-Term Investments* (Macmillan, New York) dass es eher auf die Zukunft denn auf die Vergangenheit ankomme, wenn bewertet wird. SMITH schlug vor, die Unternehmung anhand ihrer zukünftigen Erträge beziehungsweise Gewinne zu bewerten. Das war damals ein großer Erkenntnisfortschritt, führte er doch von der Substanz- zur Ertragsbewertung. Wer allerdings dabei die Zukunft leichtfertig und euphorisch skizziert, gelangt zu falschen und zu hohen Bewertungen. Das hat sich in der Wirtschaftskrise 1929 als verhängnisvoll herausgestellt.

3. Die Idee, eine Unternehmung anhand ihrer Zukunft zu bewerten und die Ertragsbewertung wurden in der Wirtschaftskrise von Praktikern als Irrlehre eingeschätzt. Danach geriet EDGAR L. SMITH in Vergessenheit. Er war ein Pionier, der seiner Zeit zu sehr voraus war.

4. Wenig später, 1934, haben BENJAMIN GRAHAM und sein Mitautor und Kollege an der Universität in New York DAVID L. DODD — beide sind Verfasser der oft als Bibel für Investition in Value-Stocks titulierten *Security Analysis* — die Idee der Ertragsbewertung wiederbelebt, doch haben sie eine ausgesprochen konservative und vorsichtige Prognose der Erträge empfohlen. Um diese Zeit war man sich auf akademischer Seite einig, dass der Wert ein Ertragswert sein sollte, doch man war sich nicht ganz im klaren, ob die Unternehmung anhand ihrer zukünftigen Gewinne oder anhand der zukünftigen Dividenden zu bewerten sei, auch wenn GRAHAM die Bedeutung der Dividenden gelehrt hat.

5. Der erste, der ein starkes Plädoyer für die Verwendung der Dividenden — und nicht der Gewinne — aussprach, war ROBERT F. WIESE 1930: *The proper price of any security, whether a stock or*

bond, is the sum of all future income payments discounted at the current rate of interest in order to arrive at the present value (Investing for True Values, Barron's, 8. September 1930, p. 5). Die Erkenntnis, dass eine Kapitalanlage genau soviel wert ist, wie sie an Geld in der Zukunft abwirft, darf ROBERT F. WIESE zugesprochen werden.

6. Wenige Jahre später, 1938, bemerkt JOHN BURR WILLIAMS in seiner Dissertation: *A stock is worth only what you can get out of it* und zitiert ein Gedicht: Ein Farmer erklärt seinem Sohn, dass ein Obstgarten so viel Wert hat, wie das Obst, das er abgibt, und ein Bienenstock soviel wert ist, wie er Honig liefert (pp. 57-58). Der Farmer, so WILLIAMS, begeht nicht den Fehler, seinem Sohn zu erklären, der Obstgarten solle anhand der Blütenpracht und der Bienenstock anhand des Summens der Bienen bewertet werden. Der Doktorvater von WILLIAMS, JOSEPH A. SCHUMPETER (1883-1950) hatte seinen Schüler beauftragt, den "intrinsischen" Wert der Unternehmung zu klären. Die Dissertation von JOHN BURR WILLIAMS, *The Theory of Investment Value*, wurde 1997 vom Verlagshaus Fraser in Burlington, Vermont, als Buch wieder aufgelegt.

7. Dennoch waren diese Erkenntnisse aus den Jahren 1930 bis 1938 allgemein als recht abstrakt angesehen worden. Erst in den Jahren des großen wirtschaftlichen Aufschwungs in der Welt, das mit Ende des zweiten Weltkriegs einsetzte und hohe Wachstumsraten verhieß, kam der Bewertungsansatz zur Geltung. Die Unternehmung sollte anhand der Dividenden bewertet werden und dabei sollte das Wachstum der Dividenden Berücksichtigung finden.

8. Das entsprechende Modell, das Dividenden-Wachstums-Modell, verdankt seine allgemeine Bekanntheit und Popularität Professor MYRON J. GORDON und wird als Gordon-Modell bezeichnet.

3.7 Fragen

1. A) Was versteht bei der Bewertung unter einem Multiple? B) Sind Multiplikatorenansätze als Ertragsbewertung deutbar? C) Auf welche Ergebnisse haben die empirischen Studien zu den Multiplikatorenansätzen geführt?
2. Jemand leistet eine Einmalzahlung an eine Versicherungsgesellschaft, um eine lebenslange Rente zu beziehen. Der heute geleistete Betrag ist 40.000 € und die Versicherung bietet eine jährliche Rente von anfänglich 2.000 €, die aber mit 1,5% wachsen

wird. Es soll ein Zinssatz von 4% unterstellt werden. Berechnen Sie die Laufzeit T der Rente, deren Wert mit der Einzahlung übereinstimmt.[6]

3. Welche Annahmen werden im Gordon-Modell getroffen?

4. Eine Unternehmung soll bewertet werden, und die nächste, in einem Jahr fällige Dividende beträgt $z_1 = 100$. Sie dürfte bis zum Jahr $T = 10$ mit einer Rate von $g_A = 8\%$ wachsen, ab dann sollte sie nur noch mit $g_B = 5\%$ wachsen. Es soll mit $i = 12\%$ diskontiert werden. Drei Fragen sollen geklärt werden: A) Wie hoch ist der Wert? B) Wie hoch wäre der Wert, wenn die Dividende nur bis $T = 10$ einschließlich gezahlt wird und ab dann keine Ausschüttungen mehr erfolgen? C) Wie hoch wäre der Wert, wenn die Dividende für immer mit 8% wachsen würden und für immer gezahlt werden?

---

[6] Mit Formel (3-6) folgt 28,5 Jahre.

4. Wachstum

Aus welchen Gründen wachsen Unternehmen? Hier müssen Wachstum durch außenfinanzierte oder durch innenfinanzierte Investitionen vom sogenannten Organischen Wachstum unterschieden werden. Das *Organische Wachstum* umfaßt *Wachstum durch Investivaufwand* und das sogenannte *Autonome Wachstum*. Zur Ergänzung dieses Kapitels eine Darstellung der *Duration* als virtueller Zeithorizont. Sie beschreibt die Sensitivität des Werts.

4.1 Warum wachsen Unternehmen? 67
4.2 Organisches Wachstum 72
4.3 Ergänzung: Duration 75
4.4 Fragen 82

4.1 Warum wachsen Unternehmen?

Hohe Dividenden ausschütten und wachsen können sind konkurrierende Ziele. Es liegt auf der Hand: Wenn eine Unternehmung ihre Gewinne zu einem hohen Teil (Payout-Ratio) ausschüttet, dann behält sie weniger ein, hat folglich weniger Mittel um "aus eigener Kraft" zu investieren und hat damit ein schwächeres Wachstum. Sind die Dividenden vergleichsweise gering und kann die Unternehmung daher einen höheren Teil des Gewinns einbehalten und investieren, dann kann sie aus eigener Kraft stärker wachsen.

Die Festlegung, welcher Teil des Gewinns einbehalten und welcher ausgeschüttet wird, also die Wahl der Payout-Ratio, hat somit eine doppelte Konsequenz.

- Eine geringere Payout-Ratio bedeutet anfänglich geringere, zugleich in der Zukunft höhere Dividenden.
- Eine höhere Payout-Ratio bewirkt anfänglich höhere, zugleich aber in der Zukunft geringere Dividenden.

Unternehmen mit einer hohen Ausschüttungsquote sind interessant, weil die Dividendenzahlungen hoch sind, Unternehmen mit einer geringen Ausschüttungsquote sind *gleichermaßen* interessant, weil die Dividenden im Laufe der Zeit stark wachsen. Die Payout-Ratio ist für den Wert der Unternehmung sogar *irrelevant*. Denn unter gewissen Prämissen *heben sich* beide Effekte *gegenseitig auf*. So sagt die Theorie, dass die Dividendenpolitik für den Wert irrelevant ist[1] — auch wenn die Empirie dieses Irrelevanztheorem nicht bestätigt.[2]

Die Diskussion — hohe Dividende bei schwachem Wachstum versus geringe Dividende bei starkem Wachstum — hat leider gelegentlich den Blick vernebelt und zu der nirgends begründeten Vorstellung geführt, eine Unternehmung, die den gesamten Gewinn ausschütte, würde überhaupt nicht mehr wachsen. In Wahrheit kann eine Unternehmung, die immer den gesamten Gewinn ausschüttet, sehr wohl noch wachsen und sie kann auch schrumpfen.

> Die These der Irrelevanz geht auf die tausendfach zitierte Arbeit von FRANCO MODIGLIANI und MERTON H. MILLER aus dem Jahr 1958 zurück: The Cost of Capital, Corporation Finance, and the Theory of Investment. *American Economic Review* 48 (1958), 3, pp. 261-297. Später gab es noch eine Ergänzung, betitelt mit: Corporate Income Taxes and the Cost of Capital: A Correction. *American Economic Review* 53 (1963), pp. 433-443.
>
> MODIGLIANI und MILLER zeigten: Finanzpolitische Maßnahmen haben keine Auswirkung auf den Wert der Unternehmung, wenn durch sie die real erwirtschafteten Ergebnisse nicht verändert, sondern lediglich anders mit Finanzkontrakten "verpackt" werden.
>
> Der Wert der Unternehmung wird demnach zwar durch die Höhe der realwirtschaftlichen Ergebnisse bestimmt, die für Ausschüttung und Reinvestition zur Verfügung stehen. Keine Rolle aber spielt, welcher Teil ausgeschüttet und welcher re-investiert wird. Mit diesem Irrelevanztheorem wird das Dividenden-Wachstums-Modell *nicht* ungültig. Nach wie vor ist der Wert der Unternehmung als Barwert der Dividenden bestimmt.

---

[1] Die wichtigste Prämisse verlangt, dass das Management einbehaltene Gewinne intern *mit derselben Rendite* investieren kann und investieren wird, mit der es den Aktionären möglich ist, bezogene Dividenden extern anzulegen. Eine weitere Annahme, die auf der Hand liegt, betrifft die Besteuerung der Dividenden. Einbehaltene Gewinne sollten nicht anders als ausgeschüttete Gewinne besteuert werden. Diese Prämissen sind in der Realität nicht immer erfüllt. Beispielsweise ist klar, dass eine Unternehmung eigentlich keine Dividenden ausschütten sollte, wenn diese höher als einbehaltene Gewinne *besteuert* werden. Außerdem haben Dividenden *Signalwirkungen*, denn sie binden das Management (weil es für die Zahlungsmittel, die ausgeschüttet werden, sorgen muss), wodurch die Agencykosten reduziert werden. Solche positiven Effekte können sogar einen steuerlichen Nachteil etwas kompensieren.

[2] ROBERT D. ARNOTT UND CLIFFORD S. ASNESS: Surprise! Dividends = Higher Earnings Growth. *Financial Analysts Journal* (2003), pp. 70-87.

> Das Irrelevanztheorem besagt indessen: Das Management kann den Barwert der Dividenden (Wert der Unternehmung) *nicht* dadurch beeinflussen, dass die Payout-Ratio verändert wird. Jede Veränderung der Höhe der Dividenden — bei unveränderten Ergebnissen realwirtschaftlicher Tätigkeit — hat eine entgegengesetzte Wirkung auf das Dividendenwachstum. Höhere Dividenden bedeuten geringeres Dividendenwachstum, höheres Dividendenwachstum setzt ein geringeres Ausgangsniveau für die Dividende voraus. Die Effekte heben sich gegenseitig auf. Folglich darf die Unternehmung durch den Barwert der tatsächlich ausgeschütteten Dividenden bewertet werden. Dieser Unternehmenswert ist *gleich* dem Barwert jener Ergebnisse, die maximal ausgeschüttet werden *könnten*, selbst wenn dadurch keinerlei Wachstum mehr möglich ist.

Wachstum bedeutet: Der Umsatz, der Buchwert, die Gewinne, die Dividenden und andere Größen nehmen im Verlauf der Zeit zu. Warum wächst eine Unternehmung überhaupt? Wachstum ist quasi immer mit der Absicht des Managements verbunden, die Leistungserstellung qualitativ und quantitativ auszuweiten, sowie mit der Bereitschaft, die notwendigen Voraussetzungen hierfür zu schaffen. Zu diesem Zweck dienen Investitionen. Investieren heißt, heute Geld in einer Weise auszugeben, die Erwartungen späterer Einzahlungen begründen. Wer jedoch gibt der Unternehmung das Geld für die Investitionen, oder anders ausgedrückt, wie werden die Investitionen finanziert? Hier müssen wir drei Quellen unterscheiden.

Investitionen können auf drei Arten finanziert werden.

1. Einmal durch Aufnahme neuer Mittel, die von Eigen- oder von Fremdkapitalgebern stammen (*Außenfinanzierung*). Hierzu sind regelmäßig neue Verträge erforderlich, wie sie durch eine Kapitalerhöhung oder durch neue Kredite zustande kommen.
2. Sodann durch *Innenfinanzierung*. Hier dulden die Eigen- beziehungsweise die Fremdkapitalgeber, dass die Unternehmung die in einem Jahr erwirtschafteten Zahlungsmittel nicht an sie zurückgibt und dass diese Mittel vom Management für Investitionen verwendet werden.
3. Schließlich hat das Management schon während des Jahres eine gewisse Politik walten lassen, wie Ersatzbeschaffungen getätigt werden, wie Anlagen und Einrichtungen gepflegt und wie diese Vorgänge mit "Investivcharakter" im Rechnungswesen abgebildet werden. Einige Unternehmungen tätigen nach Möglichkeit Sofortabschreibungen und haben erheblichen Aufwand für die Pflege, den Erhalt und sogar die Ausweitung des Vermögens, ohne dass diese Leistungen "aktiviert" werden. Selbst wenn der gesamte Gewinn ausgeschüttet wird, steigt daher der Wert dieser Unternehmungen aufgrund des hohen *Investivaufwands*. Auf der

anderen Seite gibt es Unternehmen, die grundsätzlich lange Abschreibungsdauern bevorzugen und anstelle "interner Arbeiten" einen externen Auftrag vergeben, dessen Ergebnisse aktiviert werden dürfen. Wenn diese Unternehmungen den gesamten Gewinn ausschütten, kommt es allenfalls zu einem geringen Wachstum, weil der Investivaufwand gering ist.[3]

Diese Betrachtung mündet in die Frage, ob Unternehmen, die überhaupt nicht investieren, dennoch (etwas) wachsen. Hier ist anzumerken, dass bislang alle Wertgrößen nominal ausgedrückt waren, und allein durch die Inflation eine gewisse nominale Wertsteigerung verzeichnet werden kann. Folglich dürfte es auch "autonomes" Wachstum geben. Zusammen mit dem Autonomen Wachstum sind folglich *vier Arten von Wachstum* zu unterscheiden:

1. Außenfinanziertes Wachstum: Aufnahme neuer Kredite oder Ausgabe neuer Aktien zur Finanzierung von Investitionen.
2. Innenfinanziertes Wachstum, vor allem durch Einbehalten eines Teils des Bilanzgewinns.
3. Wachstum infolge von sogenanntem *Investivaufwand*.
4. Autonomes Wachstum.

Für die Summenwirkung des Wachstums infolge von Investivaufwand und des Autonomen Wachstums ist die Bezeichnung *Organisches Wachstum* üblich. Organisches Wachstum ist mithin jene Wertentwicklung, welche die Unternehmung selbst dann hätte, wenn die gesamten Gewinne regelmäßig ausgeschüttet werden und wenn die Unternehmung keine außenfinanzierte Investitionen tätigt.

Außenfinanzierung bedeutet, dass die Unternehmung *neue* Finanzkontrakte abschließt. Im einfachsten Fall nimmt das Management einen weiteren Kredit auf. Auch eine Kapitalerhöhung dient der Außenfinanzierung: Mit der Ausgabe junger Aktien werden *neue* Finanzkontrakte geschlossen. Die neuen Finanzkontrakte müssen neben den bisherigen bedient werden. Die Bank besteht auf den vereinbarten Zinszahlungen und Aktionäre, die neue Aktien gekauft haben, erwarten Gewinne. Deshalb begünstigt außenfinanziertes Wachstum eigentlich *nicht* die bisherigen Eigenkapitalgeber oder Altaktionäre. Wächst die Unternehmung allein deshalb, weil sie ab und zu eine Kapitalerhöhung durchführt und hierzu alte wie neue Aktionäre zu weiteren Einlagen auffordert, dann

---

[3] Einige Unternehmen schreiben auch nach einer Akquisition den Goodwill nicht ab, also die Differenz zwischen dem entrichteten Kaufpreis und dem Buchwert der übernommenen Unternehmung. Sie lassen sich von Wirtschaftsprüfern betsätigen, dass der Goodwill "werthaltig" ist. Aufgrund dieser Einschätzung nehmen sie dann keine Abschreibungen vor und es wird folglich ein höherer Gewinn ausgewiesen.

4. WACHSTUM

trägt diese Form *außenfinanzierten* Wachstums *nicht* zu einer Erhöhung des Wertes (zugunsten der jetzigen Aktionäre) bei.

> In einer seiner Publikationen schreibt JOEL STERN: "... the corporate mission is not to maximize market value — this can be accomplished, as the case of GM illustrates, simply by retaining a large fraction of your earnings and raising more capital from outsiders — but rather to maximize the difference between a firm's market value and outside capital contributions (EVA Roundtable. *Journal of Applied Corporate Finance* 7 (Sommer 1994) 2, pp. 46-70, hier p. 49).

Beispiel 4-1: Der Geschäftsführer einer Kapitalanlagegesellschaft legt das ihm überlassene Geld in Immobilien an, die vermietet werden.

1. Die Rendite kommt praktisch durch die Mieteinnahmen zustande und sie beträgt etwa 6%. Die Firma wird in der Rechtsform einer AG geführt, und die Kapitalgeber halten die Aktien. Dem Charakter der Investition entsprechend handelt es sich eher um konservative Kapitalgeber. Sie wünschen jährliche Ausschüttungen. Derzeit werden 6 Millionen Euro pro Jahr ausgeschüttet.

2. Bei der Besprechung der Bilanz entsteht Dissens über den Wert der Kapitalanlagegesellschaft, das heißt, über den Wert der Immobilien. Die Kapitalanleger kommen überein, mit einer Vergleichsrendite von 6% zu rechnen, denn die Risiken sind natürlich geringer als bei anderen Unternehmen. Ein Sprecher der Aktionäre meint: Die Formel lautet $Wert = G \cdot Multiple$, und wenn hier als Gewinn $G = 6.000.000$ und als Multiplikator $Multiple = 1/r = 1/0,06$ eingesetzt wird, errechnet sich als Wert 100 Millionen Euro. Wir wissen, dass diese Überlegung der Aktionäre korrekt ist, denn wer 100 Millionen Euro zu 6% Rendite einsetzt, hat nominal ein Ergebnis von 6 Millionen Euro.

3. Der Geschäftsführer widerspricht: Er sagt, die Gesellschaft wachse, und das müsse bei der Bewertung der Unternehmung berücksichtigt werden. In der Tat: Blickt man zurück, so zeigt sich seit längerem ein jährliches Wachstum der Gewinne der Unternehmung um 4%. Deshalb, erklärt der Geschäftsführer, sei das Multiple in Wirklichkeit größer, nämlich $Multiple = 1/(r-g) = 1/(0,06-0,04) = 1/0,02 = 50$. Folglich sei der wahre Wert der Firma derzeit gleich 300 Millionen Euro. Leider stellt sich heraus, dass dieses jährliche Wachstum von 4% allein durch Außenfinanzierung bewerkstelligt wurde. Der Geschäftsführer hatte immer wieder neue Kapitalgeber angesprochen, und damit diese überhaupt Aktien erwerben konnten, wurden immer wieder Kapitalerhöhungen durchgeführt. So sind das Vermögen und die Anzahl ausgegebener Aktien immer gewachsen, und zwar mit der genannten Rate von 4% jährlich. Trotzdem darf dieses Wachstum, selbst wenn es sich in der Zukunft fortsetzt, bei einer Bewertung *nicht*

berücksichtigt werden. Denn es ist extern finanziert. Die Gesellschaft hat einen Wert von 100 und nicht von 300 Millionen Euro. ■

Nun zum Wachstum durch innenfinanzierte Investitionen: Die Unternehmung schüttet Zahlungsmittel, die letztlich aus dem Verkaufserlös stammen und nicht für den laufenden Betrieb und die Leistungserstellung benötigt werden, nicht vollständig an die Eigenkapitalgeber aus, sondern behält sie ein und finanziert "aus eigener Kraft" Investitionen.

Eine wichtige Quelle der Innenfinanzierung ist der Bilanzgewinn, wobei wir unterstellen, dass der Gewinn mit einem entsprechenden Zugang an Zahlungsmitteln verbunden war. Wenn das Management erreicht, dass die Eigenkapitalgeber den Bilanzgewinn nur teilweise entnehmen, dann kann der Rest einbehalten und investiert werden. Natürlich fließen der Unternehmung Zahlungsmittel aus dem Umsatzprozeß zu, die erst gar nicht im Jahresabschluß als Gewinn dargestellt werden und (bei einer Kapitalgesellschaft) deshalb nicht ausgeschüttet werden dürfen. Hierzu gehören die Abschreibungen und die Nettozuweisungen zu den Rückstellungen. Offensichtlich erhöhen diese Mittel das Potential an Innenfinanzierung, allerdings nur temporär.[4] In diesem Sinn können Abschreibungen und Nettozuweisungen zu den Rückstellungen *nur für eine gewisse Zeit* der Finanzierung dienen, nicht aber auf Dauer.

4.2 Organisches Wachstum

Die dritte Quelle des Wachstums der Unternehmung liegt im Investivaufwand. Investivaufwand steht für "interne" Investitionen, die nicht in der Bilanz aktiviert werden. Von diesem Wachstum profitieren zwar die Eigenkapitalgeber, doch die Entscheidungen über Investivaufwand trifft allein das Management, allenfalls eingeengt von den Vorschriften zur Rechnungslegung und der Beschlußfassung der Gremien über Abschreibungen und den Jahresabschluß ganz generell. In der Praxis könnten die Eigenkapitalgeber zwar die Payout-Ratio beschließen und über die Verwendung des Bilanzgewinns sprechen. Sie haben aber je nach Land und Gesetz nur geringe, in der Praxis kaum zu nennende

---

[4] Zwar kann das Management Zahlungsmittel in Höhe der Abschreibungen sofort verwenden, doch sobald die abgeschriebene Vermögensposition ersetzt werden muss, müssen die den Abschreibungen entsprechenden Zahlungsmittel vorhanden sein, um mit dem Ersatz die Leistungsfähigkeit zu erhalten. Ähnlich ist es mit den Rückstellungen. Rückstellungen bildet die Unternehmung in der Bilanz für Verbindlichkeiten, die der Art nach feststehen, bei denen aber die genaue Höhe oder die genaue Fälligkeit noch nicht bekannt sind. Irgendwann werden diese Verbindlichkeiten konkret, und die Zahlungsmittel müssen dann vorhanden sein, um den Verpflichtungen nachkommen zu können.

4. WACHSTUM

Möglichkeiten, die Abschreibungspraxis und die Aktivierungspolitik bei der Rechnungslegung zu beeinflussen.

> *Investivaufwand* ist Aufwand, der für die Erstellung der Leistung und den Erhalt der Leistungsfähigkeit eigentlich nicht erforderlich wäre, sondern für Arbeiten und eigene Anstrengungen der Unternehmung entsteht, die ihr Leistungspotential und damit ihren Wert *erhöhen*.

Investivaufwand bewirkt Wachstum. Wichtigste Beispiele sind interne Forschungen und Entwicklungen oder besondere interne Anstrengungen für Werbung und Marktpflege, die nicht aktiviert werden.

Bild 4-1: Der Wert einer Unternehmung (zugunsten der derzeitigen Eigenkapitalgeber) ist bestimmt erstens durch den derzeitigen Nutznieß in Form von Ausschüttungen oder Dividenden und zweitens den späteren Nutznieß, für den vor allem das Wachstum maßgebend ist. Dieses Wachstum ist ermöglicht durch das Einbehalten von Gewinnen, durch Investivaufwand, und es gibt Autonomes Wachstum. Nicht maßgeblich für die derzeitigen Eigenkapitalgeber und daher für den Unternehmenswert sind Pläne, durch Außenfinanzierung zusätzliches Wachstum zu ermöglichen.

Nun zum Autonomen Wachstum.

Angenommen, eine Unternehmung nimmt erstens keine neuen Finanzmittel per Außenfinanzierung auf, zweitens werden die gesamten Gewinne ausgeschüttet, und drittens tätigt das Management keinen Investivaufwand. Wird die Unternehmung dann überhaupt nicht wachsen?

Die Antwort ist *Nein*. Denn Wachstum wird anhand von Nominalgrößen gemessen, und unser Wirtschaftsleben zeigt stets eine gewisse Geldentwertung.

Die Inflationsraten in Deutschland und in Österreich betrugen in den letzten Jahrzehnten ungefähr 3% sowie in der Schweiz etwas über 2%. Aufgrund der Inflation wird selbst bei einer Unternehmung ohne reale Veränderung der Leistungsfähigkeit ein gewisses Wachstum der Umsätze und der Gewinne zu verzeichnen sein.

> Wir sprechen von *Autonomem Wachstum*, weil gleichsam ohne Zutun der Unternehmung wie von selbst eine Steigerung der nominalen Leistung eintritt.

Beispiel 4-2: Hubert ist Notar und beurkundet verschiedene Transaktionen, darunter Grundstückskäufe. Seine Leistungsfähigkeit, was die Anzahl der Geschäfte betrifft, ist über Jahrzehnte gleich. Dennoch wachsen die Beträge und ebenso die Honorare von Jahr zu Jahr ohne weiteres Zutun. ∎

Durch das Autonome Wachstum entsteht gleichsam ein wirtschaftliches Ergebnis selbst dann, wenn sich das Management "nicht angestrengt" hat und es weder einen Gewinn zu verzeichnen gibt noch Investivaufwand getätigt wurde. Eine Unternehmung könnte die dem Autonomen Wachstum entsprechende Wertsteigerung sogar ausschütten und hätte dann *nominal* gesehen Nullwachstum — wenn nicht dagegen stünde, dass bei Kapitalgesellschaften nur Bilanzgewinne entnommen werden dürfen.

Beispiel 4-3: Ulan hält mit seiner Firma viel Geld in unbebauten Grundstücken, die für den eigentlichen Betriebszweck — Betreiben einer Sportanlage — nicht notwendig sind. Der Betrieb erzielt keinen Gewinn, und Investivaufwand ist nicht zu verzeichnen. Dennoch wird die Unternehmung von Jahr zu Jahr wertvoller, einfach weil der Wert der Immobilien steigt. Dann und wann verkauft Ulan ein Grundstück und entnimmt den außerordentlichen Gewinn. Das macht er so oft, dass auf lange Sicht der nominale Wert seiner Unternehmung konstant bleibt. ∎

Autonomes Wachstum wird es ebenfalls bei Unternehmen geben, die auf eine besondere Art mit dem Wachstum der Wirtschaft als Ganzes verbunden sind. Der Blick sei Vermögensverwaltungen gelenkt. Die Einnahmen dieser Finanzgesellschaften verhalten sich proportional zum verwalteten Vermögen. Das Vermögen unter Verwaltung wächst jedoch nicht nur mit der Inflationsrate, sondern auch mit der Rendite, die Finanzanlagen erzielen. Hierzu muss nicht einmal Neugeschäft getätigt werden. Diese Rendite übertrifft auf Dauer sogar die Rate der Geldentwertung, auch wenn es Jahre mit Rückschlägen an den Finanzmärkten gibt. Somit verzeichnen Finanzgesellschaften ein Autonomes Wachstum, das sogar höher als die Inflationsrate ist. Ein weiteres Beispiel sind Unternehmen, die in Sektoren tätig sind, die aufgrund demografischer oder makroökonomischer Entwicklungen für einige Jahrzehnte wachsen können — selbst wenn sie wenig investieren würden. Zu den Sektoren, die durch Megatrends auf Jahrzehnte hinaus wachsen können, gehört beispielsweise die Pharmazeutik.

Andererseits könnte in gewissen Situationen oder Branchen der Zahn der Zeit dominieren und es gibt laufend Wertverluste, ohne dass diese als Abschreibung dargestellt werden können. Das Autonome Wachstum wäre dann negativ.

4.3 Ergänzung: Duration

Die Rendite r spielt in allen Formeln dieses Kapitels eine kritische Rolle. Wer bewerten möchte oder die mit einer Preisbildung implizit unterstellten Wachstumsraten berechnen will, muss für die Diskontierung der Zahlungen die Höhe der Rendite oder der Kapitalkosten kennen. Wir haben bereits gesagt, dass wir uns der Bestimmung der Kapitalkosten in einem eigenen Kapitel zuwenden werden. Doch auch da wird es noch einen gewissen Ermessensspielraum geben.

So entsteht eine wichtige Aufgabe: Man möchte gern wissen, wie sich der Wert (3-1) ändert, wenn die für r verwendete Zahl numerisch variiert wird. Diese Aufgabe läßt sich praktisch leicht lösen, indem (3-1) für mehrere Zahlenwerte von r, die realistisch scheinen, ausgewertet wird. Wir hatten in den Beispielen gelegentlich mit mehreren Zahlenwerten für r gerechnet, damit ein Eindruck entsteht, wie stark sich der Wert PV ändert, wenn sich r ändert.

Die Aufgabe, die Sensitivität des Werts PV einer Zahlenreihe bei Veränderungen des Satzes r, mit dem diskontiert wird, zu bestimmen, kann indessen auch theoretisch angegangen werden.[5]

---

[5] Literatur: 1. FREDERICK R. MACAULAY, Some Theoretical Problems Suggested by the Movements of Interest Rates, Bond Yields, and Stock Prices in the U.S. since 1856, *New York National Bureau of Economic Research*, 1938. 2. RONALD LANSTEIN und WILLIAM F. SHARPE: Duration and Security Risk (in Duration and Portfolio Strategy). *The Journal of Financial and Quantitative Analysis*, Vol. 13, No. 4, Proceedings of Thirteenth Annual Conference of the Western Finance Association, June 20-26, 1978. 3. G. O. BIERWAG, GEORGE G. KAUFMAN und KHANG CHULSOON: Duration and Bond Portfolio Analysis: An Overview (in Duration and Portfolio Strategy). *The Journal of Financial and Quantitative Analysis*, Vol. 13, No. 4, Proceedings of Thirteenth Annual Conference of the Western Finance Association, June 20-26, 1978. 4. BERND RUDOLPH und BERNHARD WONDRAK: Modelle zur Planung von Zinsänderungsrisiken und Zinsänderungschancen, *Zeitschrift für Wirtschafts- und Sozialwissenschaften* 106 (1986), pp. 337-361.

Hierzu wird zunächst PV als eine Funktion von r aufgefaßt — wir schreiben dafür $PV(r)$. Es liegt nahe, diese Funktion als Kapitalwertfunktion zu bezeichnen.

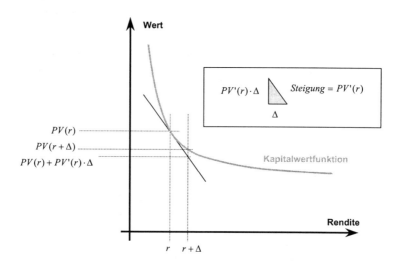

Bild 4-2: Die Kapitalwertfunktion und ihre Approximation durch die Tangente.

In den meisten Fällen nimmt der Kapitalwert ab, wenn die Rendite, mit der diskontiert wird, steigt. Die Kapitalwertfunktion nimmt also in der Regel ab. Denn meistens folgen im Verlauf des Projektes auf anfängliche Auszahlungen des Eigentümers nur Einzahlungen, die er dann bis Projektende erhält. Steigt der Zinssatz, werden die späteren Einzahlungen stärker diskontiert, und der Kapitalwert geht zurück.

Allerdings greift diese Argumentation nicht, wenn sehr spät im Leben des Projektes, beispielsweise durch Abbruchkosten bei Projektende, der Investor später nochmals Auszahlungen leisten muss.

Deshalb fällt die Kapitalwertfunktion in vielen Fällen aber nicht immer.

Ein typischer Verlauf der Kapitalwertfunktion ist grafisch in Bild 3-2 dargestellt.

- Besonders hervorgehoben ist der Wert $PV(r)$ für eine gewisse Rendite r sowie der Wert $PV(r+\Delta)$ für eine Rendite $r+\Delta$, die sich gegenüber r um einen kleinen Betrag Δ (Delta) unterscheidet. Beispielsweise könnte Δ gleich 1% sein. Selbstverständlich könnte die Delta auch negativ sein.

4. WACHSTUM

- Außerdem ist in der Grafik die erste Ableitung der Kapitalwertfunktion, $PV'(r)$, erkennbar. Sie ist durch die Steigung der Tangente an die Kapitalwertfunktion gegeben.

- Es ist zu erkennen, dass die Wertdifferenz $PV(r) - PV(r+\Delta)$ dem Betrag nach ziemlich genau mit dem Produkt aus der ersten Ableitung der Kapitalwertfunktion, $PV'(r)$, und der Variation der Rendite, Δ, übereinstimmt.

- Wird noch das Vorzeichen beachtet, zeigt sich $PV(r) - PV(r+\Delta) \approx$ $\approx -PV'(r)\cdot\Delta$. Deshalb drückt $PV'(r)$ die Sensitivität des Werts gegenüber Veränderungen der Kapitalkosten aus, und diese Sensitivität ist, was wir suchen.

Diese Überlegungen sind über ein halbes Jahrhundert alt und gehen auf MACAULEY und auf HICKS zurück.[6] Sie führten den Begriff der *Duration* der Zahlungsreihe ein, um die Wertsensitivität zu beschreiben. Die Duration stimmt zwar nicht exakt mit der Ableitung überein, ist aber sehr eng mit ihr verbunden, wie wir gleich sehen werden.

Die Duration D ist als gewichteter Mittelwert aller zukünftigen Zeitpunkte definiert, zu denen Zahlungen erfolgen. Das sind hier die Zeitpunkte $1, 2, ..., T$:

$$D = h_1 \cdot 1 + h_2 \cdot 2 + ... + h_T \cdot T \qquad (4\text{-}1)$$

Als gewichteter Mittelwert veranschaulicht die Duration den *Schwerpunkt* der Zahlungszeitpunkte. Da die Zeitpunkte in Jahren gemessen werden, ist auch die Duration in Jahren ausgedrückt. Das Gewicht ist jeweils der relative Barwert der Zahlung,

$$h_t = \frac{\dfrac{z_t}{(1+r)^t}}{\dfrac{z_1}{1+r} + \dfrac{z_2}{(1+r)^2} + ... + \dfrac{z_T}{(1+r)^T}} = \frac{\dfrac{z_t}{(1+r)^t}}{PV} \qquad (4\text{-}2)$$

Man sieht an (4-12) unmittelbar, dass sich die Gewichte zu 1 summieren, $h_1 + h_2 + ... + h_T = 1$. Allerdings könnten bei einem Projekt einzelne Zahlungen durchaus negativ sein. Das entsprechende Gewicht ist dann

---

[6] FREDERICK R. MACAULAY arbeitete an der Federal Reserve und publizierte seine Ergebnisse 1938, der englische Ökonomieprofessor JOHN R. HICKS ein Jahr später. SIR JOHN RICHARD HICKS (1904-1989) hat bahnbrechende Beiträge zur Theorie wirtschaftlicher Gleichgewichte verfaßt und wurde — gemeinsam mit KENNETH J. ARROW — 1972 mit dem Nobelpreis für Wirtschaftswissenschaften ausgezeichnet.

ebenso negativ. Das verlangt angesichts der intuitiven Vorstellung vom Gewicht eine gewisse Gewöhnung.

Beispiel 4-4: Ein Projekt bringt am Ende der kommenden drei Jahre Einzahlungen von jeweils 100. Es soll mit der Rendite $r = 6\%$ diskontiert werden. Die drei Zahlungen haben daher die Barwerte 94,34, 89,00 und 83,96. Der Present-Value beträgt $PV = 94,34 + 89,00 + 83,96 = 267,30$. Die für die Duration benötigten Gewichte der Zahlungszeitpunkte sind daher $h_1 = 94,34/267,30 = 0,353$, $h_1 = 89,00/267,30 = 0,333$ und schließlich $h_3 = 83,96/267,30 = 0,314$. Die Duration der Zahlungsreihe beträgt folglich $D = 0,353 \cdot 1 + 0,333 \cdot 2 + 0,314 \cdot 3 = 1,96$ [Jahre]. Im Mittel erhält der Investor das Geld in 1,96 Jahren. ■

Beispiel 4-5: Ein Projekt bringt in zwölf und in vierundzwanzig Monaten jeweils $z_1 = z_2 = 100$, doch zum letzten Zeitpunkt $T = 3$ sind Abbruchkosten zu leisten, $z_3 = -100$. Es soll mit der Rendite $r = 6\%$ diskontiert werden. Die drei Zahlungen haben die Barwerte 94,34, 89,00 und $-83,96$. Der Present-Value beträgt $PV = 94,23 + 89,00 - 83,96 = 99,27$.

Die für die Duration benötigten Gewichte der Zahlungszeitpunkte sind daher $h_1 = 94,34/99,27 = 0,950$, $h_2 = 89,00/99,27 = 0,896$, und schließlich, ein negatives Gewicht, $h_3 = -83,96/99,27 = -0,846$. Die Duration der Zahlungsreihe beträgt folglich $D = 0,950 \cdot 1 + 0,896 \cdot 2 - 0,846 \cdot 3 = 0,2$ [Jahre].

Der zeitliche Schwerpunkt der Zahlungen, die dem Eigentümer zufließen, ist recht bald, schon in 0,2 Jahren. Das ergibt sich rechnerisch daraus, dass er in drei Jahren noch eine Zahlung zu leisten hat. Jedenfalls deutet die geringe Duration auf eine geringe Sensitivität des Werts der Zahlungsreihe gegenüber Veränderungen der Rendite hin, mit der diskontiert wird. Die geringe Sensitivität sollte intuitiv einsichtig sein: Wenn beispielsweise die Rendite steigt, fällt der für ihn positive Wert der Zahlungen, die der Eigentümer in den ersten beiden Jahren erhält. Gleichzeitig fällt aber auch der für ihn negative Wert der Zahlung, die er im dritten Jahr noch leisten muss. ■

Die Duration beschreibt, wie sensitiv der Present-Value reagiert, wenn sich die Rendite ändert, mit der diskontiert wird. Es gilt

$$\frac{PV(r+\Delta) - PV(r)}{PV(r)} \approx -\frac{1}{1+r} \cdot D \cdot \Delta \qquad (4\text{-}3)$$

Das heißt, die relative Änderung des Werts ist proportional zur Duration D und zur Größe Δ, um die sich die Rendite ändert, mit der diskontiert wird. Es kommt noch $1/(1+r)$ als Proportionalitätsfaktor hinzu und das

4. WACHSTUM

Minuszeichen unterstreicht, dass eine Erhöhung der Rendite, $\Delta > 0$, auf geringere Werte führt, $PV(r+\Delta) < PV(r)$.

Formel (4-3) zeigt, dass die Duration die Sensitivität des Werts gegenüber Änderungen des Satzes der Kapitalkosten erfaßt. Sie ist daher eine wichtige Größe für die Erfassung der Wertrisiken, deren Ursache mögliche Veränderungen der Rendite sind, mit der diskontiert wird.

Beispiel 4-6: Wir greifen Beispiel 4-4 mit $z_1 = z_2 = z_3 = 100$ auf, für das bei der Rendite $r = 6\%$ als Present-Value $PV(0,06) = 267,30$ und als Duration $D = 1,96$ bestimmt wurden. Nun soll gefragt sein, wie stark sich der Present-Value verändert, wenn die Rendite auf $r = 7\%$ steigt. Das heißt, es wird $PV(0,07) - PV(0,06)$ gesucht. Mit der Durationformel (4-3) ergibt sich $PV(0,07) - PV(0,06) \approx -PV(0,06) \cdot 0,943 \cdot D \cdot 0,01$ und die zahlenmäßige Auswertung zeigt $PV(0,07) - PV(0,06) \approx -4,94$. Von daher hätte man die Näherung $PV(0,07) \approx 267,30 - 4,94 = 262,26$. Wie genau ist diese, über (4-3) ermittelte Näherung? Die direkte Berechnung der Barwerte der drei Zahlungen für den Zinssatz 7% liefert $93,46$, $87,34$ und $81,63$. Daraus folgt $PV(0,07) = 262,43$. Der Approximationsfehler ist für praktische Zwecke hinreichend klein. ■

Beispiel 4-7: Wir greifen Beispiel 4-5 mit $z_1 = z_2 = 100$ und $z_3 = -100$ auf, für das bei der Rendite $r = 6\%$ als Present-Value $PV(0,06) = 99,27$ und als Duration $D = 0,2$ bestimmt wurden. Wieder soll gefragt sein, wie stark sich der Present-Value verändert, wenn die Rendite auf $r = 7\%$ steigt. Das heißt, es wird $PV(0,07) - PV(0,06)$ gesucht. Mit der Durationsformel (4-3) ergibt sich $PV(0,07) - PV(0,06) \approx -PV(0,06) \cdot 0,943 \cdot D \cdot 0,01$ und die zahlenmäßige Auswertung zeigt nun $PV(0,07) - PV(0,06) \approx -0,19$. Von daher hätte man die Näherung $PV(0,07) \approx 99,27 - 0,19 = 99,08$. Wie genau ist diese Näherung? Die direkte Berechnung der Barwerte der drei Zahlungen für den Zinssatz 7% liefert $93,46$, $87,34$ und $-81,63$. Daraus folgt $PV(0,07) = 99,17$. Der Vergleich mit der über die Durationformel berechneten Näherung $PV(0,07) \approx 99,08$ zeigt, dass der Approximationsfehler gering ist. ■

> Wenn ein Projekt bewertet wird, ist die Ermittlung der Duration sinnvoll, besonders wenn eine gewisse Unsicherheit über die Höhe der Rendite besteht, mit der diskontiert werden soll.

Um eine zahlenmäßige Vorstellung zu bekommen, rechnen wir die Durationen von Projekten aus, deren Zahlungen sich bis zu $T = 100$ Jahren erstrecken und gleichförmig wachsen,

$$z_2 = z_1 \cdot (1+g), \ z_3 = z_2 \cdot (1+g), \ z_{100} = z_{99} \cdot (1+g)$$

Die Ergebnisse sind für verschiedene Wachstumsraten und verschiedene Renditen, mit denen diskontiert wird, in einer Tabelle zusammengestellt. Die Durationen sind in der Tabelle (Bild 4-3) in Jahren ausgedrückt und auf ganze Zahlen gerundet. In der Tabelle sind Durationen zwischen 9 und 50 Jahren gezeigt, sehr häufig finden sich Zahlen um 20 Jahre. Beispielsweise für $g = 3\%$ und $r = 8\%$ ist die Duration $D = 21$. Diese Duration bedeutet: Wenn sich die Rendite von 8% auf 9% erhöht oder auf 7% sinkt, dann fällt beziehungsweise steigt der Wert der Zahlungsreihe um $0{,}93 \cdot 21 = 19{,}5\%$ (es wurde $1/(1+r) = 1/1{,}08 = 0{,}93$ verwendet). Das ist eine beachtliche Sensitivität.

Es fällt auf, dass die Duration und damit die Wertanfälligkeit gegenüber Änderungen der Rendite, mit der diskontiert wird, um so größer ist, je stärker die Zahlungsreihe wächst. Das sollte intuitiv einsichtig sein. Bei stark wachsenden Zahlungsreihen ist das Gewicht der Zahlungen in der Zukunft höher, und die Duration als gewichteter Mittelwert der Zahlungen steigt dadurch an.

Duration	g=0%	g=1%	g=2%	g=3%	g=4%	g=5%
r=5%	20	24	29	35	43	50
r=6%	17	20	24	29	36	43
r=7%	15	18	21	24	29	36
r=8%	13	15	18	21	25	30
r=9%	12	14	15	18	21	25
r=10%	11	12	14	16	18	21
r=11%	10	11	12	14	16	18
r=12%	9	10	11	12	14	16

Bild 4-3: Die Durationen (in Jahren) von Zahlungsreihen, die bis $T=100$ gehen und dem Eigentümer wachsende Beträge überlassen; g ist die jährliche Wachstumsrate der Beträge und r die Rendite, mit der diskontiert wird.

Im Vorgriff auf später wollen wir die vorgeführten Beispiele als repräsentativ für die Durationen von Equity erklären. Deshalb sollte nicht verwundern, dass kleine Änderungen der Rendite um vielleicht $\pm 1\%$ beachtliche Änderungen der Werte von Aktien von vielleicht $\mp 20\%$ oder $\mp 30\%$ zur Folge haben. Verlangen die Investoren eine höhere Rendite, brechen die Kurse zusammen. Der Effekt ist stärker, wenn es sich um Unternehmen handelt, bei denen hohes Wachstum unterstellt wird (so dass sich die für den Aktionär interessanten Dinge erst in der weiten

Zukunft abspielen). Auf der anderen Seite sollten fallende Renditeerwartungen dem Kursniveau an der Börse eine erhebliche Stütze bieten.

Zum Abschluß berechnen wir die Durationen der unendlichen Zahlungsreihen, deren Wert in (3-3) beziehungsweise (3-7) bestimmt wurden. Wir schreiben W für den Present-Value, somit $W(r) = d/r$ und $W(r) = d/(r-g)$.

Achtung: d ist die Dividende, D die Duration.

Anstatt (4-2), (4-3) auszuwerten, wollen wir die genannten Wertformeln direkt nach der Rendite ableiten. Da die Funktion $y = f(x) = 1/x = x^{-1}$ die Ableitung $y' = -x^{-2} = -1/x^2$ besitzt, gilt im Fall von (3-3), also $W(r) = d/r$, $W'(r) = -d/r^2$ und im Fall (3-7) der gleichmäßig wachsenden unendlichen Zahlungsreihe, also $W(r) = d/(r-g)$, gilt $W'(r) = -d/(r-g)^2$.

Die Durationformel (4-3) besagt $W'(r)/W(r) = -D/(1+r)$ und infolgedessen $D = -(1+r) \cdot W'(r)/W(r)$. Werden hier die Ableitungen der Wertformeln und die Wertformeln eingesetzt, folgt für die Duration. Sie ist in diesen beiden Fällen von der Höhe der Dividende unabhängig.

$$D = \begin{cases} \dfrac{1+r}{r} & \text{für die unendliche Zahlungsreihe } (3-3) \\[2ex] \dfrac{1+r}{r-g} & \text{für die gleichmäßig wachsende Zahlungsreihe } (3-7) \end{cases} \quad (4-4)$$

Insbesondere ist mit (4-4) gezeigt, wie stark der nach dem Gordon-Modell berechnete Wert auf Änderungen des Diskontierungssatzes reagiert. Die untere Formel in (4-4) besagt, zusammen mit (4-3), dass eine Änderung des Diskontierungssatzes um einen Prozentpunkt (nach oben) eine prozentuale Wertänderung um $1/(r-g)$ (nach unten) zur Folge hat.

Beispiel 4-8: Eine Familie tauscht ein Grundstück gegen eine für immer laufende Rente in Höhe von € 20.000 jährlich. Ein Familienmitglied meint, "wir hätten das Grundstück auch verkaufen können, das hätte einen Erlös von € 500.000 gebracht. Wir haben quasi diesen Betrag eingesetzt und erhalten dafür die Rente. Da können wir jetzt lange warten, bis wir diesen Betrag in Form der Rentenzahlungen zurückerhalten." Der Zeitpunkt, zu dem ein Investor im Mittel sein Geld zurück erhalten haben wird, wird durch die Duration beschrieben. Hier wurde mit einer Rendite von 4% kapitalisiert, denn $500.000 = 20.000/0{,}04$. Die Duration beträgt $D = 1{,}04 / 0{,}04 = 26$ [*Jahre*]. Mit der Rente erhält die Familie das Geld im Mittel nach 26 Jahren zurück. ■

Beispiel 4-9: Wie in Beispiel 3-13 soll eine Aktie in einem Jahr eine Dividende von € 10 erwarten lassen. Langfristig, so heißt es, sollte die Unternehmung mit einer Rate von $g = 4\%$ wachsen. Diese Wachstumsrate soll möglich sein, ohne dass Kapitalerhöhungen stattfinden und neue Aktien ausgegeben werden. Deshalb wird auch die Dividende mit dieser Rate wachsen. Es soll mit $r = 9\%$ diskontiert werden. Als Wert der Aktie folgte mit dem Gordon-Modell $10 / (0{,}09 - 0{,}04) = 200$ Euro. Der Aktionär fragt: "Wenn ich eine Aktie kaufe und auf Dauer halte, wann fließen mir im Mittel die jetzt zu zahlenden 200 Euro zurück?" Die Antwort liefert die Duration. Sie beträgt $D = 1{,}09 / (0{,}09 - 0{,}04) = 21{,}8$ [*Jahre*].

Einige Zeit später wird die Aktie am Markt mit € 250 bewertet, obwohl sich weder die Wachstumsperspektiven noch die Höhe der Dividende geändert haben. Offensichtlich ist die Rendite, mit der nun bewertet wird, auf $r = 8\%$ gesunken, aus welchen Gründen auch immer. Denn $250 = 10 / (0{,}08 - 0{,}04)$. Es folgt $D = 1{,}08 / (0{,}08 - 0{,}04) = 27$ [*Jahre*] und der Aktionär bekommt nun sein Geld im Mittel in 27 Jahren zurück. ■

4.4 Fragen

1. Welche Aussagen haben MODIGLIANI und MILLER zur Abhängigkeit des Unternehmenswerts von der Ausschüttungsquote getroffen?
2. A) Was wird unter Organischem Wachstum verstanden? B) Könnte man sich die Regeln für die Rechnungslegung so verändert vorstellen, dass die Wirkung organischen Wachstums als Gewinn ausgewiesen wird?
3. Wie sensitiv reagiert der nach dem Gordon-Modell bestimmte Wert gemäß der Formel (4-3) zur Duration?

5. Perlen und Lasten

Ein wichtiger Punkt: Hängt der Wert einer Unternehmung von den Ausschüttungen beziehungsweise *Dividenden* ab oder statt dessen von *Gewinnen* oder anderen Ertragsgrößen? Und wenn es tatsächlich auf die Dividenden ankommt, ist dann der Wert gleich dem Barwert dieser Dividenden? Gibt es sonst keine weiteren Beiträge zum Wert? Kann der Wert nicht über oder unter dem Barwert der Dividenden liegen? Dieses Kapitel begründet, *weshalb* die abstrakte Beschreibung konkreter Kapitalanlagen als Zahlungsreihen das Wesentliche erfaßt. Jedoch gibt es Ausnahmen. Sie sind mit *Perlen und Lasten* überschrieben.

5.1 Nur Dividenden? 83
5.2 Kaufen, Halten, Verkaufen 85
5.3 Die Lösung 88
5.4 Fallunterscheidung 92
5.5 Verschuldungsprozesse 95
5.6 Fragen 98

5.1 Nur Dividenden?

Die im Gordon-Modell getroffene Feststellung, dass die zukünftigen *Ausschüttungen* oder *Dividenden* den Wert einer Unternehmung bestimmen sollten, hat vielen Analysten immer wieder Mühe bereitet.[1] Vielleicht ist die Vereinfachung, Investitionen, Kapitalanlagen oder Unternehmen einfach durch die von ihnen bedingten *Zahlungen* zu beschreiben, doch zu kühn?

In der Diskussion wurden zwei Argumente vorgebracht:

---

[1] Hierzu: 1. JAMES L. FARRELL: The Dividend Discount Model: A Primer. *Financial Analysts Journal* 41 (1985) 6, pp. 16-25. 2. ALFRED RAPPAPORT: The Affordable Dividend Approach to Equity Valuation. *Financial Analysts Journal* 42 (1986) 4, pp. 52-58. 3. RICHARD G. BARKER: The role of dividends in valuation models used by analysts and fund managers. *European Accounting Review* 8 (1999) 2, pp. 195-218. 4. WILLIAM J. HURLEY und LEWIS D. JOHNSON: A realistic dividend valuation model. *Financial Analysts Journal* 50 (1994) 4, pp. 50-53. 5. DOUGLAS J. LAMDIN: Valuation with the Discounted Dividend Model when Corporations Repurchase. *Financial Practice & Education* 10 (2000) 1, pp. 252-255.

1. Wer eine Investition tätigt, ist zweifellos an einer Fortführung interessiert und möchte den Ertragswert berechnen, nicht den Substanzwert. Doch vielleicht leitet sich der Ertragswert eher aus den Gewinnen oder einer anderen Ertragsgröße ab, als aus den Dividenden.

2. Einige Unternehmen schütten überhaupt keine oder nur sehr geringe Ergebnisse aus und haben trotzdem einen positiven Wert. Auch wer Gold hält, kann keine laufenden Einzahlungen erwarten, und dennoch ist Gold wertvoll. Möglicherweise kommt es bei der Bewertung einer Unternehmung darauf an, ob sie eine "Perle" ist. Auch kommt es immer wieder zu Fällen, in denen eine Erbschaft, eine Investition, eine Unternehmung bei genauerer Betrachtung nur eine "Last" darstellt.

Es könnte folglich sein, dass es nicht richtig ist, konkrete Kapitalanlagen oder Unternehmungen einfach durch Ausschüttungen, Entnahmen beziehungsweise Dividenden zu beschreiben. Vielleicht wurde auch die Modellebene mit den Zahlungsreihen zu simpel gestaltet. Dass eine *pure Zahlungsreihe* im Kapitalmarkt den Wert besitzt, der in den beiden vorangegangenen Kapiteln hergeleitet wurde, steht außer Zweifel. Aber vielleicht ist eine Unternehmung *mehr* als nur eine Zahlungsreihe.

Der Punkt ist auch nicht, ob man auf der Modellebene Unsicherheit berücksichtigen und statt mit konkreten Zahlen besser mit Zufallsvariablen rechnen sollte (was wir uns für das nächste Kapitel vornehmen). Hier geht es um die grundsätzlichere Frage, welches die wirklichen wertbestimmenden Faktoren einer Kapitalanlage sind. Zwar ergeben sich die gezeigten Formeln, wie beispielsweise die des Gordon-Modells, sobald der *Annahme* gefolgt wird, dass *nur* die von der Kapitalanlage oder der Unternehmung ausgelösten Zahlungen wertrelevant sind. Aber ob diese Annahme auf Argumente gestützt werden kann? Da haben wir es uns bisher leicht gemacht.

Zur Klärung dieser grundsätzlichen Frage hilft ein Trick. Wir beginnen von Neuem und betrachten eine Investition, Kapitalanlage oder Unternehmung. Ihr (heutiger) Wert sei mit W_0 *bezeichnet*. Wir wissen noch nicht, wie dieser Wert ermittelt werden kann und welches die wertbestimmenden Eigenschaften sind.

Zur Frage, was die wertbestimmenden Eigenschaften sein könnten, melden sich viele Ratgeber. Die einen meinen, der technologische Vorsprung und die Produkte begründen den Wert einer Unternehmung, andere sagen, es komme auf die Organisation an. Viele Menschen sehen einen besonderen Wert in wirtschaftlicher Aktivität, wenn Arbeitsplätze geschaffen und erhalten werden. Wieder andere sehen Wert in einer nachhaltig ökologisch ausgerichteten Strategie. Schließlich meinen einige, man müsse auf Verpflichtungen und verborgene Altlasten

5. PERLEN UND LASTEN

achten, die den Wert mindern. Die Menschheit wartet mit verschiedensten Wertvorstellungen auf.

Allerdings kommen wir mit all den Hinweisen wenig weiter. So erinnern wir uns an die in Kapitel 2 gegebene Wertdefinition und suchen zunächst nach einem Markt in der Wirtschaftswelt, in dem Kapitalanlagen und Unternehmungen (zumindest ab und zu) ihren Eigentümer wechseln. Anschließend werden wir diesen Markt etwas idealisiert betrachten, so dass wir von dem für die Bewertung verlangten "gut funktionierenden" Markt ausgehen können.

Wir werden schnell fündig: Es gibt Messen, auf denen neue Technik gezeigt wird und Unternehmer Bestellungen aufgeben. Es gibt Makler im Bereich von M&A. Sie bringen die bisherigen Eigentümer mit Kaufinteressenten zusammen. Es gibt Corporate Raiders. Und schließlich gibt es auch die Börse. Es zeigt sich, dass alle Teilnehmer an diesen konkreten Märkten etwas gemein haben: Es sind *Investoren*, Personen also, die vor allem auf *Geld* und auf die *Rendite* achten. Viele Investoren legen das Geld von Kunden an und haben den klaren Leistungsauftrag, die anvertrauten Mittel *rentabel* zu verwalten. Weder beteiligt sich der schwärmerische Ingenieur an einer Investition, noch sind die Gewerkschaften bereit, Geld für einen sozialen Musterbetrieb hinzulegen. Auch die Grünen geben ihr Geld lieber für die Darstellung ihrer Ziele in der Politik aus, als für die Übernahme eines Konzerns, um ihn als Großaktionär auf den Weg der Nachhaltigkeit zu zwingen. Zwar gibt es Ausnahmen dieser etwas pauschalen These, doch sie spielen im Markt für Kapitalanlagen und Unternehmen nur eine geringe Rolle. Die typischen Marktteilnehmer sind Investoren, die vor allem auf das Geld achten.[2]

5.2 Kaufen, Halten, Verkaufen

Der typische Teilnehmer am Markt für Kapitalanlagen und Unternehmungen weiß vielleicht nicht einmal ganz genau, wie sie *wirklich* zu bewerten sind. Investoren kennen aber die Höhe von Preisen, die in der Praxis zu zahlen sind, und sie bilden Erwartungen dahingehend, was die Kapitalanlage oder Unternehmung während der Haltedauer abwirft und zu welchem Preis sie einige Jahre später wieder verkauft werden kann.

---

[2] In der Tat wenden sich die Vertreter der Arbeitnehmer und die Befürworter ökologischen Wirtschaftens primär an die Politik. Sie möchten den Wähler erreichen und schließlich mit regulatorischen Maßnahmen dem Wirtschaftsleben Nebenbedingungen auferlegen. Und dass es für das Wirtschaften Regeln, Gesetze und Nebenbedingungen geben muss, steht außer Frage.

Wie können wir diese Einstellung der Investoren formalisieren? Wir betrachten die Werte, welche die Kapitalanlage oder Unternehmung heute hat, in einem Jahr haben wird, in zwei Jahren und so fort. Diese Werte oder Marktwerte sollen wie zuvor mit $W_0, W_1, W_2,...$ bezeichnet werden. Sie beziehen sich auf den heutigen Informationsstand. Die Werte $W_0, W_1, W_2,...$ sollen zwar alle durch ein geeignetes Modell — und aufgrund der vorliegenden Informationen, wie umfassend diese auch immer sein mögen — ermittelt worden sein, aber wir kennen dieses Bewertungsmodell noch nicht.

Wir wollen die Werte $W_0, W_1, W_2,...$ nun in eine *Beziehung untereinander* bringen. Es wird sich zeigen, dass die Beziehung der Werte $W_0, W_1, W_2,...$ einiges über das noch verborgene Bewertungsmodell aussagt.

- Um die Werte $W_0, W_1, W_2,...$ in eine Beziehung zu setzen, wird ein Investor betrachtet, der heute die Kapitalanlage kauft und nach einiger Zeit wieder verkauft.

- Mit diesen Transaktionen sind Zahlungen verbunden, die sich abgrenzen lassen, und der Vorgang ist innerhalb einer endlichen Zeitspanne abgeschlossen: Die betrachtete Transaktion kann also praktisch *exakt* als Zahlungsreihe beschrieben werden, und Zahlungsreihen können wir bereits bewerten. Wir fragen also nicht, wie die Kapitalanlage oder Unternehmung bewertet werden sollte. Wir stellen die Frage, welchen Wert das *Vorhaben* hat, die Kapitalanlage oder Unternehmung zu kaufen und nach einiger Zeit wieder zu verkaufen.

- Die Person muss bei diesem Vorhaben heute den Wert W_0 zahlen, $z_0 = -W_0$ und, wenn sie zum Zeitpunkt T die Investition, Kapitalanlage oder Unternehmung wieder verkauft, wird sie die Einzahlung $z_T = W_T$ erhalten. Man könnte den durch den Wert W_T gegebenen Verkaufserlös auch als "Liquidationsdividende" bezeichnen. Wohlgemerkt existiert die Kapitalanlage oder Unternehmung weiter, doch der betrachte Investor plant zu T den Ausstieg. Danach ist für ihn der Vorgang abgeschlossen.

- Was gilt im Vorhaben für zwischenzeitliche Zahlungen? Einige Investitionen verlangen seitens der Eigner Unterhaltszahlungen, andere werfen etwas ab. Zur Vereinfachung der Sprechweise sollen alle diese Zahlungen *Dividende* genannt und wie zuvor mit $d_1, d_2, ..., d_T$ bezeichnet werden.

Damit ist das Vorhaben, die Kapitalanlage oder Unternehmung zu kaufen, zu halten und zum Zeitpunkt T zu verkaufen, vollständig als Zahlungsreihe beschrieben:

5. PERLEN UND LASTEN

$$z_0 = -W_0, \quad z_1 = d_1, \quad z_2 = d_2, \ldots, \quad z_{T-1} = d_{T-1}, \quad z_T = d_T + W_T.$$

Niemand wird bezweifeln, dass die Zahlungsreihe den betrachteten Vorgang ziemlich gut beschreibt. Die Diskontierung wird mit dem Diskontierungssatz r vorgenommen. Das Vorhaben, die Kapitalanlage oder Unternehmung zu kaufen und nach einigen Jahren zum Zeitpunkt T wieder zu verkaufen, kann nun bewertet werden — ohne dass wir wissen, *wie* die Werte W_0 und W_T ermittelt worden sind. Offensichtlich gilt:

$$W_0 = \frac{d_1}{1+r} + \frac{d_2}{(1+r)^2} + \ldots + \frac{d_T}{(1+r)^T} + \frac{W_T}{(1+r)^T} \qquad (5\text{-}1)$$

Die Beziehung (5-1) gilt für alle Verkaufszeitpunkte $T = 1, 2, \ldots$. Denn die Person könnte die Kapitalanlage oder Unternehmung *ein* Jahr halten und dann verkaufen, oder *zwei* Jahre halten und dann verkaufen. Selbstverständlich darf, wenn ein anderer Anlagehorizont gewählt wird, nicht ein anderer Wert der Anlagestrategie herauskommen. Denn der Wert war der Preis in einem gut funktionierenden Markt, und in einem gut funktionierenden Markt gibt es immer Anleger, die nur für *ein* Jahr anlegen wollen und es gibt solche, die *zwei* oder *drei* oder noch mehr Jahre anlegen wollen. Dafür kann es nicht verschiedene Preise geben. Ausführlich:

$$\begin{aligned} W_0 &= \frac{d_1}{1+r} + \frac{W_1}{1+r} \\ W_0 &= \frac{d_1}{1+r} + \frac{d_2}{(1+r)^2} + \frac{W_2}{(1+r)^2} \\ W_0 &= \frac{d_1}{1+r} + \frac{d_2}{(1+r)^2} + \frac{d_3}{(1+r)^3} + \frac{W_3}{(1+r)^3} \\ &\ldots \end{aligned} \qquad (5\text{-}2)$$

Wer (5-2) ansieht, wird nichts überraschendes bemerken. Im Gegenteil, die Gleichungen (5-2) sollten selbstverständlich sein. Man betrachte die oberste Formel. Sie sagt: Der heutige Wert W_0 der Kapitalanlage oder Unternehmung ist gleich dem Barwert der nächsten Dividende, und dann kommt es eben noch darauf an, für wieviel die Kapitalanlage oder Unternehmung in *einem* Jahr wieder verkauft werden kann. In der zweiten Zeile: Der heutige Wert W_0 der Kapitalanlage oder Unternehmung ist gleich dem Barwert der Dividenden in den kommenden beiden Jahren, und hinzu kommt der auf den heutigen Zeitpunkt diskontierte Erlös, wenn die Kapitalanlage oder Unternehmung dann in *zwei* Jahren verkauft wird. Und so fort. Die Beziehungen (5-2) stimmen voll mit der Intuition überein.

Ja, wird jemand sagen, dies sei genau der Punkt. Es kommt eben *nicht nur* auf die Dividenden an, sondern vor allem auf den *Erlös beim Verkauf* der Kapitalanlage oder Unternehmung, und beides zusammen bestimmt den Wert der Strategie zu kaufen, zu halten und zu verkaufen. Das ist richtig. Dennoch sind durch (5-2) die noch *möglichen* Bewertungen der Kapitalanlage oder Unternehmung bereits erheblich *eingeschränkt*, wie wir gleich sehen werden.

5.3 Die Lösung

Rein aus mathematischen Gründen gibt es nur ganz wenige Lösungen der Gleichungen (5-2). Wie gesagt betrachten wir die Marktwerte $W_0, W_1, W_2, \ldots$ als *Unbekannte*. Die Dividenden $d_1, d_2, \ldots$ sollen gegeben sein und auch die Rendite r, mit der diskontiert wird, soll feststehen.

Eine Lösung von (5-2) läßt sich ohne tiefere Mathematik finden. Wenn man in den Zeilen von (5-2) nach unten geht, dann wird immer deutlicher, dass der Wert W_0 gleich der Summe der Barwerte *aller* Dividenden sein wird, die bis in die unendliche Zukunft gezahlt werden.

$$W_0 = \frac{d_1}{1+r} + \frac{d_2}{(1+r)^2} + \frac{d_3}{(1+r)^3} + \frac{d_4}{(1+r)^4} \ldots = \sum_{t=1}^{\infty} \frac{d_t}{(1+r)^t}$$

Entsprechendes gilt auch für die auf die folgenden Jahre bezogenen Werte $W_1, W_2, \ldots$, insgesamt:

$$\begin{aligned} W_0 &= \frac{d_1}{1+r} + \frac{d_2}{(1+r)^2} + \frac{d_3}{(1+r)^3} + \frac{d_4}{(1+r)^4} \ldots = \sum_{t=1}^{\infty} \frac{d_t}{(1+r)^t} \\ W_1 &= \frac{d_2}{1+r} + \frac{d_3}{(1+r)^2} + \frac{d_4}{(1+r)^3} + \ldots = \sum_{t=2}^{\infty} \cdot \frac{d_t}{(1+r)^{t-1}} \\ W_2 &= \frac{d_3}{1+r} + \frac{d_4}{(1+r)^2} + \ldots = \sum_{t=3}^{\infty} \frac{d_t}{(1+r)^{t-2}} \\ &\ldots \end{aligned} \quad (5\text{-}3)$$

Tatsächlich ist (5-3) eine *Lösung* von (5-2). Das kann verifiziert werden, indem (5-3) in (5-2) eingesetzt wird: es geht auf.

Dabei ist vorauszusetzen, dass die unendlichen Summen der Barwerte zukünftiger Dividenden, wie in (5-3) angegeben, existieren. Das heißt, jede soll auf eine endliche Größe hinauslaufen. Die Ausdrücke sollen nicht unendlich groß werden. Hierzu dürfen die Dividenden nicht auf Dauer schneller anwachsen, als die Faktoren $(1+r)^t$.

Es versteht sich von selbst, dass für das Rechnen mit den Barwerten der Dividenden eine Bedingung der Endlichkeit zu stellen ist. Üblich ist die nachstehende Formulierung. Im Regelfall werden die Werte einer Unternehmung im Verlauf der Jahre steigen. Ein wichtiger Grund dafür liegt darin, dass die Unternehmung nicht das gesamte Wirtschaftsergebnis ausschüttet, sondern einen Teil einbehält und investiert. Dadurch erhöhen sich die Werte.

Die übliche Forderung der Endlichkeit ist nun, dass sich auch die Werte (Barwerte der Dividenden) langsamer erhöhen als die Faktoren $(1+r)^t$. Formaler ausgedrückt soll der Grenzwert der auf den heutigen Zeitpunkt bezogenen Barwerte der Dividenden gegen Null streben,

$$\frac{d_t}{(1+r)^t}+\frac{d_{t+1}}{(1+r)^{t+1}}+\frac{d_{t+2}}{(1+r)^{t+2}}+\ldots \quad \to 0 \quad \textit{für} \quad t\to\infty \quad (5\text{-}4)$$

Diese Bedingung heißt in der Literatur *Transversalität*.[3] Zwar können die Dividenden wachsen, auch die Summen der Barwerte der Dividenden können wachsen, doch ist die Wachstumsrate etwas geringer als die Rendite, mit der diskontiert wird.

Damit könnte ein vorläufiges Ergebnis formuliert werden:

> Der Wert einer Kapitalanlage oder Unternehmung ist gleich der Summe der Barwerte der Dividenden. Insbesondere ist daher der Wert weder durch die Gewinne noch durch andere Ertragsgrößen bestimmt.

Leider ist diese Aussage nicht ganz korrekt. Denn (5-3) ist zwar *eine*, jedoch nicht die einzige Lösung von (5-2). Die *allgemeine* mathematische Lösung unterscheidet sich von (5-3) durch eine Konstante, die mit W^* bezeichnet werden soll, und lautet

---

[3] Erste Analysen der Transversalitätsbedingung im Rahmen der modernen Finance gehen zurück auf: 1. PHILIPPE MICHEL: On the Transversality Condition in Infinite Horizon Optimal Problems. *Econometrica*, Jg. 50, (1982) 4, pp. 975-986. 2. PHILIPPE MICHEL: Some Clarifications on the Transversality Condition. *Econometrica*, 58 (1990) 3, pp. 705-723. 3. MICHAEL MAGILL und MARTINE QUINZII: Infinite horizon incomplete markets. *Econometrica* 62 (1994) 4, pp. 853-880.

$$W_0 = W^* + \frac{d_1}{1+r} + \frac{d_2}{(1+r)^2} + \frac{d_3}{(1+r)^3} + \frac{d_4}{(1+r)^4} + \ldots$$
$$W_1 = (1+r) \cdot W^* + \frac{d_2}{1+r} + \frac{d_3}{(1+r)^2} + \frac{d_4}{(1+r)^3} + \ldots \qquad (5\text{-}5)$$
$$W_2 = (1+r)^2 \cdot W^* + \frac{d_3}{1+r} + \frac{d_4}{(1+r)^2} + \ldots$$
$$\ldots$$

Die Größe W^* kann, was die Mathematik betrifft, frei gewählt werden um über (5-4) eine Lösung von (5-2) zu erzeugen. Die bisher betrachtete Lösung (5-3) ist ein Spezialfall der allgemeinen Lösung (5-4), indem $W^* = 0$ gesetzt wird. Diesen Fall $W^* = 0$ werden wir später immer als Standardfall ansprechen. Im Standardfall ist der Wert einer Kapitalanlage oder Unternehmung gleich der Summe der Barwerte der Dividenden.

Ansonsten kann W^* in (5-5) positiv oder negativ sein. Die Größe W^* bezeichnet einen Teil des heutigen Werts der Kapitalanlage oder Unternehmung, der nicht durch die Dividenden erklärt wird.

Wir wenden uns zunächst dem Fall $W^* > 0$ zu.

Mathematisch ist also durchaus denkbar, dass eine Unternehmung einen Wert hat, der den Barwert der Dividenden übertrifft. Ein Investor ist sich jedoch aufgrund der vorliegenden Informationen sicher, dass dieser Teil des Werts mit der Zeit "nicht verloren geht," sondern sich sogar im Laufe der Jahre noch erhöht, und zwar mit genau der Rate, mit der diskontiert wird. In diesem Fall bietet es sich an, von einer *Perle* zu sprechen. Heute und zu jedem Zeitpunkt in der Zukunft, $t = 0, 1, 2, \ldots$ ist der Wert einer Kapitalanlage oder Unternehmung W_t gleich dem Barwert aller dann noch kommenden Dividendenzahlungen (bis in die unendliche Zukunft) *plus* einer weiteren Größe, die im Verlauf der Zeit immer wertvoller wird, und zwar genau jener Rendite, mit der diskontiert wird.

Die Frage ist, ob sich solche Perlen in der Wirklichkeit finden lassen, oder ob es sich um eine rein mathematische Denkmöglichkeit handelt, die es im Wirtschaftsleben nicht gibt.

Beispiel 5-1: Das *Castello del Sole* ist ein einmalig schön gelegenes Hotel auf einem großen Grundstück direkt am *Lago Maggiore* gelegen. Man kann nicht behaupten, das überaus wertvolle Grundstück sei nichtbetriebsnotwendig, denn viele Gäste schätzen die Weitläufigkeit des Parks und die Distanz zu anderen Gebäuden. Indessen wäre es wenig sachgerecht, das Hotel einzig anhand der Erträge zu bewerten, die es aus dem Betrieb erzielt. Man kann auch nicht sagen, das Grundstück

5. PERLEN UND LASTEN

solle als Ganzes oder zu einem Teil besser verkauft werden, denn das Geld ist mit dem Grundstück gut angelegt. Es wird Jahr um Jahr mit der den Risiken entsprechenden Rendite wertvoller. ■

Beispiel 5-2: Der Immobilienverkäufer erklärt: "Sie können von mir eine Ferienwohnung in Wildhaus kaufen — der Preis ist marktgerecht und entspricht genau dem Barwert entsprechender Mieten. Ich kann Ihnen eine Ferienwohnung identischer Qualität auch in Pontresina anbieten. Die Wohnung dort ist einfach 500.000 Franken teurer. Auch diese Wohnung hat einen marktgerechten Preis, und ihr Wert steigt, wie die Erfahrung lehrt, immer weiter an. Das, was Sie in Pontresina mehr zahlen müssen, ist kein totes Kapital, weil es sich marktgerecht verzinst." ■

Nun betrachten wir den Fall $W^* < 0$.

Mathematisch ist denkbar, dass eine Unternehmung einen Wert hat, der unter dem Barwert der Dividenden liegt. Ein Investor ist sich jedoch aufgrund der vorliegenden Informationen sicher, dass dies nicht mit einem "günstigen Fall zum Einstieg" verwechselt werden darf. Denn der Wertabschlag baut sich mit der Zeit nicht ab, sondern er vergrößert sich sogar mit den Jahren, und zwar mit genau der Rate, mit der diskontiert wird. In diesem Fall bietet es sich an, von einer *Last* zu sprechen. Heute und zu jedem Zeitpunkt in der Zukunft, $t = 0, 1, 2, \ldots$ ist der Wert einer Kapitalanlage oder Unternehmung W_t gleich dem Barwert aller dann noch kommenden Dividendenzahlungen (bis in die unendliche Zukunft) abzüglich einer weiteren Größe, die im Verlauf der Zeit wächst, und zwar genau jener Rendite, mit der diskontiert wird. Die Frage ist, ob sich solche *Lasten* in der Wirklichkeit finden lassen, oder ob es sich um eine mathematische Denkmöglichkeit handelt, die es im Wirtschaftsleben nicht gibt.

Beispiel 5-3: Eine alte Fabrik in Ruritanien gestatte dem Eigentümer seit Jahren ansehnliche Entnahmen. Leider wurden auf dem Grundstück Gifte entdeckt, und die Gemeinde verlangt grundsätzlich, dass eine Entsorgung vorgenommen werden muss. Der Eigentümer ist dafür verantwortlich. Die Gemeinde drängt nicht auf einen Termin, vor allem weil dann die Fabrikation eingestellt werden muss, und Arbeitsplätze verloren gehen. Doch grundsätzlich macht sie den Eigentümer für die Entsorgung haftbar. Zudem ist allen Beteiligten klar, dass die Entsorgung im Lauf der Jahre nur teurer wird. Die Kosten steigen mit der Rate, mit der auch diskontiert wird. Der Wert der Fabrik liegt unter dem Barwert der Ausschüttungen. ■

Beispiel 5-4: Der Rechtsanwalt erklärt dem Erben: "Die Hinterlassenschaft besteht aus einem Mehrfamilienhaus, und allein aufgrund der Mieteinnahmen sollte es einige Millionen wert sein. Allerdings gibt es da ein ungelöstes Problem mit Rechten, die Dritten übertragen worden sind, und die hinterlassen werden können. Die Erfüllung dieser Pflichten wurde vom Erblasser immer verschoben, und die Lösung wird Jahr um Jahr teurer. Der Wert des Objektes ist, korrekt gerechnet, negativ. Ich empfehle Ihnen, die Erbschaft abzulehnen." ■

Es handelt sich bei den Perlen oder Lasten $W*$ um einen Bestandteil des Werts, der im Verlauf der Zeit nicht verschwindet — er erscheint in allen Werten $W_0, W_1, W_2, \ldots$, welche die Kapitalanlage oder Unternehmung auch in Zukunft haben wird. Es wäre genauer, von *permanenten* Perlen oder Lasten zu sprechen. Es ist sogar so, dass der auf permanente Perlen oder Lasten zurückgehende Wertbeitrag oder Wertabzug im Verlauf der Jahre mit der Rendite, die zur Diskontierung herangezogen wird, wächst.

Insgesamt: Der heutige Wert einer Kapitalanlage oder Unternehmung ist gleich der Summe der Barwerte aller zukünftigen Dividenden plus einem Wertbeitrag, der mit Perlen oder Lasten verbunden ist.

$$\begin{aligned} W_0 &= W* + \frac{d_1}{1+r} + \frac{d_2}{(1+r)^2} + \frac{d_3}{(1+r)^3} + \frac{d_4}{(1+r)^4} + \ldots \\ &= W* + \sum_{t=1}^{\infty} \frac{d_t}{(1+r)^t} \end{aligned} \qquad (5\text{-}6)$$

Dieses Hauptergebnis (5-6) ist nur die erste Zeile von (5-5), doch zur Verdeutlichung nochmals eigens herausgestellt.[4]

5.4 Fallunterscheidung

Die permanenten Perlen oder Lasten $W*$ sollen noch etwas näher betrachtet werden. Wenn die Kapitalanlage oder Unternehmung zum Zeitpunkt T verkauft wird, ist (aus heutiger Sicht) der Verkaufserlös W_T, und der auf den heutigen Zeitpunkt bezogene Verkaufserlös, der Barwert, beträgt $W_T / (1+r)^T$. Im Grenzübergang $T \to \infty$ folgt, dass die Barwerte der Verkaufserlöse gegen $W*$ konvergieren.

Denn der Grenzwert der Barwerte der Dividenden strebt aufgrund der Transversalität gegen Null:

---

[4] Dass es sich bei allen gemäß (5-4) konstruierten Werten um Lösungen von (5-2) handelt, kann durch Einsetzen verifiziert werden. Mit (5-4) ist tatsächlich die mathematische Lösungs*gesamtheit* gefunden. Den Sachverhalt, dass es keine weiteren Lösungen gibt, können wir hier nur feststellen aber nicht beweisen.

$$\frac{W_T}{(1+r)^T} \to W^* \quad \text{für} \quad T \to \infty \tag{5-7}$$

Wir müssen drei Möglichkeiten unterscheiden:

- Standardfall: Die Werte der Kapitalanlage oder Unternehmung steigen mit den Jahren irgendwann langsamer an, als der Rendite r entspricht, weshalb $W_T/(1+r)^T$ für $T \to \infty$ gegen Null geht. In diesem Fall ist $W^* = 0$, es gibt weder Perlen noch Lasten, und der Wert ist allein durch die Dividenden bestimmt.

- Das Wertwachstum entspricht schließlich der Rendite r, und $W_T/(1+r)^T$ konvergiert für $T \to \infty$ gegen eine *positive* Zahl W^*. Hier gibt es Perlen, und der Wert der Kapitalanlage oder Unternehmung bestimmt sich aus der Summe des Barwerts der Dividenden und dem Wert der Perlen.

- Die Kapitalanlage oder Unternehmung hat einen Verfall des Werts, der Wert ist irgendwann negativ, und der Betrag des negativen Werts wächst schließlich mit einer Rate, die der Rendite r entspricht. Für $T \to \infty$ konvergiert $W_T/(1+r)^T$ gegen eine *negative* Zahl W^*. Hier gibt es permanente Lasten, und der Wert der Kapitalanlage oder Unternehmung bestimmt sich aus der Summe des Barwert der Dividenden und dem Wert der Lasten.

Soweit die Mathematik. Nochmals zur Erinnerung: Wie sind wir vorgegangen? Wir haben das Projekt betrachtet, das Wertpapier zu kaufen, für ein paar Jahre zu halten, und dann zu verkaufen. Daraus konnte mathematisch bewiesen werden, dass der Wert durch (5-5) gegeben sein muss.

Abgesehen von (5-6) gibt die Mathematik allerdings keinen Hinweis darauf, ob für eine konkrete Kapitalanlage oder Unternehmung der Standardfall $W^* = 0$ vorliegt oder eine Perle $W^* > 0$ beziehungsweise eine Last $W^* < 0$ vorhanden ist.

Vielfach helfen wirtschaftliche Argumente weiter. Beispielsweise kann bei einer Unternehmung Substanz vorhanden sein, deren Wert im Verlauf der Jahre mit der geforderten Rendite steigt. Dann ist eine Perle vorhanden. Man kann dann bei einer Bewertung diese Perle nicht einfach negieren und den Wert mit dem Barwert der Dividenden gleichsetzen. Ähnlich muss verfahren werden, um mögliche Lasten aufzuspüren.

Jedenfalls ist der Wert einer Kapitalanlage oder Unternehmung nur im Standardfall $W^* = 0$ allein durch die Dividenden bestimmt. Wenn Perlen vorhanden sind, liegt er über dem Barwert der Dividenden. Wenn Lasten vorhanden sind, liegt der Wert unter dem Barwert der Dividenden. So sind abschließend bei der Bewertung fünf Fälle zu unterscheiden:

1. Der Standardfall — die Cash-Cow: Die Kapitalanlage oder Unternehmung wirft Dividenden ab, und ihr Wert steigt aus heutiger Sicht etwas langsamer an als die Rendite, mit der diskontiert wird — eben gerade deshalb, weil es immer wieder Ausschüttungen gibt und nicht das gesamte Wirtschaftsergebnis in der Unternehmung investiert wird. Der Grenzwert (5-6) ist gleich Null. Der Wert der Kapitalanlage oder Unternehmung ist gleich der Summe der Barwerte der Dividenden.

2. Nur Perlen: Die Kapitalanlage oder Unternehmung wirft nie Dividenden ab und besitzt dennoch einen positiven Wert. Ihr Wert steigt aus heutiger Sicht langfristig mit der Rendite an, mit der diskontiert wird.

3. Die Cash-Cow mit Perlen: Die Kapitalanlage oder Unternehmung wirft Dividenden ab, und ihr Wert ist sogar größer als die Summe der Barwerte der Dividenden.

4. Die Cash-Cow mit Altlasten: Die Kapitalanlage oder Unternehmung wirft zwar Dividenden ab, doch ihr Wert ist geringer als die Summe der Barwerte der Dividenden. Der Grund: Der Grenzwert (5-6) ist negativ.

5. Nur Lasten: Die Kapitalanlage oder Unternehmung wirft keine Dividenden ab. Ihr Wert ist gleich dem Grenzwert (5-6), und dieser ist negativ.

Selbstverständlich kann sich aufgrund neuer Informationen die Konstellation ändern. Beispielsweise kann eine Perle plötzlich an Glanz verlieren. So haben zwischen 1995 und 1999 Investoren Technologieunternehmen hoch eingeschätzt. Zwar zahlten viele diese Firmen keine Dividende, doch wurde die Wachstumsrate als ebenso hoch eingestuft wie die Rendite, mit der diskontiert wurde. Jeder Wert $W_0 = W^* > 0$ war mathematisch gesehen gerechtfertigt. Zudem wäre es sehr teuer gewesen, statt einer Beteiligung die entsprechende Technologiefirma durch eine Neugründung ersetzen zu wollen. Die Ersatzwerte waren sehr hoch, denn die Zeit eilte, der Markt hat nicht gewartet, Spezialisten waren nicht zu bekommen. Im Jahr 2000 kam es zu einer völligen Neueinschätzung des Wachstums dieser Firmen. Wachstumsraten in Höhe der geforderten Rendite r schienen nicht mehr realistisch zu sein. Der Wert der Technologiefirmen ist daher auf den bloßen Barwert ihrer Dividenden gefallen, und da sie keine Dividende zahlten, ist ihr Kurs an der Börse eingebrochen.

Die Fälle unterstreichen, dass eine Kapitalanlage sich in einem von fünf Zuständen befinden kann: Der Standardfall ist, dass die Kapitalanlage immer wieder etwas abwirft, und zugleich ihr Wertwachstum (etwas) geringer als die Rendite ist, mit der diskontiert wird. In diesem Standardfall ist ihr Wert der Barwert dessen, was sie abwirft. In allen anderen Fällen spielen Perlen oder Lasten eine Rolle.

Eine Unternehmung, noch dazu eine große Unternehmung, dürfte aus Teilen bestehen, die sich in unterschiedlichen Zuständen befinden können. Unternehmensberatungen versuchen oft, Perlen oder Lasten aufgrund einer Klassifikation von betriebsnotwendigem und nichtbetriebsnotwendigem Vermögen zu finden. Doch Vorsicht: Perlen und Lasten können auch im betriebsnotwendigen Vermögen enthalten sein, und nicht alle Bilanzen weisen die Lasten korrekt aus.

5.5 Verschuldungsprozesse

Einige Personen sparen und investieren, doch die so angesammelten Kapitalgüter erscheinen in keiner Bilanz. Kürzlich meinte ein Direktor der Schweizerischen Notenbank, das Land habe über Jahrzehnte hinweg nützliche Investitionen getätigt, die sich zwar nicht im laufenden Sozialprodukt ("Dividenden") ausdrücken, dennoch aber positiv auf den Lebenswert der Bürgerinnen und Bürger auswirken würden. Die Lärmschutzwälle an den Autobahnen sind nur ein Beispiel.

Ganz allgemein sind Perlen und Lasten nicht unbedingt an Statistiken oder Rechnungen ablesbar. In früheren Jahrzehnten konnten einige Unternehmen stille Reserven bilden. Das waren Vermögenspositionen, die entweder nicht oder nur zu einem geringeren Wert in der Bilanz angeführt waren (oder Verpflichtungen, deren Höhe in der Bilanz übertrieben war). Nicht jede stille Reserve stellte freilich eine Perle dar. Vielfach waren die entsprechenden Vermögenspositionen "unwirtschaftlich" eingesetzt und hatten sich daher nicht so rentiert, wie das bei ihrer Transparenz von den Kapitalgebern im Marktvergleich verlangt worden wäre.

Ganz ähnlich gibt es Unternehmen und Einrichtungen, die ihre wirklichen Verpflichtungen nicht transparent machen. Würde man sie beenden, kämen indessen alle versteckten Verpflichtungen an den Tag. Nicht jede solche "negative stille Reserve" ist jedoch ein Last im Sinn der Definition. Ein Last liegt nur dann vor, wenn ihr Wert im Verlauf der Jahre entsprechend der Rendite, mit der diskontiert wird, anwächst. Ein etwas bequemes Managementprinzip empfiehlt sogar, Probleme zu verschweigen und aus zu sitzen. Dahinter steht die Vermutung, dass die "Last" nicht mit den Jahren größer wird sondern sich von allein abbaut.

Ein sehr bekanntes Verfahren, Lasten auf sich zu nehmen und immer weiter in die Zukunft zu schieben, ist das Ponzi-Schema, benannt nach dem Wirtschaftsgauner CHARLES PONZI (1882-1949). Bei diesem Schema handelt es sich um einen Verschuldungsprozeß. Das Grundschema ist einfach: Jemand nimmt einen Kreditbetrag K_0 auf und zahlt ihn nie zurück. Das heißt, die Schuld nach einem Jahr beträgt $K_1 = K_0 \cdot (1+i)$, nach zwei Jahren $K_2 = K_0 \cdot (1+i)^2$, und so fort bis in alle Ewigkeit (i bezeichnet wieder den Zinssatz, die *rate of interest*).

Wer ein Ponzi-Schema beginnt, kann den Betrag K_0 konsumieren. Das ist der Traum eines jeden Lebemanns: Kredit zu erhalten und nie zurückzahlen zu müssen. Damit die Schuldner keine Angst haben, ihr Geld vielleicht doch nicht zurück zu erhalten, wird jedes Ponzi-Schema mit weiteren Tricks kombiniert:

1. Als Schuldner tritt nicht ein Mensch auf, der einmal sterben muss, sondern eine Institution, die prinzipiell ein unendlich langes Leben haben kann. Damit tritt die Frage in den Hintergrund, was bei einer Beendigung des Schemas passiert.

2. Entweder wird im Verlauf der Jahre die aktuelle Schuld nicht in korrekter Höhe ausgewiesen oder es wird ihr in einer fingierten Bilanz ein Vermögen gegenübergestellt, das sich aus schwer zu beurteilenden und scheinbar "werthaltigen" Positionen zusammensetzt.[5]

3. Die einmalige und anfängliche Schuld wird nicht nur Jahr für Jahr weitergetragen, sondern das Grundschema wird immer wieder von neuem aufgelegt. Die aus den neuen Krediten stammenden Gelder werden zu einem Teil dazu verwendet, die ersten Kreditgeber "fürstlich" zu entlohnen.

Hinzu kommt, dass Ignoranz und Populismus den idealen Nährboden für ein Ponzi-Schema bereiten. Besonders der dritte Punkt macht einige Verschuldungsprozesse populär. Als CHARLES PONZI 1934 aus dem Gefängnis kam, hatten ihn seine Anhängern stürmisch umjubelt. Zu Verschuldungsprozesse kann es immer wieder kommen, sei es aus betrügerischer Absicht, Falscheinschätzung der mit K_0 vielleicht getätigten Investitionen oder Fehlbeurteilung des Wirtschaftswachstums.

> Ein Schema von Einzahlungen und Auszahlungen wird als *Ponzi-Schema* bezeichnet, wenn es zwar allen Verpflichtungen nachkommt, dabei jedoch überschuldet ist: Bestehende Forderungen werden aus neuen Einzahlungen bedient, die neuen Einzahlungen sind von neuen Verpflichtungen begleitet, die wiederum nur durch die Ausweitung der Schulden erfüllt werden können.

---

[5] Viele Finanzbetrüger zeigen Bilanzen von Firmen, die "aus steuerlichen Gründen" in den Bahamas domiziliert sind und sich bei näherem Hinsehen als leerer Briefkasten erweisen.

5. PERLEN UND LASTEN

Bild 5-1: CHARLES PONZI (1882-1949) ist in Italien geboren und in guten Verhältnissen aufgewachsen. Mit 21 Jahren ging er nach Kanada, wurde 1909 wegen Betrugs verurteilt und aufgrund guter Führung vorzeitig entlassen. Das Foto zeigt ihn im Jahr 1920 an seinem Schreibtisch (Aufnahme von LESLIE JONES, *Courtesy of the Boston Public Library*, Print Department). PONZI ging dann nach Boston, wo er ROSE GUECCO heiratete, und seinen Traum verwirklichte — aus mitgebrachten $2,50 eine Million Dollar zu machen. Ein Trick mit vorausbezahlten Postkupons (die angeblich einen hohen Wert hatten) diente dazu, die eigentliche Vorgehensweise zu verbergen. Den Anlegern wurde 50% Zinsen für 90 Tage Geldüberlassung versprochen. Auf dem Höhepunkt des Schemas hatte PONZI überall in den USA Büros, von Maine bis New Jersey, über 40 Tausend Geldgeber, und er konnte 50% Zinsen nach 45 Tagen Anlagedauer wirklich auszahlen: Gelder von Neukunden dienten der Erfüllung der Versprechen gegenüber Altkunden. Die Behörden griffen ein; er kam für drei Jahre ins Gefängnis. Bei seiner Entlassung 1934 wurde er von der Menge umjubelt und kündigte ein neues Schema an: Diesmal sollten Anleger 200% nach 45 Tagen erhalten. Daraufhin wurde PONZI in Arrest genommen und nach Italien deportiert. Von dort ging er nach Brasilien, verdingte sich als Englischlehrer, wurde krank, halb gelähmt und fast blind. PONZI starb in der Armenabteilung des Krankenhauses von Rio de Janeiro; sein Vermögen von $75 genügte gerade für die Bestattung.

Es gibt indessen auch *gutartige* Schemata. Ein Ponzi-Schema ist gutartig, wenn es von den rechtlichen Folgen einer Überschuldung abgesehen vom Grundsatz her für immer weiter funktionieren könnte. Ein gutartiges Schema verlangt also, dass es keine sonstigen Mängel gibt, die eine Fortführung für immer unmöglich machen. Beispielsweise dürfen die im Schema im Lauf der Zeit wachsenden Schulden nicht auf Dauer stärker ansteigen, als das Wachstum der Realwirtschaft. Die Schulden wachsen mit dem Zinssatz, doch die Rate des allgemeinen Wirtschaftswachstums ist langfristig gesehen noch etwas höher. In Relation zur Wirtschaft insgesamt wird dieser Kredit immer unbedeutender. Deshalb hat die Person sogar vielleicht dann und wann die Möglichkeit, weitere

Kredite aufzunehmen (und nie mit Zinszahlungen oder Tilgungen zu bedienen). Ein gutartiges Schema liegt vor, wenn es liquide ist und wenn die Wachstumsrate der Schulden nicht so groß ist, dass sie die Rate des realen Wachstums der Wirtschaft übersteigen würde. Die Staaten haben mit den Umlageverfahren für die Altersversorgung der Bevölkerung solche Schemata eingeführt. Jedes Ponzi-Schema läßt sich als eine Kombination solcher einfachen Verschuldungen darstellen.[6]

Beispiel 5-5: Eine Familienunternehmung wird seit Generationen solide vertreten. Es ist auch von "stillen Reserven" zu hören. Die Unternehmung ist im Lauf der Zeit mit der gleichen Rate gewachsen, wie sie die Wirtschaft insgesamt verzeichnen konnte. Die Bank hat gern Kredite gegeben, und die Prüfung der Bonität wurde immer mehr zu einer Formsache. Irgendwann geht die Kreditabteilung der Bank beginnt ein neuer Kreditchef und prüft die Unterlagen "nach neuen Gesichtspunkten." Er kommt zu dem Ergebnis, die Unternehmung habe nicht nur keine stillen Reserven, sondern sei überschuldet. Er berichtet dem Bankleiter. Der antwortet so: "Die Firma ist bislang stets allen Verpflichtungen nachgekommen, niemand hat vor Ihnen Zweifel gehabt. Unsere Bank hat stets gut verdient, und ich habe auch keine Bedenken, dass das nicht immer so weiter gehen könnte. Die Familie lebt nicht über ihre Verhältnisse, genießt hohes Ansehen, alle Familienmitglieder arbeiten im Betrieb mit. Denken Sie einmal an die Arbeitsplätze. Die Konkurrenz wartet nur darauf, dass die Firma stillgelegt wird. Wollen Sie wirklich einen Stein in ein Glashaus werfen? Prüfen Sie die Kreditunterlagen doch einmal mit den Augen unserer Gemeinde und nicht mit dem Wissen aus der Hochschule!"

5.6 Fragen

1. Gelegentlich ist die Entscheidung getroffen, eine Unternehmung zu liquidieren, und die Frage ist nur noch, wann das geschehen soll. Bei einer Liquidation erhalten die Eigentümer einerseits den Erlös aus einem Verkauf des Sachvermögens — das Wissenskapital kann nicht immer an einen Käufer weitergegeben werden. Andererseits müssen die Eigentümer bei der Liquidation Pflichten erfüllen: Sie müssen Kredite zurückzahlen, einen Sozialplan finanzieren, das Betriebsgelände entsorgen. Der Liquidationserlös kann daher nicht nur positiv sein. In der Tat gibt es Unternehmen, die eigentlich nur deshalb fortgeführt werden, weil bei einer Liquidation alle diese Pflichten fällig werden und ihre Erfüllung

---

[6] KLAUS SPREMANN: Intergenerational Contracts and Their Decomposition. *Journal of Economics* 44 (1984) 3, pp. 237-253.

den Verkaufserlös des Sachkapitals übersteigt. Nehmen Sie an, die Frage wäre, ob heute oder in einem Jahr liquidiert werden sollte und betrachten Sie drei Größen: Der heutige Wert des Sachvermögens, der heutige Wert der Pflichten und die, wenn erst in einem Jahr liquidiert wird, noch eine mögliche Dividende. Außerdem sollen Sie Bezeichnungen einführen für die Renditen, mit der aus dem heutigen Wert des Erlöses der in einem Jahr und aus dem heutigen Wert der Pflichten die in einem Jahr entsteht. Formulieren Sie die Bedingung, in der die genannten Größen stehen, wenn die sofortige Liquidation und die in einem Jahr aus wirtschaftlicher Sicht gleichwertig sind.

2. Es wurden fünf Fälle von Unternehmen unterschieden: 1. Der Standardfall — die Cash-Cow, 2. Nur Perlen, 3. Die Cash-Cow mit Perlen, 4. Die Cash-Cow mit Lasten, 5. Nur Lasten. Kann die Frage, welcher Fall vorliegt, anhand der Bilanz entschieden werden?

6. Unsicherheit

Unsichere Zahlungen werden durch eine Wahrscheinlichkeitsverteilung beschrieben. Ihre Bewertung geschieht durch Replikation: Wir versuchen, die Wahrscheinlichkeitsverteilung als Ergebnis von Anlagevorgängen nachzubilden, deren heutiger Wert bekannt ist. Der gesuchte Wert einer unsicheren Zahlung errechnet sich dann aus den Werten der Anlagen, aus denen sie erzeugt werden kann. In vielen Fällen gelingt sogar die Replikation mit einer *einzigen* Anlage. In diesen Fällen kann die Lehrbuchformel abgeleitet werden und sie liefert den korrekten Wert. Diese Formel, auch als *Risikoprämienmethode* bezeichnet, folgt der klassischen Form der Diskontierung: Im Zähler steht der Erwartungswert der zu bewertenden, unsicheren Zahlung. Im Nenner stehen Kapitalkosten. Sie sind gleich dem Erwartungswert der Rendite, mit der die Replikation gelingt.

6.1 Unsichere Zahlungen 101
6.2 Replikation.. 104
6.3 Die Risikoprämienmethode für *t=1* 109
6.4 Der Fall *t=2*... 112
6.5 Der Fall *t>2*... 117
6.6 Wertformel 119
6.7 Kommentar 122
6.8 Fragen... 126

6.1 Unsichere Zahlungen

In den bisherigen Kapiteln haben wir eine Investition oder Kapitalanlage durch die von ihr bedingten Zahlungen beschrieben und dabei angenommen, dass diese Zahlungen $z_0, z_1, z_2, ..., z_T$ als *sichere* und *bekannte* Größen betrachtet werden dürfen. Ein Ausnahme war Abschnitt 2.8, wo wir den Fall von Unsicherheit vorbereiteten. Auch die Beispiele der Bewertung einer Unternehmung oder einer Aktie zeigen, dass die Zahlungen in der Wirklichkeit vielfach *unsicher* sind. Jedenfalls ist in vielen praktischen Situationen die Unsicherheit so *wesentlich*, dass sie auf der Modellebene nicht einfach übersehen werden darf.

In solchen Situationen ist z_t nicht mehr ein Geldbetrag, dessen Höhe heute bereits feststeht und weiterhin sicher bleibt. Vielmehr handelt es sich um eine *unsichere* Größe, die *verschiedene* Werte annehmen kann. Welchen sie dann annimmt, legt die "Natur" fest und nicht ein Gegenspieler.

Um der Unsicherheit Rechnung zu tragen, müßte man mit mehreren, vielen oder sogar mit allen Szenarien arbeiten, die eintreten könnten. Sodann müßte man versuchen, diesen Szenarien Wahrscheinlichkeiten zuzuordnen. Wenn die bei einer unsicheren Investition oder Kapitalanlage in den einzelnen Jahren anfallenden Geldbeträge zufällig sind, sollten sie daher durch eine *Wahrscheinlichkeitsverteilung* beschrieben werden. Davon gehen wir im Folgenden immer aus. Da Wahrscheinlichkeitsverteilungen mit einer Tilde bezeichnet werden, wählen wir die Notation $\tilde{z}_t$ für die zu bewertende unsichere Zahlung. Dabei sollen sich die Wahrscheinlichkeiten aus der *heute verfügbaren Information* ableiten. Wir sagen dafür oft kurz "aus heutiger Sicht" oder weisen mit anderen Worten auf diesen Informationsstand hin. Immerhin dürften sich die Wahrscheinlichkeiten, die wir den möglichen Szenarien zuordnen, im Verlauf der Zeit durch das Eintreffen neuer Informationen noch ändern.

Jetzt wollen wir uns der Aufgabe zuwenden, zukünftige Zahlungen durch Wahrscheinlichkeitsverteilungen zu *beschreiben* und den Wert (Preis in einem gut funktionierenden Markt) solcher Wahrscheinlichkeitsverteilungen zu bestimmen.

Für die Beschreibung der unsicheren Zahlungen bieten sich alle Verfahren an, welche die Statistik dazu bereitstellt.[1] Beispielsweise könnte bekannt sein, dass eine zu bewertende Zahlung *normalverteilt* ist, einen gewissen *Erwartungswert* hat und vielfach kann auch die *Streuung* oder Standardabweichung (die Wurzel aus der Varianz) angegeben werden.

Nur zur Erinnerung: Die Normalverteilung ist durch ihren Erwartungswert μ und die Streuung σ *vollständig* festgelegt. Im Fall von $\mu = 0$ und $\sigma = 1$ wird von der *standardisierten* Normalverteilung gesprochen. Ihre Dichtefunktion ist die nach dem Mathematiker CARL FRIEDRICH GAUß (1777-1855) benannte Glockenkurve. Die Wahrscheinlichkeitsdichte hat ihr Maximum an der Stelle $x = \mu$ und ist symmetrisch. Eine normalverteilte Zufallsvariable nimmt mit Wahrscheinlichkeit $0{,}6827 \approx 2/3$ einen Wert im Sigma-Band an, das ist der Bereich von $\mu - \sigma$ bis $\mu + \sigma$.

---

[1] Zur Einführung in das ökonomische Denken bei Unsicherheit sei empfohlen: 1. JACK HIRSHLEIFER und JOHN G. RILEY: *The Analytics of Uncertainty and Information*. Cambrifge Surveys of Economic Literature 2. GÜNTER BAMBERG und ADOLF GERHARD COENENBERG: *Betriebswirtschaftliche Entscheidungslehre*, 11. Auflage. Verlag Vahlen, 2002.

6. UNSICHERHEIT

Bei der Standard-Normalverteilung liegen etwa 2/3 der Realisationen zwischen −1 und +1.

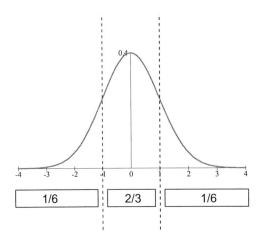

Bild 6-1: Die Dichtefunktion der Standard Normalverteilung.

Aufgrund der Symmetrie nimmt eine normalverteilte Zufallsgröße mit Wahrscheinlichkeit $(1-0{,}6827)/2 = 0{,}1587 \approx 1/6$ einen Wert an, der kleiner ist als $\mu - \sigma$. Mit derselben Wahrscheinlichkeit nimmt sie einen Wert an, der größer als $\mu + \sigma$ ist. Eine Standard-Normalverteilung nimmt daher mit Wahrscheinlichkeit von $0{,}1587 \approx 1/6$ einen Wert an, der unterhalb von −1 liegt und mit eben dieser Wahrscheinlichkeit nimmt sie Werte oberhalb von +1 an.

Zurück zur Beschreibung der unsicheren Zahlungen. Die Teilnehmer an den Finanzmärkten entscheiden *nicht* über einzelne Anlagemöglichkeiten allein, ohne die Alternativen zu betrachten. Sie bilden Portfolios, und beachten dazu nicht nur Wahrscheinlichkeitsverteilungen der in Frage kommenden Anlageinstrumente jeweils für sich, sondern auch die Beziehungen, in denen diese untereinander stehen. Oft genügt es, die *Korrelationen* der Renditen der in Frage kommenden Anlageinstrumente zu kennen. Die klassische Portfoliotheorie lehrt, dass der Umfang, in dem Diversifikation möglich ist, von diesen Korrelationen abhängt. In einem einfachen Fall genügt es, die Korrelation zwischen einer einzelnen Anlagemöglichkeit und dem sogenannten *Marktportfolio* zu kennen.[2] Jedenfalls hängt dann auch der Wert einer Einzelanlage von diesen Korrelationen ab.

---

[2] JAMES TOBIN: Liquidity Preference as Behavior Towards Risk: *Review of Economic Studies* 25 (February 1958), pp. 65-86

Deshalb wird es nicht genügen, eine unsichere Zahlung, die bewertet werden soll, durch ihre Wahrscheinlichkeitsverteilung zu beschreiben. Es müssen zusätzlich Hinweise auf die Zusammenhänge oder Korrelationen mit dem Marktportfolio beziehungsweise mit den anderen Anlagemöglichkeiten im Markt vorliegen. Wir betonen das nicht immer.

Eine oft gewählte Beschreibung für die unsichere Zahlung setzt voraus, dass die Umwelt durch verschiedene *Zustände* beschrieben werden kann, die aus heutiger Sicht noch unsicher sind. Gleichwohl können Wahrscheinlichkeiten für diese Zustände gegeben sein. Die zu betrachtenden Zahlungen werden nun dadurch beschrieben, dass für jeden möglichen Zustand festgelegt ist, welche Realisation sie annehmen, sofern dieser Zustand eintritt. Auf diese Weise sind dann nicht nur die einzelnen Wahrscheinlichkeitsverteilungen gegeben, sondern die *gemeinsame* Wahrscheinlichkeitsverteilung aller betrachteten Zahlungen und Anlagemöglichkeiten ist definiert.

6.2 Replikation

Nach diesen Hinweisen zur Beschreibung wenden wir uns jetzt der *Bewertung* einer in der Zukunft fälligen, unsicheren Zahlung zu. Hier die Hauptidee:

> Angenommen, im Markt gibt es (sagen wir) zwei Anlagen oder Anlageprozesse x und y, deren Werte bekannt sind, und die zusammengenommen zum Fälligkeitszeitpunkt ein Ergebnis bringen, das mit der zu bewertenden Zahlung völlig übereinstimmt — nichts wurde übersehen, nichts weggelassen. Man sagt in diesem Fall auch, die zu bewertende Zahlung sei durch die beiden Anlagen x und y *erzeugt* oder *nachgebildet* (*repliziert, dupliziert*). Dann muss der Wert der zu diskontierenden Zahlung gleich der Summe der Werte von x und y sein, aus denen sie erzeugt wurde. Selbstverständlich dürfte gelegentlich sogar eine einzige Anlage genügen, um die zu bewertende Zahlung zu replizieren, und ab und zu sind vielleicht sogar drei oder mehr Anlageprozesse für die Replikation erforderlich.

Beispiel 6-1: Jemand wird eingeladen, sich an einer in Hong Kong domizilierten Single Purpose Company (SPC) zu beteiligen, und aus diesem Grund soll sie bewertet werden. Die SPC soll in einem Jahr vollständig liquidiert werden. Der Liquidationserlös soll, wenn Schulden getilgt sind, den Quoten entsprechend unter den Eigenkapitalgebern aufgeteilt werden. Die SPC ist ein Vehikel für den Güterexport verschiedener Industrieerzeugnisse aus dem asiatischen Raum nach Europa.

6. UNSICHERHEIT

Ihr Erfolg hängt teils von der wirtschaftlichen Entwicklung in der Welt und teils von der Währungsparität zwischen Dollar und Euro ab. Die Risiken sind ausgesprochen hoch, und niemand weiß, wie man die SPC bewerten soll. Ein Analyst stellt einen Vergleich her: "Wenn ich mir die SPC in einem Jahr, zum Liquidationszeitpunkt vorstelle, und die entsprechenden Risiken im Auge behalte, dann kann ich sie gut mit dem amerikanischen Börsenindex DJ vergleichen, wenn es dazu noch eine Shortposition von US-Dollar für bezahlte Handelsware gibt." Aufgrund diesen Vergleichs wird der heutige Wert ermittelt. ■

Die Idee, den Wert einer in zukünftigen Position durch Nachbildung oder Replikation zu bestimmen, ist ein Hauptpfeiler der modernen *Finance*. Sie wurde erstmalig um 1970 im *Asset Pricing* bei der Bewertung von Optionen eingesetzt,[3] gilt aber ganz generell. Wir werden die Idee sofort formaler darstellen.

- Wir beginnen mit einer unsicheren Zahlung, die zu t fällig wird und aus heutiger Sicht durch die Wahrscheinlichkeitsverteilung $\tilde{z}_t$ beschrieben werden kann. Ihr heutiger Wert, den wir mit $W_0(\tilde{z}_t)$ bezeichnen, ist gesucht.

- Außerdem betrachten wir in diesem Markt zwei Anlagemöglichkeiten oder Anlageprozesse, die ausgehend von einem heutigen Anlagebetrag x_0 beziehungsweise y_0 zum Zeitpunkt t (aus heutiger Sicht) die risikobehafteten Anlageergebnisse $\tilde{x}_t$ und $\tilde{y}_t$ haben werden.[4]

Es ist klar, dass diese Beträge x_0 und y_0 die heutigen Werte der zu t fälligen Ergebnisse der Anlageprozesse darstellen,

$$W_0(\tilde{x}_t) = x_0 \quad \text{und} \quad W_0(\tilde{y}_t) = y_0 \tag{6-1}$$

Es soll sich nun diese Annahme gelten: Die beiden Anlageprozesse besitzen zusammengenommen dieselbe, auf den Zeitpunkt t bezogene Wahrscheinlichkeitsverteilung wie die zu diskontierende Zahlung, die zu diesem Zeitpunkt t fällig ist:

---

[3] Hierzu 1. FISCHER BLACK und MYRON SCHOLES: The pricing of options ans corporate liabilities. *Journal of Political Economy* 81 (May-June 1973), pp. 637-659. 2. ROBERT C. MERTON: Theory of rational option pricing. *Bell Journal of Economics and Management Science* 4 (Spring 1973), pp. 141-183. 3. MARK RUBINSTEIN: The valuation of uncertain income streams and the pricing of options. *Bell Journal of Economics* (Autumn 1976), pp. 407-425.

[4] Eigentlich werden die *gemeinsamen* Wahrscheinlichkeitsverteilungen aller in Frage kommenden Zufallsvariablen benötigt.

$$\widetilde{x}_t + \widetilde{y}_t = \widetilde{z}_t \qquad (6\text{-}2)$$

Aufgrund der Beziehung (6-2) wird die Wahrscheinlichkeitsverteilung $\widetilde{z}_t$ durch die Summe $\widetilde{x}_t + \widetilde{y}_t$ repliziert. Zwei Bemerkungen:

- Die Replikation (6-2) bezieht sich auf den *einen* Zeitpunkt t. Eine Beziehung der Art "$\widetilde{x}_s + \widetilde{y}_s = \widetilde{z}_s$" für Zeitpunkte s, $0 \le s < t$, wird nicht verlangt und wäre auch gar nicht formal möglich, weil die Zahlung $\widetilde{z}_t$ überhaupt erst zu t fällig wird.

- Es muss deutlich gesagt werden, dass sich die Replikation auf den heutigen Informationsstand bezieht. Die Wahrscheinlichkeitsverteilungen $\widetilde{z}_t$ sowie von $\widetilde{x}_t$ und $\widetilde{y}_t$ beziehen sich auf die zum Zeitpunkt 0 verfügbare Information und zu diesem Zeitpunkt 0 wird (6-2) als erfüllt angesehen. Zu einem späteren Zeitpunkt s, $0 < s \le t$, sind die beiden Anlageprozesse vielleicht schon so weit abgedriftet, dass sie nicht mehr die zu bewertenden Zahlung replizieren.

Im gut funktionierenden Markt der Modellebene sind auch Leergeschäfte möglich, und wir können daher eine zu dem einen Zeitpunkt t fällige Position betrachten, die neben der zu bewertenden unsicheren Zahlung $\widetilde{z}_t$ die beiden Anlageprozesse mit *negativem* Vorzeichen enthält:

$$\widetilde{p}_t = \widetilde{z}_t - \widetilde{x}_t - \widetilde{y}_t \qquad (6\text{-}3)$$

Da sich diese Position $\widetilde{p}_t$ aus mehreren Komponenten zusammensetzt, kann sie als Portfolio bezeichnet werden. Da die Replikation (6-2) gilt, wird auch von einem Replikationsportfolio gesprochen. Dieser Begriff soll indessen nicht darüber hinweg täuschen, dass es bei $\widetilde{p}_t$ lediglich um eine unsichere Zahlung handelt, die zu t fällig wird. Nun ist eine wichtige Schlußfolgerung diese: Wegen der Replikation (6-2) hat diese unsichere Zahlung $\widetilde{p}_t$, die zum Zeitpunkt t fällig ist, eine Höhe von Null, wie auch immer der Zufall sich realisieren mag:

$$\widetilde{p}_t = \widetilde{z}_t - \widetilde{x}_t - \widetilde{y}_t \stackrel{(6\text{-}2)}{\equiv} 0$$

Eine Zahlung, die zum Zeitpunkt t gleich Null ist, was immer in der unsicheren Umwelt bis dahin passiert, ist (aus heutiger Sicht) eine *sichere* Zahlung. Selbstverständlich kann im Finanzmarkt der Wert einer späteren *sicheren* Zahlung durch traditionelle Diskontierung mit dem Zinssatz bestimmt werden. Da es hier um eine sichere Zahlung in Höhe Null geht, ist ihr Marktwert gleich Null, und das sogar unabhängig von

6. UNSICHERHEIT

der Höhe des Zinssatzes. Ergebnis: Der heutige Marktwert der Zahlung ist gleich Null,

$$W_0(\tilde{p}_t) = 0 \tag{6-4}$$

Nun verwenden wir als eine Eigenschaft des gut funktionierenden Markts die Wertadditivität. Sie bedeutet

$$W_0(\tilde{z}_t - \tilde{x}_t - \tilde{y}_t) = W_0(\tilde{z}_t) + W_0(-\tilde{x}_t) + W_0(-\tilde{y}_t)$$

Deswegen führt (6-4) auf

$$W(\tilde{z}_t) + W(-\tilde{x}_t) + W(-\tilde{y}_t) = 0 \tag{6-5}$$

Als nächstes verwenden wir eine Eigenschaft, die eigentlich selbstverständlich ist: Wenn eine unsichere Zahlung $\tilde{\omega}$ den Wert w (Preis im gut funktionierenden Markt) besitzt, dann ist der Wert der Zahlung $-\tilde{\omega}$ gleich $-w$. Deshalb gilt $W(-\tilde{x}_t) = -W(\tilde{x}_t)$ und $W(-\tilde{y}_t) = -W(\tilde{y}_t)$. Damit nimmt (6-5) diese Gestalt an:

$$W(\tilde{z}_t) = W(\tilde{x}_t) + W(\tilde{y}_t) \tag{6-6}$$

Wenn nun noch die Bezeichnungen (6-1) verwendet werden, folgt:

$$W(\tilde{z}_t) = x_0 + y_0 \tag{6-7}$$

Damit haben wir das Ergebnis bewiesen:

> Der Wert einer unsicheren Zahlung, die repliziert ist, setzt sich aus den heutigen Werten der Instrumente oder Anlageprozesse zusammen, die zur Replikation herangezogen werden.

Die Replikation führt immer auf eine *relative* Bewertung. Die Bewertung von $\tilde{z}_t$ wird auf die Werte von $\tilde{x}_t$ und $\tilde{y}_t$ abgeschoben. Niemand untersucht, wie die Bewertungen der zur Replikation herangezogenen Instrumente zustande kommen. Es wird nur gezeigt, wie sich der Wert von $\tilde{z}_t$ aus den als bekannt betrachteten Werten der Replikationsinstrumente erklärt.

Was waren die Voraussetzungen, die zu diesen Überlegungen benötigt werden? Zum einen wurde angenommen, dass sich eine zu bewertende unsichere Zahlung mit marktgängigen Anlagen überhaupt replizieren läßt. Diese Annahme wird auch als *Vollständigkeit* des Marktes bezeichnet. In der Praxis darf sie als erfüllt gelten. Wer eine Kapitalanlage oder eine Unternehmung zu bewerten hat, wird schon Vergleichbares finden. Nur wenn eine zu bewertende Kapitalanlage als absolutes Novum angesehen wird, das sich selbst im Entferntesten mit Nichts in der Welt vergleichen läßt, versagt der Ansatz. Zum anderen wurde die *Wertadditivität* unterstellt. Der Wert eines Portfolios soll sich additiv aus den Werten seiner Komponenten zusammensetzen. Es kann nicht sein, wenn A einen Wert von € 20 und B einen Wert von € 80 hat, dass die gedankliche Zusammenfassung von A und B einen anderen Wert als € 100 hat.

1. Ausgangspunkt ist die Verteilung der zum Zeitpunkt t fälligen Zahlung $\tilde{z}_t$, deren Wert $W_0(\tilde{z}_t)$ gesucht wird.

2. Des weiteren sind zwei, ebenso zu diesem Zeitpunkt t fällige Zahlungen (Wahrscheinlichkeitsverteilungen) $\tilde{x}_t$ und $\tilde{y}_t$ gegeben, welche die Replikation bewirken, also $\tilde{x}_t + \tilde{y}_t = \tilde{z}_t$.

3. Zudem sind die Werte $W_0(\tilde{x}_t) = x_0$ und $W_0(\tilde{y}_t) = y_0$ dieser beiden Zahlungen gegeben.

4. Die Aussage der Bewertung durch Replikation lautet: $W(\tilde{z}_t) = x_0 + y_0$

Beachtenswert ist die Irrelevanz zwischenzeitlicher Information: Die Zwischenzeitpunkte s, $0 < s < t$, haben keine Bedeutung bei der Replikation. Wie gesagt, ist die zu bewertende Zahlung $\tilde{z}_t$ zu t fällig, und eine Größe wie "$\tilde{z}_s$" ist für $0 \leq s < t$ überhaupt nicht definiert. Aber auch die beiden Replikationsinstrumente sind als unsichere Zahlungen aufgefaßt, die zu t fällig sind und (aus heutiger Sicht) die Verteilungen $\tilde{x}_t$ und $\tilde{y}_t$ haben. Zusätzlich sind ihre heutigen Werte $W_0(\tilde{x}_t) = x_0$ und $W_0(\tilde{y}_t) = y_0$ bekannt. Jedoch ist nichts darüber vorausgesetzt, ob die dahinter stehenden Anlageprozesse auch schon zu einem Zwischenzeitpunkt s, $0 < s < t$, beobachtbar sind. Kurz: Es kommt auf zwischenzeitliche Informationen nicht an. Unwichtig für die Bewertung durch Replikation ist daher, welche Informationen im Verlauf der Zeit eintreffen könnten, etwa hinsichtlich der Verteilung der zu bewertenden Zahlung. Die Beziehung (6-3) gilt *unabhängig* davon, was man über die Zahlung $\tilde{z}_t$ und ihre wirtschaftliche Basis weiß.

Beispiel 6-2: Mary erklärt Peter, dass sie einen Bonsai züchte und dieser aufgrund verschiedener botanischer Argumente, denen wir uns nicht widmen müssen, in zehn Jahren "mit absoluter Sicherheit" € 200 wert sei, was immer auch bis dahin passiere. Doch, so fuhr Mary fort, niemand könne sagen, was er heute wert sei. Peter hat kürzlich einen Zerobond mit einem *Face Value* von € 1.000 gekauft, der in zehn Jahren fällig wird. Der heutige Preis des Zerobonds war € 631,90 und das

6. UNSICHERHEIT

entspricht einem Zinssatz von $i = 5\%$. Peter erklärt Mary: Dein Bonsai hat heute einen Wert von € 123. Mary ist verwundert. Eine Woche später sind die Zinsen auf $i = 4\%$ gefallen, der Preis des Zerobonds ist entsprechend auf € 675,56 gestiegen. Peter ruft Mary an und sagt: "es gibt in der Financial Times gute Nachrichten, und ich kann Dir sagen, dass Dein Bonsai inzwischen € 135 wert ist". ■

Beispiel 6-3: Mary erklärt Peter, sie habe vor einiger Zeit auf Empfehlung eines Brokers ein Deep-Discount-Zertifikat erworben. Sie sei dessen Empfehlung gefolgt, habe jedoch keine Ahnung, worum es sich dabei handele und ob überhaupt und wo man den Kurs des Zertifikats verfolgen kann. Jetzt kommen ihr Bedenken. Peter erkundigt sich, wann das Zertifikat fällig werde und was dann ausbezahlt werde. Mary meint, erstmals könne man es in $t = 3$ Jahren zurückgeben, man erhalte dann € 5.000 plus den Indexstand des DJ EURO STOXX50 als Eurobetrag. Peter rechnet Mary so vor: In drei Jahren € 5.000 zu erhalten, ist beim heutigen Zinssatz von $i = 5\%$ genau € 4.319 wert, und derzeit gebe es Indexkontrakte auf den DJ EURO STOXX50, für die etwa 2.477 zu zahlen sind. Das macht zusammen € 6.796, und so viel ist das Zertifikat wert. "Wieviel hast du dafür bezahlt" will er wissen, doch Mary schweigt. ■

6.3 Die Risikoprämienmethode für *t=1*

Wir wollen nun die Bewertung konkretisieren und auch vereinfachen. Zunächst richten wir den Blick auf die Ebene des realen Wirtschaftslebens. Hier bietet sich eine Vielzahl von Möglichkeiten für die risikobehaftete Geldanlage. Um nur zwei Beispiele zu nennen: Weltweit kommen die Aktien von über 1.500 großen Gesellschaften in Frage und allein in der Schweiz sind 1.200 Investmentfonds für das öffentliche Angebot zugelassen. Diese und andere Anlagemöglichkeiten bieten Renditen mit jeweils eigenen Merkmalen.[5]

---

[5] Nicht alle konkreten Anlagemöglichkeiten können für eine Bewertung einer unsicheren zukünftigen Zahlung herangezogen werden, weil wir für die Bewertung von einem "gut funktionierenden" Markt ausgehen. Es kann beispielsweise sein, dass die Rendite einer Aktiengesellschaft eine Auffälligkeit zeigt, weil sich der Chief Executive Officer jüngst in einer unüblichen und verwirrenden Weise geäußert hat, worauf der Kurs um 10% gefallen war — mehr als gerechtfertigt, wie Analysten bekunden. Ebenso könnte ein konkreter Finanzplatz, etwa einer der Emerging Markets, noch gewisse Anlagetaktiken erlauben, die allein auf informatorische Unvollkommenheiten zurückzuführen sind. Von solchen Besonderheiten und Renditen, die es in der Wirklichkeit zwar gelegentlich und an vereinzelten Orten gibt, die aber in einem gut funktionierenden Markt nicht möglich sind, werden wir absehen. Wir betrachten nur jene Anlagemöglichkeiten und Renditen, die es in dieser Art auch in einem gut funktionierenden Markt geben dürfte. Das sind immer noch Tausende.

Nun greifen wir eine konkrete dieser Tausenden von Anlagemöglichkeiten heraus, wir bezeichnen sie mit j. Die Rendite, die sie im gerade beginnenden Jahr haben wird, ist unsicher und sei durch die Zufallsvariable $\tilde{r}_1^{(j)}$ bezeichnet. Wenn wir einen Geldbetrag der Höhe w_0 in diese Anlagemöglichkeit j investieren, werden wir nach einem Jahr das (aus heutiger Sicht unsichere) Ergebnis $\tilde{w}_1 = w_0 \cdot (1+\tilde{r}_1^{(j)})$ haben.

Angenommen, wir hätten nun die Aufgabe, einen unsicheren Geldbetrag $\tilde{z}_1$ zu bewerten, der in einem Jahr anfällt, und die Wahrscheinlichkeitsverteilung dieses Geldbetrags stimmt für einen gewissen Anlagebetrag w_0 genau mit der Wahrscheinlichkeitsverteilung von $w_0 \cdot (1+\tilde{r}_1^{(j)})$ überein,

$$\tilde{z}_1 = w_0 \cdot (1+\tilde{r}_1^{(j)}) \tag{6-8}$$

Dann ist die zu diskontierende Zahlung $\tilde{z}_1$ allein durch die Anlagemöglichkeit j erzeugt und w_0 muss daher der auf den heutigen Zeitpunkt bezogene Wert von $\tilde{z}_1$ sein,

$$W_0(\tilde{z}_1) = w_0$$

Achtung: (6-8) ist eine *Annahme*. Im vorangegangenen Abschnitt betrachteten wir eine unsichere Zahlung als durch *zwei* Anlageprozesse erzeugt. Hier unterstellen wir sogar, dass *ein einziger* Anlageprozeß für die Erzeugung genügt. Doch angesichts Tausender von Anlagemöglichkeiten im Markt zweifeln wir nicht, dass es sich zu der als Verteilung gegebenen unsicheren Zahlung $\tilde{z}_1$ eine Anlagemöglichkeit j finden läßt, die für einen geeigneten Geldbetrag w_0 die Beziehung (6-1) erfüllt.

In der Tat muss w_0 der Preis der unsicheren Zahlung $\tilde{z}_1$ im Markt sein. Denn wäre der Preis geringer, würden Investoren im Markt, welche die Anlagemöglichkeit k gewählt haben, etwas reduzieren und die Zahlung $\tilde{z}_1$ direkt kaufen. Wäre der Preis von $\tilde{z}_1$ höher als das eben über (6-8) bestimmte w_0, so würde niemand im Markt $\tilde{z}_1$ kaufen, was hieße, dass es sich nur um eine Forderung aber nicht um einen Gleichgewichtspreis handeln könnte.

Wir gehen nun einen kleinen Schritt weiter. Wenn die Wahrscheinlichkeitsverteilungen von $\tilde{z}_1$ und von $w_0 \cdot (1+\tilde{r}_1^{(j)})$ identisch sind, wie in (6-8) angenommen, dann müssen auch die *Erwartungswerte* dieser Verteilungen übereinstimmen:

6. UNSICHERHEIT

$$E[\tilde{z}_1] = w_0 \cdot E[1+\tilde{r}_1^{(j)}] \qquad (6\text{-}9)$$

Selbstverständlich müssen auch die anderen Verteilungsparameter übereinstimmen, doch wir konzentrieren uns auf den Erwartungswert. Die Beziehung (6-9) kann nach dem Wert $W_0(\tilde{z}_1) = w_0$ der Zahlung aufgelöst werden,

$$w_0 = E[\tilde{z}_1] / E[1+\tilde{r}_1^{(j)}],$$

und mit

$$E[1+\tilde{r}_1^{(j)}] = 1 + E[\tilde{r}_1^{(j)}]$$

kann sie so notiert werden:

$$W_0(\tilde{z}_1) \;=\; \frac{E[\tilde{z}_1]}{1+E[\tilde{r}_1^{(j)}]} \;=\; \frac{E[\tilde{z}_1]}{1+\mu_j} \qquad (6\text{-}10)$$

Im Zähler auf der rechten Seite von (6-10) steht der Erwartungswert der zu diskontierenden Zahlung, im Nenner steht Eins plus die erwartete Rendite. Für die Renditeerwartung haben wir die Bezeichnung μ_j eingeführt, also $\mu_j \equiv E[\tilde{r}_1^{(j)}]$ um mit dem griechischen Buchstaben "mü" daran zu erinnern, dass es sich um den Erwartungswert einer Rendite handelt. Selbstverständlich übersteigt μ_j den Zinssatz. Denn Unsicherheit ist ein Nachteil für Investoren, und im Kapitalmarkt wird die Unsicherheit des Anlageprozesses j dadurch kompensiert, dass eine gegenüber dem Zinssatz höhere Rendite erwartet werden kann. Die Formel (6-10) hat die klassische Gestalt der Diskontierung bei Sicherheit. Nur steht jetzt im Zähler die erwartete Zahlung und im Nenner steht anstelle des Zinssatzes eine Renditeerwartung, nämlich μ_j. Es handelt sich dabei um den Erwartungswert jener Rendite, die gemäß der getroffenen Annahme die zu diskontierende Zahlung $\tilde{z}_1$ erzeugt, und das war hier die der Anlagemöglichkeit j.

Beispiel 6-4: Ein Unternehmer hat einen Lagerbestand an Rohstoffen gekauft, der in einem Jahr verwertet werden soll. Die dann erzielbaren Einnahmen sind unsicher. Indessen werden € 500.000 erwartet. Unklar ist der heutige Wert des Lagerbestands. Ein Banker erklärt, dass es viele ähnliche Risiken im Geschäftsleben gibt. Er meint, dass die Wahrscheinlichkeitsverteilung der mit den Rohstoffen erzielbaren Erlöse sehr genau der einer Finanzanlage entspricht, die er im Kopf habe, und die eine Rendite von 8% erwarten lasse. Als heutiger Wert des Lagerbestands wird gemäß (6-10) € 462.962 ermittelt. ∎

Für eine konkrete Anwendung der Wertformel (6-10) muss die Renditeerwartung $\mu_j \equiv E[\tilde{r}_1^{(j)}]$ gefunden werden. Ein Modell, das Capital Asset Pricing Model (CAPM), wird gleich helfen. Wenn es im Markt eine Anlagemöglichkeit j gibt (deren Rendite mit $\tilde{r}_1^{(j)}$ bezeichnet wurde), so dass die zu diskontierenden Zahlung $\tilde{z}_1$ gemäß (6-8) erzeugt werden kann, dann gestattet es das CAPM, aus den stochastischen Eigenschaften von $\tilde{z}_1$ die Renditeerwartung μ_j zu errechnen.

6.4 Der Fall $t=2$

Bevor wir uns dem CAPM zuwenden, soll der Fall untersucht werden, dass die unsichere Zahlung nicht in einem Jahr sondern erst in einigen Jahren anfällt. Wir betrachten also eine Zahlung $\tilde{z}_t$, die in t Jahren anfällt und deren Wert bestimmt werden soll. Wir beginnen mit dem Fall $t = 2$.

Es soll also die Wahrscheinlichkeitsverteilung $\tilde{z}_2$ gegeben und zu bewerten sein. Unter den Tausenden von Anlagemöglichkeiten im Markt suchen wir eine — sie sei dann mit k bezeichnet — mit dem Ziel, mit dieser einzigen Anlagemöglichkeit die zu diskontierende Zahlung $\tilde{z}_2$ zu erzeugen oder zu replizieren. Wieder versuchen wir also nicht, $\tilde{z}_2$ durch zwei oder durch mehr als zwei Anlageprozesse zu erzeugen. Wir probieren, ob es schon mit einem Anlageprozeß gelingt. Unsere Annahme ist, dass es mit der einen und mit k bezeichneten Anlagemöglichkeit tatsächlich gelingt, $\tilde{z}_2$ zu erzeugen.

- Die Renditen, welche diese Anlagemöglichkeit k in den kommenden beiden Jahren haben wird, sind unsicher und sollen mit $\tilde{r}_1^{(k)}, \tilde{r}_2^{(k)}$ bezeichnet werden — diese Wahrscheinlichkeitsverteilungen beziehen sich auf den heutigen Informationsstand.

- Wenn wir einen Geldbetrag der Höhe w_0 in diese Anlagemöglichkeit k investieren, werden wir nach einem Jahr das (aus heutiger Sicht unsichere) Ergebnis $\tilde{w}_1 = w_0 \cdot (1 + \tilde{r}_1^{(k)})$ haben und nach einem weiteren Jahr $\tilde{w}_2 = w_0 \cdot (1 + \tilde{r}_1^{(k)}) \cdot (1 + \tilde{r}_2^{(k)})$.

6. UNSICHERHEIT

Wenn sich $\tilde{z}_2$ mit der Anlagemöglichkeit j erzeugen läßt, dann bedeutet das für einen anfänglichen Geldbetrag (den wir wieder mit w_0 bezeichnen)

$$\tilde{z}_2 = w_0 \cdot (1+\tilde{r}_1^{(k)}) \cdot (1+\tilde{r}_2^{(k)}) \tag{6-11}$$

So ist die zu diskontierende Zahlung $\tilde{z}_t$ allein durch den Anlageprozeß k erzeugt und w_0 muss daher ihr auf den heutigen Zeitpunkt bezogene Wert sein,

$$W_0(\tilde{z}_2) = w_0$$

Achtung: Auch (6-11) ist wie zuvor (6-8) eine *Annahme*. Doch angesichts Tausender von Anlagemöglichkeiten im Markt zweifeln wir auch diesmal nicht, dass sich die als Verteilung gegebene unsichere Zahlung $\tilde{z}_2$ mit einer einzigen Anlagemöglichkeit erzeugen läßt.

Wenn jedoch im Rahmen einer Unternehmensbewertung mehr als nur eine unsichere Zahlung zu diskontieren ist, sagen wir, dass $\tilde{z}_1$ und $\tilde{z}_2$ diskontiert werden müssen, dann kann durchaus dieser Fall eintreten: Die Anlagemöglichkeit j, die eine Erzeugung von $\tilde{z}_1$ gestattet, ist eine andere als die Anlagemöglichkeit k, die gemäß (6-11) $\tilde{z}_2$ repliziert. Mithin könnten auch die entsprechenden Renditen unterschiedlich sein.

Wir gehen nun wieder einen Schritt weiter. Wenn die Wahrscheinlichkeitsverteilungen von $\tilde{z}_2$ und von $w_0 \cdot (1+\tilde{r}_1^{(k)}) \cdot (1+\tilde{r}_2^{(k)})$ identisch sind, wie in (6-11) angenommen, dann müssen auch die Erwartungswerte dieser Verteilungen übereinstimmen:

$$E[\tilde{z}_2] = w_0 \cdot E\left[\left(1+\tilde{r}_1^{(k)}\right) \cdot \left(1+\tilde{r}_2^{(k)}\right)\right] \tag{6-12}$$

Selbstverständlich müssen auch die anderen Verteilungsparameter übereinstimmen, doch wir konzentrieren uns wieder auf den Erwartungswert. Es ist ein Leichtes, (6-12) nach dem Wert der Zahlung aufzulösen:

$$W_0(\tilde{z}_2) = \frac{E[\tilde{z}_2]}{E\left[\left(1+\tilde{r}_1^{(k)}\right) \cdot \left(1+\tilde{r}_2^{(k)}\right)\right]} \tag{6-13}$$

Um diese Wertformel auf eine einfachere Gestalt zu bringen, müssen wir den Erwartungswert im Nenner umformen. Das geht nicht ohne zwei weitere Voraussetzungen, doch wir werden argumentieren, dass sie in einem gut funktionierenden Finanzmarkt erfüllt sind.

Im Nenner von (6-13) steht der Erwartungswert des Produkts zweier zufälliger Renditen.

Im allgemeinen gilt für den Erwartungswert eines *Produktes* $\tilde{x} \cdot \tilde{y}$ zweier Zufallsvariablen $\tilde{x}$ und $\tilde{y}$ die Beziehung:

$$E[\tilde{x} \cdot \tilde{y}] = E[\tilde{x}] \cdot E[\tilde{y}] + Cov[\tilde{x}, \tilde{y}] \;,$$

wobei $Cov[\tilde{x}, \tilde{y}]$ die Kovarianz der beiden Variablen bezeichnet. Die Kovarianz zweier Zufallsvariablen drückt aus, wie wahrscheinlich große (kleine) Werte von $\tilde{x}$ einher gehen mit großen (kleinen) Werten von $\tilde{y}$ in dem Sinn, dass sie größer oder kleiner als ihr Erwartungswert sind:

$$Cov[\tilde{x}, \tilde{y}] = \left(E[\tilde{x} - E[\tilde{x}]]\right) \cdot \left(E[\tilde{y} - E[\tilde{y}]]\right)$$

Die erste Voraussetzung ist, dass die Renditen der beiden Jahre unkorreliert sind,

$$Cov\left[\tilde{r}_1^{(k)}, \tilde{r}_2^{(k)}\right] = 0 \qquad (6\text{-}14)$$

Das bedeutet: Wenn die Realisation der Rendite im ersten Jahr bekannt wird, dann ist (mit linearen Funktionen) keine bessere Prognose hinsichtlich der Rendite im zweiten Jahr möglich. Der Grund, aus dem (6-14) in Finanzmärkten im Regelfall gilt, liegt in der sofortigen Antizipation sämtlicher Informationen und im laufenden Handel von Wertpapieren. Denn würde sich (aufgrund derzeitiger Entwicklungen) etwas für die weitere Zukunft abzeichnen, so wäre es schnellstens bekannt, und die Kurse würden sich nochmals ändern, bis letztlich alles Prognostizierbare vorweggenommen ist. Diese Eigenschaft wird auch als *Informationseffizienz* bezeichnet. Die serielle Korrelation der Renditen in informationseffizienten Märkten ist gleich Null.

Aufgrund der ersten Voraussetzung gilt

$$E\left[\left(1+\tilde{r}_1^{(k)}\right) \cdot \left(1+\tilde{r}_2^{(k)}\right)\right] = E\left[1+\tilde{r}_1^{(k)}\right] \cdot E\left[1+\tilde{r}_2^{(k)}\right] \qquad (6\text{-}15)$$

was sich als $\left(1+E\left[\tilde{r}_1^{(k)}\right]\right) \cdot \left(1+E\left[\tilde{r}_2^{(k)}\right]\right)$ schreiben läßt.

6. UNSICHERHEIT

Die zweite Voraussetzung, die wir treffen ist die der Stationarität. Der Erwartungswert der Rendite im ersten Jahr und die Renditeerwartung im zweiten Jahr sollen übereinstimmen, und diese Renditeerwartung sei mit μ_k bezeichnet:

$$\mu_k \equiv E\left[\tilde{r}_1^{(k)}\right] = E\left[\tilde{r}_2^{(k)}\right] \tag{6-16}$$

Diese Annahme (6-16) erscheint gerechtfertigt, wenn die Risiken, die in den beiden Jahren zu verzeichnen sind, gleich groß sind (Homoskedastizität). Die mit der Anlage k verbundene Renditeerwartung μ_k ist dabei größer als der Zinssatz.

Aufgrund der beiden Voraussetzungen nimmt die Wertformel (6-13) die bekannte Form an:

$$W_0(\tilde{z}_2) = \frac{E[\tilde{z}_2]}{\left(1+E[\tilde{r}_1^{(k)}]\right)\cdot\left(1+E[\tilde{r}_2^{(k)}]\right)} = \frac{E[\tilde{z}_2]}{(1+\mu_k)^2} \tag{6-17}$$

Die Formel sagt: Um den Wert einer unsicheren Zahlung zu bestimmen, die in zwei Jahren fällig wird, muss man ihren Erwartungswert nach der traditionellen Methode diskontieren.

Beispiel 6-5: Jemand hat eine Beteiligung an einer GmbH und plant, diese in zwei Jahren zu verkaufen. Aufgrund der Geschäftspläne wird erwartet, dass der Verkaufserlös dann € 1.000.000 beträgt. Darüber gibt es Schätzungen von Wirtschaftsprüfern und Schriftverkehr. Im Zuge einer Auseinandersetzung soll daraus der heutige Wert der GmbH-Anteile ermittelt werden. Ein Wirtschaftsprüfer meint, dass der mit einer Million erwartete spätere Wert natürlich großen Unsicherheiten ausgesetzt ist, dass es jedoch viele vergleichbare Risiken im Geschäftsleben gibt. Er meint sogar, dass die Wahrscheinlichkeitsverteilung des Verkaufserlöses sehr genau der einer Anlage in ein Aktienportfolio auf zwei Jahre entspricht, und die lasse eine Rendite von 10% erwarten. Als Wert der GmbH-Anteile wird gemäß (6-7) € 826.446 ermittelt. ∎

Wir müssen nochmals auf die Annahme (6-14) zurückkommen, nach der die Jahresrenditen des zur Replikation verwendeten Instruments seriell unkorreliert sind. Angenommen, das ist nicht der Fall. Dann gilt zwar immer noch die Wertformel (6-13). Aber anstelle von (6-15) hat man im allgemeinen Fall:

$$E\left[\left(1+\tilde{r}_1^{(k)}\right)\cdot\left(1+\tilde{r}_2^{(k)}\right)\right] = E\left[1+\tilde{r}_1^{(k)}\right]\cdot E\left[1+\tilde{r}_2^{(k)}\right]+Cov\left[\tilde{r}_1,\tilde{r}_2\right] =$$
$$= \left(1+E\left[\tilde{r}_1\right]\right)\cdot\left(1+E\left[\tilde{r}_2\right]\right)+Cov\left[\tilde{r}_1,\tilde{r}_2\right] \tag{6-18}$$

Berücksichtigt man dies in (6-13), so folgt anstelle von (6-17) als Wertformel

$$W_0(\tilde{z}_2) = \frac{E\left[\tilde{z}_2\right]}{\left(1+E\left[\tilde{r}_1^{(k)}\right]\right)\cdot\left(1+E\left[\tilde{r}_2^{(k)}\right]\right)+Cov\left[\tilde{r}_1,\tilde{r}_2\right]}$$

Durchaus kann trotz der seriellen Korrelation wieder Stationarität gelten, und die Wertformel nimmt dann diese Gestalt an:

$$W_0(\tilde{z}_2) = \frac{E\left[\tilde{z}_2\right]}{\left(1+\mu_k\right)^2+Cov\left[\tilde{r}_1,\tilde{r}_2\right]} \tag{6-19}$$

Bei positiver serieller Korrelation (Trends setzen sich tendenziell fort) ist demnach der korrekte Wert geringer als durch (6-17) angegeben. Bei negativer serieller Autokorrelation — hohe Renditerealisationen in einem Jahr münden wie in einer "technischen Reaktion" tendenziell in geringe Realisationen der Rendite im Folgejahr — ist hingegen der korrekte Wert größer als in (6-17) angegeben. Ein praktisch wichtiger Fall positiver serieller Korrelation von Jahresrenditen ist der von Direktanlagen in Immobilien. Hier sind tatsächlich anhand der Rendite eines Jahres bessere Prognosen für die Rendite im kommenden Jahr möglich. Typischerweise setzen sich Aufwärtsbewegungen über mehrere Jahre hinweg fort. Wenn eine Kapitalanlage oder Unternehmung zu bewerten ist und eine Direktanlage in Immobilien sich als Vergleich — eben für die Replikation — anbietet, so wird mit der üblichen Formel (6-17) der Wert überschätzt.

Beispiel 6-6: Ein Sachvermögen, das sich aus verschiedenen Positionen — Grundstücke, Hotelbeteiligungen, Ferienhäuser — zusammensetzt, soll in zwei Jahren liquidiert werden. Der heutige Wert soll bestimmt werden. Leider scheidet eine Einzelbewertung der Positionen aus, und es gibt wenig Anhaltspunkte, wie man bei einzelnen dieser Positionen vorgehen sollte. Immerhin gibt es eine wichtige Information: Allgemein wird in zwei Jahren ein Liquidationserlös in Höhe von 200 Millionen Euro erwartet, weil sich Kaufinteressenten gemeldet haben. Doch besteht ein Risiko hinsichtlich der genauen Höhe des späteren Gebots. Der Wirtschaftsprüfer vergleicht die Unsicherheit des Erlöses in zwei Jahren — er spricht nicht von einer Wahrscheinlichkeitsverteilung — mit dem Risiko einer Immobilienanlage. Die Immobilienanlage wird durch den

Immobilienindex beschrieben. Dieser läßt eine Rendite von $r = 6\%$ erwarten, doch ist bekannt, dass die Renditen aufeinanderfolgender Jahre seriell positiv korreliert sind. Der Wirtschaftsprüfer berechnet $200 / (1 + 0{,}06)^2 = 178$ und erklärt, dass es sich hierbei um eine obere Schranke für den heutigen Wert des Vermögens handelt. ∎

6.5 Der Fall *t>2*

Die Erweiterung auf den Fall, in dem die zu diskontierende Zahlung $\tilde{z}_t$ in $t > 2$ Jahren fällig ist, kann analog vorgenommen werden. Wir können uns entsprechend kurz fassen. Unter den Tausenden von Anlagemöglichkeiten im Markt suchen wir eine — sie sei nun mit *l* bezeichnet — mit dem Ziel, mit dieser einzigen Anlagemöglichkeit die zu diskontierende Zahlung $\tilde{z}_t$ zu *erzeugen*. Die Renditen, welche diese Anlagemöglichkeit *l* in den kommenden Jahren haben wird, sind unsicher und sollen mit $\tilde{r}_1^{(l)}, \tilde{r}_2^{(l)}, ..., \tilde{r}_t^{(l)}$ bezeichnet werden. Alle diese Wahrscheinlichkeitsverteilungen beziehen sich auf den heutigen Informationsstand. Wenn wir einen Geldbetrag der Höhe w_0 in diese Anlagemöglichkeit *l* investieren, werden wir nach *t* Jahren das unsichere Ergebnis $\tilde{w}_t = w_0 \cdot (1 + \tilde{r}_1^{(l)}) \cdot (1 + \tilde{r}_2^{(l)}) \cdot ... \cdot (1 + \tilde{r}_t^{(l)})$ haben. Wir nehmen nun an, dass sich die zu diskontierende Zahlung $\tilde{z}_t$ tatsächlich mit der Anlagemöglichkeit *l* erzeugen läßt, in dem ein anfänglicher Geldbetrag (den wir wieder mit w_0 bezeichnen) mit ihren Renditen angelegt wird:

$$\tilde{z}_t = w_0 \cdot (1 + \tilde{r}_1^{(l)}) \cdot (1 + \tilde{r}_2^{(l)}) \cdot ... \cdot (1 + \tilde{r}_t^{(l)}) \tag{6-20}$$

Dann ist die zu diskontierende Zahlung $\tilde{z}_t$ durch *l* erzeugt und w_0 muss daher der Wert von $\tilde{z}_t$ sein,

$$W_0(\tilde{z}_t) = w_0$$

Achtung: Auch (6-20) ist eine *Annahme*, doch angesichts der Tausenden von Anlagemöglichkeiten im Markt zweifeln wir nicht, dass sich die betrachtete unsichere Zahlung $\tilde{z}_t$ mit einer Anlagemöglichkeit, eben mit *l* erzeugen läßt. Wenn mehrere Zahlungen zu diskontieren sind, sagen wir $\tilde{z}_1$ und $\tilde{z}_2$ sowie $\tilde{z}_t$, $t > 2$, dann kann es selbstverständlich sein, dass die Anlagemöglichkeit *j*, die eine Erzeugung von $\tilde{z}_1$ gemäß (6-8) gestattet, eine andere ist als die Anlagemöglichkeit *k*, die gemäß (6-11) $\tilde{z}_2$ erzeugt, und diese sind verschieden von der Anlagemöglichkeit *l*, mit der sich $\tilde{z}_t$ erzeugen läßt wie in (6-20) beschrieben. Mithin könnten die entsprechenden Renditen unterschiedlich sein.

Wir gehen nun wieder weiter. Wenn die Wahrscheinlichkeitsverteilungen von $\tilde{z}_t$ und von $w_0 \cdot (1+\tilde{r}_1^{(l)}) \cdot (1+\tilde{r}_2^{(l)}) \cdot \ldots \cdot (1+\tilde{r}_t^{(l)})$ identisch sind, wie in (6-20) angenommen, dann müssen auch ihre Erwartungswerte übereinstimmen:

$$E[\tilde{z}_t] = w_0 \cdot E\left[\left(1+\tilde{r}_1^{(l)}\right) \cdot \left(1+\tilde{r}_2^{(l)}\right) \ldots \left(1+\tilde{r}_t^{(l)}\right)\right] \qquad (6\text{-}21)$$

Nach dem Wert $W_0(\tilde{z}_t) = w_0$ der Zahlung $\tilde{z}_t$ aufgelöst folgt:

$$W_0(\tilde{z}_t) = \frac{E[\tilde{z}_t]}{E\left[\left(1+\tilde{r}_1^{(k)}\right) \cdot \left(1+\tilde{r}_2^{(k)}\right) \ldots \left(1+\tilde{r}_t^{(k)}\right)\right]} \qquad (6\text{-}22)$$

Diese Wertformel ist ein schönes Ergebnis. Wieder wollen wir versuchen, den Nenner — Erwartungswert eines Produkts von Zufallsvariablen — zu vereinfachen. Wieder treffen wir zwei Voraussetzungen. Wir hatten bereits bemerkt, dass bei Informationseffizienz des Marktes die seriellen Renditen sämtlich unkorreliert sind:

$$Cov\left[\tilde{r}_1^{(l)}, \tilde{r}_2^{(l)}\right] = 0, \; Cov\left[\tilde{r}_1^{(l)}, \tilde{r}_3^{(l)}\right] = 0, \; \ldots, \; Cov\left[\tilde{r}_1^{(k)}, \tilde{r}_t^{(k)}\right] = 0,$$

$$Cov\left[\tilde{r}_2^{(l)}, \tilde{r}_3^{(l)}\right] = 0, \; \ldots, \; Cov\left[\tilde{r}_2^{(k)}, \tilde{r}_t^{(k)}\right] = 0, \; \ldots, \qquad (6\text{-}23)$$

$$Cov\left[\tilde{r}_{t-1}^{(l)}, \tilde{r}_t^{(l)}\right] = 0.$$

Folglich gilt

$$\begin{aligned} E\left[\left(1+\tilde{r}_1^{(l)}\right) \cdot \left(1+\tilde{r}_2^{(l)}\right) \ldots \left(1+\tilde{r}_t^{(l)}\right)\right] &= \\ &= E\left[1+\tilde{r}_1^{(l)}\right] \cdot E\left[1+\tilde{r}_2^{(l)}\right] \ldots E\left[1+\tilde{r}_t^{(l)}\right] \end{aligned} \qquad (6\text{-}24)$$

was sich wieder als $\left(1+E[\tilde{r}_1^{(l)}]\right) \cdot \left(1+E[\tilde{r}_2^{(l)}]\right) \cdot \left(1+E[\tilde{r}_t^{(l)}]\right)$ schreiben läßt. So nimmt (6-22) diese Form an:

6. UNSICHERHEIT

$$W_0(\tilde{z}_t) = \frac{E[\tilde{z}_t]}{\left(1+E[\tilde{r}_1^{(l)}]\right)\cdot\left(1+E[\tilde{r}_2^{(l)}]\right)\cdots\left(1+E[\tilde{r}_t^{(l)}]\right)} \quad (6\text{-}25)$$

Die zweite Voraussetzung, die wir wiederum treffen, ist die der Stationarität. Die Erwartungswerte der Renditen der Anlage j sollen für alle Jahre übereinstimmen, und diese Renditeerwartung sei mit μ_l bezeichnet:

$$\mu_l \equiv E[\tilde{r}_1^{(l)}] = E[\tilde{r}_2^{(l)}] = \ldots = E[\tilde{r}_t^{(l)}] \quad (6\text{-}26)$$

Somit nimmt (6-25) die weithin bekannte Form an:

$$W_0(\tilde{z}_t) = \frac{E[\tilde{z}_t]}{(1+\mu_l)^t} \quad (6\text{-}27)$$

Beispiel 6-7: Jemand erhält ein unbebautes Grundstück für € 180.000 angeboten. Die Person überlegt, ob es eine gute Geldanlage wäre, es zu kaufen, auf 10 Jahre zu halten und dann zu verkaufen. Vergleiche zeigen, dass als Verkaufspreis in zehn Jahren € 250.000 zu erwarten ist. Natürlich ist die Geldanlage mit Risiken verbunden, und die Person denkt, dass eine Anlage von Geld in ein Portfolio, das zu 2/3 aus Anleihen und zu 1/3 aus Aktien besteht, praktisch dieselbe Wahrscheinlichkeitsverteilung bewirkt. Bei einem solchen Portfolio darf als Rendite etwa 6% erwartet werden. Demnach wäre das Grundstück € 139.599 wert. Die Person lehnt das Angebot ab. ■

6.6 Wertformel

Insgesamt haben wir damit dieses Ergebnis bewiesen:

1. Eine zu bewertende Kapitalanlage soll durch unsichere Zahlungen $\tilde{z}_1, \tilde{z}_2, \ldots, \tilde{z}_t, \ldots$ beschrieben werden, die sie zu den Zeitpunkten in einem Jahr, in zwei Jahren beziehungsweise in t Jahren abwirft. Wenn Perlen oder Lasten (Kapitel 4) wird abgesehen.

2. Hierbei soll die unsichere Zahlung $\tilde{z}_1$ im Finanzmarkt mit einer Anlagemöglichkeit erzeugt werden können, welche die Renditeerwartung (wir schreiben gleich den Index "1" anstelle von "j") μ_1 hat. Die unsichere Zahlung $\tilde{z}_2$ soll im Finanzmarkt mit einer

Anlagemöglichkeit erzeugt werden können, welche die Renditeerwartung (wir schreiben gleich den Index "2" anstelle von "k") μ_2 hat. Die unsichere Zahlung $\widetilde{z}_t$ soll im Finanzmarkt mit einer Anlagemöglichkeit erzeugt werden können, welche die Renditeerwartung (wir schreiben gleich den Index "t" anstelle von "l") μ_t aufweist.

Dann ist der Wert der unsicheren Zahlungsreihe durch

$$W_0 = \frac{E[\widetilde{z}_1]}{1+\mu_1} + \frac{E[\widetilde{z}_2]}{(1+\mu_2)^2} + \ldots + \frac{E[\widetilde{z}_t]}{(1+\mu_t)^t} + \ldots \qquad (6\text{-}28)$$

gegeben. Die Formel (6-28) dürfte aus Lehrbüchern bekannt sein. In diesen Büchern wird stets vereinfachend unterstellt, dass die Renditeerwartungen für alle Zeiten identisch sind. Da Lehrbuchautoren auch für Praktiker schreiben, wird statt dem Buchstaben μ stets r_{EK} verwendet, und diese Renditeerwartung — um den *Erwartungswert* einer Rendite geht es hier — wird als Kapitalkosten oder Eigenkapitalkosten angesprochen oder kurz als "Rendite". Lehrbücher setzen also

$$r_{EK} \equiv \mu_1 = \mu_2 = \ldots = \mu_t \qquad (6\text{-}29)$$

voraus. Dann entsteht aus (6-28) die *Lehrbuchformel*:[6]

$$W_0 = \frac{E[\widetilde{z}_1]}{1+r_{EK}} + \frac{E[\widetilde{z}_2]}{(1+r_{EK})^2} + \ldots + \frac{E[\widetilde{z}_t]}{(1+r_{EK})^t} + \ldots \qquad (6\text{-}30)$$

In den Lehrbüchern wird zudem immer darüber hinweg gespielt, dass im Zähler die *Erwartungswerte* der Zahlungen stehen. Es heißt dann oft, im Zähler stehe "die Zahlung" oder "der Cashflow" — doch gemeint sind stets die *Erwartungswerte* der unsicheren zukünftigen Zahlungen und Cashflows.

Im Grunde behandeln wir mit der Diskontierung (6-25) beziehungsweise der Lehrbuchvereinfachung (6-27) den Fall der Unsicherheit genau wie den Fall der Sicherheit. Wir beschränken uns auf ein *einziges* Szenario. Es ist die *erwartete* Entwicklung der Kapitalanlage. Sie wird durch die

---

[6] Vergleiche etwa TOM COPELAND, TIM KOLLER und JACK MURRIN. *Valuation: measuring and managing the value of companies*, 3. Auflage, New York, Wiley, 2000.

6. UNSICHERHEIT

Erwartungswerte $E[\tilde{z}_1]$, $E[\tilde{z}_2]$,..., $E[\tilde{z}_t]$,... der unsicheren Zahlungen beschrieben.

> Der Nachteil der Unsicherheit wird dadurch berücksichtigt, dass im Nenner nicht der Zinssatz steht, sondern eine gegenüber dem Zinssatz höhere Renditeerwartung. Es handelt sich hierbei um den Erwartungswert jener unsicheren Rendite, die es gestattet, die jeweils zu diskontierende Zahlung zu *replizieren*. Der Praktiker spricht einfach von zwei Anlagen, die *dasselbe Risiko* aufweisen.

Diese Renditeerwartung hängt insofern vom Zeitindex ab, als für die Replikation von $\tilde{z}_1$ vielleicht eine andere Anlage im Markt dient als für die Erzeugung von $\tilde{z}_2$, und die dafür verwendeten Anlagen unterscheiden sich vielleicht von der, die für die Nachbildung von $\tilde{z}_t$ verwendet wird.

Aufgrund der Unsicherheit dieser Renditen sind alle Renditeerwartungen größer als der Zinssatz i, denn im Markt sind die Investoren risikoavers und verlangen eine Kompensation.

> Die Differenzen $\mu_1 - i, \mu_2 - i, ..., \mu_t - i, ...$ und $r_{EK} - i$ heißen *Risikoprämien*. Die Formeln (6-28) und (6-30) werden daher als *Risikoprämienmethode* bezeichnet.

Beispiel 6-8: Der Verwalter einer Kapitalanlage berichtet den Investoren: "Bei diesem Teilprojekt gibt es drei Ausschüttungen in den kommenden drei Jahren, danach ist alles abgeschlossen. Die Ausschüttungen sind natürlich noch unsicher, in der Prognose erwarten wir sie in der Höhe von 100, 200 und 300 Tausend Euro. Die Risiken sind allerdings für die drei Jahre höchst unterschiedlich. Während die erste Zahlung noch mit vielen Fragezeichen versehen ist, hat die zweite Zahlung das Risiko, das mit einem diversifizierten Aktienportfolio normalerweise verbunden ist. Die dritte Zahlung ist höchst unsicher, noch unsicherer als die erste". Die Investoren stellen sich alternative Anlagen im Markt vor, deren Risiken diesen Angaben entsprechen und rechnen so: $Wert = 100/(1+15\%) + 200/(1+10\%)^2 + 300/(1+20\%)^3$. So gelangt man auf $Wert = 87 + 165 + 174 = 426$ Tausend Euro. ■

> Oft werden die erwarteten Renditen $\mu_1, \mu_2, ..., \mu_t, ...$ als *Kapitalkostensatz* bezeichnet. Die Bezeichnung wird so erklärt: Wer den Geldbetrag v einsetzt, muss bei seinen Planungen berücksichtigen, dass der Geldgeber $v \cdot (1+\mu) = v + v \cdot \mu$ als Rückfluß erwartet — das ist der Einsatz v plus $v \cdot \mu$. In der Planung und Kalkulation des Kapitalnehmers erscheint $v \cdot \mu$ daher als Kosten des Kapitaleinsatzes in jenem Jahr.

Welche Prämissen haben wir für das Ergebnis (6-28) vorausgesetzt?

1. Der Finanzmarkt sollte *Wertadditivität* aufweisen. Ohne Wertadditivität kann nicht geschlossen werden, dass der Wert der zu diskontierenden Zahlung gleich dem Wert der Instrumente sein müsse, die für die Replikation herangezogen werden.
2. *Informationseffizienz* (serielle unkorrelierte Renditen), weil sonst für $t \geq 2$ weder die Umformung (6-15) noch (6-24) möglich ist.
3. *Stationarität* (erklärbar durch Homoskedastizität), also (6-16) beziehungsweise (6-26), weil sonst die bequeme Potenzschreibweise in der Wertformel nicht möglich ist.
4. Außerdem, da wir die Zahlungsreihe in (6-28) durch die Summe der Einzelwerte bewertet haben, soll gelten, dass eine Zahlungsreihe tatsächlich genau so viel wert ist wie sich in der Summe der Einzelwerte errechnet (Wertadditivität).
5. Eine wichtige Voraussetzung ist, dass sich die zu bewertenden Zahlungen durch *eine* Anlage im Markt nachbilden lassen.

Um von (6-28) auf (6-30) zu kommen, wurde zudem (6-29) unterstellt, dass die Kapitalkosten für die unsicheren Zahlungen aller Jahre identisch sind. Diese Bedingung (6-29) ist übrigens nicht mit der Annahme der Stationarität zu verwechseln. Die Bedingung (6-29) besagt vielmehr, dass die Zahlungen der verschiedenen Jahre im Grunde alle mit einer Anlage replizierbar sind und in diesem Sinn eine identisches, auf das Jahr bezogenen Risiko aufweisen.

Was noch zu sagen ist: Die Prämisse 5 — Möglichkeit der Replikation durch *eine* Anlage — haben wir stets mit dem Hinweis überspielt, dass sie schon erfüllt sein sollte angesichts Tausender von Anlagemöglichkeiten. Allerdings sei zu bedenken gegeben, dass unsichere Zahlungen, deren Erwartungswert klein und deren Unsicherheit groß ist, *nicht* auf diese Weise repliziert werden können. Wir kommen in Kapitel 11 darauf zurück. Wenn es um Zahlungen geht, deren Erwartungswert klein und deren Unsicherheit groß ist, dürfen daher die Wertformeln dieses Kapitels nicht angewendet werden dürfen (weil die Voraussetzung 5 nicht erfüllt ist). Wenn man in diesen Fällen trotzdem (6-28) beziehungsweise (6-30) anwendet, gelangt man zu falschen Ergebnissen.

6.7 Kommentar

"So, was hast Du verstanden?" sprach der GNOM zum WANDERER.[7]

---

[7] Der Wanderer ist der Schüler, und er heißt so, weil jeder Schüler noch weitergehen muss. Der Gnom — nach dem Lexikon ein Erdgeist, Berggeist oder Zwerg in der Wortprägung von Paracelsius — ist der Lehrer, der aufgrund ständiger Wiederholungen

6. UNSICHERHEIT

Der Angesprochene überlegt kurz und meint darauf: Ein Punkt, der mich überrascht hat, ist dass die Bewertung durch Replikation nichts über die zwischenzeitliche Entwicklung und deren Beobachtbarkeit voraussetzt. Denn es wurde in der Literatur gelegentlich behauptet, der Wert einer später fälligen unsicheren Zahlung hänge definitiv von der Information ab, mit der die Entwicklung, die bis zum Jahr t und die Fälligkeit der unsicheren Zahlung führt, laufend verfolgt werden kann. Unsere Herleitung hat gezeigt, dass es auf die zwischenzeitliche Information *nicht* ankommt. In der Tat: Wenn ich im Gasthaus gut esse und trinke und gebe dann der Kellnerin Einhundert Euro und biete ihr an, ausführlich zu erklären, wie ich zu dem Geld gekommen bin und welche Informationen ich auf dem Weg bis zum Erhalt des Geldes beschafft und verarbeitet habe, dann wird sie schnell abwinken. Auch der Investor bewertet eine spätere Zahlung anhand der Wahrscheinlichkeiten, mit der sie wohl geleistet oder nicht. Die Möglichkeit, bis dahin im Wirtschaftsteil einer Tageszeitung laufend mehr zu erfahren, ist weder für den Wert noch das Ergebnis relevant.

GNOM: "Allerdings setzen die Formeln (6-25) und (6-27) voraus, dass die zur Replikation verwendeten Instrumente *keine serielle Korrelation* aufweisen: Um zu prüfen, ob das erfüllt ist, müssen ihre Wertentwicklungen zwischendurch beobachtet werden können."

WANDERER: Gut, das ist korrekt. Die Replikation an sich benötigt nicht diese Voraussetzung und liefert die Formeln (6-1), (6-13) und (6-22). Doch wer (6-13) und (6-22) dann noch weiter vereinfachen möchte um (6-17) und (6-25) zu gewinnen, benötigt die Voraussetzung serieller Unkorreliertheit. Deren Überprüfung setzt die zwischenzeitliche Beobachtbarkeit voraus.

Der GNOM möchte offensichtlich das Thema wechseln: "Du hast sicher gemerkt, dass die Überlegung mit dem Portfolio, das aus der zu bewertenden Zahlung und Anlagen bestand, die sie replizieren, von den Schöpfern der Optionspreistheorie stammen, von FISHER BLACK, MYRON SCHOLES sowie von ROBERT C. MERTON und all den anderen Forschern, die um 1970 in den USA die Grundlagen für *Finance* als Wissenschaft legten."

WANDERER: Ja, und die Idee ist heute im *Finance* allgemein akzeptiert und Grundlage für das sogenannte *Asset Pricing*. Trotz Achtung vor der hohen Wissenschaft kann ich mir einen Verweis auf das tägliche Leben nicht ersparen: Im Grunde haben die Handwerker dieses Bewertungsprinzip schon immer gekannt. Wenn ein Erzeugnis sich aus den Inputs x und y herstellen läßt, dann kostet das Erzeugnis so viel wie die beiden Inputs.

---

schon erhärtete Züge aufweist, doch wie oft Menschen gedrungenen Wuchses über tiefen Sinn und eine feine Beobachtung verfügt und gelegentlich lächeln kann.

Bild 6-2: FISCHER BLACK (1938-1995) hatte Mathematik studiert. Nach einer Tätigkeit im Consulting Business begann eine beachtliche Karriere an der University of Chicago und am MIT. BLACK hat 1984 zur Investmentfirma GOLDMAN SACHS gewechselt. Neben seiner weit herausragenden, gemeinsam mit MYRON SCHOLES publizierten Arbeit zur Bewertung von Optionen verdanken wir ihm zahlreiche weitere Beiträge zum *Finance*..

Und der WANDERER fuhr fort: Eines hat mir gefallen. Immer wenn ich der Formel (6-30) begegnete, dachte ich, dass sie eine Approximation sei und letztlich nicht exakt gelte. Jetzt ist mir bewußt, dass sie zwar exakt gilt, dass aber einige Voraussetzungen erfüllt sein müssen: Die Wertadditivität und die Informationseffizienz und die Stationarität finde ich noch harmlos, und auch mit der Annahme (6-29) habe ich wenig Mühe. Interessant finde ich die Voraussetzung, dass die zu bewertenden Zahlungen sich jeweils mit Hilfe *einer einzigen* Anlage replizieren lassen, dass es also *nicht nötig* ist, für die Nachbildung eine Kombination aus zwei, drei oder noch mehr Anlagen einzusetzen. Der Hinweis auf Tausende von Anlagemöglichkeiten hilft, diese Annahme als erfüllt zu betrachten. Dennoch würde ich sie gern etwas genauer untersuchen.

GNOM: "Das werden wir in Kapitel 11 nachholen. Doch noch etwas: Ist Dir aufgefallen, dass es eine große Präferenz der Menschen für den *Erwartungswert* gibt, wenn eine Zufallsvariable durch einen Parameter beschrieben werden soll? Im Grunde sollte man eine Bewertungstheorie versuchen, die auf dem *Median* aufbaut."

WANDERER: Man könnte sich gut vorstellen, anstelle des Erwartungswerts den *Median* als Lageparameter einer Verteilung zu verwenden. Der Median ist ja so definiert, dass die Hälfte der möglichen Realisationen links, die andere Hälfte rechts von ihm liegt. Wenn Praktiker eine unsicheres Ergebnis beschreiben sollen, verwenden sie vielfach den Median.

Bild 6-3: ROBERT C. MERTON, geboren 1944, lehrt an der *Harvard Business School*. MERTON ist einer der Pioniere der *Continuous-Time Finance* (so auch der Titel eines seiner Bücher aus dem Jahre 1990), mit der die Grundlage für die theoretische Untersuchung der Preisbildung für Optionen und andere Derivate gelegt worden ist. Der Wissenschaftler wurde 1997 (zusammen mit MYRON SCHOLES) mit dem Nobelpreis geehrt.

GNOM: "Relevant wird diese Unterscheidung bei Wahrscheinlichkeitsverteilungen, die nicht symmetrisch sind"

WANDERER: Wenn in einer Formel wie (6-22) im Zähler der Median und nicht der Erwartungswert steht, dann darf im Nenner auch nicht der Erwartungswert der Rendite stehen, sondern ...

... GNOM: "Allerdings muss man aufpassen, ob all die *weiteren* Umformungen, die für den Erwartungswert gemacht werden konnten, auch für den Median möglich sind, oder welche Anpassungen vorzunehmen sind...."

WANDERER: Jedenfalls finde ich die Anregung gut. Man erhält auch ganz andere Kapitalkosten, wenn sie nicht die erwartete Rendite sondern den Median der Rendite beschreiben. Die Übertragung der drei Formel (6-22), so dass im Zähler und im Nenner jeweils der Median steht, sehe ich vor mir.

$$W_0(\widetilde{z}_t) = \frac{Median[\widetilde{z}_t]}{Median\left[\left(1+\widetilde{r}_1^{(k)}\right)\cdot\left(1+\widetilde{r}_2^{(k)}\right)\cdots\left(1+\widetilde{r}_t^{(k)}\right)\right]} \qquad (6\text{-}31)$$

Jetzt versuche ich, den Nenner zu vereinfachen um eine Formel wie

$$W_0(\tilde{z}_t) = \frac{\text{Median}[\tilde{z}_t]}{(1 + \text{Medianrendite})^t}$$

zu gewinnen, doch dazu sind zweifellos gewisse Voraussetzungen verlangt, wenn es überhaupt gelingt.

GNOM: Wenn Du schon am Rechnen bist, probier gleich ob es mit dem Modus auch funktioniert. Denn viele Praktiker beschreiben unsichere Ergebnisse durch das mutmaßliche oder wahrscheinliche Ergebnis im Sinn des Modus. Im Nenner erscheint dann vielleicht die Modalrendite, eben der Modus der Rendite."

6.8 Fragen

1. A) Berechnen Sie den Wert einer unsicheren Zahlung, die in zwei Jahren fällig ist und den Erwartungswert 100 besitzt. Sie läßt sich mit einer marktüblichen Anlage replizieren, die eine Renditeerwartung von 8% aufweist. B) Nun wird bekannt, dass die Renditen, die das zur Replikation verwendete Instrument in aufeinanderfolgenden Jahren hat, nicht seriell unkorreliert sind. Ist der eben berechnete Wert deswegen nach oben oder nach unten zu korrigieren?[8]

2. Eine finanzielle Konstruktion erzeugt in den kommenden drei Jahren Entnahmemöglichkeiten in unsicherer Höhe. Die Erwartungswerte der Zahlungen sind 100, 200 und 300. Die Zahlungen lassen sich mit marktüblichen Anlagen replizieren, die Renditeerwartungen von 8%, 10% und 12% haben. Nehmen Sie eine Bewertung vor.

3. Mary erklärt Peter, sie habe vor einiger Zeit auf Empfehlung eines Brokers ein Super-Gewinn-Zertifikat erworben. Sie sei dessen Empfehlung gefolgt, habe jedoch keine Ahnung, worum es sich dabei handele und ob überhaupt und wo man den Kurs des Zertifikats verfolgen kann. Jetzt kommen ihr Bedenken. Peter erkundigt sich, wann das Zertifikat fällig werde und was dann ausbezahlt werde. Mary meint, erstmals könne man es in $t = 3$ Jahren zurückgeben, man erhalte dann den Indexstand des DJ EURO STOXX50 als Eurobetrag anzüglich 2.000 Euro. Bewerten Sie das Super-Gewinn-Zertifikat. Rechnen Sie mit einem Zinssatz $i = 5\%$ und entnehmen Sie einer Zeitung oder einem anderen Informationsdienst den heutigen Stand des DJ EURO STOXX50.

---

[8] Hierzu (6-19).

4. Ein Vermögen soll in zwei Jahren liquidiert werden. Allgemein wird ein Liquidationserlös in Höhe von 50 Millionen Euro erwartet, doch besteht ein Risiko hinsichtlich der genauen Höhe. Der Wirtschaftsprüfer vergleicht den unsicheren Erlös, der in zwei Jahren erzielt werden wird, mit dem Ergebnis einer Immobilienanlage, die durch den Immobilienindex beschrieben wird. Dieser läßt eine Rendite von $r = 6\%$ erwarten. Der Wirtschaftsprüfer rechnet $100/(1+0{,}06)^2 = 89$ und erklärt, dies sei der heutige Wert des Vermögens. Ist die Rechnung korrekt?[9]

---

[9] Nein: Vergleiche Beispiel 6-6. Typischerweise zeigen die Renditen von Direktanlagen in Immobilien eine ausgeprägte positive serielle Korrelation. Deshalb wird mit dem vorgeführten Rechenweg nur eine obere Schranke für den Wert gefunden.

7. Kapitalkosten — CAPM

Für eine Anwendung der Wertformel (6-28) und der Lehrbuchformel (6-30) müssen die Kapitalkosten bestimmt werden. Üblich ist dazu der Weg über das *Capital Asset Pricing Model* (CAPM). Das CAPM erklärt die mit einer Anlage zu erwartenden Rendite durch ihr *Beta*, das ist das relative systematische Risiko. Doch ist Beta bei Anwendungen gegeben oder entsteht ein *Zirkularitätsproblem*?

7.1 Wie Kapitalkosten schätzen? 129
7.2 CAPM 132
7.3 Beta 137
7.4 Anwendung für t=1 140
7.5 Anwendung für t≥1 144
7.6 Zur Natur des CAPM 147
7.7 Was wurde geschätzt? 150
7.8 Fragen 153

7.1 Wie Kapitalkosten schätzen?

Um die Wertformel (5-28) oder ihre Vereinfachung, die Lehrbuchformel (5-30) für eine praktische Aufgabe zu verwenden, etwa für eine Unternehmensbewertung, müssen zwei Gruppen von Aufgaben gelöst werden.

Erstens: Wenn eine konkrete Unternehmung auf der abstrakteren Modellebene durch ihre zukünftigen "Zahlungen" beschrieben werden soll, was hat man dann darunter zu verstehen? Sind Gewinne, Cashflows, Dividenden oder noch andere Größen gemeint? Wie können diese Zahlungen beziehungsweise — da wohl die Unsicherheit auf der Modellebene mit berücksichtigt werden soll — die Wahrscheinlichkeitsverteilungen dieser Zahlungen aufgestellt werden?

Zweitens: Wie können die Kapitalkosten ermittelt werden?

Wir verschieben die Beantwortung der ersten Aufgabengruppe und wenden uns in diesem Kapitel der Bestimmung der Kapitalkosten zu. Hierzu sind zwei Teilaufgaben zu lösen.

1. **Replikation:** Unter den Tausenden von Anlagemöglichkeiten im Markt muss eine gefunden werden, die für einen gewissen Startbetrag nach t Jahren ein Ergebnis liefert, das genauso verteilt ist wie $\tilde{z}_t$, die zu bewertende Zahlung.

2. Die zahlenmäßige Höhe des Erwartungswertes der Rendite dieser Anlagemöglichkeit, mit der die Replikation von $\tilde{z}_t$ gelingt, muss ermittelt werden.

In diesem Abschnitt betrachten wir die Teilaufgabe 2 näher. Sie kann ganz *direkt* angegangen werden. Angenommen, die Anlagemöglichkeit k sei gefunden und leiste tatsächlich die beabsichtigte Replikation der zu bewertenden Zahlung $\tilde{z}_t$. Es kann sich bei k etwa um eine Anlage in Aktien einer bestimmten Firma handeln, oder um die Anlage in eine Anleihe, in einen Rohstoff, eine Währung und was auch immer.

- Die Renditen, die mit dieser Anlage k in den zukünftigen Jahren verbunden sind, hatten wir im letzten Kapitel mit $\tilde{r}_1^{(k)}, \tilde{r}_2^{(k)}, \ldots$ bezeichnet. Da für den heutigen Geldbetrag w_0 das nach t Jahren erreichte Anlageergebnis unsicher und durch die Wahrscheinlichkeitsverteilung $w_0 \cdot (1+\tilde{r}_1^{(k)}) \cdot (1+\tilde{r}_2^{(k)}) \cdot \ldots \cdot (1+\tilde{r}_t^{(k)})$ beschrieben ist, können wir die zu bewertende Zahlung $\tilde{z}_t$ als repliziert ansehen, sofern $\tilde{z}_t = w_0 \cdot (1+\tilde{r}_1^{(k)}) \cdot (1+\tilde{r}_2^{(k)}) \cdot \ldots \cdot (1+\tilde{r}_t^{(k)})$ gilt. In diesem Fall ist w_0 der Wert von $\tilde{z}_t$.

- Wir hatten bereits begründet, weshalb die auf die einzelnen Jahre in der Zukunft bezogenen Renditen wohl seriell unkorreliert sein werden und auf die Annahme der Stationarität hingewiesen. Etwas stärker noch könnten wir annehmen, die Renditen $\tilde{r}_1^{(k)}, \tilde{r}_2^{(k)}, \ldots$ seien voneinander unabhängig und identisch verteilt. Das heißt, die Rendite der Anlage k in irgendeinem Jahr wird durch eine einzige Zufallsvariable oder Wahrscheinlichkeitsverteilung beschrieben. Wir bezeichnen sie mit $\tilde{r}^{(k)}$, ohne Verwendung des Zeitindexes. Die Renditen verschiedener Jahre sind unabhängige Ziehungen dieser Zufallsvariable $\tilde{r}^{(k)}$.

- Es darf davon ausgegangen werden, dass es diese Anlage k auch schon einige Jahre zurückblickend gegeben hat. Sie dürfte nicht völlig neu sein. Dann liegen die Renditen vergangener Jahre vor. Wir wollen die konkreten Renditen der letzten T Jahre mit $r_{-1}^{(k)}, r_{-2}^{(k)}, \ldots, r_{-T}^{(k)}$ bezeichnen und können sie als Stichprobe der Zufallsvariable $\tilde{r}^{(k)}$ betrachten. Diese konkreten Renditen haben den arithmetischen Mittelwert $\bar{r}$, $\bar{r} \equiv r_{-1}^{(k)} + r_{-2}^{(k)} + \ldots + r_{-T}^{(k)}$, und dieser ist ein (unverzerrter) Schätzer für die gesuchte Renditeerwartung $\mu_k = E\left[\tilde{r}^{(k)}\right]$.

7. KAPITALKOSTEN—CAPM

Damit wären die gesuchten Kapitalkosten direkt geschätzt. Um es in ein Beispiel zu kleiden: Angenommen, eine zu bewertende Zahlung lasse sich durch eine Anlage in Kupferkontrakte replizieren. Dann nimmt man den Mittelwert der Renditen der vergangenen Jahre, die mit einer Anlage in Kupferkontrakte verbunden waren und hat in ihm eine Schätzung der Kapitalkosten.[1]

Leider sind solche Schätzungen, die sich auf spezielle Einzelsituationen und kleine Stichproben beziehen, ungenau. Der Schätzfehler ist für praktische Zwecke zu hoch.

> Als Ausweg wird in der empirischen Arbeit versucht, einen Umweg über *große Kollektive* zu nehmen. Zwar ist der Umweg länger, doch er kann zu genaueren Schätzungen führen. Die Verteilungsparameter großer Kollektive können vergleichsweise genau bestimmt werden. Die konkrete Einzelsituation, für die man sich eigentlich interessiert, muss dann in eine *Beziehung* zu diesem Kollektiv gebracht werden. Diese Beziehung wird dazu verwendet, die Verteilungsparameter des Kollektivs in die gesuchten Parameter der Einzelsituation umzurechnen.

Hierzu ein anschauliches Beispiel: Ein Architekt möchte grob kalkulieren, was ein Hausbau kosten wird. Häuser dieses Typs hat er jedoch erst drei gebaut, und da spielten große Besonderheiten hinein. Den Mittelwert der Baukosten der drei Häuser erachtet er daher als wenig aussagekräftig, um die Kosten des Neubaus zu schätzen. Indessen gibt es Tabellen für typische Baukosten, die an der Kubatur ansetzten. Diese Tabellenwerte sind breit abgestützt. Der Architekt berechnet nun die Kubatur des Neubaus und stellt damit die Beziehung zu diesen verläßlichen Tabellenwerten her.

Genau diese Vorgehensweise gestattet das Capital Asset Pricing Model (CAPM).[2]

---

[1] Noch ein Punkt, bevor wir weiterfahren. Die Manager der Unternehmung sehen sich gelegentlich nicht unerheblichen Kosten der Beschaffung von Eigenkapital gegenüber und würden daher die Eigenkapitalkosten als höher im Vergleich zu jener Rendite betrachten, die mit den Ergebnissen letztlich verbunden ist. Jetzt kommt es darauf an: Nehmen wir an, die Unternehmung laufe bereits und soll bewertet werden. Dann können solche zusätzlichen Kosten für die früher einmal erfolgte Kapitalbeschaffung nicht berücksichtigt werden. Wenn hingegen die Manager ein neues Projekt bewerten und für dieses Projekt Kapital erst beschaffen müssen, dann spielen diese Kapitalbeschaffungskosten selbstverständlich hinein und heben die Kapitalkosten über das Niveau an, das durch die erwartete Rendite gegeben ist. Allerdings hatten wir stets gesagt, der Wert sei der Preis in einem gut funktionierenden Markt, und in einem gut funktionierenden Markt gibt es keine derartigen Beschaffungskosten.

[2] Quellen: 1. SHARPE, WILLIAM F.: Capital Asset Prices: A Theory of Market Equilibrium under Conditions of Risk. *The Journal of Finance*, Vol. 19, No. 3. (Sep., 1964), pp. 425-

Es geht davon aus, dass es im Markt der Anlagemöglichkeiten ein Portfolio aus diesen Einzelanlagen gibt, das in der klassischen Theorie eine besondere Rolle spielt und als *Marktportfolio* bezeichnet wird. Man darf sich vorstellen, dass es sich dabei um einen breiten Aktienindex handelt. Deshalb liegen zum Marktportfolio umfangreiche Daten und Schätzungen vor.

Die (unsichere) Rendite auf das Marktportfolio für ein zukünftiges Jahr sei mit $\tilde{r}^{(M)}$ bezeichnet, und die Renditeerwartung, die damit verbunden ist, wird üblicherweise mit μ_M bezeichnet, $\mu_M = E[\tilde{r}^{(M)}]$. Diese Renditeerwartung μ_M kann numerisch gut ermittelt werden, weil für viele Marktindizes lang zurückgehende historische Daten verfügbar sind (große Stichprobe), auch wenn es trotzdem noch gewisse Schätzfehler gibt. Neben dieser historischen, auf Finanzmarktdaten zurück greifenden Methode gibt es zudem einen realwirtschaftlichen Ansatz zur Bestimmung der Renditeerwartung μ_M beziehungsweise der Risikoprämie $\mu_M - i$. Wir gehen in den Abschnitten 6.7 und 6.8 auf diese Schätzmethoden ein. Um schon jetzt eine Vorstellung zu haben: Für viele Länder liegt die mit dem Marktportfolio verbundene Risikoprämie bei vier Prozent, $\mu_M - i \approx 4\%$. Daraus kann auf die Renditeerwartung oder die Risikoprämie geschlossen werden, die mit einer Einzelanlage verbunden ist. Die "Beziehung" vermittelt das CAPM.

7.2 CAPM

Das Capital Asset Pricing Model besagt, dass *jede* der Tausenden von Einzelrenditen in einer proportionalen Beziehung zu dieser Risikoprämie $\mu_M - i$ steht. Die Grundgleichung besagt: Für *jede* Anlagemöglichkeit k gilt, dass die mit ihr verbundene Risikoprämie $\mu_k - i$ proportional zu ihrem Beta β_k ist. Die Proportionalitätskonstante ist die Risikoprämie des Marktportfolios:

$$\mu_k - i = \beta_k \cdot (\mu_m - i) \qquad (7\text{-}1)$$

Selbstverständlich kann diese Grundgleichung des CAPM auch so geschrieben werden:

$$\mu_k = i + \beta_k \cdot (\mu_m - i) \qquad (7\text{-}2)$$

---

442. 2. SHARPE, WILLIAM F. Portfolio Analysis. *The Journal of Financial and Quantitative Analysis*, Vol. 2, No. 2. (Jun., 1967), pp. 76-84.

7. KAPITALKOSTEN — CAPM

Für *jede* Anlage ist die mit ihr verbundene Renditeerwartung gleich dem Zinssatz plus einer Risikoprämie, und diese ist proportional zum Beta der Anlage.[3]

Das CAPM zeigt daher den Zusammenhang zwischen der Einzelanlage k und dem großen Kollektiv des Marktportfolios auf. Um die mit der Einzelanlage k verbundene Renditeerwartung beziehungsweise ihre Risikoprämie $\mu_k - i$ zu bestimmen, geht man von der mit dem Marktportfolio verbundenen Risikoprämie $\mu_M - i$ aus (für die hinreichend gut abgestützte Schätzungen vorliegen) und multipliziert sie mit dem Beta der Einzelanlage.

Wenden wir uns dem Beta zu. An der Grundgleichung des CAPM (7-1) beziehungsweise (7-2) kann abgelesen werden, dass der "Normwert" für Beta gleich Eins ist.

- Ist das Beta einer Anlage größer als Eins, ist auch ihre Risikoprämie größer als die des Marktportfolios.
- Ist das Beta einer Anlage kleiner als Eins, dann ist auch ihre Risikoprämie kleiner als die des Marktportfolios.

Beta ist also ein *relatives* Risikomaß. Es mißt das mit einer Einzelanlage verbundene Risiko und drückt es in Relation zu dem des Marktportfolios aus.

Das Risiko einer Anlage wird in der klassischen Portfoliotheorie mit der Streuung oder Standardabweichung (Wurzel aus der Varianz) der Rendite dieser Anlage gleichgesetzt. Sie wird meist mit dem griechischen Buchstaben *Sigma* bezeichnet. Deshalb ist

$$\sigma_k = S\left[\tilde{r}^{(k)}\right] = \sqrt{Var\left[\tilde{r}^{(k)}\right]}$$

das Risiko der Einzelanlage k und

$$\sigma_M = S\left[\tilde{r}^{(M)}\right] = \sqrt{Var\left[\tilde{r}^{(M)}\right]}$$

das Risiko des Marktportfolios. Von daher könnte man vermuten, das Beta der Einzelanlage als relatives Risikomaß sei durch "$\beta_k = \sigma_k / \sigma_M$" definiert. Hingegen ist das Beta durch

---

[3] Als eine sehr schön und eigentlich leicht zu lesende Quelle sei das kürzlich wieder aufgelegte Buch von WILLIAM F. SHARPE genannt: *Portfolio Theorie and Capital Marktes*. McGraw-Hill, New York 2000.

$$\beta_k \equiv \frac{\rho_{k,M} \cdot \sigma_k}{\sigma_M} \qquad (7\text{-}3)$$

definiert.

Unternehmung	Beta
Zürich Financial Services — Versicherung	1,48
Swiss Re — Rückversicherung	1,12
Baloise — Versicherung	0,98
UBS — Bank	1,22
Credit Suisse — Bank	1,33
Nestlé — Nahrungsmittel	0,97
Hero — Nahrungsmittel	0,41
Novartis — Pharmazeutik	1,06
ABB — Systemtechnik	1,08
Sulzer — Maschinenbau	0,88
Sauer — Textilmaschinen	0,86
Rieter — Maschinenbau	0,51
EMS — Spzialchemie	0,55

Bild 7-1: Schätzungen der Betas verschiedener Unternehmen aus der Schweiz gegenüber dem SPI auf Basis historischer Renditen des Zeitraums August 1993 bis August 2003. Quelle: Datstream (Total Returns).

Hierbei bezeichnet $\rho_{k,M}$ den Koeffizienten der Korrelation zwischen der Einzelrendite $\tilde{r}^{(k)}$ und der Marktrendite $\tilde{r}^{(M)}$,

$$\rho_{k,M} = \frac{Cov\left[\tilde{r}^{(k)}, \tilde{r}^{(M)}\right]}{\sqrt{Var\left[\tilde{r}^{(k)}\right]} \cdot \sqrt{Var\left[\tilde{r}^{(M)}\right]}} \qquad (7\text{-}4)$$

Dass bei der Definition von Beta noch der Korrelationskoeffizient hinzukommt, hängt mit der Diversifikation zusammen. Zwar ist σ_k das totale Risiko der Einzelanlage k, jedoch ist ein Teil davon diversifizierbar. Es leuchtet ein, dass der Diversifikationseffekt um so größer ist, je weniger die Rendite $\tilde{r}^{(k)}$ mit den anderen Renditen variiert, und diese "anderen Renditen" werden durch das Marktportfolio repräsentiert.

Bild 7-2: Auf WILLIAM F. SHARPE (geboren 1934 in Boston) geht das Capital Asset Pricing Model (CAPM) zurück. Es begründet die Bedeutung von Beta als die wichtigste Bestimmungsgröße für die Überrendite einer einzelnen Anlagemöglichkeit. Sharpe hat 1951 das Studium in Berkeley begonnen, dann an der *University of California at Los Angeles* (UCLA) fortgesetzt und 1955 abgeschlossen. In dieser Zeit hatte er J. FRED WESTON und ARMEN ALCHIAN als Lehrer. Dann begann SHARPE als Ökonom an der RAND Corporation, lernte *computer programming* und da zu jener Zeit MARKOWITZ dort wirkte, begann SHARPE mit der Vereinfachung von Algorithmen zur Ermittlung effizienter Portfolios. Im Jahr 1961 wurde seine Thesis über *Portfolio Analysis Based on a Simplified Model of the Relationships Among Securities* angenommen. SHARPE ging dann nach Seattle, wo er zwischen 1961-1968 produktive Arbeitsjahre hatte. Von dort wechselte SHARPE 1968 nach Irvine und wurde schließlich 1973 Timken Professor of Finance in Stanford. In dieser Zeit publizierte er 1978 sein Buch *Investments* und führte verschiedene Beratungsmandate für Merrill Lynch, Wells Fargo und andere Organisationen aus. Im Jahr 1980 wurde SHARPE zum Präsidenten der *American Economic Association* gewählt. Mit dem Nobelpreis wurde SHARPE 1990 geehrt.

Je geringer also die Korrelation zwischen $\tilde{r}^{(k)}$ und $\tilde{r}^{(M)}$ ist, desto deutlicher fällt die Diversifikation aus. Bei einem hohen Korrelationskoeffizienten ist auch das nicht weiter diversifizierbare Risiko groß.

> Das nicht diversifizierbare Risiko der Einzelanlage beträgt $\rho_{k,M} \cdot \sigma_k$. Es wird als *systematisches* Risiko bezeichnet. Der Teil des Risikos einer Einzelanlage, der diversifizierbar ist, wird analog als *unsystematisches* Risiko bezeichnet. *Beta* drückt das *systematische* Risiko der Einzelanlage in Relation zum Risiko des Marktportfolios aus.

Das CAPM (7-1) oder (7-2) drückt aus, dass in einem gut funktionierenden Finanzmarkt keine Risikoprämie für die Übernahme jener Risiken erwartet werden darf, die diversifiziert werden könnten.

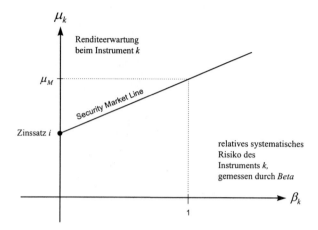

Bild 7-3: Die Renditeerwartung eines Instruments muss mit ihrem systematischen Risiko zunehmen. Das CAPM besagt: 1. Das systematische Risiko (in Relation zum Marktportfolio) wird durch das Beta gemessen. 2. Die funktionale Beziehung zwischen Renditeerwartung und systematischem Risiko ist linear. 3. Ein Instrument mit einem Beta von 1 hätte eine Renditeerwartung in Höhe der Renditeerwartung des Marktportfolios. Die Darstellung der Aussagen des CAPM im Beta-Return-Diagramm ist die *Security Market Line* (SML). Alle einzelnen Instrumente sind auf der SML zu positionieren.

Kommen wir nochmals auf (7-2) zurück. Wie gesagt gilt diese Beziehung für *alle* in Betracht gezogenen Anlagen (und nicht nur für die Anlage k, mit der die Replikation der zu bewertenden Zahlung gelingt). Die Aussage (7-2) wird oft grafisch dargestellt: Die Renditeerwartungen aller Anlagen werden im Diagramm als *y-Variable* verstanden und in Abhängigkeit ihres jeweiligen Betas (*x-Variable*) dargestellt. Alle Anlagen kommen *genau* auf einer Geraden zu liegen, der sogenannten Wertschriftenlinie (*Security Market Line*, SML).

Beispiel 7-1: Welche Rendite kann mit einer Nestlé-Aktie bei einer langfristigen Perspektive erwartet werden? Es soll mit einem Zinsniveau von $i = 3\%$ und einer Risikoprämie $\mu_M - i = 4\%$ gerechnet werden. Die Antwort: $\mu_{Nestle} = 0{,}03 + 0{,}97 \cdot 0{,}04 = 6{,}88\%$. ∎

Wichtig: Es wird hier eine Aussage über Erwartungswerte von Renditen getroffen. Es geht um die in der kommenden Anlageperiode erwartete Rendite. Der Erwartungswert ist der Parameter einer Wahrscheinlichkeitsverteilung. Auch das Beta errechnet sich aus den "wahren" Parametern der Wahrscheinlichkeitsverteilungen der Renditen. Deshalb wird von einer Betrachtung *ex ante* gesprochen. Werden hingegen die konkreten Renditen bestimmter Jahre oder auch die Durchschnitte der

Renditen für eine Anzahl vergangener Jahren positioniert (*ex post*), dürften sie nicht auf einer Linie liegen.

Muss das nicht so sein? Intuitiv einsichtig ist, dass eine risikobehaftete Anlage eine Rendite erwarten lassen sollte, die den Zinssatz übertrifft. Intuitiv ist auch klar, dass es nur auf jene Risiken ankommt, die nicht mehr diversifiziert werden können, eben auf die systematischen Risiken. Im Finanzmarkt gibt es keine Prämie für die Übernahme und das Tragen von Risiken, die sich durch Diversifikation mit anderen ausgleichen und so zum Verschwinden gebracht werden können. Indessen ist ohne weitere Theoriebildung unklar, wie das systematische Risiko gemessen werden könnte und wie der funktionale Zusammenhang zwischen Renditeerwartung und dem systematischen Risiko aussieht. Das CAPM präzisiert beide Punkte:

1. Das systematische Risiko im Finanzmarkt wird durch das *Beta* gemessen.
2. Der Zusammenhang zwischen Renditeerwartung und Risiko, gemessen durch Beta, ist *linear*.

> Das CAPM wurde um 1962-1965 entwickelt. Als Schöpfer gilt SHARPE. SHARPE erwähnt, dass TREYNOR ähnliche Ergebnisse erzielte und 1963 an amerikanischen Universitäten in unveröffentlichter Form kursieren liess. Auch LINTNER hatte in dieser Richtung gearbeitet. Deshalb wird von der *Sharpe-Lintner-Version des CAPM* gesprochen. MOSSIN und anderen sind Verallgemeinerungen gelungen. Die Verallgemeinerungen beziehen sich vor allem auf die Betrachtung mehrerer Perioden sowie auf den Einbezug von Konsumentscheidungen. Bald haben diese Publikationen überall in der Welt die theoretische und empirische Forschung befruchtet. Die weite Verbreitung wurde dadurch gefördert, dass die Anwendungen nicht auf die Finanzmarktforschung und die Geldanlage beschränkt sind. Das CAPM lehrt, dass generell eine Investition eine um so höhere Rendite erwarten lässt, je höher das damit verbundene systematische Risiko ist. Ein derartiger Zusammenhang gilt ebenso innerhalb der Unternehmung. Folglich liefert das CAPM die Kapitalkosten, mit denen ein Unternehmer kalkulieren muss, wenn über die Vorteilhaftigkeit eines Projekts entschieden wird.

7.3 Beta

Wenn eine Einzelanlage betrachtet wird, dann gibt es verschiedene Möglichkeiten, ihr Beta (7-4) zu bestimmen.

- Zeitreihen der historischen Realisationen von $\tilde{r}^{(k)}$ und $\tilde{r}^{(M)}$ können dazu dienen, die Streuungen σ_k und σ_M der Renditen zu und den Korrelationskoeffizienten $\rho_{k,M}$ zu schätzen. Üblicherweise werden beide Aufgaben mit einer Regression verkürzt. Sie liefert gleich das benötigte Beta. Diese *historischen Betas* sind oft untersucht worden. Es gibt Tabellen für die Betas von Aktiengesellschaften, die laufend aktualisiert werden.

- Analogieschlüsse: Experten, die mit derartigen Bestimmungen Erfahrungen haben, können die Betas aus der Art oder der Branche und aus anderen Umständen der Wirtschaftstätigkeit schätzen, die $\tilde{r}^{(k)}$ zugrunde liegt. Beispielsweise wissen die Experten, dass Unternehmen im Versorgungsbereich eher ein geringeres Risiko aufweisen im Vergleich zum Marktportfolio ($\beta_k < 1$), und dass Technologieunternehmen in der Regel riskanter sind als das Marktportfolio ($\beta_k > 1$). Die Experten ziehen dazu Vergleiche und stellen Analogien wirtschaftlicher Argumentation auf.

Wir gehen noch auf die Regression zur Schätzung der historischen Betas ein. Zur Vorbereitung muss bestimmt werden, was in einer konkreten Situation unter dem Marktportfolio verstanden werden soll. Richard Roll hat hier grundsätzliche Bedenken vorgetragen, doch wird in der Praxis stets ein Börsenindex als Näherung (*Proxy*) für das Marktportfolio genommen. Sodann müssen die historischen Renditen beschafft werden. Ein Punkt dabei ist die Länge der Periode. Beispielsweise kann mit Jahresdaten gearbeitet werden. Mit $r_{-1}^{(k)}, r_{-2}^{(k)}, ..., r_{-T}^{(k)}$ seien die Renditen der letzten T Jahre der Einzelanlage bezeichnet, deren Beta bestimmt werden soll. Entsprechend sind $r_{-1}^{(M)}, r_{-2}^{(M)}, ..., r_{-T}^{(M)}$ die historischen Renditen des Marktportfolios. Die Regressionsgleichung lautet:

$$r_t^{(k)} = \alpha + \beta \cdot r_t^{(M)} + \varepsilon_t, \quad t = -1, -2, ..., -T \qquad (7\text{-}5)$$

Sie wird mit der Methode kleinster Quadrate gelöst. Der dabei berechnete Schätzwert für β ist dann das sogenannte historische Beta der Einzelanlage k, bezogen auf das Zeitfenster der letzten T Jahre.

Wichtig ist, dass man in (7-5) auch Monatsrenditen, Wochenrenditen oder Tagesrenditen einsetzen kann. Auf diese Weise kann der Datenumfang vergrößert und die Schätzgenauigkeit für Beta erhöht werden. Der Grund für die Möglichkeit, kürzere Perioden zu verwenden, ist in den Risikoeigenschaften begründet. Das was man an den Schwankungen der Jahresdaten beobachten kann, drückt sich in gleicher Art in den Monats- und Wochenrenditen aus. Die Renditen der Anlagen, die wir hier betrachten, werden durch stochastische Prozesse beschrieben, die eben diese Eigenschaft besitzen: was in kleinen Periodenlängen (Wochen, Monate) passiert, vermittelt ein strukturgleiches Bild dessen, was im Großen (Jahre) geschieht. Auch kann der Korrelationskoeffizient anhand von Jahresdaten bestimmt werden, oder eben anhand von Monats-, Wochen- oder Tagesrenditen. Allerdings ist klar, dass die Streuungen von der Periodenlänge abhängen: Jahresrenditen zeigen eine größere Standardabweichung als Monatsrenditen, und diese schwanken mehr als Wochenrenditen.

> Es ist eine gute Praxis, für die Bestimmung der historischen Betas die Wochenrenditen eines Jahres oder die zweier Jahre zu verwenden.

Ein weitere Punkt ist der Unterschied zwischen den so berechneten historischen Beta und dem wahren Beta. Mit dem empirischen Ansatz kann nur ein historisches Beta bestimmt werden. Man wäre nun geneigt, es als "stabil" über die Zeit hinweg anzusehen und als Schätzung für das eigentlich gesuchte und im CAPM benötigte wahre Beta zu nehmen. Einige Zeit später werden die weiteren Renditen der betrachteten Anlage bekannt und man kann das Beta für das neue Zeitfenster berechnen. Solche Untersuchungen haben immer wieder gezeigt, dass die historischen Betas nicht stabil sind. Sie schwanken mit dem Zeitfenster. Dabei wurde eine autoregressive Tendenz entdeckt: Historische Betas, die kleiner als Eins sind, werden mit dem Zeitablauf größer. Umgekehrt wurden historische Betas, die größer als Eins waren, mit dem Verschieben des Zeitfensters nach rechts kleiner.[4]

Diese Beobachtung zeigt, dass ein historisches Beta $\beta_k^{(historisch)}$ nicht unmittelbar als Schätzung des gesuchten wahren Betas genommen werden sollte. Vielmehr muss es noch korrigiert werden, um die Autoregression zu berücksichtigen. Eine bekannte und viel benutzte Korrektur setzt die Schätzung $\widehat{\beta}_k$ für das wahre Beta der Anlage k so fest:

$$\widehat{\beta}_k \equiv \frac{1}{3} + \frac{2 \cdot \beta_k^{(historisch)}}{3} \qquad (7\text{-}6)$$

Wer empirisch arbeitet, wird bestätigen, dass die historischen Betas stark vom gewählten Zeitfenster abhängen. Daher bietet sich an, nicht nur eine Korrektur wie (7-6) vorzunehmen sondern parallel dazu Expertenwissen heranzuziehen. Üblich ist, mehrere Ansätze zu kombinieren, um das Beta zu beziffern. Damit betrachten wir unsere Teilaufgabe 2 als gelöst: Man bestimmt das Beta, beschafft sich eine Schätzung für die Risikoprämie des Marktportfolios $\mu_M - i$ und führt die Multiplikation im CAPM (7-3) aus.

---

[4] MARSHALL BLUME: Betas and their Regression Tendencies. *Journal of Finance* 30 (1975), pp. 785-795.

7.4 Anwendung für t=1

Das CAPM (7-2) oder (7-3) hat eine bemerkenswerte Eigenschaft, die sich für die Replikation (Teilaufgabe 1) als sehr hilfreich erweist:

> Die Kapitalkosten oder die Renditeerwartung der Anlage k hängen nur von ihrem systematischen Risiko $\rho_{k,M} \cdot \sigma_k$ ab, nicht aber von weiteren Merkmalen dieser Anlage oder von anderen Verteilungsparametern ihrer Rendite.

Selbstverständlich müssen für eine Berechnung der Kapitalkosten nach (7-2) oder (7-3) auch der Zinssatz i und die Risikoprämie des Marktes $\mu_M - i$ sowie die Standardabweichung σ_M gegeben sein, die in (7-3) zur Berechnung von Beta verlangt sind. Doch hinsichtlich der Merkmale der Rendite $\tilde{r}_k$ muss nur deren systematisches Risiko $\rho_{k,M} \cdot \sigma_k$ bekannt sein, sonst nichts.

Wenn nun — und das war die Annahme — mit der Anlage k die zu bewertende Zahlung repliziert werden kann, dann bestimmt deren systematisches Risiko das Risiko der zur Replikation verwendeten Anlage. *Folglich können das Beta und die gesuchten Kapitalkosten quasi direkt aus den Parametern der Wahrscheinlichkeitsverteilung der Zahlung abgelesen werden, die bewertet werden soll.*

Wir wenden uns deshalb der zu bewertenden Zahlung zu. In diesem Abschnitt soll es sich um eine Zahlung $\tilde{z}_1$ handeln, die in einem Jahr fällig wird.

Hinsichtlich der über sie vorliegenden Informationen unterscheiden wir zwei Fälle. Im ersten Fall verläuft die Rechnung dem gewohnten Weg. Im zweiten Fall sollten Sie, liebe Leserin und lieber Leser aufpassen. Es kommt ein kleiner Trick, den Sie vielleicht noch nicht kennen.

Im ersten Fall muss über die Wahrscheinlichkeitsverteilung der zu bewertenden Zahlung $\tilde{z}_1$ nur der Erwartungswert $E[\tilde{z}_1]$ gegeben sein. Andererseits soll ein Experte sagen können, wie hoch das Beta der Rendite derjenigen Anlage ist, die zur Replikation eingesetzt wird. Diese Annahme ist schon etwas kühn und praxisfern, denn eine solche Feststellung verlangt eine große Fähigkeit. Dennoch wird dieser Fall regelmäßig in Lehrbüchern unterstellt. Die Anlage, mit der $\tilde{z}_1$ replizierbar ist, sei die Anlage k. Ohne dass wir sie näher kennen, soll der Experte also in der Lage sein, ihr Beta β_k zu beziffern. Falls diese Information vorliegt, ist man jedenfalls schon beim Ergebnis.

Die Kapitalkosten betragen nach dem CAPM dann

$$r_1 \equiv i + \beta_1 \cdot (\mu_M - i),$$

7. KAPITALKOSTEN—CAPM

wobei als Bezeichnung r_1 eingeführt wurde. Der Wert der zu diskontierenden und in einem Jahr fälligen Zahlung ist dann

$$W = E[\tilde{z}_1]/(1+r_1).$$

Zusammengefaßt:

$$W = \frac{E[\tilde{z}_1]}{1+r_1}$$

$$r_1 = i + \beta_1 \cdot (\mu_M - i)$$

(7-7)

Beispiel 7-2: In einem Jahr wird ein Wirtschaftsergebnis erzielt, und es wird in der Höhe von € 1.000 erwartet. Jedoch ist es noch unsicher. Ein Experte meint, dass dieses Wirtschaftsergebnis durchaus mit einer Anlage repliziert werden kann, deren Beta er zu $\beta_k = 0{,}9$ bestimmt. Als Marktdaten sind der Zins von 5% und die Renditeerwartung des Marktportfolios in Höhe 9% gegeben — die Standardabweichung des Marktportfolios muss man nicht kennen. Aus diesen Angaben folgt mit (7-7) $W = 1000/(1+0{,}05+0{,}9 \cdot 0{,}04) = 921$ Euro. ∎

Im zweiten Fall — jetzt also kommt der Trick — sollen die wichtigsten Parameter der Wahrscheinlichkeitsverteilung $\tilde{z}_1$ gegeben sein, während man die Rendite, mit der die Replikation gelingt, nicht kennt und auch ihr Beta unbekannt ist.

- Was die unsichere Zahlung betrifft, so soll neben dem Erwartungswert $E[\tilde{z}_1]$
- die Standardabweichung $S[\tilde{z}_1] = \sqrt{Var[\tilde{z}_1]}$ gegeben sein.
- Außerdem soll die Korrelation zwischen der Wahrscheinlichkeitsverteilung $\tilde{z}_1$ und der Rendite $\tilde{r}_M$ des Marktportfolios bekannt sein — der Korrelationskoeffizient sei mit ρ_1 bezeichnet.

Mit der Planung der Investition, Kapitalanlage oder Unternehmung sollen diese drei Parameter aufgestellt werden. Achtung: Aus diesen Angaben kann kein Beta berechnet werden, weil nichts über den Wert bekannt ist, und sich das Beta auf die Rendite bezieht.

Angenommen, W sei der Wert dieser Zahlung. Diesen Wert W wollen wir berechnen. Weiter sei $\tilde{r}^{(k)}$ jene Rendite, welche die Replikation der Zahlung $\tilde{z}_1$ bewerkstellige, oder eben, wie der Praktiker prägnant sagt, "dasselbe Risiko hat." Also

$$\tilde{z}_1 = W \cdot (1 + \tilde{r}^{(k)}).$$

Wenn beide Wahrscheinlichkeitsverteilungen — die der Zahlung $\tilde{z}_1$ und die von $W \cdot (1 + \tilde{r}^{(k)})$ — übereinstimmen, dann müssen sie insbesondere eine identische Standardabweichung haben:

$$S[\tilde{z}_1] = S[W \cdot (1 + \tilde{r}^{(k)})] = W \cdot \sigma_k \qquad (7\text{-}8)$$

Hier ist $S[\tilde{z}_1]$ auf der linken Seite gegeben, während σ_k nicht bekannt ist, weil wir die zur Replikation verwendete Anlage nicht so genau kennen. Wir wissen lediglich, dass sie (7-8) erfüllen muss. Wir können (7-8) nach der unbekannten Standardabweichung σ_k auflösen und erhalten, sofern $W \neq 0$ gilt, das Ergebnis $\sigma_k = S[\tilde{z}_1]/W$. Es soll nicht stören, dass im Nenner eine Unbekannte steht, nämlich der Wert. Jedenfalls können wir damit dies sagen:

Fall es eine Anlage gibt, die $\tilde{z}_1$ repliziert, dann beträgt ihr Beta, das wir gleich mit β_1 bezeichnen,

$$\beta_1 = \frac{\rho_1 \cdot \dfrac{S[\tilde{z}_1]}{W}}{\sigma_M}. \qquad (7\text{-}9)$$

Das ist schon etwas. Das Beta wurde formelmäßig errechnet. In (7-9) haben wir verwendet, dass der Korrelationskoeffizient zwischen der Zahlung $\tilde{z}_1$ und der Marktrendite $\tilde{r}_M$ gleich dem Koeffizienten der Korrelation zwischen der Rendite ist, mit der die Replikation bewerkstelligt wird, und $\tilde{r}_M$. Dieses Beta (7-9) setzen wir nun in das CAPM (7-2) ein und erhalten damit die Kapitalkosten, die wir wieder r_1 bezeichnen. Dies wiederum in unsere Bewertungsformel (7-7) eingesetzt folgt:

$$W = \frac{E[\tilde{z}_1]}{1 + r_1}$$

$$r_1 = i + \frac{\rho_1 \cdot S[\tilde{z}_1]}{W \cdot \sigma_M} \cdot (\mu_M - i) \qquad (7\text{-}10)$$

Die obere Gleichung folgt aus der Replikation, die untere ist das CAPM.

- Die drei gegebenen Parameter $E[\tilde{z}_1]$, $S[\tilde{z}_1]$ und ρ_1 beschreiben die gegebene Wahrscheinlichkeitsverteilung $\tilde{z}_1$ der zu bewertenden Zahlung.
- Die Parameter Zinssatz i und μ_M sowie σ_M sind Marktdaten.

Das Gleichungssystem (7-10) legt den gesuchten Wert fest der unsicheren Zahlung $\tilde{z}_1$ fest, ohne dass Beta gegeben war. Das Gleichungssystem (7-10) wollen wir nun nach W auflösen. Etwas unschön ist, dass der gesuchte Wert W in der auch unten rechts auftaucht. Einige Autoren sprechen von einem *Zirkularitätsproblem*. Es steht einer Auswertung von (7-10) aber nicht entgegen. Der in solchen Fällen übliche Weg besteht darin, (7-10) iterativ auszuwerten. Man beginnt mit einer Schätzung des Werts $W(0)$ und setzt sie sowie die zuvor genannten anderen Größen in (7-10) unten in die rechte Seite ein. Das liefert eine nächste Schätzung für die Kapitalkosten, und diese wird in (7-10) oben eingesetzt. So hat man einen neuen Wert $W(1)$. Dann wird $W(1)$ wieder rechts unten eingesetzt, wodurch sich $W(2)$ errechnet und so fort. Auf die Konvergenz dieses Verfahrens gehen wir hier nicht ein, jedoch wäre sie mit Fixpunktsätzen mathematisch beweisbar. Als Startwert der Iterationen sei

$$W(0) = \frac{E[\tilde{z}_1]}{1+i}$$

empfohlen.

Beispiel 7-3: In einem Jahr wird ein Wirtschaftsergebnis erzielt, und es wird in der Höhe von € 1.000 erwartet. Jedoch ist es unsicher, und die Streuung wird aufgrund der Geschäftspläne mit € 150 veranschlagt. Zudem wird von einer vollständigen Korrelation mit dem Markt ausgegangen: Das Ergebnis dürfte genau dann gut ausfallen, wenn es der Wirtschaft allgemein gut geht. Gesucht ist der Wert. Als Marktdaten sind gegeben der Zins von 5%, die Renditeerwartung des Marktportfolios in Höhe 9% und seine Standardabweichung von 20%. Antwort: $W(0) = 1000 / 1{,}05 = 952$, $W(1) = 1000 / (1{,}05 + 150 \cdot 0{,}04 / (952 \cdot 0{,}2)) = 925$ und $W(2) = 1000 / (1{,}05 + 150 \cdot 0{,}04 / (925 \cdot 0{,}2)) = 923$. Auch $W(3) = 923$ und damit ist der Wert der Zahlung zu € 923 bestimmt. Wer möchte, kann jetzt das Beta errechnen: Nach (7-10) beträgt es $\beta_1 = 1 \cdot (150 / 923) / 0{,}2 = 0{,}81$. Die Kapitalkosten belaufen sich auf $i + \beta_1 \cdot (\mu_M - i) = 0{,}05 + 0{,}81 \cdot 0{,}04 = 8{,}24\%$. ∎

Beispiel 7-4: Ein Investor erwartet in einem Jahr eine Einzahlung in Höhe von € 1.000, jedoch meint er, "es könnten ebenso nur 500 Euro sein und vielleicht sind es sogar 1.500 Euro." Wir interpretieren diese Angaben so, dass die Streuung der Zahlung 500 beträgt. Der Investor erklärt weiter, dass die Einzahlung genau dann unter beziehungsweise über dem Erwartungswert liegen sollte, wenn es der Wirtschaft allgemein schlecht beziehungsweise gut geht. Wir interpretieren diese Angabe so, dass der Koeffizient der Korrelation der zu bewertenden Zahlung mit der Rendite des Marktportfolios gleich 1 ist. Als Marktdaten sind gegeben der Zins von 5%, die Renditeerwartung des Marktportfolios in Höhe 9% und seine Standardabweichung von 20%. Wir werten (7-10) iterativ aus, beginnend mit dem Startwert $W(0) = 1000/1{,}05 = 952$. Es folgen damit dann weiter: $M(1) = 1000/(1{,}05 + 500 \cdot 0{,}04/(952 \cdot 0{,}2)) = 866$, $W(2) = 858$, $W(3) = 857$, und ab dann immer weiter der Wert 857. Zur allgemeinen Orientierung berechnen wir noch das Beta nach (7-10): Mit $\beta_1 = 1 \cdot (500/858)/0{,}2 = 2{,}91$ ist es ausgesprochen groß. Die Kapitalkosten belaufen sich auf $i + \beta_1 \cdot (\mu_M - i) = 0{,}05 + 2{,}91 \cdot 0{,}04 = 16{,}64\%$. ∎

7.5 Anwendung für t≥1

Wir behandeln in diesem Abschnitt eine Zahlung $\tilde{z}_t$, die in t Jahren fällig wird. Hinsichtlich der über sie vorliegenden Informationen unterschieden wir wieder zwei Fälle. Wieder ist der erste der Standardweg der Lehrbuchliteratur und der zweite umgeht die Voraussetzung, Beta zu kennen.

Im ersten Fall muss über die Wahrscheinlichkeitsverteilung der zu bewertenden Zahlung $\tilde{z}_t$ nur der Erwartungswert $E[\tilde{z}_t]$ gegeben sein. Weiter folgen wir wieder der praxisfernen Lehrbuchannahme, dass ein Experte sagen kann, wie hoch das Beta der Rendite derjenigen Anlage ist, die zur Replikation eingesetzt wird. Die Anlage, mit der $\tilde{z}_t$ replizierbar ist, sei wiederum mit k bezeichnet. Ohne dass wir sie näher kennen, kann der Experte also β_k beziffern. Falls diese Information vorliegt, ist man wieder beim Ergebnis. Nach dem CAPM errechnen sich die Kapitalkosten zu

$$r_t \equiv i + \beta_k \cdot (\mu_M - i),$$

wobei als Bezeichnung für diese Rendite r_t eingeführt wurde. Der Wert der zu diskontierenden und in einem Jahr fälligen Zahlung ist dann

$$W = E[\tilde{z}_t]/(1+r_t)^t.$$

Zusammengefaßt:

$$W = \frac{E[\tilde{z}_1]}{(1+r_t)^t}$$

$$r_t = i + \beta_k \cdot (\mu_M - i)$$

(7-11)

Beispiel 7-5: In zehn Jahren wird ein Wirtschaftsergebnis erzielt, und es wird in der Höhe von € 1.000 erwartet. Jedoch ist es unsicher. Ein Experte meint, dass dieses Wirtschaftsergebnis durchaus replizierbar ist mit einer Anlage, deren Beta er zu $\beta_k = 0{,}9$ bestimmt. Als Marktdaten sind der Zins von 5% und die Renditeerwartung des Marktportfolios in Höhe 9% gegeben — die Standardabweichung des Marktportfolios muss man nicht kennen. Aus diesen Angaben folgt mit (7-11) $W = 1000 / (1+0{,}05+0{,}9 \cdot 0{,}04)^{10} = 438$ Euro. ∎

Im zweiten Fall soll die Wahrscheinlichkeitsverteilung $\tilde{z}_t$ durch ihre wichtigsten Parameter gegeben sein, während man die Rendite, mit der die Replikation gelingt, nicht kennt und auch ihr Beta unbekannt ist. Was die unsichere Zahlung betrifft, so soll neben dem Erwartungswert $E[\tilde{z}_t]$ die Standardabweichung $S[\tilde{z}_t]$ gegeben sein. Außerdem soll die Korrelation zwischen der Wahrscheinlichkeitsverteilung $\tilde{z}_t$ und der Rendite $\tilde{r}_M$ des Marktportfolios bekannt sein — der Korrelationskoeffizient sei mit ρ_t bezeichnet. Mit der Planung der Investition, Kapitalanlage oder Unternehmung sollen diese drei Parameter aufgestellt werden.

Angenommen, W sei der Wert dieser Zahlung (er soll berechnet werden) und die wieder mit k bezeichnete Anlage bewerkstellige die Replikation, also $\tilde{z}_t = W \cdot (1+\tilde{r}_1^{(k)}) \cdot (1+\tilde{r}_2^{(k)}) \cdot \ldots \cdot (1+\tilde{r}_t^{(k)})$ Wenn beide Wahrscheinlichkeitsverteilungen $\tilde{z}_t$ und $W \cdot (1+\tilde{r}_1^{(k)}) \cdot (1+\tilde{r}_2^{(k)}) \cdot \ldots \cdot (1+\tilde{r}_t^{(k)})$ übereinstimmen, dann müssen sie insbesondere eine identische Standardabweichung haben.

$$S[\tilde{z}_t] = S[W \cdot (1+\tilde{r}_1^{(k)}) \cdot (1+\tilde{r}_2^{(k)}) \cdot \ldots \cdot (1+\tilde{r}_t^{(k)})] \qquad (7\text{-}12)$$

Hier ist $S[\tilde{z}_1]$ auf der linken Seite gegeben, doch die Auswertung der rechten Seite ist nicht so einfach.

Zunächst geben wir uns mit einer *Approximation* zufrieden. Sie besagt, dass die Varianz der auf mehrere Jahre t bezogenen Gesamtrendite gleich dem $t-fachen$ der Varianz der Jahresrendite ist, weshalb die Standardabweichung der auf mehrere Jahre bezogenen Gesamtrendite gleich dem $\sqrt{t}-fachen$ der Standardabweichung der Jahresrendite ist. Das heißt,

$$S\left[(1+\tilde{r}_1^{(k)})\cdot(1+\tilde{r}_2^{(k)})\cdot\ldots\cdot(1+\tilde{r}_t^{(k)})\right] \approx \sqrt{t}\cdot S\left[1+\tilde{r}^{(k)}\right] = \sqrt{t}\cdot\sigma_k \quad (7\text{-}13)$$

Dabei ist σ_k die Streuung der (auf ein Jahr bezogenen) Rendite der Anlage k.

Wird diese Approximation in (7-12) eingesetzt, folgt

$$S[\tilde{z}_t] = W\cdot\sqrt{t}\cdot\sigma_k \quad (7\text{-}14)$$

Wir können (7-14) nach der unbekannten Standardabweichung σ_k auflösen und erhalten, sofern $W \neq 0$, als Ergebnis $\sigma_k = S[\tilde{z}_t]/(W\cdot\sqrt{t})$. Wieder soll nicht stören, dass im Nenner auch eine Unbekannte steht, nämlich der Wert. Jedenfalls können wir dies sagen: Fall es eine Anlage gibt, die $\tilde{z}_t$ repliziert, dann beträgt ihr Beta, das wir gleich mit β_t bezeichnen,

$$\beta_t = \frac{\rho_t\cdot\dfrac{S[\tilde{z}_t]}{W\cdot\sqrt{t}}}{\sigma_M} \quad (7\text{-}15)$$

Das ist schon etwas. Das Beta wurde formelmäßig errechnet. In (7-15) haben wir verwendet, dass der Korrelationskoeffizient zwischen $\tilde{z}_t$ und $\tilde{r}_M$ gleich ist dem Koeffizienten der Korrelation zwischen der Rendite, mit der die Replikation bewerkstelligt wird, und $\tilde{r}_M$.

Dieses Beta (7-15) setzen wir nun in das CAPM ein und erhalten die Kapitalkosten, die wir mit r_t bezeichnen. Somit folgt für den gesuchten Wert der unsicheren Zahlung $\tilde{z}_t$ das Gleichungssystem

$$W = \frac{E[\tilde{z}_t]}{(1+r_t)^t}$$

$$r_t = i + \frac{\rho_t\cdot S[\tilde{z}_t]}{W\cdot\sqrt{t}\cdot\sigma_M}\cdot(\mu_M - i) \quad (7\text{-}16)$$

Die obere Gleichung folgt aus der Replikation, die untere ist das CAPM.

7. KAPITALKOSTEN—CAPM

- Die drei gegebenen Parameter $E[\tilde{z}_t]$, $S[\tilde{z}_t]$ und ρ_t beschreiben die gegebene Wahrscheinlichkeitsverteilung $\tilde{z}_t$ der zu bewertenden Zahlung.
- Die Parameter, also der Zinssatz i und μ_M sowie σ_M, sind Marktdaten.

Die Bestimmungsgleichungen (7-16) wollen wir nun nach dem gesuchten Wert auflösen. Wieder verhindert es das *Zirkularitätsproblem*, die Lösung durch Umformungen explizit als Formel darzustellen. Der gesuchte Wert W steht in der Bestimmungsgleichung auch unten rechts. Dennoch kann (7-16) numerisch gelöst werden, am besten wieder iterativ. Empfohlener Startwert:

$$W(0) = \frac{E[\tilde{z}_t]}{(1+i)^t}$$

Beispiel 7-6: In zehn Jahren wird ein Wirtschaftsergebnis erzielt, und es wird in der Höhe von € 1.000 erwartet. Jedoch ist es noch etwas unsicher, und die Streuung wird aufgrund der Geschäftspläne mit € 150 veranschlagt. Zudem wird von einer vollständigen Korrelation mit dem Markt ausgegangen: Das Ergebnis dürfte genau dann gut ausfallen, wenn es in der Wirtschaft allgemein gut geht. Gesucht ist der Wert der in zehn Jahren fälligen Zahlung. Als Marktdaten sind der Zins von 5%, die Renditeerwartung des Marktportfolios in Höhe 9% und seine Standardabweichung von 20% gegeben. Antwort: $W(0) = 1000/1{,}05^{10} = 614$. $W(1) = 1000/(1{,}05 + 150 \cdot 0{,}04/(614 \cdot \sqrt{10} \cdot 0{,}2))^{10} = 530$, und es folgen in den Iterationen weiter $W(2) = 518$, $W(3) = 516$. Ab dann bleibt dieser Wert unverändert. Wer möchte, kann zur Orientierung das Beta errechnen: Nach (7-15) beträgt es $\beta_{10} = 1 \cdot (150/518 \cdot \sqrt{10})/0{,}2 = 0{,}81$. Die Kapitalkosten belaufen sich auf $i + \beta_1 \cdot (\mu_M - i) = 0{,}05 + 0{,}81 \cdot 0{,}04 = 8{,}24\%$. ■

7.6 Zur Natur des CAPM

Die Gleichung (7-1) besitzt eine so einfache Gestalt, dass man vermuten könnte, es handele sich um das Postulat eines kreativen Schöpfers. Dann würde man (7-1) als eine Arbeitshypothese aufgreifen und durch die empirische Forschung herauszufinden versuchen, ob es sich um eine gute oder um eine schlechte Beschreibung wirklicher Kapitalmärkte handelt. In der Tat wurden unzählige empirische Tests des CAPM publiziert.

Zudem wurden verschiedene Vorgehensweisen für den Test untersucht. Dazu muss bemerkt werden, dass die Renditeerwartungen der einzeln Anlagen nicht beobachtbar sind. In (7-1) sind die *wahren* Parameter verlangt, wohl zu unterscheiden von *Schätzungen* dieser Parameter, die etwa anhand der Mittelwerte vorgenommen werden, welche wiederum mit historischen Realisationen der Renditen berechnet werden. Auch sind die anderen (wahren) Parameter der Wahrscheinlichkeitsverteilungen der Renditen nicht bekannt — auf die Schwierigkeiten, das wahre Beta zu bestimmen, sind wir eben eingegangen.

> Bei den Tests des CAPM müssen die im CAPM auftauchenden wahren Parameter also geschätzt werden. Die dabei zu verzeichnenden Schätzfehler müssen berücksichtigt werden, bevor ein Urteil über die Gültigkeit des CAPM getroffen wird. Zudem gibt es grundsätzliche Bedenken bei allen diesen Tests.

Insgesamt zeichnet die empirische Evidenz ein gemischtes Bild der Gültigkeit des CAPM. Einerseits gab es viele Bestätigungen dafür, dass Beta tatsächlich jener Faktor ist, der über einen sehr langen Zeithorizont hinweg betrachtet die Renditeunterschiede zwischen den einzelnen Instrumenten noch am besten erklärt, besser jedenfalls als andere Maßzahlen und Faktoren. Andererseits wurde in der empirischen Forschung entdeckt, dass *in gewissen Zeitperioden* Beta keine gute Erklärung für die Renditen bietet. Es wurde deshalb nach einem oder mehreren anderen Faktoren gesucht, um aus ihnen die Renditen oder Kapitalkosten besser ermitteln zu können. Hier wurden viele in Frage kommende Kennzahlen geprüft. Große Beachtung haben Studien zweier Forscher der *University of Chicago* gefunden: FAMA und FRENCH haben nachgewiesen, dass die Unternehmensgröße kombiniert mit dem Verhältnis zwischen Marktwert und Buchwert die Renditeunterschiede zwischen Unternehmungen recht gut erklären können.[5]

Dennoch stößt das CAPM weiterhin auf breite Akzeptanz. Denn es ist nicht nur ein Postulat eines Zusammenhangs, dessen Gültigkeit durch die empirische Forschung untersucht wurde. Es handelt sich bei (7-1) beziehungsweise (7-2) um einen Zusammenhang, der sich im klassischen Modell der Portfoliotheorie ableiten läßt. Das heißt, das CAPM ist eine mathematisch beweisbare Aussage.

Wir müssen kurz auf das klassische Modell der Portfoliotheorie eingehen. Es wurde 1952 von HARRY MARKOWITZ geschaffen. MARKOWITZ hat

---

[5] Quellen: 1. EUGENE F. FAMA und KENNETH R. FRENCH: The Cross-Section of Expected Stock Return. *The Journal of Finance*, Vol. 47, No. 2. (Jun., 1992), pp. 427-465. 2. EUGENE F. FAMA und KENNETH R. FRENCH: Size and book-to-market factors in earnings and returns. *Journal of Finance* 50 (1995), pp. 131-155.

die Diversifikation mathematisch untersucht.[6] Es werden n Anlagen in einzelne Aktien als möglich betrachtet. Das Modell betrachtet zwei Zeitpunkte: den der Geldanlage und den späteren, zu dem das Anlageergebnis feststeht. Der Investor entscheidet, mit welchem Geldbetrag x_j er die Aktien der Gesellschaft j kauft und dann hält. Die mit der Aktie j in der kommenden Anlageperiode verbundene Rendite ist unsicher, und ihre Wahrscheinlichkeitsverteilung wird durch zwei Parameter beschrieben: ihren Erwartungswert (*return*) und ihre Standardabweichung (*risk*). In der Analyse wird dann deutlich, dass es auch auf die Korrelationen der Renditen untereinander ankommt.

Obwohl es in den ersten Aufsätzen der klassischen Portfoliotheorie nie explizit gemacht wurde, wissen wir heute, dass die Renditen der betrachteten Anlageinstrumente als *normalverteilt* unterstellt werden müssen. Diese Prämisse ist indessen nur dann gut mit der Wirklichkeit vereinbar, wenn zwei Umstände erfüllt sind:

1. Die betrachtete Periode ist (etwa) ein Jahr lang. Denn die empirische Forschung zeigt, dass die (diskrete oder einfache) Rendite einer Aktienanlage für einen kürzeren Zeitraum besondere Effekte wie Fat-Tails (Leptokurtosis) aufweist, dass also die Wahrscheinlichkeitsverteilung der Rendite weiter ausladend ist als die Normalverteilung. Von theoretischer Seite wurden Sprungprozesse zur Beschreibung der Leptokurtosis herangezogen, und auf kurze Sicht kann es zu keinem oder zu einem oder vielleicht zu zwei Sprüngen kommen, was eine ausladende Wahrscheinlichkeitsverteilung bewirkt. Für einen längeren, mehrjährigen Zeitraum verdichten sich solche Sprünge zwar zu einer annähernd normalverteilten Anzahl. Hingegen ist die (diskrete) Rendite einer Aktienanlage nicht symmetrisch wie die Normalverteilung sondern zeigt Rechtsschiefe, die um so ausgeprägter ist, je länger der Anlagehorizont ist. Eine übliche theoretische Modellierung läuft darauf hinaus, dass die diskreten Rendite lognormalverteilt sind. Es gibt also Besonderheiten für kurze und Besonderheiten für sehr lange Perioden. Für den Anlagehorizont eines Jahres darf indessen die Prämisse der Normalverteilung als empirisch und theoretisch haltbar angesehen werden.

2. Es werden im Markt Instrumente betrachtet, bei denen kleine Zufallseinflüsse auf die Kurse in der Weise wirken, wie das bei Aktien und bei Anleihen der Fall ist. Anlagen in Derivate, etwa in Optionen, die eine nichtlineare Payoff-Struktur haben, können

---

[6] Erste Arbeiten: 1. HARRY M. MARKOWITZ: Portfolio Selection: *The Journal of Finance*, Vol. 7, No. 1. (March 1952), pp. 77-91. 2. HARRY M. MARKOWITZ: *Portfolio Selection: Efficient Diversification of Investments*. Wiley & Sons, New York, 1959.

daher in der klassischen Portfoliotheorie *nicht* betrachtet werden, und ihre Renditen können folglich nicht aus dem CAPM abgeleitet werden.

Das engt die Anwendung des CAPM gegenüber dem Universum aller Instrumente, die in Finanzmärkten geschaffen worden sind, schon etwas ein. Wir müssen, wenn wir eine zu bewertende unsichere Zahlung replizieren, auf den Verteilungstyp achten, sobald das CAPM angewendet werden soll. Denn wir stehen vor einem Dilemma:

- Entweder greifen wir für die Replikation nicht auf die "Tausenden" von Instrumenten im Finanzmarkt zurück, sondern beschränken uns auf jene, die in der klassischen Portfoliotheorie betrachtet werden (Aktien und Anleihen). Dann müssen die zu bewertenden Zahlungen denselben Typ von Wahrscheinlichkeitsverteilung aufweisen, wie die mit Aktien und Anleihen erzielbaren Anlageergebnisse. Etwa bei Fälligkeit in einem Jahr wären nur Zahlungen $\tilde{z}_1$ replizierbar, die normalverteilt sind. In diesem Fall kann das CAPM zur Ermittlung der Kapitalkosten herangezogen werden.

- Oder wir lassen für die Replikation alle erdenklichen Instrumente im Finanzmarkt zu und beschränken uns nicht auf jene, die in der klassischen Portfoliotheorie betrachtet werden (Aktien und Anleihen). Dann können vermutlich exotische Verteilungen repliziert werden. Jedoch können die Kapitalkosten nicht mit dem CAPM bestimmt werden.

Das CAPM ist als Modell zu verstehen, dem ein Zeithorizont von einem Jahr unterliegt. Folglich sind alle Größen im CAPM, auch der *Zinssatz*, auf *ein Jahr* zu beziehen. Dieser Hinweis ist angebracht, weil gelegentlich geäußert wird, der Zinssatz im CAPM sei die "Rendite für Staatsanleihen mit der Restlaufzeit einiger Jahre." Dem ist nicht so. Es handelt sich um den *Einjahreszinssatz*.

7.7 Was wurde geschätzt?

Wenn nun das CAPM für ein konkretes Jahr angewendet werden soll, stellt sich die Frage, ob in (7-1) beziehungsweise (7-2) ein "genereller" Einjahreszinssatz einzusetzen ist, worunter das langfristige mittlere Niveau der historischen Einjahreszinssätze zu verstehen ist. Alternativ dazu könnte in (7-1) beziehungsweise (7-2) der *konkrete* Einjahreszinssatz des *betreffenden* Jahres eingesetzt werden, für das die Renditeerwartung ermittelt werden soll. Diese Variante wird in der Praxis bevorzugt. Denn so wird ein deutlicher Bezug zum Zeitpunkt der Anwendung des

CAPM ersichtlich. Allerdings hängt dann das Ergebnis — die gesuchte Renditeerwartung — davon ab, welche Informationen hinsichtlich der Marktrendite vorliegen. Liegt eine numerische Schätzung für die erwartete Marktrendite μ_M oder eine Schätzung für die Risikoprämie $\mu_M - i$ vor?

In den zahlreichen empirischen Untersuchungen sind beide Wege vertreten.

- Weg 1: Die einen Autoren sagen, die Markrendite sei die Zufallsgröße, ihr Erwartungswert eine Konstante, μ_M, und die wird durch den Mittelwert der konkreten Marktrenditen $r_M(t)$ zurückliegender Jahre t geschätzt. Bei dieser Schätzung bleiben die historischen Zinssätze $i(t)$ der betrachteten Jahre unberücksichtigt.

- Weg 2: Die anderen Autoren sagen, Jahr um Jahr schwanke die Überrendite, die Differenz zwischen der Marktrendite und dem jeweiligen Zinssatz. Deshalb sei diese Überrendite $\tilde{p}$ eine Zufallsgröße. Ihr Erwartungswert wird als unbekannte, konstante Größe angesehen, für die wir p schreiben. Sie wird durch den Mittelwert der historischen Renditeunterschiede $r_M(t) - i(t)$ geschätzt. Hier kommt es jetzt nicht nur auf die konkreten Marktrenditen $r_M(t)$ zurückliegender Jahre t an sondern ebenso auf die Zinssätze $i(t)$.

Je nach Weg ergeben sich dann unterschiedliche Aussagen, wenn als Basis der *aktuelle* Zinssatz verwendet wird.

Beispiel 7-7: Für die drei zurückliegenden Jahre sind als Marktrenditen 11%, –4%, +17% gegeben, und die Zinssätze in jenen Jahren waren 5%, 3%, 4%. Eine Schätzung mit dem Mittelwert liefert für die erwartete Marktrendite $\hat{\mu}_M = (0{,}11 - 0{,}04 + 0{,}17)/3 = 8\%$. In diese Schätzung gehen die historischen Zinssätze nicht ein. Für die Risikoprämie p lautet die Schätzung $\hat{p} = ((0{,}11 - 0{,}05) + (-0{,}04 - 0{,}03) + (0{,}17 - 0{,}04))/3 = 4\%$. In diese Schätzung geht der Mittelwert der historischen Zinssätze ein. Ein Praktiker wünschte eine Prognose der Marktrendite — hierzu wird ihr Erwartungswert herangezogen — und verlangt eine Berücksichtigung des aktuellen Zinssatzes. Der derzeitige Zinssatz ist $i = 2\%$ und liegt unter dem historischen Durchschnitt. Jetzt sind aufgrund dieser Information zwei Aussagen möglich. Weg 1: Die erwartete Marktrendite beträgt 8%, denn das ist der direkte Schätzwert $\hat{\mu}_M$. Weg 2: Die erwartete Marktrendite beträgt 6%, denn der *augenblickliche* Zinssatz beträgt $i = 2\%$ und hinzu kommt die Risikoprämie. Sie wurde mit 4% aufgrund der Renditedifferenzen zwischen den historischen Marktrenditen und den historischen Zinssätzen ermittelt. ■

Die Unterschiede zwischen den beiden Wegen machen sich dann auch bemerkbar, wenn mit dem CAPM die Kapitalkosten für eine Einzelanlage bestimmt werden soll. Wir betrachten (7-2). Diese Gleichung läßt sich auf zwei Weisen schreiben:

$$Weg\ 1:\quad \mu_k = (1-\beta_k)\cdot i_{heute} + \beta_k \cdot \mu_M$$

$$Weg\ 2:\quad \mu_k = i_{heute} + \beta_k \cdot p,\quad mit\quad p \equiv Risikoprämie$$

(7-17)

Wenn die Renditeerwartung μ_M geschätzt wurde, sagen wir zu 8%, wird meist die obere Form in (7-17) verwendet, also der Weg 1 eingeschlagen. Wenn hingegen die Risikoprämie geschätzt wurde, sagen wir zu 4%, wird die untere Form verwendet, also Weg 2 gewählt.

Der Punkt ist wieder, dass für einen tiefen oder hohen *aktuellen* oder *heutigen* Einjahreszinssatz die beiden Wege unterschiedliche Ergebnisse liefern.

Beispiel 7-8: Zwei Schätzungen stehen zur Verfügung. Die Renditeerwartung wurde mit 8%, die Risikoprämie mit 4% geschätzt. Eine Einzelanlage k hat ein Beta $\beta_k = 1{,}3$. Gesucht sind die Kapitalkosten. Ein Praktiker verlangt, nicht nur eine "ganz langfristige" Betrachtung anzustellen, sondern wenigstens das aktuelle Zinsniveau in die Erwartungsbildung einfließen zu lassen. Der aktuelle Zinssatz ist aber hoch im Vergleich zum langfristigen Durchschnitt und beträgt 7%. Mit dem Weg 1 ergibt sich $\mu_k = (1-1{,}3)\cdot 0{,}07 + 1{,}3\cdot 0{,}08 = 8{,}3\%$. Weg 2 führt hingegen auf die Kapitalkosten $\mu_k = 0{,}07 + 1{,}3\cdot 0{,}04 = 12{,}2\%$. ∎

Wer sich nicht sicher ist, welcher Rechenweg für die Interpretation der Ergebnisse geeigneter ist, wird beide Rechnungen vorlegen. Man darf auch keine übergroße Genauigkeit in das Modell interpretieren. Versuche, Betas auf drei Dezimalen hinter dem Komma zu schätzen, übersehen wichtige Punkte:

1. Selbst wenn das CAPM gleichsam wie ein Naturgesetz exakt gelten würde, ist es ein Modell, das lediglich etwas über *Erwartungen* aussagt. Das CAPM sagt nicht, wie hoch die Rendite sein wird, sondern wie hoch die Rendite*erwartung* sein sollte.

2. Die Spezifikation des Modells verlangt die Kenntnis der Renditeerwartung eines (gut diversifizierten) Portfolios, des Marktportfolios, das als natürlicher Rahmen für die Betrachtung dient. Leider ist auch diese Renditeerwartung mit einem Schätzfehler behaftet.

3. In Jahren, in denen der aktuelle Zinssatz von seinem langfristig mittleren Niveau abweicht, liefern die Rechenwege 1 und 2 un-

terschiedliche Ergebnisse, falls der aktuelle Zinssatz in die Berechnung der Kapitalkosten oder Renditeerwartung eingehen soll.

Fragen zum CAPM	
Wie exakt gilt das Modell?	Empirische Studien kommen zu einem gemischten Ergebnis, doch gibt es kein generell besseres Modell um den Zusammenhang zwischen Rendite und Risiko zu quantifizieren.
Kann man das Marktportfolio bestimmen?	Hier liegt eine Schwierigkeit, auf die RICHARD ROLL mehrfach hingewiesen hat. Doch in der Praxis werden Indizes der Börse des jeweiligen Wirtschaftsraumes als Proxy akzeptiert.
Kennt man die Renditeerwartung, die mit dem Marktportfolio verbunden ist?	Ja, aber auch nicht ganz genau. Dadurch ergibt sich eine Beschränkung in der Exaktheit der zahlenmäßigen Ergebnisse.
Kann man mit dem CAPM Renditen ermitteln?	Nein, das Modell liefert Renditeerwartungen.
Hat es Zweck, das Beta auf zwei Dezimalen hinter dem Komma zu ermitteln?	Nein. Zwar können historische Betas genau geschätzt werden, doch weist eine umfangreiche Literatur darauf hin, dass die so historischen Betas einer Adjustierung oder Korrektur bedürfen. Zudem hängen die historischen Betas extrem vom Zeitfenster ab, das der Schätzung zugrunde liegt.
Wozu ist dann das Modell gut?	Die Aussage bleibt korrekt, dass für Anlagen mit einem höheren Beta eine höhere Rendite erwartet wird, auch ist klar, dass Anlagen mit einem Beta von 0 den Zinssatz als Rendite erwarten lassen und Anlagen mit einem Beta von 1 dieselbe Rendite erwarten lassen wie das Marktportfolio.

Bild 7-4: Häufig zum CAPM gestellte Fragen.

7.8 Fragen

1. A) Wie lautet die Grundformel des CAPM? B) Wie ist Beta definiert? C) Wie ist das Marktportfolio definiert? D) Was wird unter der *Security Market Line* (SML) verstanden?
2. Welche beiden Erklärungsfaktoren haben FAMA und FRENCH für die Renditeunterschiede als kraftvoll nachgewiesen?
3. Richtig oder falsch: A) Beta drückt das systematische Risiko aus. B) Beta drückt das unsystematische Risiko aus.

4. Werden im CAPM historische oder adjustierte Betas benötigt?[7]

5. Wenn eine unsichere Zahlung zu bewerten ist, hat man oft Kenntnis über ihren Erwartungswert, ihre Standardabweichung und die Korrelation mit dem Marktportfolio. Aber man kennt nicht das Beta. Erläutern Sie diese Aussage!

6. Vergegenwärtigen Sie sich (7-10): Was ist gegeben, was gesucht? B) Was wird unter einem Zirkularitätsproblem verstanden?

7. In einem Jahr wird ein Wirtschaftsergebnis erzielt, und es wird in der Höhe von € 2.000 erwartet. Jedoch ist es unsicher, und die Streuung wird aufgrund der Geschäftspläne mit € 400 veranschlagt. Zudem wird von einer vollständigen Korrelation mit dem Markt ausgegangen: Das Ergebnis dürfte genau dann gut ausfallen, wenn es der Wirtschaft allgemein gut geht. Gesucht ist der Wert. Als Marktdaten sind gegeben der Zins von 5%, die Renditeerwartung des Marktportfolios in Höhe 9% und seine Standardabweichung von 20%. A) Welches Gleichungssystem bestimmt den Wert dieser Zahlung? B) Führen Sie vier Iterationen aus, um das Zirkularitätsproblem zu bewältigen. C) Ermitteln Sie nun noch als Orientierungsgröße das Beta und die Kapitalkosten.

8. In zehn Jahren wird ein Wirtschaftsergebnis erzielt, und es wird in der Höhe von € 1.000 erwartet. Jedoch ist es noch etwas unsicher, und die Streuung wird aufgrund der Geschäftspläne mit € 300 veranschlagt. Zudem wird von einer vollständigen Korrelation mit dem Markt ausgegangen: Das Ergebnis dürfte genau dann gut ausfallen, wenn es in der Wirtschaft allgemein gut geht. Gesucht ist der Wert der in zehn Jahren fälligen Zahlung. Als Marktdaten sind der Zins von 5%, die Renditeerwartung des Marktportfolios in Höhe 9% und seine Standardabweichung von 20% gegeben. A) Welches Gleichungssystem bestimmt den Wert dieser Zahlung? B) Führen Sie vier Iterationen aus, um das Zirkularitätsproblem zu bewältigen. C) Ermitteln Sie nun noch als Orientierungsgröße das Beta und die Kapitalkosten.

9. Bei Anwendungen des CAPM könnte A) ein *genereller* Einjahreszinssatz eingesetzt werden (langfristiges mittleres Niveau der historischen Einjahreszinssätze) oder B) der *konkrete* Einjahreszinssatz des *betreffenden* Jahres. Welche Unterschiede ergeben sich dadurch? C) Vergegenwärtigen Sie sich (7-17).

10. Fragen zum Verständnis des CAPM: A) Handelt es sich um einen exakt gültigen oder um einen nur angenähert gültigen Zusam-

---

[7] Weder noch: Das CAPM geht von wahren Verteilungsparametern aus, setzt also das wahre Beta voraus. Studien zeigen, dass die historischen Betas das wahre Beta systematisch falsch schätzen. Adjustierungen sollen diesen Fehler möglichst gut korrigieren.

menhang? B) Kann das Marktportfolio überhaupt bestimmt werden? C) Wie genau kennt man die Renditeerwartung, die mit dem Marktportfolio verbunden ist? D) Können mit dem CAPM Renditen ermittelt werden? E) Hat es Zweck, das Beta auf zwei Dezimalen hinter dem Komma zu ermitteln? F) Wozu ist das CAPM gut?

8. Marktrendite und Hurdle Rate

Dieses Kapitel ergänzt das vorangegangene. Immer noch geht es um die Bestimmung der Kapitalkosten. Jetzt werden Wege zur Schätzung der Renditeerwartung des Marktportfolios besprochen. Außerdem gehen wir auf die *Hurdle Rate* ein, den innerhalb einer Unternehmung verwendeten Kapitalkostensatz.

8.1 Finanzwirtschaftliche Schätzung der Marktrendite 157
8.2 Realwirtschaftliche Schätzung der Marktrendite 162
8.3 Hurdle Rate 165
8.4 Fragen 167

8.1 Finanzwirtschaftliche Schätzung der Marktrendite

Für die Bestimmung der Renditeerwartung μ_M des Marktportfolios, beziehungsweise für die Schätzung der Risikoprämie, gibt es mehrere Ansätze. Analog wird vorgegangen, wenn nicht die erwartete Marktrendite sondern die Risikoprämie geschätzt werden soll.

Es versteht sich von selbst, dass es sich hier um eine wichtige Aufgabe handelt, zu der es zahlreiche Arbeiten gibt.[1] Wir gehen auf zwei Ansätze näher ein:

- Finanzwirtschaftliche Schätzung: Man geht von historischen Renditen aus, die im Finanzmarkt erzielt wurden, besonders die Renditen des Indexes, der als Repräsentant des Marktportfolios angesehen wird.

- Realwirtschaftliche Schätzung: Es werden Daten der Realwirtschaft herangezogen, um die erwartete Rendite zu schätzen, die mit der unternehmerischen Tätigkeit verbunden ist.

---

[1] Eine Übersicht bieten HEINZ REHKUGLER und DIRK JANDURA: Kointegrations- und Fehlerkorrekturmodelle zur Finanzmarktprognose; in *Handbuch Portfoliomanagement*, 2. Auflage (Jochen M. Kleeberg und Heinz Rehkugler, Hersg.). Uhlenbruch Verlag, Bad Soden / Taunus 2002, pp.895-919.

In diesem Abschnitt betrachten wir die Finanzwirtschaftliche Schätzung. Vom Grundsatz her werden die historischen Renditen beschafft und Mittelwerte gebildet. Die publizierten Arbeiten gehen entweder von *diskreten* oder von *stetigen* Renditen aus, und beide Vorgehensweisen sind leicht unterschiedlich.

	Index	Diskrete Rendite	Stetige Rendite
1925	100		
1926	121,69	21,7%	19,6%
1927	153,45	26,1%	23,2%
1928	185,85	21,1%	19,2%
1929	174,36	-6,2%	-6,4%
1930	164,67	-5,6%	-5,7%
1931	115,12	-30,1%	-35,8%
...	...	...	...
1990	8563,13	-19,3%	-21,5%
1991	10076,24	17,7%	16,3%
1992	11853,69	17,6%	16,2%
1993	17876,55	50,8%	41,1%
1994	16514,36	-7,6%	-7,9%
1995	20322,57	23,1%	20,8%
1996	24039,56	18,3%	16,8%
1997	37307,63	55,2%	43,9%
1998	43040,13	15,4%	14,3%
1999	48071,78	11,7%	11,1%
2000	53797,58	11,9%	11,3%
2001	41947,34	-22,0%	-24,9%
2002	31460	-25,0%	-28,8%

Bild 8-1: Ausschnitt aus Daten, die von der Bank Pictet bereitgestellt werden. In der Spalte links sind die Indexstände für ein Portfolio Aktien Schweiz angegeben, dann die Jahresrenditen und ganz rechts die stetigen Jahresrenditen.

Wir beginnen mit den *diskreten* Renditen.

Die Tabelle enthält für die Schweiz und die Stichtage 31. Dezember 1925 bis 31. Dezember 2002 die Indexstände, bezogen auf ein breites und gut diversifiziertes Portfolio von Aktien. Wir können es als Proxy für das Marktportfolio ansehen. Daraus können die 77 diskreten Jahresrenditen für 1926 bis 2002 errechnet werden. So ergibt sich etwa die Jahresrendite 2002 gemäß $(31460 - 41947{,}34)/41947{,}34 = -0{,}250$. Die diskreten Jahresrenditen fassen wir als Stichprobe *einer* Grundgesamtheit,

8. MARKTRENDITE UND HURDLE RATE

also *einer* Wahrscheinlichkeitsverteilung auf. Mithin wird unterstellt, dass sich die mit dem Marktportfolio verbundene Renditeerwartung nicht im Verlauf der Jahre verändert. Dieser Parameter, den wir mit μ_M bezeichnet haben, wird nun durch den Mittelwert der diskreten Jahresrenditen geschätzt. Der Mittelwert beträgt

$$0{,}217 + 0{,}261 + 211 + \ldots + 0{,}119 - 0{,}220 - 0{,}250) / 77 = 0{,}0970$$

Die Schätzung der Renditeerwartung des Marktportfolios beträgt demnach $\hat{\mu}_M = 9{,}70\%$.

Da es sich hier nur um eine Schätzung handelt, muss allerdings mit einem Schätzfehler gerechnet werden.[2] Das Konfidenzintervall für den wahren Parameter hat die beiden Grenzen

$$\hat{\mu}_M \pm l \cdot \sigma_M / \sqrt{N} \qquad (8\text{-}1)$$

Hier ist $N = 77$ der Stichprobenumfang. Wie bisher bezeichnet σ_M die Standardabweichung der Rendite. Sie kann durch die Standardabweichung der Jahresrenditen geschätzt werden, die 0,2083 beträgt, also $\hat{\sigma}_M = 0{,}2083$. Der Parameter l beschreibt das Konfidenzniveau und beträgt für ein 95%–*iges* Konfidenzniveau $l = 1{,}96$. Für ein Konfidenzniveau von 68% wäre $l = 1$ und bei 99% wäre $l = 2{,}58$.

Die einfache Breite $l \cdot \sigma_M / \sqrt{N}$ des 95%–*igen* Konfidenzintervalls beträgt $l \cdot \sigma_M / \sqrt{N} = 1{,}96 \cdot 0{,}2083 / 8{,}77496 = 0{,}0465$ für die konkreten Zahlen.

Das bedeutet: Die wahre Renditeerwartung kann sich von der Schätzung $\hat{\mu}_M = 9{,}70\%$ durchaus um bis zu 4,65% unterscheiden. Der wahre Erwartungswert der Marktrendite sollte demnach zwischen 5,05% und 14,35% liegen (Konfidenzniveau 95%).

Reduziert man das Konfidenzniveau auf 68%, so beträgt das Konfidenzintervall $9{,}70\% \pm 2{,}23\%$ und reicht immer noch von 7,47% bis 11,93%.

---

[2] Hinweise: 1. J. G. KALLBERG und WILLIAM T. ZIEMBA: Mis-Specifications in Portfolio Selection Problems; in: *Risk and Capital* (GÜNTER BAMBERG und KLAUS SPREMANN, eds). Springer-Verlag, Berlin 1984, pp. 74-87. 2. T. H. RYDBERG: Realistic Statistical Modelling of Financial Data. International Statistical Review 68 (2000), pp. 233-258. 3. ALEXANDER KEMPF und CHRISTOPH MEMMEL: Schätzrisiken in der Portfoliotheorie; in: *Handbuch Portfoliomanagement*, 2. Auflage (Jochen M. Kleeberg und Heinz Rehkugler, Hersg.). Uhlenbruch Verlag, Bad Soden / Taunus 2002, pp.895-919.

Diese doch überraschend große Schätzbreite unterstreicht, dass die Kapitalkosten nicht so exakt berechnet werden können. Das könnte auch bei einer Darstellung der SML (Bild 7-3) berücksichtigt werden.

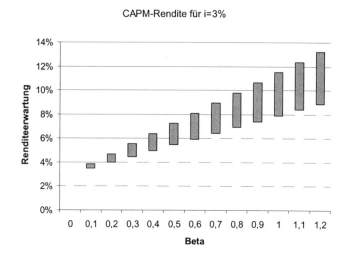

Bild 8-2: Die Darstellung der SML unter Verwendung des Konfidenzintervalls (68%) für den Erwartungswert der Marktrendite.

Die zweite Vorgehensweise ermittelt entweder aus den diskreten Renditen oder aus den Indexständen die *stetigen* Renditen.

Zur diskreten Rendite $r^{(ein)}$ ist bekanntlich $r^* \equiv \ln(1+r^{(ein)})$ die stetige Rendite. Umgekehrt: Wenn eine stetige Rendite r^* als Zahl vorliegt, ist $r^{(ein)} = \exp(r^*)-1$ die Rendite in einfacher Schreibweise.

Beispielsweise ergibt sich die stetige Jahresrendite für 2002 gemäß $\ln(1-0{,}250)$ oder gemäß $\ln(31460/41947{,}34)$ zu $-28{,}8\%$.

Wir treffen die Annahme, dass die stetige Rendite des Marktportfolios für ein zukünftiges Jahr zufällig ist und dass sich ihr Erwartungswert nicht mit der Zeit verändert.

So kann der Mittelwert der stetigen Renditen berechnet werden. Er beträgt 7,47% und dient als Schätzung des Erwartungswerts der stetigen Rendite, $\hat{\mu}^* = 7{,}47\%$.

8. MARKTRENDITE UND HURDLE RATE

Gleichfalls kann die Standardabweichung der stetigen Renditen der vergangenen Jahre berechnet werden. Sie beträgt 0,1918 und dient wiederum als Schätzung des Parameters, $\hat{\sigma}^* = 0,1918$.

Schätzung aufgrund der 77 Jahre 1926-2002		
	Diskrete Rendite	Stetige Rendite
Erwartungswert	9,70%	7,47%
Streuung	20,83%	19,18%

Bild 8-3: Schätzung der Parameter der Verteilung der diskreten und der stetigen Rendite für ein breit diversifiziertes Portfolio von Aktien (Schweiz). Berechnet anhand der Pictet-Daten.

Dieser Umweg über die stetigen Renditen bietet sich an, weil die stetige Rendite aufgrund theoretischer Überlegungen als normalverteilt betrachtet wird, und dieser Sachverhalt führt im allgemeinen auf eine bessere Schätzung, wenngleich keine erhebliche Erhöhung der Genauigkeit erhofft werden darf. Die einfache Breite eines $95\%-igen$ Konfidenzintervalls für den Erwartungswert der stetigen Marktrendite beträgt hier $l \cdot \sigma^* / \sqrt{N} = = 1{,}96 \cdot 0{,}1918 / 8{,}77496 = 0{,}0428$.

Ein weithin akzeptiertes Modell beschreibt die stetigen Renditen als Random-Walk oder als Brownsche Bewegung. Dieses Modell gestattet es, aus den Parametern der stetigen Rendite die Parameter der diskreten Rendite zu berechnen: Wenn μ^* der Erwartungswert und σ^* die Standardabweichung der stetigen Rendite des Marktportfolios sind, dann ist

$$\mu_M = \exp\left(\mu^* + \frac{(\sigma^*)^2}{2}\right) - 1 \qquad (8\text{-}2)$$

der Erwartungswert der *diskreten* Rendite, und dieser wird im CAPM benötigt. Mit den angegebenen Schätzungen der Parameter ergibt sich

$$\hat{\mu}_M = \exp\left(0{,}0747 + \frac{(0{,}1918)^2}{2}\right) - 1 = 9{,}76\%$$

Wieder könnte ein $95\%-igen$ Konfidenzintervalls für den Erwartungswert der diskreten Rendite aus dem der stetigen Rendite abgeleitet werden. Setzt man die obere Intervallgrenze des Konfidenzintervalls der stetigen Rendite, $7{,}47\% + 4{,}28\% = 11{,}75\%$, in (8-2) ein, so folgt $14{,}56\%$. Wird die untere Grenze des Konfidenzintervalls der stetigen Rendite, $7{,}47\% - 4{,}28\% = 3{,}19\%$, in (8-2) eingesetzt, ergibt sich als Untergrenze für das Konfidenzintervall der diskreten Rendite $5{,}16\%$.

Demnach sollte der wahre Erwartungswert der diskreten Marktrendite zwischen 5,16% und 14,56% liegen.

Leider gestatten diese Vorgehensweisen keine Erhöhung der Schätzgenauigkeit. Wenn man von Jahresdaten auf Monatsdaten übergeht, ist der Stichprobenumfang zwar zwölfmal so groß, und man hat ein kleineres Konfidenzintervall. Allerdings handelt es sich um das Konfidenzintervall für die Monatsrendite, und wird dieses wieder auf ein Jahr umgerechnet, gelangt man zu den hier gezeigten Intervallen. Der Übergang auf Monats- oder Wochenrenditen bringt für die Schätzung des Erwartungswerts der Jahresrendite keine Verbesserung der Genauigkeit.

Um die vergleichsweise hohe Ungenauigkeit der Schätzung zu unterstreichen, ist nochmals die Wertschriftenlinie dargestellt, wobei diesmal mit der Untergrenze und der Obergrenze für den Erwartungswert der Marktrendite gerechnet wurde. Um die Situation nicht zu dramatisieren, wurde ein $68\%-iges$ Konfidenzintervall zugrunde gelegt ($l = 1$). Es hat die Grenzen $9{,}7\% \pm 2{,}3\%$. So viel zur Finanzwirtschaftlichen Schätzung.[3] Sie ist die traditionelle Vorgehensweise zur Bestimmung der erwarteten Marktrendite (beziehungsweise der Risikoprämie).

8.2 Realwirtschaftliche Schätzung der Marktrendite

Die Renditen an den Finanzmärkten sollten das Geschehen der Realwirtschaft widerspiegeln. Dieser volkswirtschaftlichen Gesetzmäßigkeit folgt die Realwirtschaftliche Schätzung.

Offensichtlich können auf kurze Sicht Finanzwirtschaft und Realwirtschaft durchaus unterschiedlich verlaufen. Denn Unternehmer sind

---

[3] Es macht wenig Sinn, das Zeitfenster auf einen aktuelleren Abschnitt zu verkürzen, weil die Bestimmung der gesuchten Renditeerwartung wie bei jeder statistischen Schätzung einem Fehler unterliegt. Um ihn zu reduzieren, sind möglichst langfristige Daten zu verwenden. Für die USA gibt es Langfristdaten seit 1802, für andere Länder seit 1900. Zwei bekannte Bücher haben diese Daten für verschiedene Länder aufbereitet: JEROMY J. SIEGEL (2002) in «Stocks for the long run» und ELROY DIMSON / PAUL MARSH / MIKE STAUNTON (2002) in «Triumph of the Optimists». Hier sind die Daten für die Schweiz übrigens bis auf das Jahr 1910 zurück konstruiert. Die durchschnittliche Aktienrendite von 1.1910 bis 12.1925 (ab dann beginnen die Pictet-Daten ein) muss nominal 1,8% betragen haben. Die durchschnittliche Renditeerwartung, geschätzt aufgrund der Jahre 1910 bis 2002, liegt daher unter derjenigen, die für 1926 bis 2002 ermittelt wurde.

stets verhalten optimistisch, Finanzinvestoren schwanken hingegen zwischen euphorischer und zutiefst pessimistischer Einschätzung der Zukunft. Doch auf längere Sicht müssen Finanzwirtschaft und Realwirtschaft immer wieder zusammenkommen

> Das Gleichnis von ANDRÉ KOSTOLANY: Der Herr (Realwirtschaft) geht mit seinem Hund (Finanzwirtschaft) spazieren. Der Hund läuft einmal voran, dann hinterher, doch insgesamt legen sie den Weg gemeinsam zurück. Folglich kann die langfristige Rendite, die mit Aktien verbunden ist, anhand der Realwirtschaft geschätzt werden.

Wer ein breit diversifiziertes Portfolio von Aktien hält, erhält Dividenden und nimmt am Wachstum teil. Das Wachstum der Unternehmen zeigt sich in verschiedenen Merkmalen, unter anderem im Wachstum der Dividendensumme. Um die realwirtschaftliche Rendite zu bestimmen, wird daher untersucht, welche Dividendenrendite Aktien haben, und wie daneben die Unternehmen im Laufe der Zeit wachsen — letzteres wird durch das Wachstum der Dividendensumme bestimmt.

Die Dividenden müssen noch um Einzahlungen der Investoren für Kapitalerhöhungen korrigiert werden. Die Summe der so bestimmten Dividendenrendite und der Wachstumsrate liefert die Rendite.

Die Basis für die Realwirtschaftliche Schätzung bildet das Gordon-Modell beziehungsweise (3-10) in der folgenden Form:

$$r = \frac{Dividende_1}{Kursniveau} + Wachstumsrate \qquad (8\text{-}3)$$

Realwirtschaftliche Schätzungen zur Risikoprämie (*Equity Premium*) haben kürzlich FAMA und FRENCH vorgestellt[4]. Ihre Ergebnisse:

- Geht man allein von den historischen Renditen an den Finanzmärkten aus, dann ergibt sich für 1872 bis 2000 und die USA eine Überrendite von 5,57%, die Aktien gegenüber Bonds hatten.
- Schätzt man hingegen die Risikoprämie aufgrund der Realwirtschaft, dann beträgt sie nur 3,54%.

Das ist ein großer Unterschied von ziemlich genau 2%. Die Finanzmärkte haben sich von der realen Wirtschaft abgehoben. FAMA und FRENCH haben entdeckt, dass dieser Unterschied *praktisch nur auf die letzten fünfzig Jahre* zurückzuführen ist. Denn in der Zeit 1872 bis 1950 sind Realwirtschaft (Risikoprämie 4,17%) und Finanzwirtschaft

---

[4] EUGENE F. FAMA und KENNETH R. FRENCH: The Equity Premium, *Journal of Finance*, vol LVII (April 2002) 2, pp. 637-659.

(Risikoprämie 4,40%) noch ähnlich verlaufen, während für die Zeit von 1951 bis 2000 die Realwirtschaft auf eine Risikoprämie von nur 2,55% und die Finanzwirtschaft auf eine von 7,43% führt. In diesen fünfzig Jahren sind die Finanzmärkte der Realwirtschaft gleichsam davon geflogen.

Diese Untersuchungen sprechen eine klare Sprache: Was Unternehmen den Aktionären real bieten, das ist in den fünfzig Jahren 1951 bis 2000 im Vergleich zur Zeit davor sogar zurückgefallen. Doch was die Finanzinvestoren mit dem Handel von Aktien sich selbst geboten haben, ist in den letzten 50 Jahren gegenüber früher deutlich gestiegen. Die Finanzmärkte haben sich von der realen Wirklichkeit gelöst.[5]

Es fehlte also in den Jahrzehnten 1951 bis 2000 zunehmend an Verbindung zwischen Realwirtschaft und Finanzwirtschaft. Deshalb dürfen die hohen Renditen, die mit Aktienanlagen in den Jahrzehnten 1981-2000 verbunden waren, nicht ohne Korrektur übertragen werden. Die Rendite in der Realwirtschaft ist *geringer*. FAMA und FRENCH schließen, dass die Aktionäre ihre Erwartungen hinsichtlich der Marktrendite nach unten korrigieren müssen. Gemäß ihrer empirischen Untersuchung liegt der Korrekturbedarf bei 2%.

> Für die Bestimmung der Kapitalkosten mit dem CAPM wäre dann der Ausgangspunkt nicht eine Renditeerwartung (für das Marktportfolio) von 9,7%, wie sie sich aus der Finanzwirtschaftlichen Schätzung ergibt, sondern eine erwartete Marktrendite von 7,7%.

Um sich diese Rendite von 7,7% zu veranschaulichen, wurde verschiedentlich auf die Dividendenrendite und das Wachstum der Volkswirtschaft als Ganzes hingewiesen.[6] Viele Unternehmen bieten eine Dividendenrendite von 2% bis 3%. Die Unternehmen wachsen im Prinzip so wie die Volkswirtschaft als Ganzes. In Europa und in der Schweiz sprechen wir von realen Wachstumsraten um 1,5%. Bei einer Geldentwertung (Inflationsrate) von ebenso 1,5% liefert das ein Wertwachstum von nominal 3%. Dividendenrendite und Wachstum zusammengefaßt wird man auf eine Rendite in Höhe von 5% bis 6% geführt. Die eben genannte Zahl von 7,7% als Rendite ist daher eher hoch gegriffen.

---

[5] Zwar sind Hund und Herr zwischen 1872 und 1950 noch zusammen gegangen, doch ab 1950 hat der Herr seinen Schritt verlangsamt, während sich der Hund losgerissen hat und mit schnellem Schritt davongelaufen ist.

[6] ROBERT D. ARNOTT: Dividends and the Three Dwarfs. *Financial Analysts Journal* (2003), pp. 4-6. ROBERT D. ARNOTT UND CLIFFORD S. ASNESS: Surprise! Dividends = Higher Earnings Growth. Financial Analysts Journal (2003), pp. 70-87.

Fazit: Während die Finanzwirtschaftliche Schätzung auf eine Marktrendite von 9,7% bei relativ hohem Schätzfehler weist, liefert die Realwirtschaftliche Schätzung eine Marktrendite von 7,7%, *die ein Finanzinvestor (Währungsraum Schweizerfranken) auf ein Aktienportfolio üblicherweise erwarten kann.* Selbstverständlich werden Aktiengesellschaften mit hohem Risiko (Beta >1) eine höhere Rendite erwarten lassen, Firmen mit geringerem Risiko (Beta <1) eine unter 7,7% liegende Rendite.

8.3 Hurdle Rate

Wer eine ganze Unternehmung bewertet, rechnet infolgedessen mit Kapitalkosten, die vielleicht bei 7%, 8% oder bei 9% liegen. Wer *in* einer Unternehmung das Management nach den Kapitalkosten fragt, hört hingegen oft: "Wir sehen nur dann Vorschläge und Projekte als vorteilhaft an, wenn sie eine Rendite von 15% oder 20% erwarten lassen — das ist unsere *Hurdle Rate.*" Offensichtlich bestehen beträchtliche Unterschiede zwischen jenem Kapitalkostensatz, mit dem eine ganze Unternehmung von außen bewertet wird, und jener Mindestrendite oder *Hurdle Rate,* die das Management bei internen Investitionsvorschlägen verlangt. Begeht das Management mit der deutlich höher gesetzten Hurdle Rate einen Fehler oder wie können die angeführten Unterschiede zwischen den Kapitalkosten auf Unternehmensebene und den Kapitalkosten auf Projektebene erklärt werden?

Das erste Argument lautet, dass die Pläne für Projekte in der Regel zwar alle Kosten und Leistungen berücksichtigen, die direkt mit dem Projekt zusammenhängen, nicht aber den Aufwand, der den höheren Ebenen in der Unternehmung entsteht. Hier sind drei Punkte zu sehen:

- Kosten für die Leitung der Unternehmung werden in den Projektplänen nicht berücksichtigt. Selbstredend geht es hier nicht nur um das Gehalt des Chefs. Es muss eine Projektleitung eingesetzt werden, dann gibt es Lenkungsausschüsse, das Controlling und die Revision kommen hinzu — um nur einige zentrale Funktionen zu nennen.[7] In einigen Unternehmungen werden Projektvorschläge auch danach beurteilt, welcher organisatorische Zusatzaufwand mit einer Durchführung verbunden wäre. Zum Teil berichten Unternehmen von einer Maximalanzahl von Projekten, welche die Organisation gleichzeitig "verkraften" kann. Ange-

---

[7] Wie hoch kann der Unterschied sein? Banken verlangen für das Management eines Aktienfonds eine Fee von etwa 2%. Doch das Management eines Unternehmensportfolios, das als Dach Abteilungen und Projekte umfaßt, ist wesentlich anspruchsvoller als die Verwaltung eines Aktiendepots. Es dürften wenigstens 4% sein, die ein Projekt mehr an Rendite bringen muss, damit "oben" die verlangten 7%, 8% oder 9% ankommen

sichts organisatorischer Kapazitätsgrenzen rücken die Projekt-Kapitalkosten auf die Rendite der besten Alternative.

- Die Unternehmung trägt den Nachteil, wenn es zu einem Ausfall des Projektes kommt. Zu einem gewissen Prozentsatz erweisen sich neue Projekte nach einiger Zeit als nicht durchführbar. Plötzlich wird erkannt, dass sie ein Flop sind und das bislang eingesetzte Geld zu einem hohen Teil verloren ist. Das Floprisiko bleibt jedoch bei Renditeberechnungen stets unberücksichtigt, denn alle diese Pläne gehen immer von einer Abwicklung bis zum geplanten Ende aus. Das Floprisiko trägt die Unternehmung und muss nach den Kalkulationsgrundsätzen einer Versicherung eine Prämie bestimmen, die den erwarteten Verlust deckt. Diese Prämie erhöht die Hurdle Rate.

- Die Unternehmung trägt den Aufwand für die Schaffung und Pflege ihres Wissenskapitals. Viele Projekte werden durch das Wissenskapital der Unternehmung begünstigt, doch die Projektbeschreibung sieht im Regelfall keine Royalties für die Nutzung des guten Namens und des Know-hows vor, das innerhalb der Unternehmung wie ein öffentliches Gut zur Verfügung steht. Ein jedes Projekt muss gleichsam mit einer unternehmensinternen Steuer zu dieser internen Infrastruktur beitragen. Dabei kann nicht einmal gesagt werden, dass einige Projekte vielleicht auf das Wissenskapital nicht zurückgreifen. Denn es ist heute ein Managementprinzip, die Unternehmung um ihr Wissenskapital herum zu bauen. Projekte, mit vom Wissenskapital der Unternehmung unabhängig sind, kommen demnach ohnehin nicht in Frage.

Ein ganz anderes Argument ergibt sich aus der Vermutung, dass die Rentabilität von Projekten im Verlauf der Zeit nachläßt, selbst wenn es nicht zu einem totalen Fehlschlag kommt.

Diese Vermutung wird durch Beobachtungen aber auch durch theoretische Argumente gestützt. Zum Zeitpunkt des Vorschlags gibt es noch viel Optimismus und Begeisterung, die sich in der Planung und der Berechnung der erwarteten Rendite ausdrückt. Wenn das Projekt dann angenommen wird, stellt sich mit der Zeit die Mühsal des Alltags ein.

Richtig ist, dass es Unsicherheit gibt, und einige Projekte rentabler werden als zum Entscheidungszeitpunkt gedacht wurde. Doch eine Mehrheit von Projekten wird im Zeitverlauf unrentabler, als es der ursprüngliche Plan zeichnet. Um diesen Effekt zu berücksichtigen, der in der Natur der Umstände liegt, muss zum Entscheidungszeitpunkt eine etwas höhere Rendite verlangt werden. So ist ein Projekt nur dann vorteilhaft ist, wenn der Projektplan zum Entscheidungszeitpunkt auch bei einem *höheren* Kapitalkostensatz noch einen positiven *NPV* ergibt.

Schließlich noch ein Argument: Das Management strebt nach Outperformance. Es möchte die Investoren immer wieder mit Meldungen überraschen, die darauf hindeuten, dass die Unternehmung eine Rendite erzielt, die höher als die erwarteten 7%, 8% oder 9% sind. Auch das verlangt, dass die Hurdle Rate noch einen Punkt nach oben gehoben wird.

> Es ist durchaus korrekt, die Kapitalkosten für die Bewertung der Unternehmung als Ganzes (7%, 8% oder 9%) von Kapitalkosten für die Bewertung von Projekten (15% oder 20%) zu unterscheiden.

Die vergleichsweise hohen Kapitalkosten *innerhalb* der Unternehmung verführen übrigens immer wieder zu einer Taktik, eigentlich nicht rentable Projekte in ein besseres Licht zu rücken.

Üblich ist, das Projekt so zu präsentieren, dass eine Fremdfinanzierung gleich im Projektplan aufgenommen ist. Dadurch erscheint der Bedarf an Eigenmitteln geringer und der wahre Verlust bei einem Totalausfall ist kaschiert. Selbst wenn des Projekt nur eine Rendite von vielleicht 12% erwarten läßt, heißt es dann, dies sei der Mischsatz aus Eigenkapitalrendite und Fremdkapitalkostensatz und folglich ausreichend hoch, weil die Fremdkapitalkosten vergleichsweise gering sind.

Außerdem wirkt ein Projektplan, der gleich mit einer teilweisen Finanzierung dargestellt wird, oft ausgereifter und überdachter.

8.4 Fragen

1. Finanzwirtschaftliche Schätzung: Gehen Sie auf Verfahren ein, die Marktrendite anhand A) der diskreten und B) der stetigen Renditen zu schätzen.
2. Wie wird zur Realwirtschaftlichen Schätzung der Marktrendite vorgegangen?
3. Weshalb sind Kapitalkosten, die innerhalb der Unternehmung angewendet werden, höher als Kapitalkosten, die außerhalb der Unternehmung Verwendung finden?

9. Equity-Value

Die Darstellung der DCF-Methode beginnt mit den grundlegenden Formeln (9-1) bis (9-3) einschließlich der Variante mit dem Fortführungswert. Dann diese Fragen: Warum genügte um 1980 das Gordon-Modell nicht mehr? Warum werden einmal die Dividenden, ein andermal Freie Cashflows diskontiert? Wie sind Cashflows und Freie Cashflows definiert? Worin unterscheiden sich Budgetierte Investitionen von weitergehenden Investitionen? Sodann die Formeln für den Equity-Value und die mit Leveraging und Unleveraging bezeichnete Umrechnung des Verschuldungsgrads.

9.1 Ertragsorientierung 169
9.2 Cashflows oder Dividenden? 173
9.3 Freie Cashflows 176
9.4 Dividendenersatz 181
9.5 Die Wertformel 183
9.6 Leveraging — Unleveraging 187
9.7 Die indirekte Methode zur Definition des Cashflows 191
9.8 Fragen 192

9.1 Ertragsorientierung

Die Zeit nach dem zweiten Weltkrieg hatte in allen Ländern einen beachtlichen Wirtschaftsaufschwung gebracht, der weltweit in eine Phase des Wachstums mündete. Dabei sind schnell sehr große Unternehmen entstanden. Dem Umsatz und Umsatzwachstum sowie der "Eroberung von Märkten" wurde vom Management in jenen Jahren Priorität eingeräumt. Dabei blieb die Beachtung von Ertrag und Rentabilität zurück. Parallel dazu haben in dieser Zeit die Aktionäre immer deutlicher ihren Wunsch nach Rendite artikuliert. Denn das Versagen der staatlichen Altersversorgung wurde evident und die Menschen mußten private Vorsorge treffen. Hier wurde ihnen aufgrund der langen Historie gesagt, die Anlage in Aktien sei der in Bonds überlegen.[1]

---

[1] JEREMY J. SIEGEL: *Stocks for the Long Run: The Definitive Guide to Financial Market Returns and Long-Term Investment Strategies.*

Bild 9-1: ALFRED RAPPAPORT, geboren 1932, Professor of Managerial Accounting, hat zwischen 1980 und 1990 die Grundlagen für die DCF-Methode geschaffen. Nach seinem Studium an der University of Illinois (M.S. 1961, Ph.D. 1963) war RAPPAPORT von 1979 bis *1990 Leonard Spacek Distinguished Professor* und ab 1990 Adjunct Professor an der *J.L. Kellog Graduate School of Management* der *Northwestern University*. Nebenbei gründete er 1979 — zusammen mit CARL M. NOBLE, JR. — eine Beratungsgesellschaft.

Die neuen Aktionäre achteten auf die Rendite und wählten danach Investmentfonds aus. Der Wunsch der Investoren wurde den Unternehmen sehr deutlich. So wurde um 1980 für viele Unternehmen fühlbar, dass sie Kapital rentabel einsetzen müssen. Effizienz In Konstruktion, Produktion und Absatz war verlangt, und auch die Zusammensetzung der Unternehmen aus Bereichen wurde auf einmal hinterfragt. Restrukturierungen waren erforderlich, um die Rentabilität zu verbessern. Des weiteren mußten Unternehmungen prüfen, ob nicht gewisse Unternehmensteile verkauft werden sollten. Andererseits boten sich durchaus noch Akquisitionen an. Bei allen diesen Maßnahmen handelte es sich schließlich um Investitionen oder Desinvestitionen, und die Frage ihrer Vorteilhaftigkeit verlangte geeignete Recheninstrumente.

Eben um diese Zeit hat der amerikanische Wissenschaftler und Consultant ALFRED RAPPAPORT in verschiedenen Publikationen darauf aufmerksam gemacht, dass die traditionelle Rechnungslegung mit ihrem Fokus auf Buchgewinne und Buchwerte wenig geeignet ist, die Vorteilhaftigkeit von Investitionen zu klären. Die anstehenden Entscheidungen dürfen *nicht* danach beurteilt werden, welche Auswirkungen sie auf die *Bücher* haben. Ein Urteil aus der Perspektive des Kapitalmarktes war verlangt. Zwar bieten die Zahlen des Accounting zwei Vorteile: Das Denken in Buchgrößen ist dem Management vertraut und die Zahlen sind geprüft. Sie bilden daher eine verständliche und eine verläßliche Basis. Doch Buchgrößen haben zwei Nachteile: Erstens sind sie stark vergangenheitsorientiert, wogegen die Beurteilung von Investitionen den Blick in die *Zukunft* verlangt. Zweitens spiegeln Größen wie Ertrag und Aufwand nicht unmittelbar Zahlungen wider, und es war um 1980 klar, dass sich der Wert einer Investition aus den *Zahlungen* ableitet, die mit ihr verbunden sind.

In dieser Situation hat RAPPAPORT eine Lehre entwickelt, die inzwischen zum Standardansatz für die Bewertung von unternehmerischen Vorhaben und von Investitionen geworden ist.[2] Das Herausragende bestand in der *Kombination* dreier Ansätze, die jeweils für sich auch von anderen Forschern diskutiert worden sind. RAPPAPORT war indessen derjenige, der sie kombinierte:

1. Traditionelle Geschäftspläne und Budgets können für die kommenden Jahre fortgeschrieben werden, und aus ihnen kann der *Freie Cashflow* ermittelt werden — das ist diejenige Zahlung, die den Wert begründet. Genauer liefert der Geschäftsplan, der *ein* Szenario beschreibt, die *erwarteten* oder prognostizierten Freien Cashflows als Grundlage der Bewertung.

2. Um den heutigen Wert der Freien Cashflows zu ermitteln, wird die Lehrbuchformel (5-20) zu Grunde gelegt und vorgeschlagen, die *Kapitalkosten* anhand des CAPM zu errechnen. So wurde den Anwendern gezeigt, wie das Risiko mit *Beta* quantifiziert werden kann, und welche Auswirkungen das so spezifizierte Risiko auf die Kapitalkosten und den Wert hat.

3. RAPPAPORT hat zudem die Faktoren aufgezeigt, die letztlich den Wert beeinflussen, die sogenannten Werttreiber (*Value Driver*). Der errechnete Wert ist nicht einfach nur ein zahlenmäßiges Urteil über ein Vorhaben. Es wurde deutlich, wie und wodurch der Wert eines Vorhabens verändert werden kann, und wie stark der Wert auf die *Werttreiber* reagiert.

Vom Grundsatz her wird in diesem Rahmen der Wert einer Unternehmung (oder eines Unternehmensteils oder einer Maßnahme) mit dem Barwert der Freien Cashflows gleichgesetzt. So ergibt sich die Bezeichnung *Discounted Cashflow*, abgekürzt mit *DCF*. Die grundlegende Wertformel ist:

---

[2] Literatur: 1. ALFRED RAPPAPORT: Selecting Strategies that create shareholder value, *Harvard Business Review*, 59 (Mai - Juni 1981), pp. 139-149. 2. ALFRED RAPPAPORT: *Creating Shareholder Value: The New Standard for Business Performance*. Free Press, New York 1986. 3. ALFRED RAPPAPORT: *Creating Shareholder Value: A Guide for Managers and Investors*. Free Press, New York 1998. 4. EUGENE M. LERNER und ALFRED RAPPAPORT: Limit DCF in capital budgeting. *Harvard Business Review* 46 (1968) 5, pp. 133-139.

$$W_0 \equiv \frac{FCF_1}{1+r} + \frac{FCF_2}{(1+r)^2} + \frac{FCF_3}{(1+r)^3} + \ldots = \sum_{t=1}^{\infty} \frac{FCF_t}{(1+r)^t} \quad (9\text{-}1)$$

Offensichtlich entspricht sie der Lehrbuchformel (5-30), das heißt: Im Zähler stehen die Erwartungswerte von Zahlungen, die dem Berechtigten in der Zukunft zufließen. Die Kapitalkosten im Nenner sind vereinfacht für alle Jahre als identisch unterstellt. Von Perlen und Lasten wird abgesehen. Beide Größen — die Zahlungen im Zähler von (9-1) und die Kapitalkosten im Nenner — hängen bei der DCF-Methode von der Perspektive ab, für die es Varianten gibt. So sind Bewertungen aus Sicht der Eigenkapitalgeber (*Equity-Value*) und aus Sicht aller Kapitalgeber üblich, Eigen- und Fremdkapitalgeber zu einer Gruppe zusammengefaßt (*Entity-Value*). Außerdem spielt hinein, ob und wie die Steuern, welche die Unternehmung entrichten muss, berücksichtigt werden.

Im Vergleich mit dem Gordon-Modell (3-8) zeigt die DCF-Methode zwei Unterschiede: Erstens wird bei der DCF-Methode nicht die Annahme getroffen, dass die zu diskontierenden Zahlungen gleichförmig wachsen. Wie eingangs geschildert, ging es um 1980 nicht um die Bewertung einer Unternehmung, die sich in einer Phase des gleichmäßigen Wachstums befindet. Es ging um Unternehmen, die in Phasen tiefgreifender Veränderungen eintreten mußten. Bei einer *Restrukturierung* darf nicht davon ausgegangen werden, dass die Cashflows bereits von Anfang an *gleichmäßig* wachsen. Besonders in den ersten fünf oder zehn Jahren müssen die mit einer Maßnahme verbundenen Zahlungen für jedes Jahr im einzelnen geplant und in die Bewertung einbezogen werden. Diese Möglichkeit ist in (9-1) vorgesehen, beim Gordon-Modell ausgeschlossen. Wenn die Restrukturierung abgeschlossen ist, nach fünf oder nach zehn Jahren, kann vielleicht gleichmäßiges Wachstum unterstellt werden. Das wird auch oft so geschehen. Für diesen Fall wird die allgemeine Wertformel der DCF-Methode (9-1) umgeschrieben, so dass die Freien Cashflows der ersten Jahre — sagen wir der ersten fünf Jahre — einzeln aufgestellt und bewertet werden, während für die Zeit danach der Wert — es handelt sich in unserer Notation um W_5 — mit einem anderen Ansatz bestimmt wird.

$$W_0 = \frac{FCF_1}{1+r} + \frac{FCF_2}{(1+r)^2} + \frac{FCF_3}{(1+r)^3} + \frac{FCF_4}{(1+r)^4} + \frac{FCF_5}{(1+r)^5} + \frac{W_5}{(1+r)^5}$$

$$W_5 = \frac{FCF_6}{1+r} + \frac{FCF_7}{(1+r)^2} + \ldots$$

(9-2)

Der Wert W_5 heißt *Fortführungswert* (*Continuing Value*).

Der Fortführungswert wird oft pauschal geschätzt, während die Freien Cashflows der ersten Jahre anhand eines Plans genau prognostiziert werden. Um eine Schätzung des Fortführungswerts durch eine Rechnung zu ersetzen, wird er mit dem Gordon-Modell bestimmt. Dann müssen der Freie Cashflow für das sechste Jahr FCF_6 prognostiziert und die Wachstumsrate g bestimmt werden:[3]

$$W_5 = \frac{FCF_6}{r-g} \tag{9-3}$$

Beispiel 9-1: Eine Unternehmung erwartet für die kommenden fünf Jahre diese Freien Cashflows (alle Angaben in Millionen Euro): 20, 10, 15, 40, 50. Ab dann sollten die Cashflows mit einer Rate von 4% jährlich wachsen. Aufgrund einer Risikobetrachtung soll mit $r = 12\%$ diskontiert werden. Wir beginnen mit dem Fortführungswert. Der erste, für ihn relevante Cashflow hat die Höhe $50 \cdot (1{,}04) = 52$. Nach dem Gordon-Modell ist der Fortführungswert $52 / (0{,}12 - 0{,}04) = 650$. Der DCF:
$M_0 = 20/1{,}12 + 10/1{,}2544 + 15/1{,}4049 + 40/1{,}5735 + 50/1{,}7623 + 650/1{,}7623$,
was einen Wert in Höhe 559 ergibt. ∎

Selbstverständlich gibt es Situationen, in denen der Freie Cashflow acht oder zehn Jahre geplant werden kann. Der Fortführungswert ist dann der Wert, den die Unternehmung aus heutiger Sicht nach acht beziehungsweise zehn Jahren haben wird. Nur erwähnt sei, dass (9-1) beziehungsweise (9-2) durchbrochen werden kann, um Perlen und Lasten zu berücksichtigen. Das geschieht dann am besten im Fortführungswert M_5.

9.2 Cashflows oder Dividenden?

Als zweiter Unterschied zum Gordon-Modell fällt auf, dass bei der DCF-Methode als zu diskontierende Zahlungen nicht die Dividenden herangezogen werden, sondern die Freien Cashflows (die in der Zukunft erwartet werden). Wie begründet, leitet sich der Wert einer Kapitalanlage aus jenen Zahlungen an die Kapitalgeber ab, die ihnen in der Zukunft tatsächlich zufließen werden. Das sind Ausschüttungen, erhöht um

---

[3] Bei der Behandlung dieser Formel in Kapitel 3 sind wir bereits auf die Sensitivität des Werts gegenüber Veränderungen oder Ungenauigkeiten der Wachstumsrate eingegangen. Außerdem deutet die Tabelle (Bild 3-1 für $T = 5$ und $T = 10$ Jahre) darauf hin, dass der durch die Cashflows der ersten fünf oder zehn Jahre generierte Teil des Werts der Unternehmung allenfalls die Hälfte ausmacht, so dass es eine möglichst genaue Bestimmung des Fortführungswerts wichtig ist.

eventuelle Rückzahlungen aufgrund von Kapitalherabsetzungen. Es hängt vom Einzelfall ab, ob Kapitalerhöhungen als Verringerung der Ausschüttungen oder gesondert betrachtet werden. Alle diese Zahlungen haben wir kurz als Dividende angesprochen.

- Die Cashflows beziehungsweise Freien Cashflows sind indessen Zahlungsmittel, die in einem Jahr generiert werden, und die im Prinzip ausgeschüttet werden könnten, vielleicht aber auch für andere Vorhaben verwendet werden, zum Beispiel für Investitionen.
- So schütten viele Unternehmen weniger aus und kaufen Finanzanlagen.
- Ebenso könnte der Cashflow zur Rückzahlung (Amortisation) von Schulden dienen. Schließlich könnte eine Aktiengesellschaft an der Börse eigene Aktien zurückkaufen.

Der Punkt ist, dass dies alles Maßnahmen zugunsten der Eigenkapitalgeber sind, und daher als *Substitut für Dividenden* aufgefaßt werden dürfen. In vielen Fällen verbieten Gesetz oder Statuten eine Ausschüttung. Die Mittel verbleiben dann notgedrungen in der Unternehmung und werden vom Management (hoffentlich) den Wünschen der Kapitalgeber entsprechend eingesetzt.

Beispiel 9-2: Eine Unternehmung, eine GmbH, hat eine Tochtergesellschaft, die in ihrer Bilanz mit 10 Millionen Euro verbucht war, verkauft und dafür 11 Millionen Euro erzielt. Ansonsten sind die Geschäfte nicht sehr gut gelaufen, der operative Gewinn ist Null. Der Jahresgewinn beträgt damit 1 Million Euro. Bei einer Kapitalgesellschaft darf maximal der Jahresgewinn ausgeschüttet werden. Der Manager berichtet den Gesellschaftern, dass die Firma das Geld jetzt nicht benötigt, die 11 Millionen Euro aber nur zu einem kleinen Teil ausgeschüttet werden dürften. Er sehe die Möglichkeit einer Kapitalherabsetzung. Das erscheint den Gesellschaftern zu kompliziert. Auf die Frage, wie sie das Geld verwenden würden, erklären die Gesellschafter eine Präferenz für gewisse Finanzanlagen. "Gut", antwortet der Manager, "dann kauft die GmbH diese Finanzanlagen." ■

> Der Freie Cashflow eines Jahres sind Zahlungsmittel, die von der Unternehmung durch ihre Wirtschaftstätigkeit im Verlauf des Jahres erzielt werden, und die einerseits für Ausschüttungen an die Eigenkapitalgeber verwendet werden, sowie andererseits für Maßnahmen, die im Sinn der Kapitalgeber vorgenommen werden, und daher ein Substitut für Ausschüttungen darstellen.

Im Grunde widersprechen sich die beiden Perspektiven daher nicht.

- Das Gordon-Modell betrachtet die Ausschüttungen erst dann, wenn sie *tatsächlich* erfolgen.
- Der DCF-Ansatz betrachtet Zahlungen bereits dann, wenn sie von der Unternehmung vereinnahmt worden sind und ohne Schaden für die planmäßige Fortführung der Unternehmung ausgeschüttet werden könnten — sofern nicht rechtliche oder statuarische Nebenbedingungen oder Festlegungen den Einbehalt verlangen.

Wir kommen auf Beispiel 7-2 zurück: Beim Gordon-Modell finden die 11 Millionen Euro keine sofortige Berücksichtigung, aber irgendwann werden die damit gekauften Finanzanlagen zu Ausschüttungen an die Gesellschafter führen und erscheinen dann, mit Zins und Zinseszins, in der Bewertung. Beim DCF-Ansatz werden sie bereits früher berücksichtigt.

Dennoch eine weitere Betrachtung: Der Barwert der Cashflows führt auch dann auf einen Wert, wenn die Unternehmung keine Ausschüttungen vornimmt. Zudem ist das Rechnen mit dem Gordon-Modell numerisch instabiler, wenn die Dividende, ihre Wachstumsrate und der Kapitalkostensatz Schätzfehler aufweisen. Die Ungenauigkeit macht sich besonders dann bemerkbar, wenn die Dividende gering und die Wachstumsrate nur wenig unterhalb der Rendite liegt, mit der diskontiert wird.

Welcher Ansatz ist zweckmäßiger?

Der DCF-Ansatz ist *näher* an den unternehmerischen Vorgängen und daher besser geeignet, eine Investition, eine Maßnahme, eine Umstrukturierung einen Geschäftsplan zu bewerten. Der DCF-Ansatz wird so zum geeigneteren Bewertungsmodell für das Management und für jene Personen, die Informationen über die Maßnahmen und Pläne haben. Eine Folge: Die DCF-Methode eignet sich gut, um eine Bewertung anhand der Informationen vorzunehmen, die das Management hat, und die unter Umständen von den Erwartungen abweichen, über die Marktteilnehmer verfügen. Auf diesen Punkt muss geachtet werden, wenn gesagt wird, die DCF-Methode nehme eine Bewertung aus Marktsicht vor. Die DCF-Methode eignet sich deshalb auch für Bewertungen von gedachten Vorhaben, die vielleicht nie zur Realität werden und dem Markt verborgen bleiben.

Das Gordon-Modell ist näher an den tatsächlichen Ausschüttungen oder den Dividenden, die mit einer Aktie verbunden sind. Es eignet sich eher für externe Anleger und Analysten, die auch Prognosen für das Wachstum der Dividenden abgeben. Allerdings sollte aus Genauigkeitsgründen das Gordon-Modell besser angewendet werden, wenn es sich um eine Unternehmung mit hohen Ausschüttungen und geringer

Wachstumsrate handelt, als um eine Firma mit geringen Dividenden und hoher Wachstumsrate.

Die DCF-Methode bietet überzeugende Vorteile:

- Es wird nicht vorausgesetzt, dass die Freien Cashflows von Jahr zu Jahr mit derselben Rate wachsen. Dadurch können gerade Geschäftspläne bewertet werden, die in den ersten noch gut planbaren fünf Jahren nicht durch ein gleichmäßig wachsendes Geschäft charakterisiert sind. Die DCF-Methode eignet sich daher besonders zur Beurteilung von *Änderungsvorhaben* von Investitionen und von Restrukturierungen.

- Die diskontierten Zahlungen sind nicht die tatsächlichen Ausschüttungen oder Dividenden, sondern durch die Wirtschaftstätigkeit erzeugte Überschüsse an Zahlungsmitteln, die entweder *tatsächlich* ausgeschüttet werden oder als *Substitut* von Ausschüttungen im Sinn der Kapitalgeber verwendet werden.

- Die Bewertungsformel ist zu einem Managementsystem *ausgebaut* worden. Hierzu werden *Werttreiber* betrachtet, also Faktoren, die den Cashflow bestimmen beziehungsweise die Höhe des Diskontsatzes. Mit der DCF-Methode gelang auf diese Weise der Brückenschlag zwischen der Bewertung und der Zielsetzung des Managements, wertsteigernde Maßnahmen identifizieren und einleiten zu können.

9.3 Freie Cashflows

Von zentraler Bedeutung beim DCF-Ansatz ist, wie sich die im Zähler von (9-1) beziehungsweise (9-2) und (9-3) stehenden Freien Cashflows bestimmen lassen.

Wie die Größen im Zähler der Wertformel der DCF-Methode zu berechnen sind, hängt noch davon ab, ob der Equity-Value oder der Entity-Value ermittelt werden soll und wie die Steuern behandelt werden. Doch es sind generelle Aussagen möglich. Der Freie Cashflow ist in jedem Fall die Differenz zwischen dem Cashflow und den Budgetierten Investitionen. Das sind die Auszahlungen für jene Investitionen, deren Verwirklichung angenommen wird, wenn die Cashflows der kommenden Jahre prognostiziert werden.

Zum Cashflow: Der Gewinn einer Periode wird im Rechnungswesen als Differenz zwischen Ertrag und Aufwand definiert.

Die Vorstellung jedoch wäre falsch, den Gewinn als "klingende Münze" in der Kasse der Unternehmung zu sehen:

9. EQUITY-VALUE

- Es gibt Erträge, die nicht mit Einzahlungen in der entsprechenden Periode verbunden sind. Beispielsweise werden Produkte und Leistungen verkauft, aber die Kunden und Abnehmer bezahlen die Rechnungen erst später. Oder es werden Erzeugnisse hergestellt, die zunächst gelagert werden und noch nicht im selben Jahr verkauft werden.
- Andererseits — und das ist positiv für den Eingang und Bestand von Zahlungsmitteln — gibt es Aufwendungen, die nicht mit Auszahlungen in der Periode verbunden sind. Hier sind Abschreibungen und die Bildung neuer Rückstellungen zu nennen.

Mit dem Begriff Cashflow wird der Gewinn in die Ebene der Zahlungsmittel transferiert.

> Der Cashflow eines Jahres ist definiert als Differenz zwischen den Erträgen und Aufwendungen, die im selben Jahr mit Einzahlungen beziehungsweise Auszahlungen verbunden sind. Kurz: Cashflow = bare Erträge minus bare Aufwendungen.

Grundlage für die Prognose der Cashflows und der Freien Cashflows ist ein Geschäftsplan, der eine Erwartung wichtiger Bestimmungsgrößen für die kommenden Jahre bildet. Solche Pläne sind nicht nur für den DCF-Ansatz und die Bewertung wichtig. Sie haben in der Praxis große Bedeutung, weil sie als Vorausschau einen verbindlichen Arbeitsplan für das Management darstellen und die spätere Beurteilung vielfach mit einer Analyse der Abweichungen beginnt.

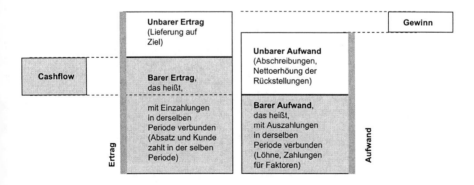

Bild 9-2: Die sogenannte direkte Methode zur Ermittlung des Cashflows.

Als erste wichtige Größe für eine Planung der Cashflows für die kommenden Jahre sind die baren Erträge oder Einzahlungen zu nennen, die aus dem Absatz der Produkte und der Leistungen erzielt werden. Hier handelt es sich meist um Menge mal Preis, und für die weitere Entwicklung beider Größen muss der Plan Erwartungen für die kommenden Jahre bilden. Zu den baren Erträgen kommen bei vielen Unternehmen die Einzahlungen aus Finanzanlagen hinzu, so etwa Zinsen aus Anleihen oder Finanzerträgen aus Beteiligungen.

Entstehung des Cashflows			
Bare Erträge			
	Absatzerlöse		E
	Erträge aus Wertpapieren und Beteiligungen		+ F
Bare Aufwendungen			
	Löhne		- L
	Vorleistungen: Auszahlungen für Lieferanten, Materialkauf, Miete, Energieverbrauch, Versicherung, Lizenzen und Beratung		- V
	Zinszahlungen an Fremdkapitalgeber		- Z
	Steuern: Mehrwertsteuer, Körperschaftsteuer, Gewerbesteuer		- T
Cashflow			= CF

Bild 9-3: Berechnung des Cashflows.

Was die baren Aufwendungen betrifft, so stehen an erster Stelle bei den Auszahlungen die Löhne. Zur Vorschau der Entwicklung der kommenden Jahre wird der Personalbestand geplant und eine Prognose für die Veränderung des Lohnniveaus abgegeben. Da die Planung doch fünf oder acht oder sogar zehn Jahre umfassen sollte, müssen Erwartungen hinsichtlich der Inflation getroffen werden, weil Anpassungen an die Geldentwertung das Lohnniveau verändern. Zu den baren Aufwendungen gehören weiterhin Vorleistungen im Sinne von Auszahlungen für beschaffte Produktionsfaktoren: Zulieferanten und Materialbeschaffungen müssen bezahlt werden. Gleiches gilt für Mieten, Versicherungsprämien, Lizenzen und Beratung.

Eine weitere wichtige bare Aufwandsposition stellen Zinsen dar, welche die Unternehmung an ihre Fremdkapitalgeber leisten muss, sofern Schulden aufgenommen worden sind oder in einem der kommenden Jahre aufgenommen werden sollen. Schließlich muss sie Steuern zahlen, vor allem Mehrwertsteuer, Körperschaftsteuer und Gewerbesteuer.

So ergeben sich in der Planung die *erwarteten* Cashflows der kommenden Jahre (die selbstverständlich wie alle anderen erwähnten Größen unsicher sind — am genauesten lassen sich vielleicht noch die Fremdkapitalzinsen planen). Eine Übersicht hält das zur Entstehung des Cashflows Besprochene fest.

Wie wird der Cashflow verwendet? Wenn hier nichts vorgesehen wäre, käme es zu entsprechenden Änderungen des Bestands an liquiden Mitteln — Kasse, Sichtguthaben, Geldmarktinstrumente. Hingegen gibt es zwei dominante Verwendungen des Cashflows:

1. Budgetierte Investitionen — sie sind mit I bezeichnet.
2. Auszahlungen an die Eigenkapitalgeber und Maßnahmen, die Dividendenersatz darstellen.

Wenn im zukünftigen Jahr t der Cashflow in der Höhe von CF_t erwartet wird, und I_t die Auszahlungen für Budgetierte Investitionen sind, dann ist

$$FCF_t \equiv CF_t - I_t \qquad (9\text{-}4)$$

der erwartete Freie Cashflow.

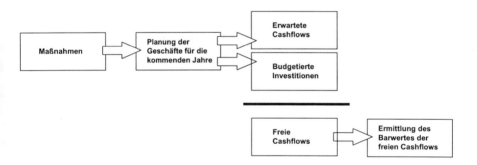

Bild 9-4: Die Freien Cashflows ergeben sich aus den Cashflows abzüglich der Budgetierten Investitionen.

Der (erwartete) Freie Cashflow wird für Auszahlungen an die Eigenkapitalgeber verwendet sowie für Maßnahmen, die Dividendenersatz darstellen. Dieser (erwartete) Freie Cashflow bildet die Grundlage für die Bewertung in den Formeln (9-1), (9-2), (9-3). Im Nenner dieser Wertformeln stehen Kapitalkosten, die den Risiken dieser Freien Cashflows entsprechen — im Sinn der in Kapitel 5 besprochenen Replikation. Wenden wir uns also den Budgetierten Investitionen zu. Hierbei handelt es sich um Investitionen, deren Verwirklichung bei der Planung der Entstehungsgrößen für den Cashflow in allen Planungsperioden vorausgesetzt wird.

Verwendung des Cashflows		
Cashflow		CF
Budgetierte Investitionen	• Mit ihren Auszahlungen und den damit verbundenen späteren Einzahlungen ("Früchten") in die Planung aufgenomme Käufe von Maschinen und Einrichtungen, Akquisitionen • Tilgungen von Schulden — und auch hier wird die bewirkte Reduktion der Zinszahlungen in den Folgejahren berücksichtigt • Ebenso Desinvestitionen, also etwa der Verkauf von Grundstücken, Unternehmensteilen oder Beteiligungen — die Einzahlungen erscheinen mit negativem Vorzeichen • Schließlich geplante Kreditaufnahme	- I
Freier Cashflow		= FCF
Zahlungen an die Eigenkapitalgeber	• Dividende • Kapitalherabsetzung abzüglich Kapitalerhöhung	
Weitergehende Investitionen	• Investitionen, die nur mit ihren Auszahlungen, nicht aber den damit verbundenen späteren Einzahlungen erscheinen • Tilgungen von Schulden, ohne dass die Reduktion der Zinszahlungen im vorliegenden Plan berücksichtigt ist • Analog Desinvestitionen oder Kreditaufnahme	- N
Erhöhung Kassenbestand		= ΔK

Bild 9-5: Der Cashflow wird für Budgetierte Investitionen verwendet, für Zahlungen an die Eigenkapitalgeber und für Maßnahmen, die das Geld im Sinn und zugunsten der Eigenkapitalgeber verwenden. Das sind vor allem die weitergehenden Investitionen, die im Nachtragshaushalt hinzukommen sowie eine Erhöhung des Kassenbestandes.

Das heißt: Nicht nur werden die Budgetierten Investitionen durch ihre Auszahlungen erfaßt, auch die Früchte dieser Investitionen erscheinen in der Planung. Sie sind nicht nur in der Planung der nächsten fünf Jahre berücksichtigt. Sie erscheinen ebenso im Fortführungswert.

- Bei den Budgetierten Investitionen kann es sich um Auszahlungen für die Anschaffung von Grundstücken, Maschinen und Eirichtungen handeln, um Akquisitionen oder den Erwerb von Wertpapieren. Diese Investitionen werden also durch ihre Auszahlungen, die sie verlangen, und die späteren Einzahlungen, die sie bewirken, im Plan beschrieben.

9. EQUITY-VALUE

- Außerdem können Schulden zurückbezahlt werden — auch ein solcher Plan hat investiven Charakter, denn er bewirkt eine Reduktion späterer Zinsbelastung.

- Abgezogen von diesen Auszahlungen werden Einzahlungen, wenn ein Verkauf vorhandener Real- oder Finanzinvestitionen budgetiert wird. Häufig handelt es sich um den Verkauf nichtbetriebsnotwendigen Vermögens. Es könnte aber auch betriebsnotwendiges Vermögen verkauft werden, und dann muss der entsprechende Rückgang von Absatzerlösen in den Folgejahren in der Planung erscheinen.

- Schließlich kann Fremdkapital aufgenommen werden, und der Kreditbetrag, welcher der Unternehmung zufließt, erscheint als negative Budgetierte Investition. Wenn unter den Budgetierten Investitionen eine Kreditaufnahme erscheint, müssen die dadurch ausgelösten Zinszahlungen im Plan in den Folgejahren berücksichtigt werden.

In manchen Jahren können die Budgetierten Investitionen insgesamt auch eine negative Größe sein. Damit wären wir eigentlich fertig: Der Freie Cashflow für die kommenden Jahre ist geplant.

9.4 Dividendenersatz

In der praktischen Wirklichkeit möchte man die "Auszahlungen an die Eigenkapitalgeber und Maßnahmen, die Dividendenersatz darstellen" etwas differenzierter betrachten. Für die Unternehmensbewertung mit der DCF-Methode ist das zwar nicht erforderlich, doch es fördert das Verständnis.

Zunächst fallen in diese Gruppe die tatsächlichen Zahlungen zwischen Unternehmung und Eigenkapitalgeber. Eigentümer tätigen Entnahmen, Gesellschafter lassen sich Teile des Gewinns ausschütten, Aktionäre beziehen Dividenden. Hinzu kommen bei Kapitalgesellschaften Herabsetzungen des Kapitals mit entsprechenden Auszahlungen an die Eigenkapitalgeber. Umgekehrt wären von diesen Zahlungen, die Eigenkapitalgeber erhalten, weitere Einlagen oder Beträge abzuziehen, die der Unternehmung aus Kapitalerhöhungen zufließen.

Die zweite Position der Verwendung des Freien Cashflows in der praktischen Wirklichkeit stellen *weitergehende* Investitionen dar, die das Management so vornimmt, als hätten die Eigenkapitalgeber dieses Geld erhalten und würden es (außerhalb der Unternehmung) selbst anlegen.

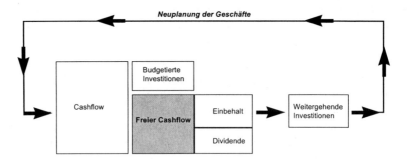

Bild 9-6: Budgetierte und weitergehende Investitionen unterscheiden!

Entsprechend werden die weitergehenden Investitionen in der Planung anders behandelt als die Budgetierten Investitionen. Die Früchte der weitergehenden Investitionen werden in der Planung der weiteren Jahre *nicht* angeführt, während wie gesagt die Früchte der Budgetierten Investitionen in der Planung erscheinen.

Einige Autoren sehen deshalb von weitergehenden Investitionen gänzlich ab und sagen, die DCF-Methode unterstelle die Ausschüttung des *gesamten* Freien Cashflows. Für die Theorie und die Bewertung ist diese Haltung korrekt. Der *Plan der zukünftigen Jahre* unterstellt, dass der gesamte Freie Cashflow abfließt. Teile des Freien Cashflows, die in der *praktischen Wirklichkeit* dennoch nicht ausgeschüttet werden, bleiben in ihren Früchten im derzeitigen Plan unberücksichtigt. Selbstverständlich haben solche *weitergehenden* Investitionen tatsächlich eine spätere Wirkung. So ist es im Verlauf der Jahre möglich, neue Pläne aufzustellen.[4]

Wofür wird nun dieser Teil des Freien Cashflows verwendet, der in der praktischen Wirklichkeit weder verplant wurde (Budgetierte Investitionen) noch ausgeschüttet wird?

- Zunächst kann (nochmals, über die geplante oder budgetierte Tilgung hinausgehend) Fremdkapital zurückgezahlt werden. Der Eigenkapitalgeber profitiert hier in dem Sinn, dass die spätere Zinsbelastung und das mit dem Leverage verbundene Risiko reduziert werden — auch wenn das im heutigen Plan noch nicht berücksichtigt ist. Auf der anderen Seite würden wir in diese Rubrik die ungeplante Aufnahme neuer Kredite aufnehmen.

---

[4] Man könnte die weitergehenden Investitionen daher auch *ungeplante* Investitionen nennen, oder von einem *Nachtragshaushalt* sprechen. Solche Bezeichnungen könnten aber die Vermutung wecken, das Management verfolge keine Strategie sondern entscheide *ad hoc*, aus dem Augenblick heraus. Deshalb bleiben wir bei dem Begriff der *weitergehenden* Investitionen.

- Als nächstes könnte das Management weitergehende Investitionen tätigen, die über die Budgetierten Investitionen hinausgehen. So könnten Wertpapiere gekauft werden, um nur ein Beispiel zu nennen. Des weiteren könnte das Management an der Börse eigene Aktien der Gesellschaft zurückkaufen. Dadurch wird der Kurs angehoben, weshalb vielfach die Rückkaufprogramme als *Dividendenersatz* bezeichnet werden.
- Der Rest dient dazu, den Bestand an liquiden Mitteln zu erhöhen: die Kasse füllt (oder leert) sich.

9.5 Die Wertformel

Diese Ausführungen sollten nur beschreiben, was mit dem Teil des Freien Cashflows geschieht, der in der praktischen Wirklichkeit nicht ausgeschüttet wird. Denn für die Bewertung der Unternehmung wird nur der Freie Cashflow benötigt. Mit der Planung, *die Grundlage der Bewertung ist*, wird so getan, *als ob* der gesamte Freie Cashflow den Eigenkapitalgebern in der entsprechenden Periode zufließt.

Selbstverständlich könnte der Freie Cashflow in einzelnen Jahren auch negativ sein, zum Beispiel wenn viele Investitionen budgetiert werden. Es wird für die Bewertung dann so getan, *als ob* die Eigenkapitalgeber den negativen Freien Cashflow ausgleichen müßten. Im praktischen Wirtschaftsleben kommt es dann regelmäßig zu einem Nachtragshaushalt, der eine weitere Kreditaufnahme vorsieht. Was den Wert betrifft, ist aber nur der Freie Cashflow maßgeblich.

Da der Freie Cashflow die in einem Jahr erwirtschafteten Zahlungsmittel zugunsten der Eigenkapitalgeber beschreibt, liefert der Barwert der Freien Cashflows eine Unternehmensbewertung aus der Perspektive der Eigenkapitalgeber. Es wird der *Equity-Value* berechnet.

> Der Equity-Value $W(Equity)$ ist der Preis, zu dem die gesamten Beteiligungs- und Eigentumsrechte der Eigenkapitalgeber — bei einer Aktiengesellschaft alle ausstehenden Aktien — in einem gut funktionierenden Markt verkauft und gekauft werden.

Die nun verwendete Bezeichnung $r_{EK}(0)$ anstelle von r_{EK} für die Eigenkapitalkosten soll unterstreichen, dass ein und dasselbe Geschäftsvorhaben unterschiedliche Eigenkapitalkosten hat, wenn sich die Finanzierung ändert. Der Hauptgrund: Mit Leverage steigt auch das Risiko. Mit dem Einsatz von Fremdkapital und mit zunehmenden Verschuldungsgrad nehmen daher die Eigenkapitalkosten zu. Diesen Leverage-Effekt werden wir gleich formulieren.

Freier Cashflow der unverschuldeten Unternehmung			
Bare Erträge			
		Absatzerlöse	E
		Erträge aus Wertpapieren und Beteiligungen	+ F
Bare Aufwendungen			
		Löhne	- L
		Vorleistungen: Auszahlungen für Lieferanten, Materialkauf, Miete, Energieverbrauch, Versicherung, Lizenzen und Beratung	- V
		Steuern: Mehrwertsteuer, Körperschaftsteuer, Gewerbesteuer	- T
Cashflow			= CF
Budgetierte Investitionen		• Mit ihren Auszahlungen und den damit verbundenen späteren Einzahlungen (Früchten) in die Planung aufgenomme Käufe von Maschinen und Einrichtungen, Akquisitionen.	- I
		• Ebenso Desinvestitionen, also etwa der Verkauf von Grundstücken, Unternehmensteilen oder Beteiligungen — die Einzahlungen erscheinen mit negativem Vorzeichen.	
Freier Cashflow			= FCF

Bild 9-7: Der Freie Cashflow einer unverschuldeten Unternehmung.

Beispiel 9-3: Eine unverschuldete Unternehmung plant die Freien Cashflows der kommenden drei Jahre zu 100, 20, 300. Der auf das dritte Jahr bezogene Fortführungswert wird mit 4.000 geschätzt (Millionen Euro). Es soll mit einem Kapitalkostensatz von 10% bewertet werden. Es folgt $W(Equity) = 100/1{,}1 + 20/1{,}12 + (300 + 4.000)/1{,}331 = 3.339$. ∎

Beispiel 9-4: Es soll der auf das dritte Jahr bezogene Fortführungswert w_3 einer unverschuldeten Unternehmung berechnet werden. Dafür sind neben den Kapitalkosten — 10% werden angenommen — die Freien Cashflows ab dem vierten Jahr relevant. Die baren Erträge im vierten Jahr sollen 100 betragen und ab dann für immer jährlich mit der Rate 5% wachsen. Die Löhne und Vorleistungen zusammengenommen dürften im vierten Jahr 50 betragen und ab dann mit einer Rate von 3% wachsen. Die Budgetierten Investitionen sind im vierten Jahr 20 und wachsen mit einer Rate von 4%.

Aus diesen Angaben läßt sich der Freie Cashflow berechnen. Im Jahr 4 beträgt er $100 - 50 - 20 = 30$, im Jahr 5 ist $100 \cdot 1{,}05 - 50 \cdot 1{,}03 - 20 \cdot 1{,}04 = 105 - 51{,}5 - 20{,}8 = 32{,}7$, im Jahr 6 $100 \cdot 1{,}05^2 - 50 \cdot 1{,}03^2 - 20 \cdot 1{,}04^2 = 35{,}573$ und so fort. Um nun nicht alle Freien Cashflows explizit ausrechnen zu müssen, würde man gern das Gordon-Modell anwenden. Leider weist der Freie Cashflow keine gleichmäßige Wachstumsrate auf, auch wenn die einzelnen Komponenten jeweils gleichmäßig wachsen. Hier hilft der Trick, das Gordon-Modell mehrfach anzuwenden und die Werte der Komponenten der Freien Cashflows einzeln zu berechnen.

Die baren Erträge betragen im ersten relevanten Jahr 100 und wachsen mit einer Rate von 5%. Das ergibt einen Wert der baren Erträge von $100/(0{,}10-0{,}05)=2.000$. Da die Löhne und Vorleistungen im vierten Jahr 50 betragen und mit 3% wachsen, haben sie einen Wert von $50/(0{,}10-0{,}03)=714$. Die Budgetierten Investitionen haben schließlich, für sich allein genommen, den Wert $20/(0{,}10-0{,}04)=333$. Der zu berechnende Fortführungswert beträgt folglich $W_3 = 2.000 - 714 - 333 = 953$. ∎

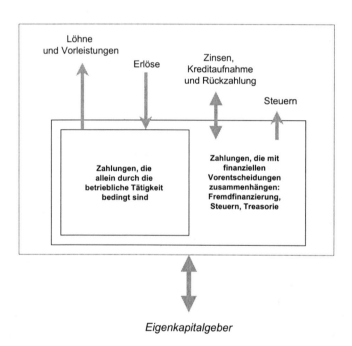

Bild 9-8: Veranschaulichung der Perspektive, die für den Equity-Value eingenommen wird.

Nun der Fall einer teils fremdfinanzierten Unternehmung:

Wird das betrachtete Geschäftsvorhaben nicht nur mit Eigenkapital sondern auch mit Fremdkapital finanziert, müssen vier Veränderungen beachtet werden.

1. Zinsen, die für das Fremdkapital zu zahlen sind, stellen baren Aufwand dar, weshalb der Cashflow im Vergleich zur unverschuldeten Unternehmung dadurch geringer wird.
2. Die Steuern dürften bei der verschuldeten Unternehmung geringer sein, weshalb der Cashflow durch diesen Effekt wieder etwas größer wird.
3. Bei den Budgetierten Investitionen können auch Rückzahlungen oder Teilrückzahlungen der Schulden geplant sein. Andererseits verringert eine Kreditaufnahme die Budgetierten Investitionen.
4. Im Nenner der Wertformel stehen die Eigenkapitalkosten der *verschuldeten* Unternehmung, und diese sollen mit $r_{EK}(L)$ bezeichnet werden.

Bild 7-9 zeigt das Schema für die Planung der Freien Cashflows der verschuldeten Unternehmung. Die Formel für den Equity-Value der verschuldeten Unternehmung lautet damit

$$W(Equity) \equiv \sum_{t=1}^{\infty} \frac{FCF_t}{(1+r_{EK}(L))^t} \qquad (9\text{-}5)$$

Im Vergleich zu (9-5) ist in (9-6) der Zähler wie dargestellt anders berechnet und im Nenner stehen bei (9-6) die Eigenkapitalkosten der verschuldeten und besteuerten Unternehmung.

Beispiel 9-5: Ein Unternehmer wird angesprochen, eine kleine Firma zu übernehmen. Als Preis werden 5.000 verlangt (alle Beträge in Tausend Euro). Der Unternehmer muss im Fall des Kaufs auch Fremdkapital einsetzen, und zwar denkt er hier an 3.000, den Rest des Kaufpreises, also 2.000, kann er aus Eigenmitteln bestreiten. Für diese Finanzierung stellt er einen Geschäftsplan auf und gelangt zu erwarteten Freien Cashflows für die nächsten drei Jahre zu 100, 20, 300. Der auf das dritte Jahr bezogene Fortführungswert zugunsten des Eigenkapitals wird mit 4.000. geschätzt. Angesichts der Geschäftsrisiken und der Verschuldung bestimmt der Kaufinteressent die Eigenkapitalkosten zu 20%.

Es folgt: $W(Equity) = 100/1{,}2 + 20/1{,}44 + (300+4.000)/1{,}728 = 2.586$. Als Investor zwei Millionen einlegen und etwas erhalten, was über zweieinhalb Millionen wert ist, erscheint vorteilhaft, besonders wo mit einem recht hohen Kapitalkostensatz diskontiert wurde. Die Übernahme kommt zustande. ∎

9. EQUITY-VALUE

Freier Cashflow der verschuldeten Unternehmung		
Bare Erträge		
	Absatzerlöse	E
	Erträge aus Wertpapieren und Beteiligungen	+ F
Bare Aufwendungen		
	Löhne	- L
	Vorleistungen: Auszahlungen für Lieferanten, Materialkauf, Miete, Energieverbrauch, Versicherung, Lizenzen und Beratung	- V
	Zinszahlungen an Fremdkapitalgeber	- Z
	Steuern: Mehrwertsteuer, Körperschaftsteuer, Gewerbesteuer	- T
Cashflow		= CF
Budgetierte Investitionen	• Mit ihren Auszahlungen und den damit verbundenen späteren Einzahlungen (Früchten) in die Planung aufgenomme Käufe von Maschinen und Einrichtungen, Akquisitionen. • Ebenso Desinvestitionen, also etwa der Verkauf von Grundstücken, Unternehmensteilen oder Beteiligungen — die Einzahlungen erscheinen mit negativem Vorzeichen. • Tilgungen von Schulden — und auch hier wird die bewirkte Reduktion der Zinszahlungen in den Folgejahren berücksichtigt. • Schließlich geplante Kreditaufnahme	- I
Freier Cashflow		= FCF

Bild 9-9: Der Freie Cashflow einer verschuldeten Unternehmung.

9.6 Leveraging — Unleveraging

Noch ein Wort zu den Eigenkapitalkosten der unverschuldeten und der verschuldeten Unternehmung, $r_{EK}(0)$ beziehungsweise $r_{EK}(L)$. Sie hängen zusammen, und es gibt Umrechnungsformeln, vergleiche (9-8). Diese Formeln sind nützlich, wenn die Kapitalkosten einer Unternehmung bestimmt werden sollen, und wenn sich Vergleichsunternehmen anbieten, die einen anderen Verschuldungsgrad besitzen. Die Anwendung der Umrechnungsformeln wird als *Leveraging* oder *Unleveraging* bezeichnet.[5] Ab jetzt sei $W(Equity)$ stets der Wert des Eigenkapitals, und $W(Debt)$

---

[5] Siehe: 1. DON M. CHANCE: Evidence on a Simplified Model of Systematic Risk. *Financial Management* 11 (1982) 3, pp. 53-63. 2. NORVALD INSTEFJORD: Financial innovation and

der Wert, den alle Fremdkapitalkontrakte haben. Außerdem bezeichnen wir den Markwert der Ansprüche aller Kapitalgeber mit $W(Entity)$.

> Der Quotient aus Fremdkapital und Eigenkapital ist der *Verschuldungsgrad*, bezeichnet mit L. Da sich der Verschuldungsgrad hier nicht auf Buchwerte sondern auf die Marktwerte bezieht, ist er durch $L \equiv W(Debt)/W(Equity)$ definiert. Er ist nicht negativ, $L \geq 0$, kann aber durchaus größer als 1 sein. Der Verschuldungsgrad ist vom Anteil des Fremdkapitals am Gesamtkapital zu unterscheiden. Diese sogenannte *Fremdkapitalquote* beträgt $G \equiv W(Debt)/W(Entity) = L/(1+L)$ und wird auch als *Gearing* bezeichnet. Selbstverständlich gilt $0 \leq G < 1$. Der relative Anteil des Eigenkapitals am Gesamtkapital, die *Eigenkapitalquote*, beträgt $W(Equity)/W(Entity) = 1 - G = 1/(1+L)$.

Die Umrechnungen sind einfach:

$$\text{Verschuldungsgrad } L \equiv \frac{W(Debt)}{W(Equity)}$$

$$\text{Gearing } G \equiv \frac{W(Debt)}{W(Entity)} = \frac{L}{1+L}$$

$$\text{Eigenkapitalquote} = \frac{W(Equity)}{W(Entity)} = \frac{1}{1+L} \tag{9-6}$$

$$L = \frac{G}{1-G}$$

Beispiel 9-6: Wie hoch ist der Verschuldungsgrad, wie hoch das Gearing? Eine Unternehmung A ist je zur Hälfte aus Eigen- und Fremdkapital finanziert. Antwort: $L = 1, G = 1$. Eine Unternehmung B setzt halb soviel Fremd- wie Eigenkapital ein. Antwort: $L = 1/2$, $G = 1/3$. Eine Unternehmung C setzt doppelt so viel Fremd- wie Eigenkapital ein. Antwort: $L = 2, G = 2/3$ Nun eine Unternehmung D, deren Fremdkapitalquote 80% beträgt. Antwort: $G = 80\%, L = 4$. Schließlich eine Firma E mit einer Eigenkapitalquote von 40%. Antwort: $G = 60\%, L = 1{,}5$. ∎

---

delegation of control. *Economic Journal* 108 (1998) 451, pp. 1707-1732. 3. THOMAS E. COPELAND und FRED J. WESTON: *Financial theory and corporate policy*, 3. Auflage Addison-Wesley, Reading 1998. 4. TOM COPELAND, TIM KOLLER und JACK MURRIN: *Valuation — Measuring and Managing the Value of Companies*, John Wiley & Sons, New York 2000.

Intuitiv einsichtig ist $r_{EK}(L) > r_{EK}(0)$ für $L > 0$. Mit höherem Einsatz von Fremdkapital wird das davon unveränderte Geschäftsrisiko von immer weniger Eigenkapital getragen, weshalb das damit verbundene Risiko pro Euro Kapitaleinsatz steigt. Diese Wirkung wird als *Leveragerisiko* bezeichnet. Des weiteren liegen die Fremdkapitalkosten regelmäßig unter den erwarteten Eigenkapitalkosten der unverschuldeten Unternehmung, weshalb mit der Verschuldung auch die mit dem Eigenkapital verbundene Renditeerwartung zunimmt.

Eine formale Untersuchung des Leverage-Effekts zeigt den nachstehenden Zusammenhang:

$$r_{EK}(L) = (1+L) \cdot r_{EK}(0) - L \cdot r_{FK}$$

$$r_{EK}(0) = \frac{r_{EK}(L) + L \cdot r_{FK}}{1+L}$$

(9-7)

In (9-8) bezeichnen r_{FK} die Fremdkapitalkosten. Sie sind auch im gut funktionierenden Markt vom Einjahreszinssatz verschieden, weshalb wir für sie nicht die zuvor für den Zinssatz gebrauchte Bezeichnung i verwenden.

- Es gilt als Best-Practice, wenn Unternehmen bei der Kreditaufnahme eine längere Frist vereinbaren, so dass unter den Fremdkapitalkosten ein mittlerer Zinssatz für vielleicht fünfjähriges Kapital zu verstehen ist.
- Hinzu kommt ein Zuschlag, den Gläubiger für die Deckung des Ausfallrisikos verlangen (*Credit Spread*). Streng genommen hängen daher die Fremdkapitalkosten auch vom Verschuldungsgrad ab, denn dieser ist ein Faktor beim Rating.
- Schließlich können Kosten für die Fremdkapitalbeschaffung hinzukommen — besonders wenn ein neues Projekt kalkuliert werden soll.

Achtung: Eine Änderung der Finanzierung strahlt auch auf andere Größen aus, so beispielsweise auf die zu zahlenden Steuern. Mit den Steuern ändern sich nicht nur die Höhe der erwarteten Freien Cashflows, um die es hier geht und die mit FCF_t bezeichnet sind — was wir im Folgenden auch berücksichtigen werden. Mit den Steuern ändern sich auch die Risikomerkmale der unsicheren Freien Cashflows.

Diese Auswirkung wollen wir ausklammern. Im praktischen Wirtschaftsleben sind die Formeln (9-8) ohnehin nur als eine Orientierung zu betrachten, weil die Finanzierung auch auf die Art der Investitionen ausstrahlt.

Bekanntlich verlangen Kreditgeber bei Sicherheiten andere Konditionen. Unternehmen werden also prüfen, ob sie ihre Investitionen und die Art der realwirtschaftlichen Tätigkeit nicht leicht modifizieren, um dem Sicherheitsbedürfnis der Gläubiger entgegenzukommen.

Die oft getroffene Annahme, die Finanzierung hätte keine Auswirkung auf die realwirtschaftliche Seite der Unternehmung, ist deshalb eine Fiktion. Der Zusammenhang zwischen der Renditeerwartung und dem Leverage ist in der praktischen Wirklichkeit komplizierter, als es der mit (9-8) erfaßte Leverage-Effekt beschreibt.

Beispiel 9-7: An der Börse wird eine Unternehmung beobachtet, die praktisch unverschuldet ist. Für sie wurden die Kapitalkosten mit 8% geschätzt. Eine andere Unternehmung, die ihr hinsichtlich der Geschäftsrisiken ähnelt, weist eine Fremdkapitalquote von $G = 1/3$ auf und belastet die Aktionäre daher zusätzlich mit dem Leveragerisiko, realisiert andererseits gewisse Steuervorteile. Wie hoch sind Ihre Kapitalkosten? Es werden auch die Fremdkapitalkosten der verschuldeten Unternehmung benötigt. Sie sollen 6% betragen. Zunächst wird $G = 1/3$ in den Verschuldungsgrad $L = 0,5$ umgerechnet. Die obere Formel in (9-7) liefert $r_{EK}(L) = 1,5 \cdot 0,08 - 0,5 \cdot 0,06 = 9\%$. ∎

Beispiel 9-8: Eine Unternehmung, die Eigenkapitalkosten Fremdkapitalkosten in Höhe von 12% aufweist, verschuldet ist, einen Fremdkapitalanteil am Gesamtkapital von $G = 75\%$ aufweist und Fremdkapitalkosten von 7% hat, plant eine Investition, die vom Geschäftsrisiko her als für sie typisch angesehen wird. Jedoch soll die Investition vollständig eigenfinanziert werden. Welche Mindestrendite muss sie erwarten lassen? Anders ausgedrückt: Wie hoch sind die Kapitalkosten der unverschuldeten Unternehmung? Die Fremdkapitalquote $G = 75\%$ bedeutet einen Verschuldungsgrad von $L = 3$. Die untere Formel in (9-15) liefert $r_{EK}(0) = (0,12 + 3 \cdot 0,07)/4 = 8,25\%$. ∎

Beispiel 9-9: Für eine Unternehmung, die einen Verschuldungsgrad von $L = 0,2$ aufweist, soll der Equity-Value bestimmt werden. Als Vergleichsunternehmung wird ein Chemieunternehmen gefunden, das eine Rendite von 10% erwarten läßt, aber einen Verschuldungsgrad von 0,5 hat. Wir müssen noch die Fremdkapitalkosten kennen. Eine Schätzung liefert $r_{FK} = 6\%$ für die höher verschuldete und $r_{FK} = 5\%$ für die geringer verschuldeten Unternehmung. Rechenschritte: *Unleveraging*. Die unverschuldete Chemieunternehmung hätte nach der unteren Formel in (9-7) Kapitalkosten in Höhe von $r_{EK}(0) = (0,10 + 0,5 \cdot 0,06)/1,5 = 8,666\%$. *Leveraging*: Für die zu bewertende Unternehmung mit $L = 0,25$ folgt nach der oberen Formel $r_{EK}(0,25) = (1 + 0,2) \cdot 8,666 - 0,2 \cdot 0,05 = 9,4\%$. ∎

9.7 Die indirekte Methode zur Definition des Cashflows

Aus didaktischen Gründen wurde die DCF-Methode auf Basis der direkten Definition des Cashflows erläutert:

$$\text{Cashflow} = \text{Bare Erträge} - \text{bare Aufwendungen}$$

In der Praxis wird der Cashflow ausnahmslos nach der indirekten Definition berechnet, deren Äquivalenz gut aus Bild 7-2 abgelesen werden kann:

$$\text{Cashflow} = \text{Gewinn} + \text{unbare Aufwendungen abzüglich unbare Erträge}$$

Zu den unbaren Aufwendungen gehören vor allem die Abschreibungen und die Netto-Erhöhungen der Rückstellungen. Gleichfalls liegt ein unbarer Aufwand vor, wenn bezogene und eingesetzte Inputs nicht im selben Jahr bezahlt werden. Unbare Erträge haben vielfach ihre Ursachen in Lieferungen, die der Abnehmer erst später bezahlt.

Jahresüberschuß / Fehlbetrag	
+	Abschreibungen auf das Anlagevermögen
-	Zuschreibungen auf das Anlagevermögen
+/-	Veränderungen der Rückstellungen für Pensionen und ähnliche Verpflichtungen bzw. anderer längerfristige Rückstellungen
+/-	Veränderung des Sonderpostens mit Rücklageanteil
+/-	Andere wesentliche zahlungsunwirksame Aufwendungen bzw. Erträge
Jahres-Cashflow	
+/-	Wesentliche, ungewöhnliche zahlungswirksame Aufwendungen respektive Erträge
Cashflow nach DVFA/SG	

Bild 9-10: Die indirekte Berechnung des Cashflows nach dem Vorschlag der Deutschen Vereinigung für Finanzanalyse (DVFA) sowie der Schmalenbach-Gesellschaft (SG).

Praktiker ziehen die indirekte Methode für die Berechnung des Cashflows vor und es gibt sogar Empfehlungen, wie hier im Detail vorgegangen werden sollten.

9.8 Fragen

1. Wie ist der Cashflow eines Jahres definiert?
2. A) Wie wird der Cashflow verwendet? B) Was wird unter dem Freien Cashflow verstanden?
3. Was sind budgetierte und was "weitergehende" Investitionen. Warum wird diese Unterscheidung getroffen?
4. Eine Unternehmung erwartet für die kommenden fünf Jahre diese Freien Cashflows (Millionen Euro): $40, 20, 30, 80, 100$. Ab dann sollten die Cashflows mit einer Rate von 4% jährlich wachsen. Aufgrund einer Risikobetrachtung soll mit $r = 12\%$ diskontiert werden. Berechnen Sie den Fortführungswert und den Wert.
5. Ein Unternehmer überlegt, eine Firma zu übernehmen. Als Preis werden 10.000 verlangt (alle Beträge in Tausend Euro). Der Unternehmer muss im Fall des Kaufs auch Fremdkapital einsetzen, und zwar 6.000, den Rest des Kaufpreises, also 4.000, kann er aus Eigenmitteln bestreiten. Für diese Finanzierung stellt er einen Geschäftsplan auf und gelangt zu erwarteten Freien Cashflows für die nächsten drei Jahre zu 200, 50, 500. Der auf das dritte Jahr bezogene Fortführungswert zugunsten des Eigenkapitals wird mit 4.000 geschätzt. Angesichts der Geschäftsrisiken und der Verschuldung bestimmt der Kaufinteressent die Eigenkapitalkosten zu 20%. Berechnen Sie $W(Equity)$.
6. Was besagt der Leverage-Effekt?

10. Entity-Value und WACC

Formeln für den gesamten Unternehmenswert, den Entity-Value. Hier muß der "Cashflow" betrachtet werden, der allen Kapitalgebern zugute kommt, der Flow-to-Entity. Weiter kommen durchschnittliche Kapitalkosten ins Spiel, die *Weighted Average Cost of Capital* WACC. Mit einer Annahme, die in der praktischen Wirtschaftswelt als weithin erfüllt angesehen werden darf, und die Dominanz der Innen- vor der Außenfinanzierung beschreibt, wird auf einmal der Unternehmenswert dadurch ermittelt, daß die Gewinne diskontiert werden, beziehungsweise die Gewinne plus Zinszahlungen. Schließlich der von MILES und EZZEL entwickelte Ansatz für die Bestimmung des Entity-Values (10-25) und ihre Kapitalkosten (10-28).

10.1 Drei Wege zum Entity-Value 193
10.2 Flow-to-Entity 197
10.3 WACC 201
10.4 Gewinne diskontieren? 203
10.5 EBIT diskontieren? 208
10.6 Ein Nachsatz 212
10.7 Was bleibt? 214
10.8 Fragen 217

10.1 Drei Wege zum Entity-Value

Das bisherige Vorgehen der Bewertung folgte einer bestimmten Reihenfolge: Zuerst mußte feststehen, ob eine Unternehmung auch mit Fremdkapital finanziert ist, und wenn ja mit welchem Verschuldungsgrad. Anschließend wurde der Equity-Value mit der Wertformel (9-6) berechnet.

Ob letztlich auf den Equity-Value $W(Equity)$ oder auf den Entity-Value $W(Entity)$ abgestellt wird, ist unwichtig.

Der Entity-Value ergibt sich einfach aus dem Equity-Value, indem der Wert des Fremdkapitals $W(Debt)$ addiert wird:

$$W(Entity) \;=\; W(Equity) + W(Debt) \qquad (10\text{-}1)$$

- Selbstverständlich hängt der Equity-Value $W(Equity)$ von der Kapitalstruktur ab. Wenn mehr Fremdkapital eingesetzt wird, muß weniger Eigenkapital eingesetzt werden. Das ist schon klar.

- Wichtig ist, daß sogar die Summe von Eigen- und Fremdkapital, der Entity-Value $W(Entity)$, von der Kapitalstruktur abhängt.

Der Hauptgrund für die Abhängigkeit des Entity-Values vom Umfang, in dem Fremdkapital eingesetzt wird, liegt in der Steuerbelastung.

Wirtschaftsergebnisse, die Eigenkapitalgebern zugeordnet werden, werden bei der Unternehmung anders *besteuert* als Wirtschaftsergebnisse, die den Fremdkapitalgebern zugeordnet sind und als Zinsen ausbezahlt werden. Denn Zinsen sind Aufwand, sie schmälern den Gewinn, und in praktisch allen Ländern orientiert sich die größte Steuer, die Unternehmen entrichten, am Gewinn.

Ein und derselbe Geschäftsbetrieb hat eine geringere steuerliche Belastung, wenn mehr Fremdkapital eingesetzt wird. Die hergebrachte Besteuerung, so die Körperschaftsteuer, hat den Gewinn als Bemessungsgrundlage und begünstigt daher den Einsatz von Fremdkapital.

Erst neuere Steuern, wie etwa die Mehrwertsteuer, orientieren sich an der "Wertschöpfung" und nicht am Gewinn. Bei der Mehrwertsteuer und der Gewerbesteuer sind die Bemessungsgrundlagen daher etwas anders. Jedenfalls hat die Finanzierung einen wesentlichen Einfluß auf die Cashflows.[1]

> Der Wertvorteil, den die Fremdfinanzierung bietet, wird als *Tax-Shield* bezeichnet.[2]

---

[1] In Deutschland verlangt die Körperschaftssteuer, 25% des Gewinns an den Fiskus abzuführen, unabhängig von der Gewinnverwendung (Ausschüttung oder Einbehalt). Die Bemessungsgrundlage für die Gewerbesteuer ist der sogenannte Gewerbeertrag. Er kommt dem Gewinn vor Zinsen und Steuern (EBIT) gleich, wenn die Hälfte der Fremdkapitalzinsen (und die zu zahlende Gewerbesteuer selbst) abgezogen werden. Die Gewerbesteuer beträgt 5% multipliziert mit einem (variierenden) Hebesatz des Gewerbeertrags. Hinweise: 1. WILHELM H. WACKER, SABINE SEIBOLD und MARKUS OBLAU: *Steuerrecht für Betriebswirte*. Verlag Erich Schmidt, Bielefeld 2000. 2. THEODOR SIEGEL und PETER BAREIS: *Strukturen der Besteuerung*. 3. Auflage, Oldenbourg, München 1999. 3. GERD ROSE: *Unternehmenssteuerrecht*. Verlag Erich Schmidt, Bielefeld 2001. 4. LUTZ KRUSCHWITZ: *Finanzierung und Investition*. 3. Auflage, Oldenbourg, München 2002.

[2] Siehe: 1. DWAYNE WRIGHTSMAN: Tax Shield Valuation and the Capital Structure Decision. *Journal of Finance* 33, (1978) 2, pp. 650-656. 2. MICHAEL C. EHRHARDT und PHILLIP R. DAVES: Corporate Valuation: The Combined Impact of Growth and the Tax Shield of Debt on the Cost of Capital and Systematic Risk. *Journal of Applied Finance* 12, (2002) 2, pp. 31-38.

10. ENTITY-VALUE UND WACC

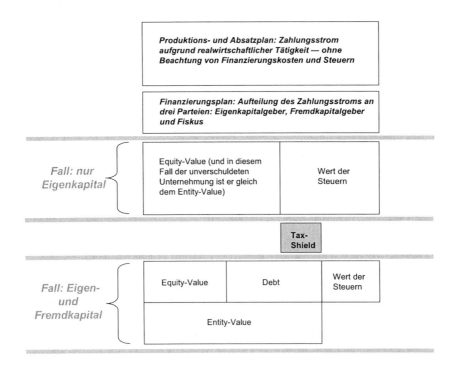

Bild 10-1: Veranschaulichung von Equity-Value und Entity-Value eines realwirtschaftlichen Projektes, bei dem nur der Finanzierungsplan geändert wird, zum einen der Fall der Nichtverschuldung, zum anderen der Fall der Verschuldung.

Beispiel 10-1: Ein Unternehmer kann eine Akquisition tätigen. Der Preis für die Firma, die gekauft werden könnte, soll 6 Millionen Euro betragen. Der Unternehmer stellt drei verschiedene Pläne auf, die sich hinsichtlich des Einsatzes von Fremdkapital unterscheiden: Keine, 2 Millionen beziehungsweise 4 Millionen Euro Schulden sind die Szenarien. Jeder dieser Pläne führt auf eine gewisse Steuerbelastung, einen Cashflow, auf gewisse Risiken und einen ihnen entsprechenden Kapitalkostensatz. Der Entity-Value nach (10-1) errechnet sich für die drei Varianten zu 5 Millionen Euro — das ist der Wert der unverschuldeten Unternehmung — beziehungsweise zu 5,75 und 6,5 Millionen Euro. Bei der hohen Verschuldung wäre die Akquisition ein vorteilhaftes Projekt, und hierfür beträgt der Tax-Shield $6,5 - 5 = 1,5$ Millionen Euro. ■

Wie kann nun der Entity-Value $W(Entity)$ ermittelt werden? Es gibt drei Varianten.

1. Man folgt Formel (10-1). Hierzu betrachtet man die Unternehmung, wie sie tatsächlich finanziert ist, nämlich zum Teil mit Fremdkapital, und bestimmt erstens den Wert des Eigenkapitals $W(Equity)$ und zweitens den Wert der Schulden $W(Debt)$. Die Summe beider Werte ist der Gesamtwert $W(Entity)$ der teils fremdfinanzierten und besteuerten Unternehmung.

2. Der Entity-Value $W(Entity)$ wird *direkt* als Summe diskontierter "Cashflows" gewonnen, ohne daß der Umweg (10-1) genommen wird. Die hierfür verwendeten Wertformeln sind weiterhin (9-1), (9-2), (9-3), nur muß jetzt der Freie Cashflow im Zähler durch jenen *Flow* ersetzt werden, der *allen* Kapitalgebern zugute kommt. Entsprechend müssen im Nenner Kapitalkosten erscheinen, die dem Risiko entsprechen, das auf das Kapital insgesamt fällt — und nicht nur auf das Eigenkapital.

3. STEWART C. MYERS hat 1974 den *Adjusted-Present-Value-Ansatz* (APV-Ansatz) vorgestellt: Man berechnet zunächst den Wert der Unternehmung so als wäre sie vollständig eigenfinanziert (was nicht den Tatsachen entspricht, aber angenommen werden kann). Dazu eignet sich die Formel für den Equity-Value (9-6). Anschließend bestimmt man den Tax-Shield als Barwert aller Steuereinsparungen. Der Gesamtwert $W(Entity)$ der teils fremdfinanzierten und besteuerten Unternehmung ergibt sich dann, indem zum Wert der (hypothetischen) vollständig eigenfinanzierten Unternehmung der Tax-Shield addiert wird.[3]

Der Adjusted-Present-Value-Ansatz ist unter Praktikern ausgesprochen beliebt. Man hat eine Berechnungsbasis, die einleuchtet, und *adjustiert* sie aufgrund verschiedener Besonderheiten, die dazu kommen. Basis bildet wie gesagt der Wert der als unverschuldet gedachten Unternehmung. Sodann wird der Steuervorteil (Tax-Shield) berechnet oder geschätzt und stellt eine erste Adjustierung dar. Oft gibt es noch andere Wertvorteile. So kann es einen Shield geben, wenn die Unternehmung Subventionen erhält. Ferner kann es einen Shield geben, wenn die Unternehmung einem Land die Zusage gibt, dort eine Niederlassung zu errichten und ein bestimmtes Wohlverhalten zu zeigen (etwa im Rahmen eines Arbeitsplatz-Förderungsprogramms). Alle solche Shields werden dann als weitere Adjustierungen zum Wert der unverschuldeten Unternehmung addiert. Der gestaffelte Ausweis der Basis und der verschiedenen Adjustierungen dient der Vorbereitung der Entscheidungen: Soll

---

[3] Diese Berechnungsmethode heißt *Adjusted-Present-Value-Ansatz* (APV-Ansatz). Der APV-Ansatz geht zurück auf STEWART C. MYERS: Interactions of Corporate Financing and Investment Decisions — Implications for Capital Budgeting. *Journal of Finance* 29 (March 1974), pp. 1-25. Eine Untersuchung des APV-Ansatzes für das deutsche Steuersystem stammt von SVEN HUSMANN, LUTZ KRUSCHWITZ und ANDREAS LÖFFLER: Unternehmensbewertung unter deutschen Steuern. *Die Betriebswirtschaft* 62 (2002), pp. 24-43.

Fremdkapital eingesetzt werden oder nicht? Soll eine Niederlassung in einem Land errichtet werden oder nicht? Möchte man an einem Förderprogramm teilnehmen oder nicht? In der Perfektionierung des APV-Ansatzes wurde in jüngster Zeit sogar untersucht, wie der Tax-Shield und wie die anderen Shields zu bewerten sind, vor allem, ob die durch sie bewirkten vorteilhaften Zahlungen Risiken ausgesetzt sind und welche Konsequenzen diese Risiken für ihre Bewertung haben.

Trotz der großen Popularität des APV-Ansatzes schlagen wir in diesem Kapitel die zweite Variante ein, weil sie als Standardvariante in der Literatur große Beachtung gefunden hat. Wir wenden also die Formel (9-1) an, ersetzen den Freien Cashflow im Zähler aber durch jenen *Flow*, der *allen* Kapitalgebern zugute kommt. Entsprechend müssen im Nenner von (9-1) Kapitalkosten erscheinen, die dem Risiko entsprechen, das auf diesem *Flow* oder eben auf das Kapital *insgesamt* fällt — nicht nur auf das Eigenkapital. Es handelt sich um die durchschnittlichen Kapitalkosten, oft mit *WACC* abgekürzt nach dem angelsächsischen Begriff der *Weighted Average Cost of Capital*. Die Berechnung der *WACC* und ihre Verwendung zur Bewertung der teils fremdfinanzierten Unternehmungen nehmen in der Literatur großen Raum ein. Zudem werden wir als Wertformel (10-24) herleiten, die mit der Miles-Ezzel-Formel (10-27) für die Kapitalkosten kombiniert wird. Dieser Bewertungsansatz ist ausgesprochen praxisnah.

10.2 Flow-to-Entity

An dieser Stelle müssen Unterschiede in der Benennung erwähnt werden. Bei der im deutschen Sprachraum üblichen Definition gehören Zinszahlungen nicht zum Cashflow — sie sind auszahlungswirksamer (barer) Aufwand.

In den USA wird eine Variante des Cashflows betrachtet, bei der von den einzahlungswirksamen Erträgen alle auszahlungswirksamen Aufwendungen *außer die gezahlten Zinsen* abgezogen werden. So entsteht ein Cashflow zugunsten *aller* Kapitalgeber — unter Einbeziehung der Fremdkapitalgeber. Diese Begriffsbildung ist in den USA die übliche und wird dort als "Cashflow" bezeichnet. Der Cashflow nach deutschsprachiger Definition wird in Amerika als *Flow-to-Equity* bezeichnet.

Leider wird vielfach im Schrifttum nicht immer betont, welche Definition für die Ermittlung des Cashflows zugrunde gelegt wird.

Wir halten uns in diesem Buch strikt an die deutschsprachige Definition.

Für die nun benötigte Größe "Cashflow plus Zinsen" verwenden wir das Kürzel CF^* und können sinngemäß vom *Flow-to-Entity* sprechen. Den entsprechenden *freien* Flow kürzen wir mit FCF^* ab und erlauben uns zum Zweck der Klarheit, ihn mit *Freier Flow-to-Entity* zu benennen.

Bezeichnungen	Deutscher Sprachraum	USA
Barer Erträge minus aller auszahlungswirksamen Aufwendungen	Cashflow	Flow-to-Equity
Barer Erträge minus auszahlungswirksame Aufwendungen *außer gezahlte Zinsen*	Cashflow plus Zinsen (Flow-to-Entity)	Cashflow

Bild 10-2: Was wird unter Cashflow verstanden?

Wie ist die bisherige Planung der Cashflows der kommenden Jahre zu modifizieren, wenn mit der DCF-Methode eine Bewertung zugunsten aller Kapitalgeber angestrebt wird? Von den baren Erträgen werden als bare Aufwendungen nur die Löhne, Vorleistungen und Steuern abgezogen, nicht aber die Zinsen.

$$CF^* = CF + Z \qquad (10\text{-}2)$$

CF^* ist daher, wenn die Unternehmung Fremdkapital verzinsen muß, größer als der Cashflow, $CF^* > CF$. Was ist beim Freien Cashflow anders? Abgesehen, daß er jetzt von CF^* und nicht von CF ausgehend berechnet wird, gibt es einen Unterschied hinsichtlich der budgetierten Investitionen: Die geplante Tilgung von Schulden oder die Kreditaufnahme wird jetzt nicht mehr angeführt. Um dies auszudrücken, werden die Budgetierten Investitionen jetzt mit I^* bezeichnet. In vielen Jahren dürfte die Unternehmung Fremdkapital aufnehmen, weshalb dann $I^* < I$ gilt. Analog zu (9-4) hat man jetzt

$$FCF^* \equiv CF^* - I^* \qquad (10\text{-}3)$$

Der Freie Flow-to-Entity unterscheidet sich vom Freien Cashflow also nicht nur durch die Zinsen, die für das Fremdkapital gezahlt werden. Ein weiterer Unterschied besteht in Rückzahlungen von Fremdkapital beziehungsweise der Aufnahme neuer Kredite. Deshalb dürfen wir nicht einfach "$FCF^* = FCF + Z$" schreiben, auch wenn (10-2) gilt. Die eben betrachteten Situationen $CF^* < CF$ und $I^* < I$ zeigen, daß der Freie

Flow-to-Equity typischerweise größer ist als der Freie Cashflow, $FCF^* > FCF$.

Nun zur Verwendung des Freien Flow-to-Entity. Er wird für Zahlungen an die Kapitalgeber (Eigen- und Fremdkapitalgeber) sowie für Maßnahmen verwendet, die ein Substitut für solche Zahlungen sind. Die Zahlungen an die Kapitalgeber sind jetzt Dividenden *und* Zinszahlungen.

	Cashflows zugunsten aller Kapitalgeber		
Bare Erträge			
	Absatzerlöse		E
	Erträge aus Wertpapieren und Beteiligungen		F
Bare Aufwendungen			
	Löhne		L
	Vorleistungen:		V
	Steuern:		T
Cashflow* **= Flow-to-Entity**			CF*
Budgetierte Investitionen	• Mit ihren Auszahlungen und den damit verbundenen späteren Einzahlungen (Früchten) in die Planung aufgenomme Käufe von Maschinen und Einrichtungen, Akquisitionen.		I*
	• Ebenso Desinvestitionen, also etwa der Verkauf von Grundstücken, Unternehmensteilen oder Beteiligungen — die Einzahlungen erscheinen mit negativem Vorzeichen.		
Freier Cashflow* **= Freier Flow-to-Entity**			FCF*
Zahlungen an alle Kapitalgeber	• Dividende		
	• Kapitalherabsetzung abzüglich Kapitalerhöhung		
	• Zinszahlungen an Fremdkapitalgeber		
	• Tilgungen von Schulden		
	• Kreditaufnahme		
Weitergehende Investitionen	• Investitionen, die nur mit ihren Auszahlungen, nicht aber den damit verbundenen späteren Einzahlungen (Früchten) erscheinen		N*
	• Analog Desinvestitionen		
Erhöhung Kassenbestand			ΔK

Bild 10-3: Berechnung des Cashflows im Sinne des Flow-to-Entity für die direkte Ermittlung des Entity-Values.

Hinzu kommen wie bisher Rückzahlungen von Eigenkapital (Kapitalherabsetzungen) sowie Rückzahlungen von Fremdkapital. Abgezogen werden Kapitalerhöhungen und Kreditaufnahmen. Bei der neuen Rechnung sind also weder die Zinszahlungen an die Fremdkapitalgeber noch eventuelle Rückzahlungen der Kredite verschwunden. Sie erscheinen nur in einer anderen Rubrik, weil sie jetzt nicht mehr als Zahlungen an Dritte sondern als Zahlungen an Kapitalgeber erscheinen.

Die Maßnahmen, die ein Substitut für Zahlungen an die Kapitalgeber darstellen, sind wie zuvor Investitionen. Sie erscheinen in der Planung nur mit den mit ihnen verbundenen Auszahlungen, nicht aber den späteren Einzahlungen (Früchten). Die Auszahlungen werden um Einzahlungen korrigiert, die mit eventuellen Desinvestitionen verbunden sind. Die Erhöhung des Kassenbestandes ist in der Planung für den Entity-Value dann wieder dieselbe wie beim Equity-Value.

- In der neuen Planung sind demnach alle einzelnen Arten von Zahlungen wie Erträge, Löhne, Vorleistungen, Steuern, Zinszahlungen, Dividenden und so fort berücksichtigt, und sie haben alle unveränderte Höhe, nur werden sie beim Equity-Value anders gruppiert als beim Entity-Value.

- Deshalb haben auch die "Zwischenergebnisse" der Aufstellung wie Cashflow und Freier Cashflow andere Höhen.

Die Verschuldung, besonders wenn sie nicht zu groß ist, hat auch andere Vorteile. Fremdfinanzierung in mäßigem Umfang ist ein *positives Signal*. Es zeigt, daß die Unternehmung kreditwürdig und das Management in der Lage ist, das Fremdkapital ordentlich zu bedienen. Eine verschuldete Unternehmung dürfte sicherlich eine gute Finanzplanung umgesetzt haben, und das Risikomanagement dürfte überdurchschnittlich sein, einfach weil Banken darauf bestehen. Muß das Management den Banken ab und zu berichten, so geht davon eine disziplinierende Wirkung aus, von der auch die Eigenkapitalgeber profitieren. Die Agencykosten werden reduziert. Aktionäre vertrauen einer (nicht zu stark) verschuldeten Unternehmung mehr als einer Gesellschaft, die ganz schuldenfrei ist.

Selbstverständlich hat die Fremdfinanzierung Grenzen, die durch die Verschuldungskapazität und die Abschwächung der Bonität und des Rating beschrieben werden. Außerdem geht bei hoher Verschuldung ein gewisser Druck auf die Geschäftspolitik aus, doch die Sicherheit des Fremdkapitals zu beachten, und auch davon kann eine gewisse Wertminderung ausgehen.

10.3 WACC

Der Freie Flow-to-Entity beinhaltet für die kommenden Jahre folglich auch ein anderes Risiko als der Freie Cashflow.

Es wurde darauf hingewiesen, daß in typischen Jahren $FCF^* > FCF$ gilt, wobei die Unterschiede durch die Zinszahlungen und die geplanten Tilgungen beziehungsweise Kreditaufnahmen bestimmt sind. Diese Zahlungen sind sehr genau planbar und beinhalten daher keine oder allenfalls geringe Unsicherheit.

In Relation zu seiner Höhe ist der Freie Flow-to-Entity *weniger* riskant als der Freie Cashflow. Die Kapitalkosten sind dadurch tiefer.

Beispiel 10-2: Angenommen, der Freie Cashflow werde für ein Jahr in Höhe von € 10.000.000 erwartet, doch es könnten auch 11 oder 9 Millionen sein — eine Schwankungsbreite von ±10%. Weiter nehmen wir an, die Differenz zwischen FCF^* und FCF, die auf die Zahlungen an die Fremdkapitalgeber zurückgeht, betrage nochmals 6 Millionen, also wird der Freie Flow-to-Entity in Höhe von € 16.000.000 erwartet, kann aber ebenso um die bereits erwähnte eine Million nach oben oder unten davon abweichen — eine Schwankungsbreite von ±6,25%. ∎

> Deshalb wird, wenn im Zähler von (9-1) oder (9-2), (9-3) für jedes Jahr der erwartete Freie Flow-to-Entity FCF^* eingesetzt wird, im Nenner ein anderer Kapitalkostensatz anzuwenden sein. Es ist intuitiv einsichtig, daß ein *durchschnittlicher* Kapitalkostensatz zur Anwendung kommt. Er wird *Weighted Average Cost of Capital* genannt.[4]

Die übliche Abkürzung für die *Weighted Average Cost of Capital* ist *WACC*. So ergibt sich der Entity-Value gemäß der obersten Formel in nachstehender Zusammenfassung:

$$W(Entity) \equiv \sum_{t=1}^{\infty} \frac{FCF_t^*}{(1+WACC)^t} \qquad (10\text{-}4)$$

Die *WACC* sind ein gewichteter Durchschnitt der Eigenkapitalkosten der verschuldeten Unternehmung und der Fremdkapitalkosten.

---

[4] Literatur: 1. RAYMOND R. REILLY und WILLIAM E. WECKER: On the Weighted Average Cost of Capital. *The Journal of Financial and Quantitative Analysis* 8 (1973) 1, pp. 123-126. 2. WILLIAM BERANEK: The Weighted Average Cost of Capital and Shareholder Wealth Maximization. *The Journal of Financial and Quantitative Analysis* 12 (1977) 1, pp. 17-31.

$$WACC \equiv \frac{W(Equity)}{W(Entity)} \cdot r_{EK}(L) + \frac{W(Debt)}{W(Entity)} \cdot r_{FK} =$$
$$= \frac{1}{1+L} \cdot r_{EK}(L) + \frac{L}{1+L} \cdot r_{FK}$$
(10-5)

Zum Verschuldungsgrad L, der in (10-5) verwendet wurde, vergleiche man (9-6). Die Fremdkapitalkosten sind wieder mit r_{FK} bezeichnet. Die Gewichte, mit denen die Eigenkapitalkosten r_{EK} und die Fremdkapitalkosten r_{FK} in die $WACC$ eingehen, sind die relativen Anteile von Eigen- und Fremdkapital.

Um die Formel (10-4) für den Entity-Value anzuwenden, werden neben dem Flow-to-Entity für jedes Jahr die durchschnittlichen Kapitalkosten (10-5) benötigt. Deren Berechnung setzt die Kenntnis der (relativen) Werte von Eigen- und Fremdkapital voraus. Wieder liegt ein Zirkularitätsproblem vor, denn wir haben diese Gleichungen zu lösen:

$$W(Entity) \equiv \sum_{t=1}^{\infty} \frac{FCF_t{}^*}{(1+WACC)^t}$$
$$WACC \equiv \frac{W(Entity) - W(Debt)}{W(Entity)} \cdot r_{EK}(L) + \frac{W(Debt)}{W(Entity)} \cdot r_{FK}$$
(10-6)

Der Wert des Fremdkapitals, $W(Debt)$, kann oft schnell bestimmt werden, auch wenn bestimmte Instrumente wie etwa mit Wandelanleihen eine kompliziertere Betrachtung erfordern.

- Deshalb dürfen $W(Debt), r_{EK}(L), r_{FK}$ in (10-6) als gegebene Größen betrachtet werden sowie natürlich für jedes kommende Jahr der erwartete Freie Flow-to-Entity FCF^*.
- Gesucht sind $W(Entity)$ und die $WACC$.

Doch es bereitet keine rechnerische Mühe, das Zirkularitätsproblem mit Iterationen anzugehen. Für den Start werden die Anteile von Eigen- und Fremdkapital geschätzt, sodann die $WACC$ bestimmt und anschließend der Entity-Value. Sodann können die Anteile von Eigen- und Fremdkapital schon genauer bestimmt und mit ihnen der $WACC$ genauer berechnet werden. Wieder in die oberste Gleichung von (9-8) eingesetzt folgt eine genauere Bestimmung des gesuchten Werts.

Ihnen, liebe Leserin oder lieber Leser, wird aufgefallen sein, daß die Formel für den $WACC$ (10-5) und die untere Gleichung in (9-8) für das

10. ENTITY-VALUE UND WACC

Unleveraging identisch sind. Die durchschnittlichen Kapitalkosten *WACC* stimmen mit $r_{EK}(0)$, den Eigenkapitalkosten der unverschuldeten Unternehmung, überein:

$$WACC \equiv \frac{W(Equity)}{W(Entity)} \cdot r_{EK}(L) + \frac{W(Debt)}{W(Entity)} \cdot r_{FK} = r_{EK}(0) \quad (10\text{-}7)$$

Deshalb kann (10-3) auch so notiert werden:

$$M(Entity) \equiv \sum_{t=1}^{\infty} \frac{FCF_t{}^*}{(1+r_{EK}(0))^t} \quad (10\text{-}8)$$

Jedoch ist dadurch die Unternehmensbewertung nicht leichter geworden. Die Formel (10-8) ist recht künstlich. Im Zähler steht der Freie Flow-to-Equity, und dessen Planung verlangt unter anderem eine genaue Kenntnis der *tatsächlichen* Höhe der Steuern — also der Steuern, welche die verschuldete Unternehmung zu zahlen hat. Im Nenner stehen aber nicht Kapitalkosten, die den Risiken der Größe im Zähler entsprechen, sondern den Risiken der Freien Cashflows der Unternehmung, wäre sie *unverschuldet* (und hätte dann einen anderen Cashflow, weil die Steuern anders wären, und ein anderes Risiko). Das ist kaum harmonisch.

Diese wenig elegante Formulierung (10-8) wurde im Rahmen der DCF-Methode durch eine Weiterentwicklung bereinigt, bei der sowohl im Zähler als auch im Nenner der Brüche eine Korrektur nach unten vorgenommen wird, bei der dann eine leichter zu interpretierende Formel entsteht. Im Zähler steht dann ein Freier Flow-to-Equity, der aufgrund einer höheren Steuer gebildet wird, als tatsächlich anfällt. Im Nenner stehen dafür Kapitalkosten, die geringer als $r_{EK}(0)$ sind. Um zu dieser Revision zu gelangen, müssen wir Buchgrößen wie den Gewinn ins Spiel bringen.

10.4 Gewinne diskontieren?

Wie werden der Freie Cashflow beziehungsweise der Freie Flow-to-Entity für die kommenden Jahre überhaupt geplant? Wir betrachten zur Erinnerung zunächst den Freien Cashflow, als Gleichung notiert:

$$FCF_t = E_t - L_t - V_t - Z_t - T_t - I_t \quad (10\text{-}9)$$

Wie gesagt ergeben sich die Absatzerlöse E_t aus Menge mal Preis, die Lohnsumme L_t aus Beschäftigtenzahl mal Lohnniveau und die Vorleistungen V_t aus dem Produktionsplan. Die zu zahlenden Zinsen sind das Produkt aus der Höhe der zu bedienenden Schulden und dem Zinssatz beziehungsweise dem Fremdkapitalkostensatz. Um die Steuer zu finden, wird in einer Hilfsrechnung zuerst die Bemessungsgrundlage ermittelt. Sodann werden die Budgetierten Investitionen betrachtet. So kann der Freie Cashflow *direkt* geplant werden, in dem der Produktions- und Absatzplan (ergänzt um die Hilfsrechnung für die Ermittlung der Steuer) sowie der Investitionsplan herangezogen werden. Diese Pläne können weitgehend losgelöst vom Accounting aufgestellt werden. Ganz ähnlich gilt das für den Freien Flow-to-Equity,

$$FCF_t^* = E_t - L_t - V_t - T_t - I_t^* \qquad (10\text{-}10)$$

Er unterscheidet sich vom Freien Cashflow nur durch den Wegfall der Zinszahlungen und die engere Auffassung der Budgetierten Investitionen. Denn sowohl die Zinszahlungen als auch Rückzahlungen beziehungsweise die Aufnahme von Fremdkapital fallen beim Entity-Value unter die Gruppe der Zahlungen an Kapitalgeber und erscheinen daher als *Verwendung* des Freien Flow-to-Entity. Sie sind, anders als das beim Freien Cashflow der Fall ist, aus der Entstehungsrechnung herausgenommen.

Nun gibt es viele Firmen, in denen die Buchhaltung und Rechnungslegung zu einer ausgefeilten Bilanzplanung ausgebaut wurde. In diesen Firmen würde man es vorziehen, den Freien Cashflow beziehungsweise den Freien Flow-to-Entity für die kommenden Jahre aus den Planbilanzen abzuleiten, anstatt ihn aus den Leistungsplänen zu entnehmen. Diese Firmen schlagen einen *indirekten* Weg ein und wählen Buchgrößen als Basis für die Ermittlung der Cashflows.[5] In der Tat kann der Cashflow *indirekt* definiert und berechnet werden.

> Indirekte Berechnung: Der Cashflow ist gleich dem Buchgewinn zuzüglich derjenigen Aufwendungen, die nicht in derselben Periode mit Auszahlungen verbunden sind, abzüglich jener Erträge, die nicht in derselben Periode mit Einzahlungen verbunden sind: Der Cashflow ist gleich dem Buchgewinn plus die unbaren Aufwendungen minus der unbaren Erträge.

---

[5] 1. WALTHER BUSSE VON COLBE et al.: Ergebnis nach DVFA/SG: Gemeinsame Empfehlung der Schmalenbach-Gesellschaft zur Ermittlung eines von Sondereinflüssen bereinigten Jahresergebnisses je Aktie (joint recommendation). 2. Auflage, Stuttgart 1996. 2. FASB: Statement of Cash Flows. *Journal of Accounting* (1988), pp. 139-169. 3. JÖRG BAETGE: *Bilanzanalyse*. Düsseldorf 1998, pp. 312 ff. und die dort gegebenen Verweise.

Bei den unbaren Aufwendungen handelt es sich vor allem um Abschreibungen sowie um die Erhöhung der Rückstellungen. Unbare Erträge entstehen bei Verkauf auf Ziel oder bei Produktion an Lager.

Des weiteren haben Manager eine große Präferenz für die Innenfinanzierung. Das heißt, sie gehen erst dann Banken (Neukredit) und Eigenkapitalgeber (Kapitalerhöhung) für eine Außenfinanzierung an, wenn für beabsichtigte Investitionen die Innenfinanzierung nicht reicht und ihnen folglich nur der Weg über neue Kontrakte mit Kapitalgebern bleibt. Diese Präferenz wurde oft als *Hackordnung der Finanzierung (Pecking Order)* beschrieben. STEWARD C. MYERS und NICHOLAS S. MAJLUF haben für die *Pecking Order* 1994 eine Erklärung geboten, die auf der asymmetrischen Information beruht: Außenstehende und neue Investoren wissen weniger, und müssen daher mit besonders attraktiven Konditionen gewonnen werden, was letztlich die Außenfinanzierung mit neuem Eigenkapital für die bisherigen Eigenkapitalgeber und für das Management wenig attraktiv macht. Zuvor versucht daher das Management, anstehende Investitionen mit Innenfinanzierung zu ermöglichen, und nur wenn dies nicht reicht, werden Kredite aufgenommen.[6]

Bild 10-4: Die Hackordnung der Finanzierung. Das Management versucht, Investitionen mit Innenfinanzierung zu ermöglichen.

Da andererseits Manager eine gewisse Aversion dagegen haben, Mittel auszuschütten, ist zu schließen: Manager planen Investitionen gerade in einem Umfang, den die Unternehmung "aus eigener Kraft" bewältigen

---

[6] STEWARD C. MYERS und NICHOLAS S. MAJLUF: Corporate Financing and Investment Decisions When Firms Have Information That Investors Do Not Have. *Journal of Financial Economics* 35 (1994), pp. 99-122.

kann. So werden einerseits nicht zu viele Mittel ausgeschüttet und andererseits der mühevolle Weg der Außenfinanzierung vermieden.

Populär ist, die Investitionen in der Höhe der Abschreibungen und der Erhöhung der Rückstellungen zu budgetieren. Für die Gegenwerte der Abschreibungen, die meist für Maschinen, Anlagen und Einrichtungen vorgenommen werden, werden dann oftmals wieder neue Maschinen, Anlagen und Einrichtungen angeschafft. Für die Gegenwerte der Nettoeinweisung in die Rückstellungen werden oft Finanzanlagen getätigt. Immerhin drücken Rückstellungen Verbindlichkeiten aus, deren Art bekannt ist, deren Höhe und Fälligkeitszeitpunkt aber noch offen ist. Irgendwann werden die Rückstellungen aufgelöst und die Verbindlichkeiten erfüllt, und dann ist es gut, wenn die Unternehmung sich die dazu benötigte Liquidität ohne Zeitverlust durch den Verkauf von Wertpapieren besorgen kann.

Das bedeutet: Die Budgetierten Investitionen werden Jahr für Jahr in Höhe der unbaren Aufwendungen (abzüglich der unbaren Erträge) vorgesehen. Anders ausgedrückt, die Unternehmung budgetiert Investitionen in Höhe des Unterschieds zwischen Cashflow und Gewinn (den wir mit G bezeichnen):

$$I_t = CF_t - G_t \qquad (10\text{-}11)$$

Die Gleichung (10-11) ist für die weiteren Umformungen eine *Annahme*, und wie ausgeführt, ist diese Annahme *in der praktischen Wirklichkeit weithin erfüllt*.

Nun berechnen wir den Freien Cashflow FCF. Mit der Definition $FCF = CF - I$ folgt aus (10-11) sofort

$$FCF = G \qquad (10\text{-}12)$$

> Wer den Equity-Value berechnet und daher die Freien Cashflows diskontiert, kann, sofern die Annahme (10-11) erfüllt ist, die Gewinne diskontieren. *Der Equity-Value ist gleich dem Barwert der zukünftigen Gewinne.*

Es handelt sich hier um die Gewinne, die nach Besteuerung verbleiben. Die Gewinne werden mit den Eigenkapitalkosten $r_{EK}(L)$ der (möglicherweise verschuldeten) Unternehmung diskontiert. Wir können daher die Wertformel (9-6) ergänzen:

10. ENTITY-VALUE UND WACC

$$W(Equity) \equiv \sum_{t=1}^{\infty} \frac{FCF_t}{(1+r_{EK}(L))^t} \overset{bei\ (10\text{-}12)}{=} \sum_{t=1}^{\infty} \frac{G_t}{(1+r_{EK}(L))^t} \quad (10\text{-}13)$$

Wenden wir uns nun dem Entity-Value und dem Freien Flow-to-Entity zu. Wir beginnen mit dem Cashflow CF^*, in dessen Berechnung der Fremdkapitalzins Z nicht eingeflossen ist, vergleiche (10-2). Die Annahme (10-12) hat daher diese Gestalt:

$$I_t = (CF_t^* - Z_t) - G_t \quad (10\text{-}14)$$

Nun werden wir von Unterschieden zwischen I_t und I_t^* absehen.

$$I_t^* = I_t \quad (10\text{-}15)$$

Genau wie (10-15) ist (10-16) eine Annahme, doch werden wir argumentieren, genau wie wir das bei (10-15) beziehungsweise (10-12) schon getan haben, daß die Annahme (10-16) in der praktischen Wirklichkeit weithin erfüllt ist.

Man erinnere sich: I, die beim Freien Cashflow für den Equity-Value vom Cashflow abgezogenen Budgetierten Investitionen, umfaßten neben Realinvestitionen und Finanzinvestitionen auch eventuelle Rückzahlungen beziehungsweise die Aufnahme von Fremdkapital. I^*, die beim Freien Flow-to-Entity für den Entity-Value vom Cashflow abgezogenen Budgetierten Investitionen, umfaßten zwar Realinvestitionen und Finanzinvestitionen, nicht aber Rückzahlungen beziehungsweise die Aufnahme von Fremdkapital. Der Grund ist wieder in der *Pecking Order* zu sehen (Bild 8-4). Die Manager tilgen keinen Kredit vorzeitig, und sie tilgen keinen Kredit ohne Aufnahme eines Anschlußkredits. Wenn ein Kredit zur Rückzahlung ansteht, vereinbaren sie mit der Bank einen Neukredit in eben derselben Höhe. Auch stehen Manager einer möglichen Erhöhung des Kreditvolumens widerwillig gegenüber und neigen dazu, eher die Investitionen einzuschränken. Denn Krediterhöhungen haben regelmäßig Sonderprüfungen zur Folge. Nicht daß die Manager hier etwas befürchteten, doch sind Sonderprüfungen immer zeitaufwendig.

Setzt man nun die beiden Annahmen (10-15) und (10-16), die beide in der praktischen Wirklichkeit als weithin erfüllt angesehen werden dürfen, in die Definition des Freien Flow-to-Entity ein, $FCF^* = CF^* - I^*$, so folgt:

$$FCF^* = G + Z \quad (10\text{-}16)$$

Wer den Entity-Value berechnet und daher den Freien Flow-to-Entity diskontiert, kann, sofern die Annahmen (10-15) und (10-16) erfüllt sind, die Gewinne plus Zinsen diskontieren. Der *Entity-Value ist gleich dem Barwert der Gewinne plus Zinszahlungen* der zukünftigen Jahre.

Es handelt sich hier auch jetzt um die Gewinne, die nach Besteuerung verbleiben. Die Größe Gewinn plus Zinszahlung wird mit den durchschnittlichen Kapitalkosten *WACC* diskontiert. Wir können daher die Wertformel (10-7) ergänzen:

$$W(Entity) \equiv \sum_{t=1}^{\infty} \frac{FCF_t^*}{(1+WACC^*)^t} \stackrel{\text{bei (10-15) und (10-16)}}{=} \sum_{t=1}^{\infty} \frac{G_t + Z_t}{(1+WACC^*)^t}$$

$$WACC \equiv \frac{W(Entity) - W(Debt)}{W(Entity)} \cdot r_{EK}(L) + \frac{W(Debt)}{W(Entity)} \cdot r_{FK}$$

(10-17)

Die Ergebnisse (10-14) und (10-18) sind schon überraschend: Wenn es nur innenfinanzierte Investitionen gibt und wenn das gesamte Potenzial an Innenfinanzierung für Investitionen verwendet wird, dann ergibt sich auch in der DCF-Methode der Wert der Unternehmung als Barwert der zukünftigen Gewinne, wenn man den Equity-Value im Auge hat, beziehungsweise als Barwert der Summen aus Gewinn und Zinszahlung, wenn man den Entity-Value anstrebt.

10.5 EBIT diskontieren?

Die Ergebnisse (10-14) und (10-18) haben natürlich allen jenen Personen Rückenwind gegeben, die als Basis einer Unternehmensplanung die Zahlen der Rechnungslegung verwenden wollen und nicht Zahlen, die aus der Produktions- und Absatzplanung kommen und gleichsam am Accounting vorbei gleich in Prognosen der Cashflows münden. Oft weisen diese, auf Zahlen der Rechnungslegung basierende Planungen nicht die Gewinne aus, sondern Rohgewinne. Dabei handelt es sich um ein Ergebnis, das im Angelsächsischen und auch bei uns mit *EBIT* (Earnings before Interest and Taxes) bezeichnet wird,

$$EBIT \equiv G + Z + T \qquad (10\text{-}18)$$

10. ENTITY-VALUE UND WACC

Wir wollen nun die (obere) Gleichung (10-18) für den Entity-Value mit dieser Ergebnisgröße *EBIT* umformulieren:

$$W(Entity) \underset{und\ (10\text{-}16)}{\overset{bei\ (10\text{-}15)}{=}} \sum_{t=1}^{\infty} \frac{G_t + Z_t}{(1+WACC)^t} = \sum_{t=1}^{\infty} \frac{EBIT_t - T_t}{(1+WACC)^t} \qquad (10\text{-}19)$$

Unter Verwendung von (10-8) folgt daraus die Wertformel

$$w(Entity) \underset{und\ (8\text{-}16)}{\overset{bei\ (8\text{-}15)}{=}} \sum_{t=1}^{\infty} \frac{EBIT - T_t}{r_{EK}(0)} \qquad (10\text{-}20)$$

Damit ist schon eine Wertformel gefunden, die den praktischen Bedürfnissen und den in der Praxis vorhandenen Planungsunterlagen sehr entgegenkommt. Noch dazu ist beim Nenner unwichtig, wie ein Projekt oder Vorhaben finanziert wird, denn dort stehen jene Kapitalkosten, die einer vollständigen Finanzierung mit Eigenkapital entspricht. Diese Kapitalkosten ergeben sich allein aus den Risiken des Geschäfts — das Leveragerisiko spielt keine Rolle. Ein Punkt sind allerdings die Steuern, denn in (10-21) handelt es sich um die tatsächlich zu zahlenden Steuern, und diese hängen vom Verschuldungsgrad ab.

Um den letzten Punkt etwas anders anzugehen, unterstellen viele Planer zunächst, daß die Steuern auf den vollen *EBIT* zu entrichten sind. Außerdem — diesen Ansatz können wir durchaus akzeptieren — werden die Steuern als proportional zum *EBIT* angesetzt,

$$T_t = s \cdot EBIT_t \qquad (10\text{-}21)$$

Hier ist s der Steuersatz. Folglich wäre $EBIT \cdot (1-s)$ ein versteuerter *EBIT*. Der Ansatz (10-22) wäre korrekt, wenn das Vorhaben vollständig eigenfinanziert wird. Wenn Fremdkapital eingesetzt wird, ist (10-22) falsch, weil mit (10-22) so getan wird, als ob auch die Zinszahlungen an die Fremdkapitalgeber von der Unternehmung wie Gewinn zu versteuern wären. Korrekt wäre daher

$$T_t = s \cdot EBIT_t - s \cdot Z_t \qquad (10\text{-}22)$$

und

$$W(Entity) \overset{\underset{bei\ (10\text{-}15)}{und\ (10\text{-}16)}}{=} \sum_{t=1}^{\infty} \frac{EBIT \cdot (1-s) + s \cdot Z_t}{r_{EK}(0)} \qquad (10\text{-}23)$$

JAMES A. MILES und JOHN R. EZZEL haben 1980 gezeigt, daß diese Wertformel mit einigen Umrechnungen eine Gestalt annimmt, bei der dann sowohl im Zähler eine kleinere Zahl steht, weil der Steuervorteil $s \cdot Z_t$ gleichsam weggelassen wird,

$$W(Entity) \overset{\underset{bei\ (10\text{-}15)}{und\ (10\text{-}16)}}{=} \sum_{t=1}^{\infty} \frac{EBIT \cdot (1-s)}{(1 + MECC)^t} \qquad (10\text{-}24)$$

als auch der Nenner kleiner wird,

$$MECC = \frac{1}{1+L} r_{EK}(L) + \frac{L}{1+L} \cdot (1-s) \cdot r_{FK} \qquad (10\text{-}25)$$

Nach MILES und EZZEL sind die *Cost of Capital* — wir kürzen sie mit *MECC* ab — wie schon die *WACC* in (10-8) gleich dem gewichteten Durchschnitt der Eigenkapitalkosten der verschuldeten Unternehmung und den Fremdkapitalkosten. Nur sind diese jetzt noch mit dem Multiplikator $(1-s)$ versehen und gehen daher *reduziert* in die *MECC* ein.

Der Entity-Value resultiert damit als Barwert der *total versteuerten EBIT*, die ungeachtet der tatsächlichen Finanzierung in der Wertformel als voll versteuert unterstellt werden.[7]

Nur zur Erinnerung:

$$WACC \overset{(10\text{-}8)}{=} \frac{1}{1+L} \cdot r_{EK}(L) + \frac{L}{1+L} \cdot r_{FK} = r_{EK}(0)$$

$$\qquad (10\text{-}26)$$

$$MECC \overset{(10\text{-}26)}{=} \frac{1}{1+L} \cdot r_{EK}(L) + \frac{L}{1+L} \cdot (1-s) \cdot r_{FK} \leq r_{EK}(0)$$

---

[7] Drei Arbeiten: 1. JAMES A. MILES und JOHN R. EZZELL: The Weighted Average Cost of Capital, Perfect Capital Markets, and Project Life: A Clarification. *The Journal of Financial and Quantitative Analysis* 15 (1980) 3, pp. 719-730. JAMES A. MILES und JOHN R. EZZELL: Capital Project Analysis and the Debt Transaction Plan. *Journal of Financial Research* 6 (1983) 1, pp. 25-31. JAMES A. MILES und JOHN R. EZZELL: Reformulating Tax Shield Valuation: A Note (in Notes). *The Journal of Finance* 40 (1985) 5, pp. 1485-1492.

10. ENTITY-VALUE UND WACC

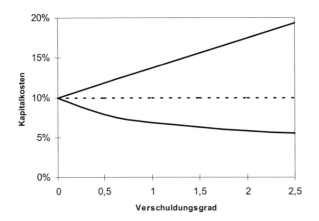

Bild 10-5: Kapitalkosten der besteuerten Unternehmung in Abhängigkeit vom Verschuldungsgrad. Die oberste Gerade zeigt den Verlauf der Eigenkapitalkosten der verschuldeten und besteuerten Unternehmung, die unterste zeigt die Miles-Ezzel-Cost-of-Capital MECC. Gestrichelt ist das Niveau der WACC. Die Abbildung beruht auf: Steuersatz $s = 25\%$, Fremdkapitalkosten von 5% und Eigenkapitalkosten der unverschuldeten Unternehmung von 10%.

Ergebnis:

- Wer, um den Entity-Value zu berechnen, den korrekten Freien Flow-to-Entity (berechnet aufgrund der Steuer, die der gewählten Finanzierung entspricht), diskontiert, verwendet die *WACC*.
- Wer, um den Entity-Value zu berechnen, den voll versteuerten *EBIT* diskontiert, verwendet die *MECC*.

Selbstverständlich kann die Gleichung (10-26) für die *Miles-Ezzel-Cost-of-Capital* noch umformuliert werden, etwa in

$$MECC = r_{EK}(0) - \frac{L}{1+L} \cdot s \cdot r_{FK} \qquad (10\text{-}27)$$

und das ist die sogenannte *Miles-Ezzel-Formel* der durchschnittlichen Kapitalkosten. Die Kombination von (10-24) und (10-27) ist offensichtlich sehr praktisch, wie das nachstehende Beispiel illustriert. Zuvor soll eine Abbildung die *MECC* nach der Miles-Ezzel-Formel (10-27) veranschaulichen.

Beispiel 10-3: Ein Konzern plant eine Single Purpose Company (SPC), die von vornherein nur eine recht kurze Lebensdauer haben wird. Die Anfangszahlung, um die SPC in Gang zu bringen, beträgt 25 (Millionen Euro). Die SPC wird durch diese *EBIT* für die folgenden drei Jahre beschrieben: $10, 20, 30$. Als Steuersatz soll mit $s = 40\%$ gerechnet werden. Aufgrund der eher hohen Risiken (und ohne Beachtung von Risiken, die mit einer speziellen Kapitalstruktur verbunden wären), werden die Kapitalkosten mit 20% veranschlagt — das sind die Kapitalkosten der unverschuldeten Unternehmung im Sinn unserer Sprechweise. Die Fremdkapitalkosten betragen 10%, weil die Banken einen hohen Zuschlag für das Defaultrisiko verlangen. Gesucht ist der Wert der SPC in Abhängigkeit verschiedener Finanzierungsvarianten.

Wir führen die Rechnung für $L = 0$, $L = 1$ und $L = 2$ durch. Für $L = 0$ folgt $W(Entity) = 10 \cdot 0,6 / 1,2 + 20 \cdot 0,6 / 1,44 + 30 \cdot 0,6 / 1,728 = 23,75$. Die SPC wäre also (aufgrund der steuerlichen Situation) nicht vorteilhaft, wenn es vollständig mit Eigenmitteln finanziert würde. Für $L = 1$ folgt mit der Miles-Ezzel-Formel $MECC = 0,2 - (1/2) \cdot 0,6 \cdot 0,1 = 17\%$ und so der Equity-Value: $W(Entity) = 10 \cdot 0,6 / 1,17 + 20 \cdot 0,6 / 1,3689 + 30 \cdot 0,6 / 1,601613 = 25,13$. Bei einer Finanzierung aus gleichen Teilen Eigen- und Fremdkapital ist aufgrund der Steuereinsparung das Projekt gerade vorteilhaft. Für $L = 2$ folgt $MECC = 0,2 - (2/3) \cdot 0,6 \cdot 0,1 = 16\%$ und damit schließlich $W(Entity) = 10 \cdot 0,6 / 1,16 + 20 \cdot 0,6 / 1,3456 + 30 \cdot 0,6 / 1,560898 = 25,62$. ■

Beispiel 10-4: Jemand möchte ein Projekt für verschiedene Finanzierungen mit der Formel (10-24) bewerten und dazu die Kapitalkosten nach der Miles-Ezzel-Formel (10-27) verwenden. Leider gibt es keine Schätzung der Kapitalkosten für den (hypothetischen Fall) einer reinen Eigenfinanzierung, doch bietet sich der Vergleich mit einem anderen Projekt an, das jedoch teils fremdfinanziert ist. Mit dem Unleveraging (9-8) werden daher zunächst die Kapitalkosten errechnet, die das Projekt hätte, wenn es nur eigenfinanziert wäre. ■

10.6 Ein Nachsatz

Im Verlauf der Jahrzehnte sind verschiedene Methoden für die finanzielle Bewertung von Vorhaben, Projekten, Geschäftsplänen und Unternehmungen entwickelt worden. Die verfügbare Palette von Bewertungsansätzen wird in zwei große Gruppen eingeteilt, in Substanzwertverfahren und Ertragswertverfahren.

- Bei Substanzwertverfahren werden die Vermögenspositionen betrachtet, die sich im Eigentum der Unternehmung befinden. Es wird unterstellt, daß diese Vermögenspositionen einzeln gekauft oder verkauft werden könnten. Der Gesamtwert der Unternehmung ist dann die Summe der Wiederbeschaffungskosten beziehungsweise der Liquidationserlöse der einzelnen Vermögenspositionen. Wenn die Unternehmung Verpflichtungen hat — das können Bankschulden sein, gesetzliche Ansprüche aus Sozialplänen, Abbruchkosten — dann werden diese Verpflichtungen vom Gesamtwert abgezogen. So entsteht der Wert zugunsten der Eigenkapitalgeber.

- Ertragswertverfahren konzentrieren sich auf die wirtschaftlichen Ergebnisse, die unter einem Geschäftsplan in den zukünftigen Jahren wohl erzielt werden können, wenn das Unternehmen weitergeführt wird. Diese Ergebnisse werden durch die Gewinne, Dividenden oder Zahlungen (Cashflows) beschrieben, die wohl erwirtschaftet werden können. Die zukünftigen — und offensichtlich unsicheren — Ergebnisse werden auf den heutigen Zeitpunkt bezogen (diskontiert), und der Unternehmenswert ist die Summe der Barwerte der zukünftigen, unsicheren Ergebnisse. Dieser Gesamtwert oder Entity-Value ist zu unterscheiden vom Wert zugunsten der Eigenkapitalgeber (Equity-Value). Zieht man vom Entity-Value Schulden und Verpflichtungen ab, entsteht der Equity-Value.

Substanzwertverfahren und Ertragswertverfahren dürfen nicht als konkurrierende oder widersprüchliche Bewertungsverfahren angesehen werden. Jedes Bewertungsverfahren betont gewisse Aspekte, und je nach Situation kann das eine oder das andere Verfahren als geeigneter angesehen werden.

Bei Substanzwertverfahren bleiben vielfach immaterielle Vermögenswerte im Hintergrund, und die Betonung liegt auf den konkreten Gegenständen des Vermögens. Auch ein Geschäftsplan bleibt im Hintergrund, und es spielt deshalb beim Vermögen keine Rolle, ob es (im Hinblick auf einen Plan) betriebsnotwendig ist oder nicht. Es werden einfach alle konkreten und sich im Eigentum befindlichen Vermögenspositionen einzeln bewertet. Substanzwertverfahren werden deshalb bevorzugt, wenn sich die Unternehmung in der Gründung oder in der Liquidation befindet. Bei jedem Substanzwertverfahren sind diese Fragen zu klären:

1. Welche Vermögenspositionen sind in die Bewertung einzubeziehen? Soll diese Liste auf Gruppen von Vermögenspositionen abheben, etwa auf ganze Betriebsstätten, oder auf die Detailstufe einzelner Gegenstände gehen?

2. Sollen die einzelnen Vermögenspositionen eher anhand ihrer Wiederbeschaffungskosten bewertet werden oder anhand eines Liquidationserlöses?

Für Situationen, in denen die Fortführung der Unternehmung nicht bezweifelt wird, werden Ertragswertverfahren als geeignet angesehen. Hier wird ein Plan zugrunde gelegt und eine Prognose angestellt, welche "Erträge" unter diesem Plan in Zukunft wohl generiert werden können. Deshalb spielt die *Qualität des Geschäftsplans* bei jeder Ertragsbewertung eine zentrale Rolle.

Gleichermaßen wichtig bei jedem Ertragswertverfahren sind immaterielle Vermögenspositionen wie etwa das in Forschung und Entwicklung Erreichte, das prozessuale Know-how der Unternehmung, ihr Ansehen bei Kunden, und so fort. Dagegen hat die Frage, ob nichtbetriebsnotwendiges Vermögen vorhanden ist, wenig Einfluß auf die (mit dem Betrieb) in Zukunft erzeugten Erträge.

Für jedes Ertragswertverfahren sind diese Fragen zu klären:

1. Ist der Plan der Fortführung realistisch? Sind alle für diesen Plan erforderlichen Ressourcen vorhanden oder müssen noch gewisse Investitionen getätigt werden? Sind allenfalls Ressourcen vorhanden, die für den Plan nicht benötigt werden und getrennt verwertet werden können?

2. Werden die Erträge durch die Gewinne, die Ausschüttungen (Dividenden) oder durch Cashflows bestimmt? Wenn es sich um Cashflows handelt, wie sind sie definiert? Wie können sie aus Größen ermittelt werden, die das Rechnungswesen liefert? Etwa: wie hängen sie mit der gebräuchlichen Größe *EBIT* zusammen?

3. Wenn dann der Begriff "Ertrag" präzisiert und operativ zugänglich ist, muß ein Blick auf die Methode geworfen werden, die für die Diskontierung verwendet wird.

Was den dritten Punkt betrifft, so erscheint die Wertformel (10-24), kombiniert mit der Miles-Ezzel-Formel (10-27) für die Kapitalkosten, ausgesprochen praxisnah. Von daher hat sich die Mühe auf dem Weg hierher gelohnt.

10.7 Was bleibt?

"So," sprach der GNOM, "was hast Du denn im Kopf behalten?"

WANDERER: Gut finde ich die Erkenntnis, daß der Gesamtwert einer verschuldeten Unternehmung höher ist, als wenn genau dieselben realwirtschaftlichen Ergebnisse nur Eigenkapitalgebern zugewiesen werden und damit voll zu versteuern sind. Der Tax-Shield ist der Barwert der Steuervorteile. Deshalb hätte ich mir eine detaillierte Darstellung des APV-Ansatzes gewünscht.

10. ENTITY-VALUE UND WACC

Bild 10-6: FRANCO MODIGLIANI (geboren 1918), links, und MERTON H. MILLER (1923-2000) beeinflußten die Entwicklung des Gebietes *Corporate Finance* stark mit den beiden zitierten Aufsätzen, auf die viele Schüler kurz mit "Mo-Mi" verweisen. MODIGLIANI stammt aus Rom und hat an der dortigen "La Sapienza" 1939 sein juristisches Studium abgeschlossen. Er mußte wie viele andere emigrieren und lehrte an verschiedenen Universitäten in den Vereinigten Staaten, ab 1962 am Massachusetts Institute of Technology als Professor für *Economics and Finance*. Im Jahr 1985 erhielt er den Nobelpreis. Seit 1988 lebt MODIGLIANI als Emeritus in Boston. MERTON H. MILLER erhielt den Nobelpreis 1990 zusammen mit HARRY MARKOWITZ und WILLIAM SHARPE erhielt. MILLER stammt aus Boston und hat sein Studium an der Harvard Universität 1943 mit *magna cum laude* abgeschlossen. Er lernte 1953 MODIGLIANI an der *Carnegie-Mellon University* in Pittsburgh (PA) kennen, wo MODIGLIANI damals lehrte. MILLER ging später nach Chicago, und wurde nach einer Professur Direktor des *Chicago Board of Trade*, später der *Chicago Mercantile Exchange*. MILLER hat wiederholt und kraftvoll die Idee des freien Marktes vertreten.

Jedenfalls ist die Übersicht zu den drei Varianten, mit denen der Entity-Value bestimmt werden kann, interessant. Die Überlegung mit dem Steuervorteil ist im Grunde alt. Sie wurde von FRANCO MODIGLIANI und MERTON H. MILLER in ihren Arbeiten von 1958 und 1963 behandelt.[8] Wenig überzeugt hat mich die in der gesamten Literatur immer getroffene Annahme, die Finanzierung hätte keine Rückwirkung auf die real-

---

[8] Ein Hinweis auf den historischen (nicht leicht lesbaren) Aufsatz: FRANCO MODIGLIANI und MERTON H. MILLER: The Cost of Capital, Corporation Finance, and the Theory of Investment. *American Economic Review* 48 (1958), 3, pp. 261-297. Später gab es noch eine Ergänzung: 2. FRANCO MODIGLIANI und MERTON H. MILLER: Corporate Income Taxes and the Cost of Capital: A Correction. *American Economic Review* 53 (1963), pp. 433-443.

wirtschaftliche Tätigkeit. In der Praxis ist das doch ganz anders. Kaum ist die Bank da, muss der Unternehmer anders investieren.[9]

GNOM: "Und, was hast Du bei der Miles-Ezzel-Formel gelernt?"

WANDERER: Die erste Wertformel für den Equity-Value (9-6) fand ich noch interessant, doch dann wurde es etwas ermüdend, den immer neuen Berechnungen von Cashflows und Kapitalkosten zu folgen. Für mich sind diese Ansätze im Laufe der Zeit langweilig geworden und Ausdruck des Versuchs, die Formel (9-1) zum zentralen Kern jeder Unternehmensbewertung zu machen...

GNOM: "... Das, was Du als «Versuch» bezeichnest, galt um 1980 als in höchstem Maß gelungen. Nur verlangt man heute, daß bei der Herleitung von Formeln die Kapitalkosten *zeitabhängig* sein dürfen. Damit wird die Sache kompliziert. Doch das Komplexe hat etwas Gutes..." und hier lächelte der GNOM verschmitzt: "Wo es kompliziert wird, ist sogleich der Wissenschaftler zur Stelle und bietet seine Dienste an, entwickelt beflissen Theorien, trägt den Diskurs in den Hörsaal, vergibt Doktorarbeiten, organisiert Seminare. Nur das Komplizierte nährt die Zunft."

WANDERER: Doch das Komplizierte schreckt den Praktiker, der die Faustformel liebt ...

Der GNOM, auf einmal ironisch: "... Der Praktiker will nicht der Wahrheit Tiefe ergründen. Er ist nur daran interessiert, was *andere* Praktiker denken und von einer Sache halten. Er nimmt den Theoretiker nicht zur Kenntnis. «Richtig» für den Praktiker ist, was andere für richtig halten, weil wiederum andere meinen, es sei richtig..."

Der WANDERER, ablenkend, um nicht auf die Anspielung auf die Metapher von KEYNES eingehen zu müssen: ... Die durchschnittlichen Kapitalkosten, so scheint mir, hatten ihre große Zeit, als man von einer Annahme ausgehen durfte. Du hast sie genannt: Die Kapitalkosten sollten konstant in der Zeit sein. Wo diese Annahme in einem kritischen Licht gesehen wird, hat man nicht mehr so einfache Formeln, mit denen in der Praxis fröhlich die täglichen Bewertungsaufgaben angegangen werden können. Außerdem sagen alle Theorien über *WACC* nur, wie sie in *Relation* zu anderen Kapitalkosten stehen. Nichts wird darüber gesagt, ob das marktgerechte Niveau der Kapitalkosten nun bei 7%, 10% oder 15% liegt. An Beta mag ich schon glauben, doch wie kann man das Beta für ein neues Projekt finden?

---

[9] STEWART C. MYERS: Interactions of Corporate Financing and Investment Decisions — Implications for Capital Budgeting. *Journal of Finance* 29 (March 1974), pp. 1-25.

10.8 Fragen

1. Welcher Grundidee folgt der APV-Ansatz?
2. Erklären Sie den Unterschied zwischen *Budgetierten* und *weitergehenden* Investitionen!
3. Wie sind der Verschuldungsgrad, das Gearing und die Eigenkapitalquote definiert?[10]
4. Was besagt die Hackordnung der Finanzierung und wie wird sie erklärt?
5. Warum wurde von einem Flow-to-Entity gesprochen? A) Ist nicht einfach der Cashflow gemeint? B) In welcher Beziehung stehen der Flow-to-Entity und *EBIT*?
6. Ist diese Behauptung korrekt? "Beim Ansatz von Miles und Ezzel resultiert der Entity-Value als Barwert der *total versteuerten EBIT*, die ungeachtet der tatsächlichen Finanzierung in der Wertformel als voll versteuert unterstellt werden."
7. Skizzieren Sie den typischen Verlauf dieser Kosten in Abhängigkeit des Verschuldungsgrads: Eigenkapitalkosten der verschuldeten und besteuerten Unternehmung, *WACC*, sowie die Miles-Ezzel-Cost-of-Capital *MECC*.
8. Ein Konzern plant eine *Single Purpose Company* (SPC), die von vornherein nur eine recht kurze Lebensdauer haben wird. Die Anfangszahlung, um die SPC in Gang zu bringen, beträgt 25 (Millionen Euro). Sie wird durch diese *EBIT* für die folgenden drei Jahre beschrieben: $20, 30, 40$. Als Steuersatz soll mit $s = 30\%$ gerechnet werden. Aufgrund der hohen Risiken (und ohne Beachtung von Risiken, die mit einer speziellen Kapitalstruktur verbunden wären), werden die Kapitalkosten mit 20% veranschlagt — das sind die Kapitalkosten der unverschuldeten Unternehmung im Sinn unserer Sprechweise. Die Fremdkapitalkosten betragen 10%, weil die Banken einen hohen Zuschlag für das Defaultrisiko verlangen. Gesucht ist der Wert der SPC in Abhängigkeit von Finanzierungsvarianten. Führen Sie die Rechnung für $L = 0$, $L = 1$ und $L = 2$ durch.[11]

---

[10] Vergleiche (9-6).

[11] Vergleiche Beispiel 10-3.

11. Performance und Kapitalertrag

Die *Performance* eines Jahres ist definiert als Differenz zwischen dem tatsächlichen Ergebnis und dem (von den Kapitalgebern) erwarteten Ergebnis. Dabei kann das Ergebnis näher am Accounting oder marktnah definiert werden. Darüber hinaus gibt es Varianten, beispielsweise weil einmal nur die Eigenkapitalgeber, ein andermal die Eigen- und Fremdkapitalgeber zusammen betrachtet werden. Ein bekanntes Maß für die Performance ist der *Economic Value Added* (*EVA*). Sodann zeigen wir in diesem Kapitel, wie das organische Wachstum über die Earnings-Yield geschätzt werden kann. Zum Schluß der Kapital*ertrag* als Grundlage für die Preisbildung, wohl zu unterscheiden von den Kapital*kosten*.

11.1 Bewertung oder Performancemessung? 219
11.2 Varianten 221
11.3 Abnormal Earnings und EVA 223
11.4 Economic-Performance 228
11.5 Organisches Wachstum 232
11.6 Kapitalerträge 235
11.7 Fragen 237

11.1 Bewertung oder Performancemessung?

Mit der DCF-Methode, den Bewertungsformeln für den Equity-Value $W(Entity)$, den Entity-Value $W(Equity)$ sowie den Kapitalkosten $WACC$ und $MECC$ wurde ein reichhaltiges Instrumentarium geschaffen. Es erlaubt, Geschäftsvorhaben, Restrukturierungen und Änderungsinvestitionen aus Marktsicht zu kalkulieren. Das ist vielerorts verlangt, weil durch die weltweite Öffnung der Märkte und die weltweite Zunahme des Wettbewerbs niemand mehr ungestraft Maßnahmen ergreifen konnte, die bei genauer Rechnung unwirtschaftlich wirken. Selbstredend wird in der Praxis die Bewertung nicht jedesmal allein auf die DCF-Methode abgestützt. Wenn in einer konkreten Situation andere Bewertungsverfahren gewünscht werden, liefert die DCF-Methode immerhin eine *Second Opinion*. So ist die DCF-Methode zwar kein Universalheilmittel, das jede andere Medizin verdrängt hätte. Dich die DCF-Methode hat den Rang einer Standardrechnung inne, die bei *jeder* Bewertung dabei sein muss, selbst wenn andere Argumente einfließen.

Mit der Verbreitung und Akzeptanz der DCF-Methode um 1980 ging eine Öffnung gegenüber grundsätzlichen Änderungen der Gestalt der Unternehmung und der Zusammensetzung des Unternehmensportfolios einher. Die Gebote lauteten: Wertschöpfungskette aufbrechen, Teilfunktionen outsourcen, auf Kernkompetenzen konzentrieren, die Unternehmung um ihre Intangibles neu erfinden.

Solche Veränderungen brachten unerwünschte soziale Auswirkungen im Hinblick auf die Arbeitsplätze mit sich. So ist in den Medien die grundsätzliche Auseinandersetzung darüber aufgeflammt, welche Aufgaben und Ziele die Unternehmung in unserer modernen Gesellschaft haben und wie der ordnungspolitische Rahmen interpretiert werden müsse. Diese Kontroverse läßt sich als *Shareholder-Value* versus *Stakeholder-Value* umreißen.

In der Tat beurteilt die DCF-Methode eine Kapitalanlage oder Unternehmung prononciert aus Sicht der Finanzinvestoren. Gruppen, die sich nicht durch Investitionen am Kapitalmarkt beteiligen, bleiben bei der Bewertung unberücksichtigt. Denn der Wert spiegelt eine Marktsicht wider und daher die Präferenzen derjenigen Personen, die sich faktisch am Finanzmarkt beteiligen.

Inzwischen haben sich die Wogen geglättet. Überall wird anerkannt, dass eine Unternehmung, die sich immer wieder über die marktgerechten Erwartungen ihrer Kapitalgeber hinwegsetzt, irgendwann untergeht — zum Schaden aller gesellschaftlichen Gruppen. Es ist auch offenkundig geworden, dass der Staat nicht mehr über die Mittel verfügt, um auf Wunsch gesellschaftlicher Gruppen als Retter einzuspringen, wenn eine Unternehmung keine Unterstützung von Finanzinvestoren mehr findet.

Allerdings hat die DCF-Methode mitunter zu einer Anwendung im Überschwang verleitet. Laufend kamen Analysten zu den Managern und wollten wissen, welchen Wert diese und welchen Wert jene Strategie hätte und ob es nicht das beste wäre, die Unternehmung gleich zu verkaufen, weil ihr Wert geringer sein könnte als das, was vielleicht ein Käufer bieten würde. Die DCF-Methode hat begünstigt, die Fortführung permanent in Frage zu stellen. Manche Aktionäre wünschten sich am Ende als Manager nicht eine Führungspersönlichkeit, sondern einen Starverkäufer.

Das Thema hatte sich in den neunziger Jahren so von der Führung und stetigen Verbesserung der Unternehmung zur Schaustellung von Werten gewandelt mit der Absicht, bei einer schnellen Transaktion viel Geld zu machen. Das Wirtschaftsleben folgte hier durchaus Aktionären, die immer weniger geduldige Anleger sondern *Trader* sein wollten. Irgendwie hat diese Einstellung die Arbeit und den Arbeitswillen in den Betrieben untergraben.

11. PERFORMANCE UND KAPITALERTRAG

Die an der Kontinuität interessierten Manager waren daher alsbald für Ansätze aufgeschlossen, die das *Wirtschaftsergebnis eines Jahres* in den Mittelpunkt rücken und nicht den Wert der Unternehmung zu einem Stichtag. Dieses Wirtschaftsergebnis sollte durchaus mit den marktgerechten Ansprüchen der Kapitalgeber verglichen werden, so dass ein Maß für die *Performance* entsteht.

Mit *Performance* wird ein Vergleich bezeichnet, der das in einem Jahr tatsächlich erzielte Ergebnis zugunsten der Kapitalgeber dem aufgrund alternativer Verwendungsmöglichkeiten des Kapitals erwarteten Ergebnis gegenüberstellt.

Die Gegenüberstellung kann durch einen Quotienten oder die Differenz beider Größen vorgenommen werden. Letzteres ist üblicher:

$$\begin{aligned} Performance &= Tatsächliches\ Ergebnis - Erwartetes\ Ergebnis = \\ &= Tatsächliches\ Ergebnis - K \cdot r \end{aligned} \quad (11\text{-}1)$$

Bei dem von den Kapitalgebern erwarteten Ergebnis handelt es sich um einen Geldbetrag. Er ist das Produkt des eingesetzten Kapitals, es sei mit K bezeichnet, und einer erwarteten Rendite r.

11.2 Varianten

Selbstverständlich muss genauer gesagt werden, was unter "Ergebnis" verstanden werden soll. Was das erwartete Ergebnis betrifft, so müssen noch das eingesetzte Kapital K und die erwartete Rendite r präzisiert werden. Fünf Punkte hierbei sind:

1. Soll das Ergebnis zugunsten der Eigenkapitalgeber allein betrachtet werden (*Equity-Performance*) oder dasjenige Ergebnis, das allen Kapitalgebern, Eigen- und Fremdkapitalgebern zusammengefaßt, zugute kommt (*Entity-Performance*)?

2. Soll das Ergebnis in einer dem Accounting nahen Sicht dem Rechnungswesen direkt entnommen oder mit wenigen Adjustierungen und Konversionen daraus ermittelt werden (*Accounting-Performance*)? Oder soll im Unterschied dazu eine ökonomische Perspektive eingenommen und das Ergebnis ausgesprochen marktnah bestimmt werden (*Economic-Performance*)? Bei der Equity-Performance wäre im ersten Fall das Ergebnis gleich dem Gewinn und das Kapital gleich dem Buchwert des Eigenkapitals. Im zweiten Fall müßte das Ergebnis als Dividende plus Wertsteigerung verstanden werden, und K wäre gleich dem Marktwert.

3. Soll das tatsächliche Ergebnis nach denselben Standards gemessen werden wie das erwartete Ergebnis oder soll vielleicht das tatsächliche Ergebnis etwas "großzügiger" gemessen werden, etwa durch Adjustierungen und Konversionen, während das erwartete Ergebnis etwas nach unten korrigiert wird?
4. Was die Erwartung betrifft, gibt es zwei Möglichkeiten: Es kann die Erwartung gemeint sein, die man noch zu Beginn des Jahres hatte, über das berichtet wird. Oder es kann sich um die handeln, die am Ende des Berichtsjahres aufgrund der tatsächlichen Ergebnisse von Unternehmen einer Peer-Group gebildet wird.
5. Wenn die Equity-Performance bestimmt wird, kann das tatsächliche und das erwartete Ergebnis auf die Unternehmung oder auf eine einzelne Aktie ausgedrückt werden. Der Unterschied besteht in der Behandlung von Aktienrückkäufen, Mitarbeiteroptionen, Kapitalerhöhungen und Kapitalherabsetzungen.

Wer für jeden dieser fünf Punkte nur zwei Möglichkeiten betrachtet, kommt schon auf $2^5 = 32$ verschiedene Performancemaße. Einige werden wir näher betrachten. Im nächsten Kapitel werden wir zudem eine Variante untersuchen, die als *Residual Income* bezeichnet wird.[1]

> Die Performance (11-1) wird als *Residual Income* bezeichnet, wenn die Kombination von Equity-Performance und Accounting-Performance gemeint ist. Beim Residual Income ist daher das tatsächliche Ergebnis gleich dem Gewinn und das eingesetzte Kapital ist gleich dem Buchwert des Eigenkapitals.

Es bietet sich in praktisch allen diesen Performancemaßen an, die Differenz zwischen dem tatsächlich Erreichten und dem, was aufgrund alternativer Möglichkeiten erwartet wurde oder wird, weiter zu erklären. Für eine von Null abweichende Performance gibt es drei Gründe:

- *Zufällige Performance*: Bei unsicheren Entwicklungen muss natürlich immer damit gerechnet werden, dass die Realisation vom Erwartungswert abweicht. Wenigstens zu einem Teil ist die Performance sozusagen mit Glück und Pech zu erklären, auf das die Unternehmung keinen Einfluß haben.
- *Excess-Performance*: Während des Jahres haben die Entscheidungen und Maßnahmen gewirkt, die willentlich und wirksam das Ergebnis beeinflußten. Folglich erklärt Engagement und Geschick des Managements zum Teil die Performance.

---

[1] 1. M. J. MEPHAM: The Residual Income Debate. *Journal of Business Finance & Accounting* 7 (Summer 1980) 2, pp. 183-199. 2. KEITH SHWAYDER: A Proposed Modification to Residual Income- Interest Adjusted Income. *Accounting Review* 45 (1970) 2, pp. 299-307.

- *Antizipierte Performance*: Je nach Art der Messung gibt es möglicherweise einen Teil der Performance, der gleichsam ohne besondere Anstrengung des Managements erwartet werden konnte. Das ist beispielsweise der Fall, wenn aufgrund der Spezifikation das tatsächliche Ergebnis eher hoch und das erwartete Ergebnis eher knapp angesetzt wird.

Daher bieten sich verschiedene Zerlegungen der Performance in Komponenten an. Angesichts der antizipierten Performance ist es allerdings nicht korrekt, schon dann von *Outperformance* zu sprechen, wenn die Performance positiv ist. Angesichts der zufälligen Performance, die ab und zu auf abträgliche Weise einwirkt, ist es ebensowenig richtig, gleich von *Underperformance* zu sprechen, wenn die Performance insgesamt negativ ist. Außerdem: Wenn die Performance die Grundlage eines Bonussystems bilden soll, bietet es sich an, die Excess-Performance stark einfließen zu lassen. Allerdings setzt dies voraus, dass die Zerlegung der Performance in die drei Komponenten und die Herausrechnung der Excess-Performance sachgerecht und genau erfolgt, weil sonst das Bonussystem willkürlich wirkt und am Ende demotiviert.[2]

Jedenfalls macht es mehr Sinn, das tatsächliche Ergebnis nicht als ein absolutes Ergebnis für sich zu betrachten. Nur ein Vergleichsmaßstab zeigt, ob das Ergebnis als groß oder klein anzusehen ist. Als Vergleichsmaßstab dient, was aufgrund der Alternativen — hier kommt die Marktsicht hinein — schon zu Beginn des Jahres erwartet wurde beziehungsweise am Jahresende aufgrund eines Vergleichs mit den Unternehmen einer Peer-Group erwartet wird.

11.3 Abnormal Earnings und EVA

Die Idee, eine Größe wie (11-1) oder (11-2) zu betrachten, ist weder in der Praxis noch in der Theorie neu. Die Firmen haben bereits vor Jahrzehnten versucht, dem Bilanzgewinn einen Sollgewinn gegenüberzustellen. Allerdings war nie klar, wie hoch der Gewinn einer Unternehmung normalerweise sein sollte. Die Firmen haben angesichts des Fehlens einer theoretisch fundierten Berechnung eines Sollgewinns einfach die eigene Budgetierung herangezogen und den tatsächlichen Gewinn mit dem zuvor geplanten und budgetierten Gewinn verglichen. Auch heute spielen Vergleiche zwischen Ist- und Planzahlen in den Bilanzbesprechungen traditionell eine wichtige Rolle.

---

[2] J. O'Hanlon und K. V. Peasnell: Residual income and value-creation: The missing link. *Review of Accounting Studies* 7 (2002), pp. 229-245. Die Autoren unterscheiden einen antizipierten Teil und einen mit "Excess" bezeichneten Teil und schlagen vor, einen Bonus an letzterem zu orientieren.

Der Durchbruch, für den Vergleich des tatsächlichen Ergebnisses eine Marktgröße heranzuziehen, nämlich das eingesetzte Kapital mit dem *Marktzinssatz* zu multiplizieren, ist ALFRED MARSHALL (1842-1924) gelungen. Der britische Nationalökonom prägte dafür den heute sehr üblichen Begriff Residualgewinn (*Residual Income*) und definierte ihn als jenen Teil des Gewinns der Unternehmung, der nach Abzug der Kapitalkosten bleibt.[3] MARSHALL spezifizierte das Kapital mit dem Buchwert des Eigenkapitals, $K = B(Equity)$, und die Rendite mit dem Marktzinssatz, $r = i$. Bei diesen Spezifikationen wird auch von *Abnormal Earnings* gesprochen:

$$Abnormal\ Earnings\ =\ Gewinn - B(Equity) \cdot i \qquad (11\text{-}2)$$

MARSHALL sah durch (11-2) den tatsächlichen Gewinn in zwei Teile zerlegt. Der Gewinn ist gleich dem aufgrund des Kapitaleinsatzes erwarteten Gewinn $B(Equity) \cdot i$ plus einem weiteren Teil. Dieser weitere Teil, eben die Abnormal Earnings, bezeichnete MARSHALL als "*earnings of undertaking or management*" und verdeutlichte mit dieser Sprechweise, dass dieser Teil des Gewinns dem Management zuzuschreiben ist. Die Formel war also: Gewinn ist gleich Buchwert mal Zinssatz plus das, was das Management noch zusätzlich einbringt.

Die Ideen von MARSHALL wurden seither ausgebaut. Für die Praxis ist sehr ansprechend, eine dem Accounting nahe Performance auszuweisen. Denn in (11-2) geht es nicht wie der DCF-Methode um Größen, die in der Zukunft erwartet werden und aufgrund von Plänen zu schätzen sind. In (11-2) wird die Performance anhand verläßlicher und geprüfter Daten bestimmt. Das ist ein großer Vorteil für die *Praxis*. In der *Theorie* des Accounting wurde entdeckt, dass sogar der Marktwert der Unternehmung mit den Residualgewinnen (11-2) ermittelt werden kann und dass interessante Zusammenhänge zum *Dividend-Discount Model* bestehen. Wir wenden uns dem im Folgekapitel 10 zu.

Die Aufgeschlossenheit der Wirtschaft gegenüber einer Accounting-Performance haben etliche Beratungsfirmen für sich umgemünzt. Die Unternehmensberatungen haben eigene Varianten zu (11-2) entwickelt und teils Erweiterungen vorgenommen.

- Selbstverständlich war das Hauptziel, (11-2) zu verbessern, doch liegt ein Nebenziel auf der Hand. Die Varianten bewirken, dass nicht alle Größen, welche die Performance bestimmen, aus der Bilanz und der Gewinn- und Verlustrechnung direkt abgelesen

---

[3] In der zitierten Arbeit von MEPHAM (1980) findet sich der Hinweis, dass zuvor ROBERT HAMILTON dieses Konzept eingeführt und in seinem 1977 in Edinburgh erschienenen Buch *An Introduction to Merchandize* dargestellt habe.

werden können, denn dann könnten die Unternehmungen ihre Performance ohne Hilfe selbst ausrechnen. Vielmehr sollten in die Performance weitere Größen eingehen, zu deren Messung die Consultingfirmen hinzugezogen werden müssen, die den reinen Meßvorgang gleich mit einer allgemeinen Beratung verbinden. Hierzu wurden Adjustierungen und Konversionen vorgeschlagen.

- Als Erweiterung sind Bonussysteme zu nennen, die einen Teil der Performance dem Management zuweist und so tatsächlich eine verstetigte Unternehmensentwicklung fördert.

Auf diese Weise haben die Consultingfirmen eigene Beratungsprodukte entwickelt, deren Namen zum Teil als Marke geschützt worden sind. Alle diese Beratungsprodukte haben indessen den gemeinsamen Kern, der durch die Formel (11-2) für die Accounting-Performance gegeben ist.[4]

Added Value	London Business School	DAVIS und KAY (1991)
Economic Value Added EVA	Stern Stewart & Co.	STEWART (1991)
Economic Profit	McKinsey & Company, Inc.	COPELAND, KOLLER UND MURRIN (1994)
Cash Value Added CVA	Boston Consulting Group	LEWIS (1994)

Bild 11-1: Vier im Consulting eingesetzte Konzepte für die Performance. Zu den Fachbegriffen und zur Literatur: KLAUS SPREMANN, OLIVER P. PFEIL und STEFAN WECKBACH: *Lexikon Value-Management*. Oldenbourg-Verlag, München 2002.

1. Recht bekannt in Praxis und Theorie ist der *Economic Value Added*, abgekürzt *EVA*. Dieser Begriff wurde von der Beratungsfirma Stern Stewart & Co. der Literatur entnommen und zu einem Beratungspaket ausgebaut.[5] Mit *EVA* werden gegenüber den Abnormal Earnings (11-2) drei Modifikationen angebracht. *EVA* ist nicht eine Equity-Performance sondern eine Entity-Performance. Von der Theorie her gibt es dadurch keine Vorteile, doch ist die Zusammenfassung aller Kapitalgeber zu einer Gruppe im praktischen Wirtschaftsleben und in der Beratung ein verteilungspolitisch geschickt. Der Blick vom "nach Profit" strebenden Shareholder wird auf den Kapitaleinsatz insgesamt gelenkt und

---

[4] Einen Überblick über die von Beratungsunternehmen vertretenen Konzeptionen gibt: *Randy Myers*: Metric Wars. CFO 12 (1996). 10, pp. 41-50.

[5] G. BENNETT STEWART: *The quest for value*. Harper, New York 1991. Für den deutschen und schweizerischen Sprachraum konkretisiert wurde das Konzept von STEPHAN HOSTETTLER: *Economic Value Added*. Dissertation, Universität St. Gallen, Haupt, Bern 1997.

zugleich von Interessengegensätzen zwischen Eigen- und Fremdkapitalgebern abgesehen. Für die Entity-Performance wird das "tatsächliche Ergebnis" als Gewinn plus Zinszahlung verstanden und das "Kapital" als Eigen- und Fremdkapital.

2. Bei *EVA* wird die Rendite r gleich den (durchschnittlichen) Kapitalkosten gesetzt, $r = WACC$, wodurch der Anspruch auf eine risikogerechte Rendite Berücksichtigung findet. Dadurch wird natürlich das erwartete Ergebnis höher (als wenn r gleich dem Zinssatz gesetzt wird).

3. Auch das tatsächliche Ergebnis wird durch Konversionen (nach oben) korrigiert.

Die zweite und die dritte Änderung stellen Schritte in Richtung auf eine Economic-Performance dar. Allerdings bleibt es bei der Festsetzung des Kapitals anhand der Buchwerte — hier werden keine Marktgrößen eingesetzt.

Die drei genannten Änderungen führen auf die Formel [6]

$$EVA = Gewinn + Zinszahlung + Konversionen - B(Entity) \cdot WACC \qquad (11\text{-}3)$$

Das Kapital K ist in (11-3) als *Buchwert* von Eigen- und Fremdkapital verstanden. Im Grunde handelt es sich dabei um die Bilanzsumme. Deshalb stimmt K mit dem in der Bilanz ausgewiesenen *Vermögen* überein. Diese Blickveränderung von der rechten auf die linke Bilanzseite ist interessant, weil sie das Licht von den Kapitalgebern nimmt und auf die konkreten Vermögensgegenstände (Einrichtungen, Maschinen) richtet. Deren marktgerechte "Verzinsung" wurde von Ingenieuren und Produktionsleitern nie in Frage gestellt und findet als sachgerechte Kalkulation stets Akzeptanz.

Bei *EVA* wird weiterhin das Vermögen auf das betriebsnotwendige Vermögen eingeengt — auch der Gewinn wird von außerordentlichen Einflüssen bereinigt. Das betriebsnotwendige Vermögen wird als *Net Operating Assets* (*NOA*) verstanden. Diese Größe ist nahe am Bilanzwert bemessen und eventuell als Ersatzwert verstanden. Folglich wird *EVA* anstelle von (11-3) so berechnet:

---

[6] 1. JEFF BACIDORE, JOHN BOQUIST, TODD MILBOURN und ANJAN THAKOR: The Search for the Best Financial Performance Measure. *Financial Analysts Journal* 53 (Mai/Juni 1997) 3, pp. 11-20. 2. KARLHEINZ KÜTING und ULRIKE EIDEL: Performance-Messung und Unternehmensbewertung auf Basis des EVA. *Wirtschaftsprüfung* 52 (November 1999) 21, pp. 829-838.

$$EVA = NOPAT + Konversionen - NOA \cdot WACC \qquad (11\text{-}4)$$

Hier steht *NOPAT* (*Net Operating Profit After Taxes*) für das Betriebsergebnis abzüglich Steuern, also für den Betriebsgewinn plus Zinsen.

Bild 2: JOEL M. STERN, Managing Partner der Unternehmensberatung Stern Stewart & Company, gilt als Pionier des Value-Managements. Die Consultingfirma setzt sich für die Verwendung des Übergewinns in der Variante Economic-Value-Added ein und hat diesen zu einem Beratungswerkzeug erweitert. JOEL M. STERN hält Kontakt zu verschiedenen amerikanischen Universitäten, wo er als Adjunct Professor lehrt. Er hat zwei Bücher verfaßt, betitelt *Analytical Methods in Financial Planning* und *Measuring Corporate Performance*. Außerdem ist er durch Kolumnen bekannt, in denen er in Zeitungen wie *The Financial Times* oder *The Wall Street Journal* Themen der Unternehmensfinanzen kommentiert hat.

Gelegentlich wird beklagt, *EVA* sei keine echte Economic-Performance, weil das Kapital (beziehungsweise das Vermögen *NOA*) recht nah am Accounting ermittelt wird.[7] Da ein bilanznah bestimmtes Kapital im allgemeinen geringer ist als der Marktwert, kommen die Firmen mit (11-4) leichter auf eine positives *EVA*. Die antizipierte Performance ist daher bei (11-4) größer als Null. Das ist korrekt. Doch die Beratungsfirma sieht in dem Faktum, dass die Meßlatte niedrig gehängt wird, den Vorteil der höheren Motivation des Managements. Zweck der Performancemessung sei die Förderung der Kontinuität, was sich letztlich zum Vorteil der Kapitalgeber auswirkt. Abgesehen davon gibt es für den Ansatz von Buchwerten anstelle von Marktwerten eine theoretische Begründung, die wir im nächsten Kapitel 10 betrachten.

---

[7] Denis B. KILROY: Creating the Future: How Creativity and Innovation Drive Shareholder Wealth. *Management Decision* 37 (1999) 4, p. 363.

Bild 3: G. BENNETT STEWART, III. Er hatte 1982 gemeinsam mit JOEL M. STERN die Unternehmensberatung Stern Stewart & Company gegründet, und sich vor allem durch das Buch *The Quest for Value* einen Namen gemacht, in dem das Konzept des Economic-Value-Added zu einem Beratungswerkzeug ausgebaut wurde.

Es bleibt zu ergänzen, dass die Formeln (11-3) beziehungsweise (11-4) für *EVA* den Kern des Beratungsprodukts EVA® der Firma Stern Stewart & Co. bilden. Zu diesem Beratungsprodukt gehören neben der Berechnungsformel das Consulting im Zusammenhang mit den Konversionen sowie eine Bonusbank. Es wird vorgeschlagen, Jahr für Jahr etwa 1/3 des jeweiligen *EVA* in eine Bonusbank einzuweisen, beziehungsweise bei negativen *EVA* den Kontostand der Bonusbank entsprechend zu reduzieren. Ein gewisser Prozentsatz des Guthabens der Bonusbank, zum Beispiel 20% wird jedes Jahr an das Management ausbezahlt.

11.4 Economic-Performance

Investoren legen Geld an, um Geld zurückzuerhalten. Sie beurteilen das Ergebnis ihrer Kapitalanlage anhand der Zahlungen, die ihnen in dem betreffenden Jahr zufließen sowie anhand des Wachstums des Werts oder der Wertsteigerung, die sie realisieren könnten. So entsteht als Formel für die reine Economic-Performance:

$$\begin{aligned} Performance &= z_1 + (W_1^{(1)} - W_0^{(0)}) \\ &\quad - W_0^{(0)} \cdot r \end{aligned} \qquad (11\text{-}5)$$

In (11-5) ist die Performance im ersten Jahr ausgedrückt, das vom Zeitpunkt 0 bis zum Zeitpunkt 1 reicht.

- Mit z_1 sind alle Zahlungen gemeint, die während des Jahres von der Unternehmung an die Kapitalgeber geleistet werden.
- Wie zuvor bezeichnet $W_0^{(0)}$ den Unternehmenswert zum Zeitpunkt 0 aufgrund der Informationen, die dann vorgelegen waren, und $W_1^{(1)}$ ist der Unternehmenswert zum Zeitpunkt 1 aufgrund der zum Zeitpunkt 1 gegebenen Informationen.
- So ist $z_1 + (W_1^{(1)} - W_0^{(0)})$ das tatsächliche Ergebnis.
- Erwartet wurde von den Investoren das Ergebnis $W_0^{(0)} \cdot r$.

In der Gleichung (11-5) kann die Performance für die Eigenkapitalgeber allein oder für alle Kapitalgeber ausgedrückt werden. Entsprechend müssen die eben besprochenen Größen interpretiert werden:

	Eigenkapitalgeber	Eigen- und Fremdkapitalgeber
z_1	Dividenden + Kapitalrückzahlung - Kapitalerhöhung	Dividenden + Kapitalrückzahlung - Kapitalerhöhung + Zinszahlung + Kredittilgung - Neukredit
$W_0^{(0)}, W_1^{(1)}$	Equity-Value	Entity-Value
r	Eigenkapitalkosten	$WACC$

Bild 11-4: Bedeutung der Größen in (11-5) je nachdem, ob die Equity-Performance oder die Entity-Performance ausgedrückt wird.

Eine weitere Wahlmöglichkeit besteht in (11-5) hinsichtlich der Messung des Wachstums $W_1^{(1)} - W_0^{(0)}$. Ein Weg bestünde darin, Unternehmensbewertungen zu den Zeitpunkten 0 und 1 durchzuführen, die $W_0^{(0)}$ und $W_1^{(1)}$ liefern. Hierfür könnte die DCF-Methode herangezogen werden.

Indessen gibt es auch Vorschläge, den Teil des tatsächlichen Ergebnisses, der dem Wertwachstum entspricht, anders zu bestimmen. In der Praxis sind hierfür Ansätze beliebt, welche die getätigten Investitionen heranziehen sowie Indikatoren für das organische Wachstum (Investivaufwand plus Autonomes Wachstum). Diese Vorgehensweise wirkt wenig rigoros, hat aber Vorteile, weil die Investitionen und die Indikatoren für das organische Wachstum — auch wenn sie noch nicht (ganz) genau das treffen, was sie treffen sollen — am Ende eine genauere Bestimmung der Performance erlauben als die zweifache Unternehmensbewertung zu Beginn und am Ende des Jahres.

Wir formulieren das für die Entity-Performance. Die Zahlungen zuhanden aller Kapitalgeber umfassen erstens die Dividende und die Zinszahlungen abzüglich zweitens zusätzliche Aufnahmen von neuem Eigen- und Fremdkapital korrigiert um Rückzahlungen und Tilgungen. Letzteres entspricht der Wertänderung, die mit Maßnahmen der Außenfinanzierung verbunden ist:

$$z_1 = (Dividende + Zinszahlung) \\ - Wertänderung\ aufgrund\ Außenfinanzierung \qquad (11\text{-}6)$$

Was die Wertänderung insgesamt betrifft, so ist sie nach den Ursachen des Wachstums (Kapitel 3) gleichzusetzen mit:

$$W_1^{(1)} - W_0^{(0)} = \\ = Wertänderung\ aufgrund\ Außenfinanzierung \\ + Wertänderung\ aufgrund\ Innenfinanzierung \\ + Wertänderung\ aufgrund\ Investivaufwand \\ + Wertänderung\ aufgrund\ Autonomem\ Wachstums \qquad (11\text{-}7)$$

Für das tatsächliche Ergebnis gilt daher

$$z_1 + (W_1^{(1)} - W_0^{(0)}) = \\ = Dividende + Zinszahlung \\ + Wertänderung\ aufgrund\ Innenfinanzierung \\ + Wertänderung\ aufgrund\ Investivaufwand \\ + Wertänderung\ aufgrund\ Autonomen\ Wachstums \qquad (11\text{-}8)$$

Alle Vorgänge, die mit einer Kapitalrückzahlung, einer Kapitalerhöhung oder der Tilgung eines Kredits oder einer Neuaufnahme eines Kredits in Verbindung stehen und eine gleich große Wertveränderungen auslösen haben keinen Einfluß auf die Performance des einen betrachteten Jahres. Weiter können wir von

$$Dividende + Wertänderung\ aufgrund\ Innenfinanzierung = \\ = Gewinn \qquad (11\text{-}9)$$

11. PERFORMANCE UND KAPITALERTRAG

ausgehen. Die Gleichung (11-9) wird als Grundbedingung für das *Clean Surplus Accounting* bezeichnet — wir betrachten sie im Folgekapitel 10 eingehender. Wird die Gleichung (11-9) in (11-8) eingesetzt, resultiert für das tatsächliche Ergebnis die folgende Bestimmungsgleichung:

$$z_1 + (W_1^{(1)} - W_0^{(0)}) =$$
$$= Gewinn + Zinszahlung$$
$$+ Wertänderung\ aufgrund\ Investivaufwand$$
$$+ Wertänderung\ aufgrund\ Autonomen\ Wachstums$$
(11-10)

Anstelle von (11-5) kann deswegen die Economic-Performance zuhanden aller Kapitalgeber (Entity-Performance) so dargestellt werden:

$$Performance =$$
$$Gewinn + Zinszahlung + Investivaufwand + Autonomes\ Wachstum$$
$$- W(Entity) \cdot WACC$$
(11-11)

Die Economic-Performance kann somit zu wichtigen Teilen dem Jahresabschluß entnommen werden. Denn das relevante "ökonomische" Ergebnis (zugunsten aller Kapitalgeber) ist gleich dem Gewinn plus den gezahlten Zinsen. Allerdings ist dieses "Buchergebnis" noch um das im betreffenden Jahr erreichte organische Wachstum zu erhöhen.

- Zum Gewinn sind alle Aufwendungen zu addieren, die nicht der Leistungserstellung in der Periode dienten sondern die Leistungsmöglichkeit erhöhten (und dennoch nicht aktiviert wurden). Hier kommt es erstens darauf an, ob die Unternehmung bei Anschaffungen nach Möglichkeit eine Einmalabschreibung vornimmt (oder nicht). Zweitens gibt es Unternehmen, die bei der Instandhaltung generell großen Aufwand treiben und Arbeiten vornehmen, die den Wert erhöhen, während andere Unternehmen einiges verfallen lassen. Drittens sind interne Arbeiten für Forschung und Entwicklung als Investivaufwand bei der Economic-Performance zu berücksichtigen.

- Außerdem muss bei der Economic-Performance das Autonome Wachstum berücksichtigt werden, insbesondere die nominale Wertsteigerung durch Inflation.

Beispiel 11-1: Eine Unternehmung A und eine Unternehmung B gleichen sich, was die realwirtschaftliche Tätigkeit und die Finanzierung betrifft, doch haben sie völlig verschiedene Praktiken in der Bilanzierung. A versucht, die Abschreibungen und die Einweisungen in die Rückstellungen hoch anzusetzen und gleichzeitig wenig zu aktivieren.

Bei B ist das Gegenteil der Fall. A hat einen hohen, B einen geringen Investivaufwand. Abgesehen von den steuerlichen Wirkungen haben A und B denselben Wert und dieselbe Performance. ■

Ein Vergleich der Economic-Performance (11-11) mit der Formel für (11-3) für *EVA* zeigt nochmals, dass *EVA* einige Schritte von der Accounting-Performance in Richtung Economic-Performance vornimmt. Wenn man annimmt, dass die Konversionen gerade das organische Wachstum in das Ergebnis einbeziehen, dann besteht der Unterschied zwischen (11-3) und (11-11) nur noch darin, dass bei *EVA* die Kapitalkosten auf den Buchwert bezogen werden, wogegen ihre Grundlage bei der Economic-Performance der Marktwert ist.

11.5 Organisches Wachstum

In (11-12) ist die Gleichung für die Entity-Performance wiedergegeben. Sie gilt analog für die Equity-Performance und lautet dann:

$$Performance = Gewinn + Investivaufwand + Autonomes\,Wachstum - W(Equity) \cdot r_{EK} \qquad (11\text{-}12)$$

Hier sind r_{EK} die Eigenkapitalkosten der Unternehmung. Wir wollen diese Equity-Performance (11-14) relativ ausdrücken und auf das Kapital beziehen.

$$\frac{Performance}{W(Equity)} = \frac{Gewinn}{W(Equity)} + \frac{Investivaufwand + Autonomes\,Wachstum}{W(Equity)} - r_{EK} \qquad (11\text{-}13)$$

Dabei entstehen Größen, die aus der Aktienanalyse bekannt sind, die sich allerdings auf den Kurs oder die tatsächliche Marktkapitalisierung an der Börse beziehen, die mit *P* bezeichnet wird. Die Relation zwischen dem Gewinn und der Marktkapitalisierung wird als Earnings-Yield (*EYD*) bezeichnet. Sie ist gleich dem Kehrwert des Kurs-Gewinn-Verhältnisses (*KGV*),

$$\frac{Gewinn}{P} = EYD = \frac{1}{KGV} \qquad (11\text{-}14)$$

11. PERFORMANCE UND KAPITALERTRAG

Der Investivaufwand plus das Autonome Wachstum drücken, wie in Kapitel 3 erklärt, das organische Wachstum aus. Folglich ist der Investivaufwand plus das Autonome Wachstum in Relation zum Wert gleich der Rate des organischen Wachstums,

$$g_{ORG} \equiv \frac{Investivaufwand + Autonomes Wachstum}{W(Equity)} \qquad (11\text{-}15)$$

Achtung: Mit (11-15) wird das organische Wachstum in Relation zum Equity-Value ausgedrückt. Selbstverständlich könnte man es auch auf den Entity-Value beziehen.

Jetzt kann die relative Performance (11-13) so ausgedrückt werden:

$$\frac{Performance}{W(Equity)} = EYD \cdot \frac{P}{W(Equity)} + g_{ORG} - r_{EK} \qquad (11\text{-}16)$$

Die ökonomische Performance ist positiv, wenn die Earnings-Yield EYD (multipliziert mit der Relation von Kurs zu Wert) plus die Rate organischen Wachstums g_{ORG} die Kapitalkosten r_{EK} übertreffen.

Typische Kurs-Gewinn-Verhältnisse [a]		
Branche	KGV	Beispiele
Biotech, Software, Technologie	**über 30**	Hilti 29, Logitech 40, Microsoft 43, Dell Computer 56
Pharma, Medizinaltechnologie	**24 ... 30**	Novartis 22, Roche G 25
Konsumgüter, Lebensmittel, Dienstleistungen, Medien	**18 ... 24**	Givaudan 17, IBM 19, Publigroupe 23, Swatch Group 15
Banken, Versicherungen, Handel, Maschinen, Elektrotechnik, Chemie	**12 ... 18**	Bank Vontobel 15, Boeing 16, Citi Group 14, Ems Chemie 15 Luzerner KB 15, UBS 12, Sulzer 13, Vögele 11
Baugewerbe, Transporte, Stahl, Rohstoffe	**6 ... 12**	Holcim 10, Vetropack 10

Bild 11-5: Als typisch angesehene Kurs-Gewinn-Verhältnisse für fünf verschiedene Gruppen von Branchen.

---

[a] Die Daten stammen erstens von Datastream, zweitens aus einem Referat von DR. KONRAD HUMMLER, Bank Wegelin & Co vom 4.4.2001 sowie drittens der *Business Week* vom 15.7.2002.

Auf lange Sicht kann eigentlich nicht mit einer positiven antizipierten Economic-Performance gerechnet werden. Langfristig ist die linke Seite in (11-16) gleich Null. Ebenso sollte langfristig $P = M(EK)$ gelten. So folgt eine Bestimmungsgleichung für die Rate des organischen Wachstums:

$$g_{ORG} = r_{EK} - EYD = r_{EK} - \frac{1}{KGV} \qquad (11\text{-}17)$$

Für das Kurs-Gewinn-Verhältnis gibt es Erfahrungsgrößen, die trotz der Kursschwankungen an der Börse als über die Jahre hinweg vergleichsweise stabil angesehen werden (Bild 9-3). Daraus kann die Earnings-Yield bestimmt werden; sie ist wie gesagt der Kehrwert des KGV. Die Earnings-Yield ist in der nachstehenden Tabelle (Bild 9-4) in eine typische Rate des organischen Wachstums umgerechnet. Die hier unterstellten Eigenkapitalrenditen wurden nicht systematisch nach dem CAPM bestimmt, doch dürften sie die Risiken gut widerspiegeln. Jedenfalls sind es Eigenkapitalrenditen, die *nach* der Besteuerung der Unternehmung zu erwarten sind. Für eine Vorsteuer-Betrachtung sind daher noch Umrechnungen verlangt, auf die wie hier nicht eingehen.

Typische Raten organischen Wachstums		
Branche und unterstellte Eigenkapitalrendite	EYD	g_{ORG}
Biotech, Software, Technologie: $r_{EK} \approx 10\%$	<3,3%	>6,7%
Pharma, Medizinaltechnologie: $r_{EK} \approx 9\%$	3,3% ... 4,2%	4,8% ...5,7%
Konsumgüter, Lebensmittel, Dienstleistungen, Medien: $r_{EK} \approx 8\%$	4,2% ... 5,6%	2,4%...3,8%
Banken, Versicherungen, Handel, Maschinen, Elektrotechnik, Chemie: $r_{EK} \approx 7\%$	5,6% ... 8,3%	-1,3%... 0,4%
Baugewerbe, Transporte, Stahl, Rohstoffe: $r_{EK} \approx 6\%$	8,3% ... 17%	-10%...-2,3%

Bild 11-6: Die Tabelle zeigt in der rechten Spalte typische Raten für das organische Wachstum. Für die in den beiden oberen Zeilen genannten Branchen wird durch die Preisbildung im Markt deutlich, dass ein hohes organisches Wachstum unterstellt wird. Für die Branchen in den beiden unteren Zeilen wird teilweise mit einem negativen organischen Wachstum gerechnet. Das heißt: Wenn die Gewinne vollständig ausgeschüttet werden und es keine außenfinanzierten Investitionen gibt, dann verfällt der Marktwert dieser Unternehmen.

Beispiel 11-2: Die Aktionäre einer Unternehmung, die im Hoch- und Tiefbau tätig ist, sind mit dem Gewinn der Gesellschaft eigentlich sehr zufrieden, der im Vergleich zum Aktienkurs hoch ist. Doch obwohl der Gewinn nur zu einem Teil als Dividende ausgeschüttet wird und daher gewisse Investitionen innenfinanziert werden können, kommt es, wie sie sagen "mit der Kursentwicklung seit Jahren nicht voran." Eine Analyse zeigt, dass die Performance gleich Null ist — marktgerechte Erwartungen werden erfüllt. Doch das organische Wachstum ist negativ und der Verfall wird kaum durch das Wachstum aus innenfinanzierten Investitionen kompensiert.

Beispiel 11-3: Der CEO einer Gesellschaft verkündete kürzlich, "das organische Wachstum solle gestärkt werden". Was heißt das im Klartext? 1. Es sollten mehr interne Arbeiten geben, deren Ergebnisse nicht aktiviert werden, und die den Wert steigern. 2. Zusätzlich muss es mehr Disziplin bei der Rechnungslegung geben, eher mehr Abschreibungen und höhere Einweisungen in die Rückstellungen, und dennoch sollte dabei die gewohnte Gewinnhöhe aufrecht erhalten bleiben. 3. Die Pflege und der Ausbau von Unternehmensbereichen, in denen es autonomes Wachstum gibt. Beim Outsourcing und beim Insourcing nicht nur auf die Kosten achten, sondern darauf, welche Vermögenspositionen und welche Tätigkeiten vielleicht von allein im Wert steigen.

11.6 Kapitalerträge

Eine wichtige praktische Anwendung der Formeln für die Performance besteht darin, jenen Gewinn oder jene Erträge oder eben die Erlöse für die Produkte der Unternehmung zu bestimmen, bei der die Kapitalgeber eine marktübliche Rendite erwarten können. Gesucht ist mithin die Höhe der Erlöse — oder der Preise für die Produkte und Leistungen der Unternehmung — so dass die Kapitalgeber marktgerechte Erwartungen erfüllt sehen.

Es ist klar, dass für die Bewertung eines neuen Projektes oder einer Investition die erwarteten Zahlungen diskontiert werden, und dass hierzu im Nenner als Diskontsatz die *Kapitalkosten* einzusetzen sind. Jetzt aber soll es um den operativen Betrieb einer Unternehmung gehen, die bereits existiert. Dann stellt sich die Frage, wie hoch die Preise sein müssen. Die Erwartungen der Kapitalgeber werden in einem Jahr weder enttäuscht noch übertroffen, wenn die Performance gleich Null ist. Wir betrachten die Equity-Performance. Die entsprechende Bedingung ist daher (11-18). Leicht umformuliert folgt:

$$\frac{Gewinn}{W(Equity)} = r_{EK} - g_{ORG} \qquad (11\text{-}18)$$

Der Gewinn ist die Differenz zwischen Erträgen und Aufwendungen. Der Ertrag muss hoch genug sein, dass erstens der Aufwand gedeckt wird, also die Löhne, Vorleistungen, Abschreibungen, Zinsen und so fort. Darüber hinaus muss er so hoch sein, dass die Ansprüche der Kapitalgeber (11-19) erfüllt werden.

> Der Ertrag, der den Aufwand übersteigt und dazu dient, die Ansprüche der Kapitalgeber zu erfüllen, wird als *Kapitalertrag* bezeichnet:

$$Ertrag = Kapitalertrag + Aufwand \qquad (11\text{-}19)$$

Selbstverständlich ist das nur eine neue Bezeichnung für den Gewinn, denn:

$$Gewinn = Ertrag - Aufwand = Kapitalertrag \qquad (11\text{-}20)$$

Doch die Bezeichnung sagt, wozu der Gewinn dient, und weckt eine andere Assoziation. Wird (11-20) in (11-18) eingesetzt, folgt:

$$\frac{Kapitalertrag}{W(Equity)} = r_{EK} - g_{ORG} \qquad (11\text{-}21)$$

Der prozentuale (auf das Kapital bezogene) Kapitalertrag ist folglich gleich dem Satz der Kapitalkosten abzüglich der Rate des organischen Wachstums.

Beispiel 11-4: In allen Ländern wurden im letzten Jahrzehnt die ehemals staatlichen Fernmeldebetriebe, oft der Post angegliedert, privatisiert. Um das Monopol zu brechen und den Markt für Telefondienste zu öffnen, wurde überall dem "Incumbent" per Gesetz auferlegt, seine Infrastruktur "zu Kostenpreisen" den neuen Wettbewerbern zur Verfügung zu stellen. Oft handelt es sich dabei um Interkonnektion, mithin um Schaltungen und Verbindungen für Telefonate, die von Kunden über einen Wettbewerber initiiert werden, dann aber teilweise über das Netz des Incumbent laufen. Die größte Komponente der Kosten (oder des Aufwands) stellt die "angemessene Verzinsung des eingesetzten Kapitals" dar. Die Frage ist, wie hoch der Incumbent die Preise für Infrastruktur-Leistungen setzen muss, damit seine Kapitalgeber marktgerechte Erwartungen erfüllt sehen. Die Formel lautet: Preis mal Menge = Aufwand plus Kapital mal Satz des Kapitalertrags. Zum Aufwand gehören vor allem Abschreibungen, und hier spielt die Praxis des Incumbent stark hinein: Werden die Einrichtungen schnell oder langsam abgeschrieben, wird bei einer Störung repariert oder gleich durch ein Neugerät ersetzt und so fort. Deshalb wäre es falsch, Preis mal Menge = Aufwand plus Kapital mal Kapitalkostensatz zu verlangen, denn das organische Wachstum spielt hinein. Ist das organische Wachstum positiv, dann ist der Satz des Kapitalertrags, der in die Preisbestimmung einfließt, geringer als die Kapitalkosten. ∎

11.7 Fragen

1. A) Wie ist die *Performance* definiert. B) Hinsichtlich welcher Größen gibt es noch Varianten? C) Was versteht man unter *Residual Income*? D) Was sind *Abnormal Earnings*?

2. Erläutern Sie die drei Begriffe *Zufällige Performance*, *Excess-Performance* und *Antizipierte Performance*.

3. A) Welche Unterschiede bestehen zwischen *EVA* und den Abnormal Earnings? B) Was unterscheidet *EVA* und das Beratungsprodukt der Firma Stern Stewart & Co. EVA®?

4. A) Warum hat das organische Wachstum etwas mit der Performance zu tun? Wo ist da der Zusammenhang? B) Der CEO einer Gesellschaft verkündete kürzlich, "das organische Wachstum solle gestärkt werden". Was heißt das? C) Wie kann das organische Wachstum mit Hilfe der Earnings-Yield geschätzt werden?

5. Was sind Kapitalkosten, was sind Kapitalerträge?

12. Residual Income Valuation

Die Performancemessung kann zu einem Bewertungsansatz ausgebaut werden. PEASNELL hat gezeigt, dass im Rahmen des *Clean Surplus Accounting* ein Zusammenhang zwischen dem Marktwert und dem Buchwert besteht, vergleiche (12-7). OHLSON hat diese Wertformel mit einer Formulierung der Dynamik der Information über Residualgewinne ergänzt. Das Interessante am Ohlson-Modell ist der Einbezug von Informationen, die als Fundamentaldaten zu interpretieren sind und den Residualgewinn des kommenden Jahres vorhersagen. Die *Residual Income Valuation* hat als Theorie für die Bewertung große Beachtung gefunden, weil sie Marktwerte und Buchwerte verbindet und die Informationsstruktur einbezieht. Empirische Untersuchungen wurden durchgeführt, um die Parameter des Modells zu schätzen. Außerdem bietet der Ansatz Hinweise für die Offenlegung und das Reporting.

12.1 Clean Surplus Accounting 239
12.2 Das Ohlson-Modell 244
12.3 Ergebnisse 248
12.4 Fragen 250

12.1 Clean Surplus Accounting

Die Performancemessung kann zu einem Bewertungsansatz ausgebaut werden. Auf diese Weise entsteht eine Verbindung zwischen Buchwert und Marktwert. Dieser Brückenschlag zwischen Rechnungswesen und Marktbewertung setzt das sogenannte *Clean Surplus Accounting* voraus. Darunter werden Umformungen von Buchgrößen verstanden, wobei die Relation (12-2) als gültig unterstellt wird. Umformungen dieser Beziehung (12-2) haben die Theorie der Valuation befruchtet und von daher große Beachtung gefunden. Die nachstehende Herleitung geht im wesentlichen auf KENNETH V. PEASNELL zurück.[1]

---

[1] 1. KEN V. PEASNELL: On capital budgeting and income measurement. *Abacus* (June 1981), pp. 52-67. 2. KEN V. PEASNELL: Some formal connections between economic values and yields and accounting numbers. *Journal of Business Finance and Accounting* (October 1982), pp. 361-381. 3. KEN V. PEASNELL: A synthesis of equity valuation techniques and the terminal value calculation for the dividend discount model. *Review of Accounting Studies* 2 (1997), pp. 303-323.

Wir folgen PEASNELL und gehen von der Accounting-Performance aus. Der Residualgewinn (*Residual Income*) wird wie folgt definiert:

$$RI_t \equiv G_t - B_{t-1}(Equity) \cdot r \qquad (12\text{-}1)$$

- Bezeichnungen: RI_t ist das *Residual Income*, die Performance im Jahr t. Das ist das Jahr, das zwischen den Zeitpunkten $t-1$ und t liegt. G_t ist der Buchgewinn in jenem Jahr, $B_{t-1}(Equity)$ der Buchwert des Eigenkapitals zu Beginn des Jahres t und das ist der Zeitpunkt $t-1$. Zur Vereinfachung der Notation lassen wir im Symbol für den Buchwert den erklärenden Zusatz "Equity" weg — es geht stets um den Buchwert des Eigenkapitals. Mit r ist eine Rendite oder ein Kapitalkostensatz bezeichnet.

- In (12-1) wird nichts darüber gesagt, wie das Accounting gestaltet sein soll, wie also Gesetz, Praktiken und die Politik der Unternehmung letztlich die Gewinne und die Buchwerte bestimmen. Wir wissen nicht, ob Abschreibungen und Rückstellungen eher hoch oder eher niedrig angesetzt werden und so fort. Auch ist nicht gesagt, wie r zu bestimmen ist.

Die Unternehmung wird vielleicht im Jahr t eine Dividende ausschütten, sie sei mit d_t bezeichnet. Als einziges setzen wir nun eine Gleichung voraus, die besagt, wie die Buchwerte des Eigenkapitals aufeinanderfolgender Zeitpunkte zusammenhängen.

$$B_t = B_{t-1} + G_t - d_t \qquad (12\text{-}2)$$

Der Buchwert des Eigenkapitals verändert sich in einem Jahr nur durch den Gewinn (und nicht durch andere Vorgänge). Ausschüttungen verringern ihn. Insbesondere reduzieren Dividenden natürlich nicht den Gewinn des betreffenden Jahres, aber sie reduzieren den Buchwert, so dass im nächsten Jahr mit einem geringeren Buchwert gestartet wird.

> Die Annahme der Gültigkeit dieser Gleichung (12-2) wird *als Clean Surplus Accounting* bezeichnet.

Die Gleichung (12-2) sollte einleuchten, weshalb man geneigt ist, ihr Allgemeingültigkeit zuzuschreiben. Dennoch handelt es sich um eine *Annahme*, auf die wir die weiteren Umformungen aufbauen. Gegen die Allgemeingültigkeit der Gleichung (12-2) sind durchaus Bedenken angebracht. Wir müssen befürchten, dass zum Beispiel Kapitalerhöhungen beziehungsweise Kapitalherabsetzungen den Rahmen des Clean Surplus Accounting sprengen. Wir wissen nicht einmal, ob bei solchen Vorgängen der Außenfinanzierung (12-2) wenigstens dann gilt, wenn die

12. RESIDUAL INCOME VALUATION

Gleichung auf eine einzelne Aktie bezogen wird. Auch könnten neuere Vorschriften der Rechnungslegung, die Gedanken wie "true *and fair view*" umsetzen, so US-GAAP, in einzelnen Vorgängen das *Clean Surplus Accounting* verletzen. Man spricht von Themen des *Dirty Surplus*.[2] Dies als Warnung. Wir unterstellen für das Folgende stets die Gültigkeit von (12-2).

Nun greifen wir auf das *Dividend-Discount-Modell (DDM)* zurück. Danach ist der Marktwert $W(Equity)$ gleich der Summe der Barwerte aller Dividenden:

$$W(Equity) = \frac{d_1}{1+r} + \frac{d_2}{(1+r)^2} + \frac{d_3}{(1+r)^3} + \ldots =$$

$$= \sum_{t=1}^{\infty} \frac{d_t}{(1+r)^t}$$

(12-3)

Da die Zukunft unsicher ist, stehen hier $d_1, d_2, d_3, \ldots$ für die Erwartungswerte der Dividenden. Zur Erinnerung: Wenn die erwarteten Dividenden gleichförmig wachsen, entspricht (12-3) dem Gordon-Modell.

Wir verwenden jetzt das *DDM* für eine Reihe von erwarteten Dividenden, die nicht notwendig gleichförmig wachsen. Wichtig ist aber, dass wir mit (12-3) von Perlen und Lasten absehen. Erwähnenswert ist auch, dass die in (12-3) für die Diskontierung verwendete Rendite dieselbe ist, die in (12-1) für die Definition der Residualgewinne Verwendung findet.

Jetzt bringen wir die drei Formeln zusammen. Zunächst schreiben wir die *CSR* in der Form

$$d_t = B_{t-1} - B_t + G_t$$

Hier setzen wir für G_t die nach dem Gewinn aufgelöste Definitionsgleichung für das Residual Income (12-1) ein, die

$$G_t = B_{t-1} \cdot r + RI_t$$

---

[2] Hierzu: 1. K. LO und T. LYS: The Ohlson model: Contributions to valuation theory, limitations, and empirical applications. *Journal of Accounting, Auditing and Finance* 15 (2000) 3, pp. 337-367. 2. STEPHEN H. PENMAN: *Financial Statement Analysis and Security Valuation.* Irwin / McGraw Hill, 2001. 3. JAMES A. OHLSON: Residual Income Valuation: the Problems. *Working Paper der Stern School of Business*, New York University, March 2000.

besagt. So folgt

$$d_t = B_{t-1} - B_t + B_{t-1} \cdot r + RI_t$$

oder

$$d_t = B_{t-1} \cdot (1+r) - B_t + RI_t \tag{12-4}$$

Mit (12-4) berechnen wir nun die Barwerte der Dividenden:

$$\frac{d_1}{1+r} = B_0 - \frac{B_1}{1+r} + \frac{RI_1}{1+r}$$

$$\frac{d_2}{(1+r)^2} = \frac{B_1}{1+r} - \frac{B_2}{(1+r)^2} + \frac{RI_2}{(1+r)^2}$$

$$\frac{d_3}{(1+r)^3} = \frac{B_2}{(1+r)^2} - \frac{B_3}{(1+r)^3} + \frac{RI}{(1+r)^3} \tag{12-5}$$

$$\dots$$

$$\frac{d_T}{(1+r)^T} = \frac{B_{T-1}}{(1+r)^{T-1}} - \frac{B_T}{(1+r)^T} + \frac{RI}{(1+r)^T}$$

Bei der Summenbildung der Barwerte heben sich einige Terme hinweg und es gilt:

$$\frac{d_1}{1+r} + \frac{d_2}{(1+r)^2} + \dots + \frac{d_T}{(1+r)^T} =$$
$$= B_0 + \frac{RI_1}{1+r} + \frac{RI_2}{(1+r)^2} + \dots + \frac{RI_T}{(1+r)^T} - \frac{B_T}{(1+r)^T} \tag{12-6}$$

Um den Marktwert des Eigenkapitals nach dem DDM (12-3) zu erhalten, muss der Grenzwert $T \to \infty$ gebildet werden. Hierzu nehmen wir die Transversalität an, das heißt, die Barwerte der Buchwerte sollen gegen Null streben,

$$B_T / (1+r)^T \to 0 \text{ für } T \to \infty$$

12. RESIDUAL INCOME VALUATION

Bild 12-1: KENNETH V. PEASNELL, PhD, FCA, geboren 1947, ist Professor of Accounting in Lancaster. Nach dem Studium an der London School of Economics Forschungen zu Corporate Governance, Financial Reporting und Performance Messung. Gastprofessuren in Sydney (1983-84) und Stanford (1984). Seit 1993 ist PEASNELL Herausgeber der Fachzeitschrift *Accounting & Business Research*. Er ist Mitglied der *Academic Accountants' Panel of the Accounting Standards Board* und wurde verschiedentlich geehrt. So ist PEASNELL der zweite Preisträger des *Distinguished Academic of the Year Award* (1996).

Zwar sollen die Buchwerte im Verlauf der Zeit durchaus zunehmen dürfen, doch sie sollen langsamer wachsen als die Faktoren $(1+r)^T$ in dem Sinn, dass die Barwerte der Buchwerte gegen Null konvergieren. Mit dieser Transversalität folgt aus (12-6) eine neue Bewertungsformel:

$$W(Equity) = \sum_{t=1}^{\infty} \frac{d_t}{(1+r)^t} = B_0 + \sum_{t=1}^{\infty} \frac{RI_t}{(1+r)^t} \qquad (12\text{-}7)$$

Der Marktwert des Eigenkapitals ist gleich dem Buchwert des Eigenkapitals plus die Barwerte aller zukünftigen Residualgewinne. Diese Formel ist in höchstem Maße interessant. Sie drückt den Marktwert durch den heutigen Buchwert aus und hinzu kommen für die zukünftigen Jahre die Barwert der jeweiligen Accounting-Performance.

Beispiel 12-1: Eine Firma hat die herkömmliche Kostenrechnung mit einer Kapitalkostenrechnung ergänzt: Der Buchwert des Eigenkapitals, derzeit beträgt er $B_0 = 3.000$ (alle Geldbeträge in Tausend Euro) wird mit einer Rendite $r = 9\%$ verzinst und der Betrag fließt als "Eigenkapitalkosten" in die Kalkulation der Produkte ein. Die Firma kann Preise erzielen, die stabil immer über den gesamten Kosten liegen, Eigenkapitalkosten eingerechnet. Sie führt das auf ihr Wissenskapital, vor allem auf den guten Namen und ihre Reputation bei Kunden zurück. Der zusätzliche Teil der Einnahmen, die Residualgewinne, betragen in einem Jahr 200 und wachsen jährlich mit einer Rate $d = 4\%$. Der Barwert aller zukünftigen Residualeinkommen beläuft sich mit der Formel des Gordon-Modells auf $200 / (0{,}09 - 0{,}04) = 4.000$. Die Unternehmung hat damit einen Marktwert $W(Equity)$ in Höhe von $3.000 + 4.000 = 7.000$. ■

Die anhand der Residualgewinne vorgenommene Bewertung (12-7) wird als besonders robust gegenüber der Rechnungslegung angesehen. Denn wenn Gesetz und Praxis im Accounting niedrige Gewinne und damit geringe Buchwerte zur Folge haben, dann ist zwar B_0 klein, der Residualgewinn (12-1) ist dafür höher.

Umgekehrt: Wenn eine Unternehmung wenig abschreibt und alles aktiviert, dann sind ihre Gewinne und Buchwerte höher, die Residualgewinne jedoch niedriger. Das würde sich alles ausgleichen, solange nur die grundlegende Voraussetzung für (12-7) erfüllt ist, und das ist die *Clean Surplus Relation* (12-2).

Schließlich diese Bemerkung: Der abgeleitete Zusammenhang (12-7) zwischen dem Buchwert $B(Equity)$ und dem Marktwert $W(Equity)$ des Eigenkapitals kann analog auf das Gesamtkapital übertragen werden. Die entsprechende Formel wird im Konzept der Beratungsfirma Stern Stewart & Co. verwendet. Wenn von nicht betriebsnotwendigem Vermögen abgesehen wird, folgt:

$$W(Entity) \;=\; NOA + \sum_{t=1}^{\infty} \frac{EVA_t}{(1+WACC)^t} \qquad (12\text{-}8)$$

12.2 Das Ohlson-Modell

Die zukünftigen Residualgewinne sind natürlich unsichere Größen. In der Formel (12-7) für die *Residual Income Valuation (RIV)* werden daher mit $RI_1, RI_2, RI_3, \ldots$ die *Erwartungswerte* der zukünftigen Residualgewinne bezeichnet. Die unsicheren Residualgewinne selbst sind (aus heutiger Information) Zufallsgrößen, und die Sequenz dieser Zufallsgrößen ist ein stochastischer Prozeß.

JAMES A. OHLSON, Professor der *Stern School of Business* an der *University of New York*, hat 1995 Annahmen zu diesem stochastischen Prozeß getroffen und damit das Modell (12-7) der Bewertung anhand der Residualgewinne ausgebaut.³

Dieses Ohlson-Modell hat die Forschung stark befruchtet.⁴

In der entsprechenden Literatur werden die Residualgewinne nicht mit RI_t sondern mit x_t^a bezeichnet, wobei das hochgestellte a an "*abnormal earnings*" erinnert (vergleiche 9.2). In der ursprünglichen Arbeit hatte OHLSON als Rendite den Zinssatz verwendet, im Anhang jedoch auf die Möglichkeit der Diskontierung erwarteter Residualgewinne mit der Risikoprämienmethode hingewiesen, so dass wir bei der Definition (12-1) oder eben

$$x_t^a = G_t - B_{t-1} \cdot r$$

bleiben.⁵

Die zukünftigen Residualgewinne sind also Zufallsgrößen, und wir schreiben sie als $\tilde{x}_1^a, \tilde{x}_2^a, \tilde{x}_3^a, \ldots$

Der Zusatz, den das Ohlson-Modell gegenüber der im Clean Surplus Accounting möglichen Wertformel (12-7) macht, besteht in einer Annahme hinsichtlich der Stochastik der zufälligen Residualgewinne $\tilde{x}_1^a, \tilde{x}_2^a, \tilde{x}_3^a, \ldots$ und postuliert einen autoregressiven Verlauf:

$$\tilde{x}_{t+1}^a = \omega \cdot x_t^a + v_t + \tilde{\varepsilon}_{1,t+1} \tag{12-9}$$

---

[3] JAMES A. OHLSON: Earnings, Book Values, and Dividends in Equity Valuation. *Contemporary Accounting Research* 11 (1995) 2, pp. 661-687. OHLSON hat sein Modell zusammen mit FELTHAM dahingehend ausgebaut, dass das Vermögen der Unternehmung nicht nur aus Sachkapital und Wissenskapital besteht, sondern zusätzlich Finanzanlagen umfaßt: G. A. FELTHAM UND JAMES A. OHLSON: Valuation and clean surplus accounting for operating and financial activities. *Contemporary Accounting Reserach* 11 (1995) 2, pp. 689-731. Später wurde in einer formalen Analyse die Annahme aufgegeben, dass mit dem Zinssatz diskontiert wird: G. A. Feltham und JAMES A. OHLSON: Residual earnings valuation with risk and stochastic interest rates. *The Accounting Review* 74 (1999) 2, pp. 165-183.

[4] 1. PATRICIA M. DECHOW, AMY P. HUTTON und RICHARD G. SLOAN: An empirical assessment of the residual income valuation model. *Journal of Accounting and Economics* 26 (1999), pp. 1-34. 2. C. LEE, J. MYERS und B. SWAMINATHAN: What is the intrinsic value of the Dow? *Journal of Finance* 54 (1999), pp. 1693-1741. 3. K. G. PALEPU, P. M. HEALY und V. L. BERNARD: *Business Analysis and Valuation: Using Financial Statements*. South-Western College Publishing, Cinicinnati, Ohio, 2000.

[5] Für jene Leserinnen und Leser, die sich die Aufsätze und Arbeitspapiere besorgen, noch dieser Hinweis: Der Gewinn wird oft mit dem Buchstaben x bezeichnet — und x^a bezeichnet die *abnormal earnings*. Der Buchwert wird mit dem Buchstaben y bezeichnet.

- Der unsichere Residualgewinn im Jahr $t+1$ ergibt sich demnach zunächst einmal als das $\omega - fache$ des im Vorjahr t realisierten Residualgewinns x_t^a. Das bedeutet, dass die aus dem Rechnungswesen stammenden Informationen, eben x_t^a, schon eine gute Prognose des kommenden Residualgewinns $\tilde{x}_{t+1}^a$ gestatten.

- Dabei ist $\tilde{\varepsilon}_{1,t+1}$ ein zufälliger Störterm, der nicht prognostiziert werden kann, was man dadurch formal ausdrückt, dass sein Erwartungswert gleich Null ist.

- In (12-9) kommt noch eine weitere Größe v_t hinzu, die "Other Information" repräsentiert und eben auch einen Teil des zukünftigen Residualgewinns erklärt.

Offensichtlich verbergen sich hinter den *Other Information* solche Informationen, die nicht schon mit dem Residualgewinn x_t^a erfaßt sind. Deshalb stehen die *Other Information* v_t

1. für Nachrichten, die entweder aus dem Accounting stammen aber mit dem heutigen Residualgewinn nicht zusammenhängen und dennoch Aussagekraft für den morgigen Residualgewinn aufweisen (als Beispiel sei der Umsatz der Unternehmung genannt)

2. oder für Informationen, die mit der Rechnungslegung nichts zu tun haben (als Beispiel sei auf Informationen aus dem Umfeld der Unternehmung verwiesen).

Zum zweiten zitieren wir eine Liste von Fundamentaldaten, die Analysten vor einer Unternehmensbewertung zusätzlich zu den Daten der Rechnungslegung beschaffen:[6] Produktmarkt und Branche, Position und Wettbewerb, Innovation und Produktentwicklung, Diversifikation und Wissensmanagement, Finanzreserven und Risikomanagement, Organisation, staatliche Rahmenbedingungen.

Praktisch alle die genannten Fundamentaldaten, die in der Analyse Zahlen des Accounting ergänzen, können mit der Variablen v_t in (12-9) assoziiert werden. Die genannten Fundamentaldaten zeigen zudem, dass sie sich teilweise nur langsam verändern, man denke etwa an die staatlichen Rahmenbedingungen. Das heißt, die Daten v_t im Jahr t werden zu einem guten Teil von den entsprechenden Daten des Jahres zuvor erklärt. Andererseits gibt es immer zufällige Einflüsse. Im Ohlson-Modell wird das berücksichtigt, indem die *Other Information* über die

---

[6] KLAUS SPREMANN: *Finanzanalyse und Unternehmensbewertung*. Oldenbourg-Verlag, München 2002, pp. 373-374.

12. RESIDUAL INCOME VALUATION

Jahre hinweg als ein Zufallsprozeß modelliert wird, der ebenso wie der Prozeß (12-9) autoregressiv ist:

$$\widetilde{v}_{t+1} = \gamma \cdot v_t + \widetilde{\varepsilon}_{2,t+1} \qquad (12\text{-}10)$$

Die aus Sicht des Jahres t noch unsicheren *Other Information* im Jahr $t+1$ ergeben sich demnach als das $\gamma - fache$ der *Other Information* im Jahr t. Hinzu kommt $\widetilde{\varepsilon}_{2,t+1}$ als zufälliger Störterm, der nicht prognostiziert werden kann, was man wieder dadurch formalisert, dass sein Erwartungswert gleich Null ist.

Die beiden Gleichungen (12-9) und (12-10) für die autoregressiven Prozesse der unsicheren Residualgewinne und der *Other Information* bilden die wesentliche Ergänzung, die das Ohlson-Modell gegenüber der Wertformel (12-7) anbringt.

OHLSON hat auch die Gleichung für das Clean Surplus Accounting (12-2) noch etwas ergänzt, indem er annimmt, welchen Zusammenhang es zwischen den heutigen Dividenden und dem heutigen Gewinn beziehungsweise dem Buchwert gibt. Hier verlangt er

$$\partial G_t / \partial d_t = 0$$

Das heißt, Entscheidungen über die Dividende sollen keine Auswirkung auf die Höhe des Gewinns im selben Jahr haben. Außerdem unterstellt er eine analoge Beziehung, was den Buchwert des laufenden Jahres betrifft und verlangt

$$\partial B_t / \partial d_t = -1$$

Das heißt, Gewinne werden aus dem Buchwert gezahlt. Insgesamt wird also verlangt, dass Entscheidungen über die aktuelle Dividende zwar den aktuellen Buchwert entsprechend verringern, der aktuelle Gewinn davon aber nicht betroffen ist. Diese Annahmen sind in der buchhalterischen Praxis wohl nicht in allen Fällen erfüllt, können trotzdem als gute Modellierung der Realität gelten.[7]

Wenn auch die Bedingungen einbezogen werden, die auf (12-7) führen, dann ist das Ohlson-Modell insgesamt durch diese Gleichungen beschrieben:

---

[7] R. J. LUNDHOLM: A tutorial on the Ohlson and Feltham/Ohlson models: Answers to some frequently asked questions. *Contemporary Accounting Research* 11 (1995) 2, pp. 749-761.

1. Definition des Residualgewinns: $RI_t \equiv G_t - B_{t-1} \cdot r$
2. Clean Surplus Accounting: $B_t = B_{t-1} + G_t - d_t$
3. Aktuelle Wirkung der Dividende: $\partial G_t / \partial d_t = 0$ und $\partial B_t / \partial d_t = -1$
4. Dividend Discount Model: $W(Equity) = \sum_{t=1}^{\infty} \dfrac{d_t}{(1+r)^t}$
5. Stochastik der Residualgewinne: $\tilde{x}_{t+1}^a = \omega \cdot x_t^a + v_t + \tilde{\varepsilon}_{1,t+1}$
6. Stochastik der *Other Information*: $\tilde{v}_{t+1} = \gamma \cdot v_t + \tilde{\varepsilon}_{2,t+1}$

12.3 Ergebnisse

Als ein zentrales Ergebnis kann aus diesen Annahmen eine neue Formel für den Equity-Value der Unternehmung abgeleitet werden. Ohne dass wir die Umformungen Schritt für Schritt durchgehen[8], sei das Ergebnis genannt:

$$W(Equity) \;=\; B_0 + \frac{\omega}{1+r-\omega} \cdot x_t^a + \frac{1+r}{(1+r-\omega)\cdot(1+r-\gamma)} \cdot v_t \qquad (12\text{-}11)$$

Selbstverständlich lassen sich ω und γ vorweg spezifizieren, so dass eine Unterklasse von Wertmodellen entsteht. Hierfür wurden verschiedene Varianten untersucht, darunter diese beiden:

- $\omega = 0, \gamma = 0$: Residualgewinne sind rein zufällig und ihr Erwartungswert ist gleich Null. Der Wert der Unternehmung stimmt mit dem Buchwert überein. Der aktuelle Residualgewinn sagt nichts über den Residualgewinn des Folgejahres aus und *Other Information* spielt keine Rolle.

- $\omega = 1, \gamma = 0$: Residualgewinne zeigen eine sehr starke Persistenz. Man kann erwarten, dass der aktuelle Residualgewinn in gleicher Höhe auch im Folgejahr eintritt, wobei es noch rein zufällige Störungen gibt (die durch $\tilde{\varepsilon}_1$ beschrieben werden). *Other Information* spielt keine Rolle. Dieses Modell beschreibt daher die Gewinne als einen Random-Walk. Wenn zudem die Gewinne Jahr für Jahr

---

[8] Vergleiche die angegebene Originalarbeit von OHLSON aus dem Jahr 1995 — (12-11) ist die dortige Formel (5).

vollständig ausgeschüttet werden, verändert sich die Buchwert nicht.[9]

Diese und andere Spezialfälle wurden empirisch untersucht. Für das Ohlson-Modell wurde (aufgrund der US-Rechnungslegung) für 50.000 amerikanische Firmen

$$\omega = 0{,}62$$
$$\gamma = 0{,}32$$

gefunden.[10] Für $r = 12\%$ beispielsweise entsteht somit aus (12-11) die Bewertungsformel

$$W(Equity) = Buchwert$$
$$+ 1{,}24 \cdot Abnormal\ Earnings \qquad (12\text{-}12)$$
$$+ 2{,}8 \cdot Other\ Information$$

Auch wenn mit dieser Wertformel noch nicht gesagt ist, wie die *Other Information* in eine Zahl umgesetzt wird, die dann mit 2,8 multipliziert werden könnte, verdeutlicht sie die Bedeutung des aktuellen Residualgewinns. Denn der aktuelle Residualgewinn wird mit dem Faktor 1,24 versehen und zum Buchwert addiert. Dieses Ergebnis läßt verstehen, weshalb Analysten stark auf Gewinnänderungen und Ankündigungen (hinsichtlich des Gewinns) reagieren.

- Jedenfalls bietet das Ohlson-Modell eine Grundlage für Untersuchungen, ob und welche Bedeutung der Gewinn beziehungsweise der Residualgewinn für den Markwert haben.
- Gleichfalls kann die Bedeutung der *Other Information* für die Bewertung untersucht werden.
- Die Antwort strahlt auf die Frage aus, worauf Analysten achten und was deshalb Standards für die Offenlegung und das Reporting beinhalten sollten.[11]

---

[9] JAMES A. OHLSON: The theory of value and earnings, and an introduction to the Ball and Brown Analysis. *Contemporary Accounting and Research* 8 (1991), pp. 1-19.

[10] PATRICIA M. DECHOW, AMY P. HUTTON und RICHARD G. SLOAN: An empirical assessment of the residual income valuation model. *Journal of Accounting and Economics* 26 (1999), pp. 1-34.

[11] Eine umfangreiche Übersicht bietet die zitierte Arbeit von P. M. DECHOW et. al. (1999).

Außerdem wurde empirisch die Frage untersucht, ob nun das Ohlson-Modell die tatsächlichen Marktbewertungen an der Börse besser und genauer erklären kann, als etwa das Dividend-Discount-Modell oder die DCF-Methode.[12]

Selbstverständlich testen die Arbeiten immer die Verbundthese aller Annahmen, die das Ohlson-Modell trifft. Insbesondere wird anhand der empirischen Daten getestet, ob das *Clean Surplus Accounting* (Annahme 2) in Verbindung mit der Dynamik der Information (Annahmen 5 und 6) in der Realität zutrifft.[13]

Jedoch ist diese abschließende Aussage nicht falsch: Wer den Marktwert der Unternehmung finden möchte, schaut zunächst in die Bilanz und nimmt den Buchwert. Sodann wird der Buchwert mit einer Rendite multipliziert, die üblicherweise in der Branche unterstellt wird. Ein Vergleich mit dem tatsächlichen Buchgewinn liefert den Residualgewinn. Der Residualgewinn wird sodann mit 1,24 multipliziert zum Buchgewinn addiert. Das gibt schon eine gute Grundlage für den Wert. Und dann kommt es noch auf die anderen Fundamentaldaten an...

12.4 Fragen

1. Fassen Sie die Gleichung des Clean Surplus (12-2) in Worte.
2. Wie sind die Residualgewinne definiert, die als Grundlage der Residual Income Valuation dienen?
3. Richtig oder falsch: Der Marktwert des betriebsnotwendigen Vermögens ist gleich dem *NOA* plus den Barwerten der erwarteten *EVA* aller zukünftigen Jahre.[14]
4. Richtig oder falsch: Das Dividend-Discount-Modell DDM und das Gordon-Modell sind zwei Bezeichnungen für dieselbe Wertformel.[15]

---

[12] Zu positiven Ergebnissen kommen: 1. V. L. BERNARD: The Feltham-Ohlson framework: Implications for empirists. *Contemporary Accounting Research* 11 (1995) 2, pp. 733-747. 2. J. FERANCIS, P. OLSSON und D. R. OSWALD: Comparing the accuracy and explainability of dividend, free cash flow, and abnormal earnings equity value estimates. *Journal of Accounting Research* 38 (2000) 1, pp. 45-70.

[13] R. W. HOLTHAUSEN und R. L. WATTS: The relevance of the value-relevance literature for financial accounting standard setting. *Journal of Accounting and Economics* 31 (2001), pp. 3-75.

[14] Antwort: Das ist korrekt, vergleiche (12-8), und die Grundgleichung für die Unternehmensbewertung im System EVA® der Unternehmensberatung Stern Stewart & Co.

5. Welche Annahmen werden mit dem Ohlson-Modell getroffen?

6. Ist die Wertformel (12-7) auch dann gültig, wenn im Ohlson-Modell keine "Other Information" zur Verfügung steht?[16]

7. Richtig oder falsch: Wenn die Residualgewinne rein zufällig sind und ihr Erwartungswert gleich Null ist, dann stimmt der Wert der Unternehmung mit dem Buchwert des Eigenkapitals überein.[17]

8. Richtig oder falsch: Das Ohlson-Modell geht davon aus, dass eine Änderung der Dividende im Jahr t in erster Näherung keinen Einfluß auf den Gewinn im Jahr t hat. Selbstverständlich hat aber die derzeitige Dividende eine Auswirkung auf den Gewinn im Folgejahr und in allen zukünftigen Jahren.[18]

9. Richtig oder falsch: A) Die in der empirischen Forschung gefundenen Werte für Omega und Gamma dürften nach einer Änderung der Regeln für die Rechnungslegung anders aussehen. B) Ein größeres Gamma heißt, dass die *Other Information* einen größeren Einfluß auf den Wert haben. C) ein größeres Omega heißt, dass sowohl die Residualgewinne als auch *die Other Information* für den Wert bedeutender sind. D) Wenn die Rechnungslegung so deutlich den *true and fair view* widerspiegelt, dass sie ohnehin Marktwerte liefert, dann würde dies im Ohlson-Modell bedeuten, dass Omega gleich Null ist.[19]

---

[15] Antwort: Das Gordon-Modell ist ein Spezialfalls des DDM, denn das Gordon-Modell (auch bezeichnet als Dividend Growth Model) postuliert ein geometrisches Wachstum der Dividenden. Im DDM können die Dividenden von Jahr zu Jahr ganz verschieden sein, das DDM sagt nur, dass der Wert einer Unternehmung gleich der Summe der diskontierten Dividenden ist.

[16] Antwort: Die Wertformel (12-7) setzt die Annahmen des Ohlosn-Modells überhaupt nicht voraus.

[17] Antwort: Das ist korrekt.

[18] Antwort: Beide Aussagen treffen zu.

[19] Antwort: Alles richtig.

13. Diskontierung

Die Risikoprämienmethode — der gewöhnliche Ansatz der Diskontierung — versagt, wenn der Erwartungswert der zu bewertenden Zahlung im Vergleich zum Risiko gering ist. Dieser Fall liegt vor allem dann vor, wenn sich eine Unternehmung in der Restrukturierung befindet und die Cashflows oder die Residualgewinne gering oder negativ sind, weil vielleicht noch weitere Investitionen erforderlich sind. In diesem Fall muss der Wert anders bestimmt werden: Der allgemeine Weg der Diskontierung verlangt es, die zu bewertende Zahlung nachzubilden, zu replizieren. Dieser Weg der Diskontierung funktioniert immer, aber nicht immer genügt *eine* Vergleichsinvestition für die Replikation. Zum praktischen Vorgehen dieser allgemeinen Bewertungstechnik kann die zu bewertende unsichere Zahlung durch einen unteren und einen oberen Wert beschrieben werden. Es ergeben sich so recht einfache Formeln für den korrekten Wert einer unsicheren Zahlung im allgemeinen Fall.

13.1 Risikoprämienmethode 253
13.2 Versagt diese Form der Diskontierung? 255
13.3 Replikation 261
13.4 Die Wertformel 265
13.5 Untere und obere Schranken 268
13.6 Fragen 272

13.1 Risikoprämienmethode

Mit *Diskontierung* wird eine Rechenmethode bezeichnet, die auf den heutigen Wert (Preis in einem gut funktionierenden Markt) einer Zahlung führt, die erst zu einem späteren Zeitpunkt fällig oder verfügbar sein wird.

Wie man eine *sichere* Zahlung diskontiert, das heißt, ihren Barwert bestimmt, haben die Bankiers seit der Renaissance vorgeführt. Hat die sichere Zahlung die Höhe 100 und ist in einem Jahr verfügbar, dann ist beim Zinssatz $i = 5\%$ — wir hatten den Zinssatz in Anlehnung an das englische *interest* immer mit dem Buchstaben i bezeichnet — ihr Wert gleich 95,24 = 100/1,05. Handelt es sich um die in t Jahren fällige, sichere Zahlung z_t, so ist ihr (heutiger) Wert

$$W = \frac{z_t}{(1+i)^t} \qquad (13\text{-}1)$$

Um den Wert einer *unsicheren* zukünftigen Zahlung zu bestimmen, wird üblicherweise genau diesem Rechenschema gefolgt:

- Erster Schritt: Die unsichere Zahlung sei zum Zeitpunkt t verfügbar und soll mit $\tilde{z}_t$ bezeichnet werden. Für die Bestimmung ihres Werts wird die unsichere Zahlung $\tilde{z}_t$ zunächst durch ihren Erwartungswert $E[\tilde{z}_t]$ beschrieben. Danach wird anstatt der ganzen Wahrscheinlichkeitsverteilung nur *ein einziges* Szenario betrachtet, eben das prognostizierte oder erwartete Szenario. In der Praxis ist es vielfach ohnehin so, dass nur die Zahl $E[\tilde{z}_t]$ mit dem Budget oder Geschäftsplan aufgestellt wird. Selten machen sich die Beteiligten darüber Gedanken, dass dieser Plan nur ein einziges Szenario beschreibt. Die Wahrscheinlichkeitsverteilung $\tilde{z}_t$ wird in der Praxis kaum thematisiert. Erst später, wenn Budgetabweichungen festgestellt werden, werden Stimmen laut: Man hätte besser von Beginn an die Unsicherheit der Geschäftsentwicklung betrachten sollen, beispielsweise durch Aufstellung *mehrerer* Szenarien.

- Zweiter Schritt: Der Erwartungswert $E[\tilde{z}_t]$ wird sodann mit einer gewissen Rendite oder einem Kapitalkostensatz diskontiert.

Auf diese Weise wird der Wert der unsicheren Zahlung $\tilde{z}_t$, die in t Jahren anfällt, so bestimmt:

$$W = \frac{E[\tilde{z}_t]}{(1+r)^t} \qquad (13\text{-}2)$$

Dabei ist r der Diskontsatz oder der Kapitalkostensatz.

Beispiel 13-1: Wenn die unsichere Zahlung in einem Jahr verfügbar sein wird und sich dann in der Höhe 80 oder 120 realisieren wird, und zwar beides mit Wahrscheinlichkeit ½, dann ist zunächst 100 die erwartete Zahlung. Wird $r = 10\%$ als geeigneter Kapitalkostensatz betrachtet, errechnet sich 90,91 = 100/1,10 als Wert dieser unsicheren Zahlung. ∎

Die Kapitalkosten sind bei dieser Vorgehensweise größer als der Zinssatz, $r > i$. Denn der Markt bewertet eine unsichere Zahlung $\tilde{z}_t$ geringer als eine sichere Zahlung in Höhe des Erwartungswerts. Der Unterschied zwischen dem Kapitalkostensatz und dem Zinssatz, $p = r - i$, ist die Risikoprämie. Sie soll das Risiko, dem die unsichere Zahlung $\tilde{z}_t$ ausgesetzt ist, marktgerecht kompensieren,

> Der eben dargestellte Rechenweg zur Ermittlung des Werts einer unsicheren Zahlung wird daher als *Risikoprämienmethode* bezeichnet. Da, um r zu berechnen, die Risikoprämie $p = r - i$ zum Zinssatz i zugeschlagen wird (denn es gilt $r = i + p$), wird bei dieser Art der Diskontierung auch von der *Risikozuschlagsmethode* gesprochen. Im Hinblick auf die Formel (13-2) wird dann gesagt, das Risiko werde "im Nenner" berücksichtigt.

Die Höhe der Risikoprämie $p = r - i$ ist eine Marktgröße.

- Sie spiegelt daher nicht allein eine bilaterale Transaktion zwischen zwei konkreten Personen wider. Schon gar nicht kann willkürlich ein einziger Investor herausgegriffen werden, um die persönlich verlangte Risikoprämie aus seiner Präferenz oder Risikotoleranz abzuleiten.
- Die Risikoprämie drückt als Marktgröße einerseits jene Risikoaversion aus, welche die Marktteilnehmer *in ihrer Gesamtheit* zeigen. Anderseits ist die Risikoprämie durch das *gesamte* Angebot an Kapitalanlagen im Markt bestimmt, also vor allem durch die Unternehmen, alle ihre realwirtschaftlichen Vorhaben und die Investitionsfreude der Manager.
- Zur Ermittlung der numerischen Höhe der Risikoprämie $p = r - i$ oder der Kapitalkosten r wird meistens das Capital Asset Pricing Model (CAPM) herangezogen. Das wurde in Kapitel 6 besprochen.

13.2 Versagt diese Form der Diskontierung?

Dieser gebräuchliche Weg zur Bewertung, die Risikoprämienmethode, ist in jüngster Zeit kritisiert worden.[1] Die Kritik entzündete sich nicht so

---

[1] 1. BERNHARD SCHWETZLER: Unternehmensbewertung unter Unsicherheit — Sicherheitsäquivalent oder Risikozuschlagsmethode. *Zeitschrift für betriebswirtschaftliche Forschung* 52 (2000) pp.469-486. 2. LUTZ KRUSCHWITZ: Risikozuschläge und Risikoprämien in der Unternehmensbewertung. *Der Betrieb* 54 (2001), pp. 2409-2413. 3. WOLFGANG KÜRSTEN: 'Unternehmensbewertung unter Unsicherheit', oder: Theoriedefizit einer künstlichen Diskussion über Sicherheitsäquivalent- und Risikozuschlagsmethode — Anmerkungen (nicht nur) zu dem Beitrag von Bernhard Schwetzler in der zfbf. *Zeitschrift für*

sehr an den Verfahren, die für die Bestimmung der Risikoprämie oder der Kapitalkosten verwendet werden, also vor allem am CAPM. Die Kritik betrifft andere Punkte. Es wurde die grundsätzliche Frage aufgeworfen, ob die Risikoprämienmethode überhaupt zum "richtigen" Wert einer unsicheren Zahlung führt — selbst wenn das CAPM gültig und Beta korrekt bestimmt wären.

Dieser grundsätzliche Zweifel erstaunt, denn die Barwertformel (13-2) ist intuitiv einsichtig und erscheint als "logische" Verallgemeinerung von (13-1), der Diskontierungsformel für sichere Zahlungen. Jedoch ist der Zweifel an der universellen Gültigkeit von (13-2) berechtigt. Zwar führt die Risikoprämienmethode in vielen Situationen auf korrekte Bewertungen, doch sind zwei Umstände bekannt geworden, unter denen die Methode zu offenkundigen Fehlbewertungen leitet.

- Ein Umstand bezieht sich auf unsichere Zahlungen $\tilde{z}_t$, deren Erwartungswert gering ist beziehungsweise deren Risiko vergleichsweise groß ist. Tatsächlich versagt die Risikoprämienmethode, falls der Erwartungswert in einem bestimmten Sinn klein, gleich Null oder sogar negativ ist.

- Ein zweiter Umstand bezieht sich auf die Praxis, die Kapitalkosten nicht für jedes Jahr eigens zu bestimmen. Vielmehr werden sie meistens für alle Jahre in identischer Höhe unterstellt (Man spricht von *gleichförmigen* beziehungsweise von konstanten Kapitalkosten). Tatsächlich gilt: Wenn die Risiken, die mit den Cashflows oder die Residualgewinne der einzelnen Jahre verbunden sind, nicht in Abhängigkeit von t in einer ganz bestimmten Weise verändern, dann führt die Annahme gleichförmiger Kapitalkosten auf Fehlbewertungen.

Zwei Beispiele sollen diesen Befund illustrieren.

Das erste Beispiel wird zeigen, dass man den Barwert einer unsicheren Zahlung $\tilde{z}_1$ — es genügt, eine unsichere Zahlung zu betrachten, die in *einem* Jahr geleistet wird — *nicht* immer dadurch finden kann, dass der Erwartungswert $E[\tilde{z}_1]$ diskontiert wird, wie auch immer die Kapitalkosten bestimmt werden.

Beispiel 13-2: Wir betrachten hierzu eine Zahlung $\tilde{z}_1$, die heute in einem Jahr fällig wird, und die, wenn es in der Wirtschaft gut läuft, den Betrag € 1.000.020 haben wird, und den Betrag € –1.000.000, wenn es in der Wirtschaft schlecht läuft. Ein Investor, der diese Zahlung $\tilde{z}_1$ übernimmt, wird also entweder eine Million und Zwanzig Euro erhalten oder er

---

betriebswirtschaftliche Forschung 54 (2002), pp. 128-144. 4. JOCHEN WILHELM: Risikoabschläge, Risikozuschläge und Risikoprämien — Finanzierungstheoretische Anmerkungen zu einem Grundproblem der Unternehmensbewertung. Betriebswirtschaftliche Reihe — Passauer Diskussionspapiere, Diskussionsbeitrag B-9-02, 2002.

muss sogar eine Million Euro zahlen. Die Wahrscheinlichkeiten für beide Ereignisse sollen je ½ sein. Die Frage lautet: Welches ist der heutige, marktgerechte Wert einer solchen Zahlung? Anschaulich gesprochen: Wieviel wäre ein Investor, der immer wieder Finanzgeschäfte zu *marktüblichen* Konditionen tätigt, bereit, für den "Erhalt" von $\tilde{z}_1$ zu bezahlen?

Wie gehen wir bei der Risikoprämienmethode vor? Der Erwartungswert der Zahlung beträgt

$$E[\tilde{z}_1] = \frac{1}{2} \cdot 1.000.020 + \frac{1}{2} \cdot (-1.000.000) = 10$$

Euro. Wir wählen nun einen Kapitalkostensatz. Vielleicht ist $r = 10\%$ angesichts des offenkundig hohen Risikos zu gering. Wir versuchen es mit $r = 100\%$. Diese Diskontierung liefert einen Barwert in Höhe von $10/(1+1) = 5$ Euro. Selbst eine Diskontierung mit einer Vergleichsrendite von $r = 400\%$ führt noch auf einen Barwert in Höhe von $10/(1+4) = 2$ Euro. Und eine Diskontierung mit $k = 10.000\%$ bewirkt immer noch einen positiven Wert von $\tilde{z}_1$ in Höhe von $10/(1+100) = 0,1$ Euro. Doch welcher Marktteilnehmer wäre bereit, 5 Euro, 2 Euro, 10 Cent oder überhaupt einen positiven Betrag für eine Lotterie wie $\tilde{z}_1$ zu bezahlen, wo es gut sein kann, dass später eine Million nachgelegt werden muss?

Offensichtlich ist der korrekte Marktwert von $\tilde{z}_1$ negativ. Wir spezifizieren ihn weiter unten, in Abschnitt 14.7, mit -226.527 Euro. Man müßte einem Financier, der marktgerecht kalkuliert, noch etwa 226 Tausend Euro geben, damit er das Risiko $\tilde{z}_1$ unterschreibt. ∎

Dieses Beispiel 13-2 lehrt:

> Die Ermittlung eines Barwertes kann *nicht immer* mit der Risikoprämienmethode (13-2) gefunden werden. Der Rechenweg führt zu *inkorrekten Resultaten*, sobald die *erwartete Zahlung im Vergleich zu den Risiken der Zahlung klein* ist.[2]

Die genaue Bedingung hängt noch etwas von den übrigen Marktkonditionen ab. Werden sie entsprechend der Empirie gewählt, ergibt sich eine Regel für den Test, ob die Risikoprämienmethode angewendet werden darf oder nicht.

Wir nennen sie *Fünfer-Regel* und werden sie weiter unten beweisen:

---

[2] Dies gilt, wenn die Rendite eine reelle Zahl sein soll. Werden — das ist eine rein mathematische Argumentation — komplexe Zahlen zugelassen, kann die Risikoprämienmethode "gerettet" werden. Der Hinweis auf diesen Sachverhalt stammt von ARTHUR LANZ aus Rodersdorf.

Fünfer-Regel: Wenn die erwartete Zahlung $E[\tilde{z}_1]$ so klein ist, dass selbst ihr Fünffaches geringer ist als die Schwankungsbreite der zu diskontierenden Zahlung, wenn mithin

$$5 \cdot E[\tilde{z}_1] < S[\tilde{z}_1]$$

gilt, dann führt die Risikoprämienmethode (13-2) *nicht* auf den richtigen Marktwert. In diesen Fällen ist der nach (13-2) berechnete "Wert" höher als der korrekte Marktwert der unsicheren Zahlung $\tilde{z}_1$. Der korrekte Wert wird überschätzt.

Hier bezeichnet $S[\tilde{z}_1]$ die Streuung oder Standardabweichung (Wurzel aus der Varianz) der unsicheren Zahlung $\tilde{z}_1$.

Beispiel 13-3: In einem Jahr soll ein Cashflow zur Verfügung stehen, der aus heutiger Sicht noch unsicher ist. Der Cashflow $\tilde{z}_1$ wird entweder 80 oder -20 Euro betragen, und zwar je mit Wahrscheinlichkeit ½. Zudem tritt der bessere Fall ein, wenn es in der Wirtschaft insgesamt gut geht, und der ungünstigere Fall tritt ein, wenn es gesamtwirtschaftlich eher schlecht geht. Im Vorgriff auf (13-11) nennen wir den korrekten Wert dieses unsicheren Cashflows: er beträgt 19,06 Euro. Hätte dieser Wert mit der Risikoprämienmethode gefunden werden können? Die Fünfer-Regel sagt *Ja*. Denn der erwartete Cashflow beträgt $E[\tilde{z}_1] = 30$ und die Streuung oder Standardabweichung beträgt $S[\tilde{z}_1] = 50$ Euro. Der in der Fünfer-Regel erwähnte Fall liegt *nicht* vor, denn $5 \cdot E[\tilde{z}_1] = 5 \cdot 30 = 150 > 50 = S[\tilde{z}_1]$. In der Tat kann der wahre Wert, 19,06 Euro, als Ergebnis von Formel (13-2) dargestellt werden, sofern mit Kapitalkosten in Höhe $r = 57,4\%$ gerechnet wird. Denn $30/1{,}574 = 19{,}06$. ∎

Beispiel 13-4: In einem Jahr soll ein Cashflow fällig sein, der aufgrund heute verfügbarer Informationen noch unsicher ist. Nur so viel ist bekannt: Der Cashflow $\tilde{z}_1$ wird entweder 55 oder -45 Euro betragen, und zwar je mit Wahrscheinlichkeit ½. Der bessere Fall tritt ein, wenn es in der Wirtschaft insgesamt gut geht, der ungünstigere Fall, wenn es allgemein eher schlecht geht. Wir greifen vor und nennen den korrekten Wert dieses unsicheren Cashflows: er beträgt $-4{,}74$ Euro. Hätte dieser Wert mit der Risikoprämienmethode gefunden werden können? Die Fünfer-Regel sagt *Nein*. Der erwartete Cashflow ist $E[\tilde{z}_1] = 5$ und die Standardabweichung ist $S[\tilde{z}_1] = 50$. Der in der Fünfer-Regel genannte Fall liegt vor, $5 \cdot E[\tilde{z}_1] = 5 \cdot 5 = 25 < 50 = S[\tilde{z}_1]$. In der Tat: Mit welchen (positiven) Kapitalkosten r in (13-2) auch immer gerechnet wird: Wer die erwartete Zahlung $E[\tilde{z}_1] = 5$ durch $1+r$ dividiert, gelangt stets auf einen positiven "Wert", nie jedoch auf den korrekten Wert von $-4{,}74$. ∎

Beispiel 13-5: In einem Jahr soll ein unsicherer Cashflow fällig sein. Dieser Cashflow $\tilde{z}_1$ wird entweder 20 oder −80 Euro betragen, und zwar je mit Wahrscheinlichkeit ½, und der bessere Fall tritt ein, wenn es in der Wirtschaft insgesamt gut geht, der ungünstigere Fall, wenn es allgemeinen eher schlecht geht. Wir greifen vor und nennen den korrekten Wert dieses unsicheren Cashflows: −38,06 Euro. Hätte dieser Wert mit der Risikoprämienmethode gefunden werden können? Die Fünfer-Regel sagt *Nein*. Denn der erwartete Cashflow ist $E[\tilde{z}_1] = -30$ und die Streuung oder Standardabweichung beträgt $S[\tilde{z}_1] = 50$ Euro. Also gilt $5 \cdot E[\tilde{z}_1] = 5 \cdot (-30) = -150 < 50 = S[\tilde{z}_1]$. In der Tat führt die Formel (13-2) auf "Werte" zwischen −30 und 0 Euro, je nachdem, ob die Kapitalkosten sehr klein oder sehr groß gewählt werden. Für keinen (positiven), wie auch immer gewählten Kapitalkostensatz r kann indessen −38,06 als Ergebnis von $-30/(1+r)$ erzeugt werden. ∎

Der zweite Umstand, unter dem Zweifel an der Risikoprämienmethode angebracht sind, bezieht sich auf die vielfach unterstellte Gleichförmigkeit oder Zeitkonstanz der Kapitalkosten. Die Kapitalkosten werden in der Praxis und im überwiegenden Teil der Literatur als vom Zeitindex unabhängig angenommen.[3] Die Annahme der Gleichförmigkeit setzt indessen voraus, dass sich die Risiken der zu diskontierenden Zahlungen $\tilde{z}_1, \tilde{z}_2, \tilde{z}_3, \ldots$ in einer ganz bestimmten Weise mit dem Zeitindex verändern. Verändern sich die Risiken im Verlauf der Jahre nicht in dieser speziellen Art, dann führt eine Diskontierung mit gleichförmigen Kapitalkosten und der Risikoprämienmethode auf einen falschen Wert.

Dieser Umstand soll wieder illustriert werden.[4]

Beispiel 13-6: Man betrachte eine Zahlung $\tilde{z}_1$, die in einem Jahr anfällt, und die, wenn es sonst in der Wirtschaft gut läuft, € 120 betragen wird, und € 80 bei schlechter Wirtschaftslage. Die Wahrscheinlichkeiten für beide Ereignisse sollen je ½ sein. Ein Praktiker möge zur Ermittlung des Barwertes von einem Zinssatz $i = 5\%$ ausgehen und eine Risikoprämie in Höhe 5% addieren, was auf Kapitalkosten $r = 10\%$ führt. Wird der Erwartungswert der unsicheren Zahlung, also $E[\tilde{z}_1] = \frac{1}{2} \cdot 120 + \frac{1}{2} \cdot 80 = 100$, durch $1 + r = 1,10$ dividiert, so ergibt sich 90,91 Euro als Barwert. Dieser Wert entspricht wohl der Intuition, kann akzeptiert werden. Die Festsetzung $r = 10\%$ ist anscheinend richtig. Nun soll die Zahlung $\tilde{z}_5$ betrachtet werden, die in fünf Jahren verfügbar sein wird. Sie soll wieder bei guter

---

[3] WOLFGANG BALLWIESER: *Unternehmensbewertung und Komplexitätsreduktion*, 3. Auflage, Gabler, Wiesbaden 1990, p. 171.

[4] KLAUS SPREMANN: *Finanzanalyse und Unternehmensbewertung*. Oldenbourg, München 2002, Kapitel 10, pp. 345-368.

Wirtschaftslage € 120 und bei schlechter Wirtschaftslage € 80 betragen. Die Wahrscheinlichkeiten sollen wieder je ½ sein. Wird die Vergleichsrendite $r = 10\%$ weiterhin verwendet, und der Erwartungswert der unsicheren Zahlung, $E[\tilde{z}_5] = ½ \cdot 120 + ½ \cdot 80 = 100$ durch $(1+r)^5 = (1+0{,}1)^5 = 1{,}61$ dividiert, ergibt sich € 62,11 als Barwert. Doch man erhält bei $\tilde{z}_5$ in jedem Fall € 80. Das ist ein Ergebnis, das man sicher hat. Wird es mit dem Zinssatz diskontiert, ergibt sich als Barwert dieser schlechtesten Realisation € 62,68 Euro. Das ist etwas mehr als die zuvor errechneten € 62,11 Euro. Anscheinend wird bereits zu stark diskontiert. ■

Dieses Phänomen zeigt sich ausgeprägt, wenn noch weiter in der Zukunft liegende Zahlungen diskontiert werden. Es werde die Zahlung $\tilde{z}_{20}$, die heute in zwanzig Jahren verfügbar sein wird, betrachtet. Bei guter Wirtschaftslage soll sie € 120 und bei schlechter Wirtschaftslage € 80 betragen. Wie zuvor sollen die Wahrscheinlichkeiten für beide Ereignisse ½ sein. Wird weiterhin mit Kapitalkosten $r = 10\%$ gerechnet, dann ist nach der Risikoprämienmethode der Erwartungswert der unsicheren Zahlung, $E[\tilde{z}_{20}] = ½ \cdot 120 + ½ \cdot 80 = 100$, durch $(1+0{,}1)^{20} = 6{,}73$ zu dividieren. Das ergibt € 14,86 Euro. Doch man hat bei $\tilde{z}_{20}$ in jedem Fall € 80, und wenn dieses Ergebnis, das man sicher hat, mit dem Zinssatz diskontiert wird, so folgt als Barwert € 30,15. Das ist ungefähr doppelt so viel wie die zuvor mit der Risikoprämienmethode errechneten € 14,86.

Offensichtlich bewirkt ein vom Zeitindex unabhängiger Kapitalkostensatz r irgendwann eine zu starke Diskontierung, sofern die Risiken der zu bewertenden Zahlungen nicht entsprechend zunehmen.

Im Beispiel sind die Risiken immer gleich geblieben, insofern als es bei allen betrachteten Zeitpunkten $t = 1, 5, 20$ stets um eine Zahlung ging, die entweder € 120 oder € 80 betragen könnte und dies jeweils mit Wahrscheinlichkeit ½. An dem Phänomen würde sich nichts ändern, wenn anstelle von $r = 10\%$ mit Kapitalkosten von 9% oder mit 11% diskontiert werden würde. Für größere t werden die Terme $(1+r)^t$ in Relation zu $(1+i)^t$ groß, und die Diskontierung wird ab dann zu stark und ökonomisch inkorrekt — sofern die mit der Zahlung verbundene Unsicherheit nicht mit dem Zeithorizont in entsprechender Weise zunimmt.

Das Beispiel 13-6 lehrt:

> Die Annahme, dass die Vergleichsrenditen unabhängig vom Zeitindex sind, ist im allgemeinen nicht haltbar. Sie trifft nur in ganz speziellen Situationen zu.

Diese Beispiele unterstreichen, dass wir der Diskontierung tiefer auf die Spur kommen müssen.

13.3 Replikation

Um die nachstehende Argumentation leichter zu verstehen, soll eine Illustration vorangestellt werden. Eine Handelskette möchte für ihre Läden in Ruritanien eine erhebliche Menge Orangensaft kaufen, und er soll in einem Monat geliefert werden. Wie hoch ist der Wert einer Tonne Orangensaft in Ruritanien zu veranschlagen? Der lokale "Markt" ist kaum zu durchschauen und wenig transparent. Er funktioniert nicht gut. Zwar ist die Qualität des Orangensafts der lokalen Produzenten recht gut, doch ist es schwierig, Preise zu erfragen. Stets heißt es, man müsse sich kennenlernen und darüber verhandeln. Deshalb muss die Handelskette andere Überlegungen treffen, um einen Wert zu finden. Zum Kauf bei den lokalen Anbietern gibt es eine *Alternative*. Der Orangensaft kann als Konzentrat auf den "internationalen Märkten" gekauft und gefroren nach Ruritanien transportiert werden, wo man ihn mit Wasser verdünnen und umfüllen kann.

So kann ein Getränk *erzeugt* werden, das in *allen wichtigen Qualitätsmerkmalen* dem Angebot der lokalen Hersteller *gleicht*.

Tatsächlich gibt es immer wieder geeignete Transporte, und es wird immer wieder Fruchtsaftkonzentrat nach Ruritanien transportiert. Die Handelskette kalkuliert so: Der Kaufpreis auf den internationalen Märkten, die Transportkosten und die Kosten für das Verdünnen und Abfüllen bestimmen den Wert. Der wahre Wert kann nicht höher sein als das Ergebnis dieser Kalkulation, denn sonst würde niemand bei den lokalen Anbietern kaufen und alle in Ruritanien würden es vorziehen, Saft über den Kauf von Konzentrat selbst herzustellen. Der gesuchte Wert kann andererseits nicht geringer sein als das Ergebnis der Kalkulation, denn andernfalls würde niemand Konzentrat nach Ruritanien transportieren. Die Illustration lehrt:

> Kann mit marktüblichen Transformationen aus einem Geldbetrag ein Objekt erzeugt werden, dann handelt es sich bei dem Geldbetrag um den Wert des Objekts.[5]

Damit wenden wir uns einer unsicheren Zahlung $\tilde{z}$ zu, die in einem Jahr verfügbar und deren Realisation dann bekannt sein wird.

Gesucht ist ihr heutiger Wert W. Es wird angenommen, dass es marktgängige Transformationen gibt, mit denen ein heutiger Geldbetrag in sichere und in unsichere Ergebnisse transformiert werden kann, die in einem Jahr anfallen.

---

[5] 1. JOHN C. COX und STEPHEN A. ROSS: The valuation of options for alternative stochastic processes. *Journal of Financial Economics* 3 (1976), pp. 145-166. 2. MARK RUBINSTEIN: The valuation of uncertain income streams and the pricing of options. *Bell Journal of Economics* (Autumn 1976), pp. 407-425.

- So kann Geld für ein Jahr verzinslich angelegt werden, der einfache, im Markt gültige Zinssatz soll mit i_M bezeichnet werden.
- Daneben ist es möglich, Geld risikobehaftet zum Marktindex anzulegen. Dessen (einfache) Rendite sei mit $\tilde{r}_M$ bezeichnet. Dabei entsteht ein unsicheres Ergebnis. Die unsichere Marktrendite soll den Erwartungswert $\mu_M = E[\tilde{r}_M]$ und die Standardabweichung $\sigma_M = S[\tilde{r}_M]$ besitzen.

Zunächst genügen die beiden genannten Transformationen, auch wenn es vielleicht in gut entwickelten Finanzmärkten noch weitere gibt. Denn beispielsweise könnte man als Drittes Geld in Optionen anlegen oder wie auch immer.

Wenn es möglich ist, aus einem heutigen Geldbetrag w die zu bewertende Zahlung $\tilde{z}$ zu erzeugen, dann ist dieser Geldbetrag w ihr Wert, $W = w$.

Wie könnte die Erzeugung geschehen? Wir zerlegen den Geldbetrag w in zwei Teile, $w = x + y$.

- Der Teilbetrag x wird zum Zinssatz i_M angelegt. Dabei entsteht ein Jahr später das sichere Ergebnis $x \cdot (1+i_M)$.
- Der Teilbetrag y wird zur unsicheren Rendite $\tilde{r}_M$ angelegt. Dabei entsteht ein Jahr später das unsichere Ergebnis $y \cdot (1+\tilde{r}_M)$.

Der Betrag w, $w = x + y$, ist der Wert von $\tilde{z}$, wenn gilt:

$$x \cdot (1+i_M) + y \cdot (1+\tilde{r}_M) = \tilde{z} \qquad (13\text{-}3)$$

Beispiel 13-7: Zunächst spezifizieren wir den Zinssatz und die Marktrendite. Der Zinssatz soll 5% betragen. Die Marktrendite soll den Erwartungswert 9% und die Streuung 0,20 aufweisen — in guter Übereinstimmung mit empirischen Schätzungen (vergleiche Kapitel 8). Des weiteren betrachten wir die Marktrendite als normalverteilt. Für den Anlagehorizont eines Jahres ist diese Verteilungsannahme gut mit der Theorie und der Empirie vereinbar. Die unsichere und in einem Jahr fällige Zahlung $\tilde{z}$, deren Wert gesucht ist, soll ebenso dadurch zustande kommen, dass ein gewisser Geldbetrag in das Marktportfolio angelegt wird. Deshalb ist $\tilde{z}$ ebenso normalverteilt. ∎

Nun beschreiben wir die zu bewertende unsichere Zahlung näher. Ihr Erwartungswert soll € 107.000 und ihre Streuung soll € 10.000. Zur Veranschaulichung: Das einfache Sigma-Band von $\tilde{z}$ reicht von € 97.000 bis € 117.000. Mit Wahrscheinlichkeit von 68,28% wird $\tilde{z}$ einen Wert zwischen € 97.000 und € 117.000 annehmen. Jeweils mit 15,86% Wahrscheinlichkeit ist die Realisation von $\tilde{z}$ kleiner als € 97.000 beziehungsweise größer als € 117.000.

Hier nun die Nachbildung oder Replikation: Wird der Betrag $x = 50.000$ zum Zinssatz von 5% angelegt, entsteht als sicheres Ergebnis 52.500. Werden parallel dazu $y = 50.000$ in das Marktportfolio investiert, dann entsteht daraus ein unsicheres Anlageergebnis, das den Erwartungswert 54.500 und die Streuung 10.000 aufweist. Beides, die Anlage zum Zinssatz und die Anlage in den Marktindex, zusammen führt genau auf $\tilde{z}$. Deshalb ist $w = x + y = 50.000 + 50.000 = 100.000$ der Wert von $\tilde{z}$.

In der gebrachten Wertdefinition (13-3) sollen die Nachbildung

$$x \cdot (1+i) + y(1+\tilde{r}_M)$$

und das zu bewertende Objekt

$$\tilde{z}$$

identisch sein. Das ist eine strenge Forderung. Etwas abgeschwächt können wir den Anlagebetrag w bereits dann als Wert von $\tilde{z}$ ansehen, wenn das Ergebnis der marktgängigen Transformationen der Zahlung $\tilde{z}$ in *allen relevanten* Merkmalen gleicht.

Diese Abschwächung ist ein Zugeständnis an die Praxis und erleichtert die Aufgabe, Nachbildungen für die zu bewertende unsichere Zahlung $\tilde{z}$ zu finden.

Selbstverständlich ist diese Abschwächung nur möglich, wenn im Markt ein weitgehend allgemein geteiltes Verständnis dahingehend besteht, welche Merkmale bei einer Bewertung relevant sind, und welche Merkmale keinen Einfluß auf den Wert haben.

Im Folgenden soll für eine unsichere Zahlung $\tilde{z}$

- erstens der Erwartungswert $E[\tilde{z}]$
- und zweitens die Streuung $S[\tilde{z}] = \sqrt{Var[\tilde{z}]}$

als relevant angesehen werden. Im ersten sind die wünschenswerten finanziellen Aspekte erfaßt, im zweiten die unerwünschten Einflüsse auf den Wert.

Außerdem hat für den Wert einer unsicheren zukünftigen Zahlung auch ihre Korrelation mit dem Marktindex Bedeutung. Denn die Korrelation beschreibt, in welchem Umfang noch Diversifikation möglich ist. In der von MARKOWITZ entwickelten Portfoliotheorie ist dies überzeugend ausgeführt. In den Arbeiten zum CAPM tritt die Argumentation hervor, dass es für das Tragen von Risiken, welche diversifiziert werden können, im Markt keine Prämie gibt. Folglich ist die Korrelation des zu bewertenden Cashflows mit der Rendite auf das Marktportfolio auch für die Wertfindung relevant. Zur Vereinfachung nehmen wir indessen zunächst an, dass die zu bewertende Zahlung $\tilde{z}$ und die Marktrendite $\tilde{r}_M$ vollständig korreliert sind. Das heißt: $\tilde{z}$ hat aufgrund dieser Annahme (Korrelation zum Marktportfolio gleich 1) fast immer dann Realisationen oberhalb des Erwartungswertes, wenn die Marktrendite $\tilde{r}_M$ Realisationen oberhalb ihres Erwartungswertes annimmt.

Mit dieser Annahme — Korrelation des zu bewertenden Cashflows mit der Marktrendite gleich 1— können wir die Frage der Diversifikation ausklammern. In vielen Praxisfällen wird die Annahme ohnehin erfüllt sein: Der unsicherer Cashflow einer einzelnen Unternehmung wird typischerweise dann gut ausfallen, wenn auch die Wirtschaft insgesamt gut läuft. Der Cashflow der betrachteten Unternehmung wird hingegen eher ungünstig ausfallen, wenn es allgemein in der Wirtschaft schlecht geht.

Für den Wert einer Zahlung sind somit zwei Größen wertrelevant: ihr Erwartungswert und ihre Standardabweichung. Die Gleichung (13-3) liefert für diese beiden relevanten Größen die Gleichungen

$$\begin{aligned} x \cdot (1+i_M) + y \cdot (1+\mu_M) &= E[\tilde{z}] \\ y \cdot \sigma_M &= S[\tilde{z}] \end{aligned} \qquad (13\text{-}4)$$

wobei wie gesagt μ_M die erwartete Marktrendite bezeichnet, $\mu_M = E[\tilde{r}_M]$, und σ_M ihre Streuung, $\sigma_M = S[\tilde{r}_M]$.

Damit ist ein einfaches Rezept zur Bewertung einer unsicheren Zahlung gefunden (die in einem Jahr anfällt, normalverteilt ist, und vollständig mit dem Marktportfolio korreliert ist, also gleichgerichtet verläuft, wie die allgemeinen Wirtschaftsergebnisse). Hier die Anleitung:

1. Man beschreibe die zu bewertende Zahlung $\tilde{z}$ durch ihren Erwartungswert $E[\tilde{z}]$ sowie ihre Standardabweichung $S[\tilde{z}]$.

2. Sodann bestimme man die Geldbeträge x und y, die das Gleichungssystem (13-4) erfüllen. Hierzu werden als Ingredienzen der Zinssatz i_M, die erwartete Rendite auf das Marktportfolio μ_M sowie die Streuung auf das Marktportfolio σ_M benötigt.

3. Wer diese Finanzmarktdaten nicht kennt, kann mit diesen Erfahrungswerten rechnen: $i_M = 5\%$, $\mu_M = 9\%$, $\sigma_M = 20\%$.

13.4 Die Wertformel

Bevor wir das Gleichungssystem (13-4) allgemein lösen, betrachten wir drei konkrete Zahlenbeispiele.

Beispiel 13-8: Der Manager einer Unternehmung berichtet: "Der Cashflow in einem Jahr wird zu 500.000 Euro prognostiziert, jedenfalls ist das die Erwartung aufgrund unserer Planungen. Allerdings sind die Schwankungen, mit denen zu rechnen sind, enorm. Wir können daher nur sagen, dass der Cashflow 500.000 ± 300.000 Euro betragen wird." Diese Angaben besagen $E[\tilde{z}] = 500.000$ und $S[\tilde{z}] = 300.000$ Euro. Das Gleichungssystem (13-4) liefert — wir setzen gleich $i_M = 5\%$, $\mu_M = 9\%$, $\sigma_M = 20\%$ ein — somit

$$x \cdot 1{,}05 + y \cdot 1{,}09 = 500.000$$
$$y \cdot 0{,}2 = 300.000$$

Aus der unteren Gleichung folgt sofort $y = 1.500.000$. Dies in die obere eingesetzt, $x \cdot 1{,}05 + 1.500.000 \cdot 1{,}09 = 500.000$, folgt $x \cdot 1{,}05 = -1.135.000$ oder $x = -1.080.952$. Zusammengefaßt beläuft sich der Wert der unsicheren Zahlung auf $w = x + y = -1.080.952 + 1.500.000 = 419.048$ Euro. Dieses Ergebnis hätte man zwar auch mit der Risikoprämienmethode (13-2) finden können. Doch hätte man dazu wissen müssen, dass die korrekten Kapitalkosten 19,32% betragen. Doch woher hätte man das wissen können? In der Tat führt die Division der erwarteten Zahlung von 500.000 durch 1,1932 auf den eben errechneten Wert in Höhe. $W = 419.048$ Euro. ■

Beispiel 13-9: Der Manager berichtet: "Wir haben den Tiefpunkt der Restrukturierung durchschritten. Für das kommende Jahr ist unser Budget sogar ausgeglichen, was heißen soll, dass wir einen Cashflow von Null erwarten. Allerdings sind die Unsicherheiten, mit denen zu rechnen ist, immer noch groß. Wir können daher nur sagen, dass der Cashflow ± 300.000 Euro betragen wird." Die Angaben besagen $E[\tilde{z}] = 0$ und $S[\tilde{z}] = 300.000$ Euro. Das Gleichungssystem (13-4) liefert (für $i_M = 5\%$, $\mu_M = 9\%$, $\sigma_M = 20\%$) somit

$$x \cdot 1{,}05 + y \cdot 1{,}09 = 0$$
$$y \cdot 0{,}2 = 300.000$$

Aus der unteren Gleichung folgt $y = 1.500.000$. Dies in die obere Gleichung eingesetzt folgt $x \cdot 1{,}05 + 1.500.000 \cdot 1{,}09 = 0$, also $x \cdot 1{,}05 = -1.635.000$ oder $x = -1.557.143$ Euro. Zusammengefaßt beläuft sich der Wert der unsicheren Zahlung auf $w = x + y = -1.557.143 + 1.500.000 = -57.143$ Euro. Der korrekte Wert der in Höhe Null erwarteten Zahlung ist mithin negativ. Der Wert $W = -57.143$ hätte *nicht* mit der Risikoprämienmethode (13-2) gefunden werden können, wie auch immer die Kapitalkosten gewählt werden. Die Risikoprämienmethode hätte die unsichere Zahlung immer mit Null bewertet. Das Beispiel läßt erkennen, dass die Risikoprämienmethode Maßnahmen der Restrukturierung "zu günstig" bewertet. ■

Beispiel 13-10: Der Manager berichtet: "Die Umstrukturierung ist noch nicht abgeschlossen, und leider wird der Cashflow in einem Jahr immer noch negativ sein. Wir erwarten einen Cashflow von −500.000 Euro. Überdies muss noch mit Prognosefehlern gerechnet werden. Wir können nur sagen, dass der Cashflow −500.000 ± 300.000 Euro betragen wird. Der Cashflow sollte sich also im Bereich von −800.000 bis −200.000 Euro bewegen." Diese Angaben besagen $E[\tilde{z}] = -500.000$ und $S[\tilde{z}] = 300.000$ Euro. Das Gleichungssystem (13-4) liefert

$$x \cdot 1{,}05 + y \cdot 1{,}09 = -500.000$$
$$y \cdot 0{,}2 = 300.000$$

Die untere Gleichung liefert $y = 1.500.000$. Dies oben eingesetzt erhält man $x \cdot 1{,}05 + 1.500.000 \cdot 1{,}09 = -500.000$, also $x \cdot 1{,}05 = -2.135.000$ oder $x = -2.033.333$ Euro. Deshalb beläuft sich der Wert der unsicheren Zahlung auf

$$w = x + y = -2.033.333 + 1.500.000 = -533.333$$

Euro. Beachtenswert: Der so korrekt berechnete Wert $W = -533.333$ ist nicht einfach jene Zahl, die in Beispiel 13-8 ermittelt wurde, nur mit einem Minuszeichen versehen. Das Ergebnis $W = -533.333$ hätte man mit der Risikoprämienmethode nicht finden können. Wir machen die Probe mit der Fünfer-Regel: Der Fünffache Erwartungswert, −2.500.000, ist kleiner als die Streuung, 300.000. Die Risikoprämienmethode würde, wie auch immer die Kapitalkosten festgesetzt werden, zwar auf einen negativen "Wert" führen, diesen jedoch betragsmäßig kleiner als fünfhunderttausend ansiedeln. Indessen ist der korrekte Wert der unsicheren Zahlung betragsmäßig größer als fünfhunderttausend. Das Beispiel läßt erkennen, dass die Risikoprämienmethode Zahlungen, die ein Investor vielleicht in den ersten Jahren noch leisten muss, beschönigt. ■

Die Zahlenbeispiele haben gezeigt, wie das Gleichungssystem (13-4) allgemein aufgelöst werden kann. Die untere Gleichung in (13-4) besagt: Um die Zahlung $\tilde{z}$ zu replizieren, muss der Betrag

$$y = S[\tilde{z}] / \sigma_M$$

in das Marktportfolio angelegt werden. Deshalb muss der Betrag x, bestimmt durch

13. DISKONTIERUNG

$$x \cdot (1+i_M) + (1+\mu_M) \cdot S[\tilde{z}]/\sigma_M = E[\tilde{z}]$$

zum Zinssatz angelegt werden. Umformuliert:

$$x = E[\tilde{z}]/(1+i_M) - (1+\mu_M) \cdot S[\tilde{z}]/(\sigma_M \cdot (1+i_M))$$

. Für den gesuchten Wert, $w = x + y$, der in einem Jahr fälligen Zahlung ergibt sich so die allgemeine Formel:

$$W = \frac{1}{1+i} \cdot E[\tilde{z}] - \frac{\frac{1+\mu_M}{1+i_M}-1}{\sigma_M} \cdot S[\tilde{z}] \tag{13-5}$$

Für die mehrfach genannten Finanzmarktdaten $i_M = 5\%$, $\mu_M = 9\%$, $\sigma_M = 20\%$ folgt: Um die Zahlung zu replizieren, muss der Geldbetrag $y = 5 \cdot S[\tilde{z}]$ risikobehaftet in das Marktportfolio angelegt werden sowie der Geldbetrag $x = 0{,}9524 \cdot E[\tilde{z}] - 5{,}1905 \cdot S[\tilde{z}]$ zum Zinssatz. Der Wert ist die Summe beider Beträge,

$$W = 0{,}9524 \cdot E[\tilde{z}] - 0{,}1905 \cdot S[\tilde{z}] \tag{13-6}$$

Wenden wir die Formel (13-6) auf Beispiel 13-8 mit $E[\tilde{z}] = 500.000$ und $S[\tilde{z}] = 300.000$ Euro an. Es folgt $w = 476.200 - 57.150 = 419.050$ Euro, genau wie oben berechnet.

> Im Markt gibt es bei der Bewertung unsicherer Zahlungen einen Abschlag, der proportional zur *Streuung* der Zahlung ist (nicht aber, wie gelegentlich behauptet wird, proportional zur Varianz).

Wenn dieser Abschlag größer als der mit dem Zinssatz diskontierte Erwartungswert der Zahlung ist, dann ist der korrekte Wert negativ. Dann bewegt man sich in Situationen, in denen die traditionelle Risikozuschlagsmethode versagt. Die Wertformel (13-6) liefert folglich eine Begründung für unsere Fünfer-Regel. Die Risikoprämienmethode versagt, wenn der korrekte Wert kleiner oder gleich Null ist. Aus dieser Bedingung $0 \geq 0{,}9524 \cdot E[\tilde{z}] - 0{,}1905 \cdot S[\tilde{z}]$ folgt $0{,}1905 \cdot S[\tilde{z}] \geq 0{,}9524 \cdot E[\tilde{z}]$ oder damit gleichbedeutend $S[\tilde{z}] \geq 4{,}999 \cdot E[\tilde{z}]$. Das ist gerade die oben formulierte Bedingung der Fünfer-Regel, die somit bewiesen ist.

13.5 Untere und obere Schranken

Bislang wurde die Wahrscheinlichkeitsverteilung der Zahlung $\tilde{z}$, die bewertet werden soll, durch ihren Erwartungswert $E[\tilde{z}]$ und durch ihre Standardabweichung $S[\tilde{z}]$ beschrieben. Der Bereich der Realisationen, die $\tilde{z}$ annehmen kann, ist auf diese Weise durch einen "mittleren" Wert und die "Schwankungsbreite" wiedergegeben worden. Diese beiden Parameter sind dem Statistiker höchst vertraut.

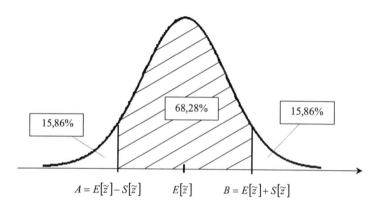

Bild 13-1: Die Untergrenze A und die Obergrenze B dienen fortan der Beschreibung der Verteilung einer unsicheren Zahlung, deren Wert gesucht ist.

Der Praktiker beschreibt den Bereich möglicher Realisationen allerdings leichter, wenn direkt von einer unteren und einer oberen Schranke gesprochen wird, zwischen denen der zu diskontierende Cashflow "im Regelfall" liegen sollte. Die untere Schranke des so verstandenen Bereichs soll mit A bezeichnet werden, die obere durch B. Der Wertebereich der Realisationen des zu bewertenden Cashflows geht gewissermaßen von A bis B. Diese beiden Größen sollen nicht als absolute Schranken sondern als Grenzen des einfachen Sigma-Bandes der zu diskontierenden unsicheren Zahlung $\tilde{z}$ verstanden werden. Sie sind folglich so festgelegt:

$$A = E[\tilde{z}] - S[\tilde{z}]$$
$$B = E[\tilde{z}] + S[\tilde{z}]$$
(13-7)

13. DISKONTIERUNG

Ist der unsichere Cashflow normalverteilt, dann wird er mit Wahrscheinlichkeit 68,28% eine Realisation zwischen A und B annehmen. Jeweils mit 15,86% Wahrscheinlichkeit ist die Realisation des Cashflows kleiner als A beziehungsweise größer als B. In diesem Bild darf A als Unterschranke und B als Oberschranke angesprochen werden, wissend, dass diese Schranken nur die Mehrzahl der Realisationen des zu bewertenden Cashflows beschreiben, nicht aber die "extremen" Szenarien, die außerhalb der beiden Schranken liegen. Das Bild 11-1 hält diese Illustration der Bedeutung von A und B fest.

Beispiel 13-11: Ein Budget wird von einem CFO mit den Worten präsentiert, dass der Cashflow in einem Jahr "zwischen 1,8 und 2,0 Millionen Euro liegen dürfte." Eine solche Aussage werden wir so interpretieren: Der Cashflow ist normalverteilt und das einfache Sigma-Band reicht von $A = 1.800.000$ bis $B = 2.000.000$ Euro. ∎

Mathematisch ist nur eine Umbezeichnung vorgenommen worden. Wenn die Unterschranke A und die Oberschranke B gegeben sind, dann kann daraus der Mittelwert gemäß $E[\tilde{z}] = (A+B)/2$ gefunden werden. Die Standardabweichung ergibt sich als Hälfte des Unterschieds zwischen der oberen und der unteren Schranke, $S[\tilde{z}] = (B-A)/2$. Indessen dürfte es in der Praxis leichter sein, zur Beschreibung eines unsicheren zukünftigen Cashflows eine untere und eine obere Schranke für den Bereich anzugeben, in dem der Cashflow liegen dürfte.

Ist die zu bewertende Zahlung auf diese Weise durch eine Unterschranke A und eine Oberschranke B beschrieben, dann heißt (13-4) nichts anderes als

$$x \cdot (1+i_M) + y \cdot (1+\mu_M+\sigma_M) = B$$
$$x \cdot (1+i_M) + y \cdot (1+\mu_M-\sigma_M) = A$$
(13-8)

Die unsichere Zahlung ist repliziert, wenn das Ergebnis einer Anlage des Geldbetrags x zum Zinssatz r_M sowie einer Anlage des Betrags y zur Marktrendite $\tilde{r}_M$ genau die Unterschranke A und die Oberschranke B hat.

Selbstverständlich hat die Rendite $\tilde{r}_M$ die Unterschranke (untere Grenze des einfachen Sigma-Bandes) $\mu_M - \sigma_M$ und die Obergrenze (obere Grenze des einfachen Sigma-Bandes) $\mu_M + \sigma_M$, was in den beiden Gleichungen (13-8) berücksichtigt wurde.

Bei (13-8) handelt es sich wieder um ein lineares Gleichungssystem für die beiden Unbekannten x und y. Mit einfachen Umformungen folgt die allgemeine Lösung

$$x = \frac{1+\mu_M+\sigma_M}{2\cdot\sigma_M\cdot(1+i_M)}\cdot A + \frac{-1-\mu_M+\sigma_M}{2\cdot\sigma_M\cdot(1+i_M)}\cdot B$$

$$y = \frac{-1}{2\cdot\sigma_M}\cdot A + \frac{1}{2\cdot\sigma_M}\cdot B$$

(13-9)

Der Marktwert der durch die Schranken A und B beschriebenen unsicheren Zahlung ist die Summe $w = x + y$, also:

$$w = \frac{\sigma_M+(\mu_M-i_M)}{2\cdot\sigma_M\cdot(1+i_M)}\cdot A + \frac{\sigma_M-(\mu_M-i_M)}{2\cdot\sigma_M\cdot(1+i_M)}\cdot B \qquad (13\text{-}10)$$

Diese Formel (13-10) ist unser generelles Ergebnis. Es beschreibt den Wert für eine Zahlung, die in einem Jahr anfällt. Die Wertformel hat demnach die Struktur

$$W = d_1^A\cdot A + d_1^E\cdot B \qquad (13\text{-}11)$$

wobei die beiden Diskontfaktoren für die Unterschranke und die Oberschranke durch:

$$d_1^A = \frac{\sigma_M+(\mu_M-i_M)}{2\cdot\sigma_M\cdot(1+i_M)}$$

$$d_1^B = \frac{\sigma_M-(\mu_M-i_M)}{2\cdot\sigma_M\cdot(1+i_M)}$$

(13-12)

gegeben sind. Der Index 1 soll daran erinnern, dass die zu bewertende und durch die Schranken A und B beschriebene Zahlung in einem Jahr anfällt. Mit anderen Worten: Um den Wert einer unsicheren Zahlung zu finden, muss man die Unterschranke A und die Oberschranke B "diskontieren" und die Barwerte der beiden Schranken addieren.

Wir führen gleich einige Zahlenbeispiele vor. Sie beziehen sich wieder auf die Finanzmarktdaten

13. DISKONTIERUNG

$$i_M = 5\%, \; \mu_M = 9\%, \; \sigma_M = 20\%$$

Für diese Daten liefert (13-12) als Diskontfaktoren

$$d_1^A = 0{,}571 \text{ für die Unterschranke } A \text{ und}$$

$$d_1^B = 0{,}381 \text{ für die Oberschranke } B.$$

Der korrekte Wert der unsicheren Zahlung ist damit

$$w \;=\; 0{,}571 \cdot A + 0{,}381 \cdot B \tag{13-13}$$

Beispiel 13-12: Hat die zu bewertende Zahlung die Untergrenze 100 und die Obergrenze 200 Euro, so beträgt gemäß Formel (13-13) der korrekte Wert $w = 0{,}571 \cdot 100 + 0{,}381 \cdot 200 = 57{,}1 + 76{,}2 = 133$ Euro. Selbstverständlich kann man diesen Wert auch finden, indem aus $A = 100$ und $B = 200$ zunächst der Erwartungswert zu $E = 150$ und die Standardabweichung zu $S = 50$ berechnet wird. In (13-6) eingesetzt, folgt zunächst $w = 0{,}9524 \cdot 150 - 0{,}1905 \cdot 50$ und dann das Ergebnis $W = 133$. Dieser Wert hätte sich außerdem mit der Risikoprämienmethode darstellen lassen, sofern man gewußt hätte, dass die korrekten Kapitalkosten $r = 12{,}5\%$ sind. Denn der Erwartungswert der unsicheren Zahlung beträgt 150, und $150 / 1{,}125 = 133$ Euro. ∎

Beispiel 13-13: Hat die zu bewertende Zahlung die Untergrenze 0 und die Obergrenze 100 Euro, so beträgt gemäß Formel (13-13) der korrekte Wert $w = 0{,}571 \cdot 0 + 0{,}381 \cdot 100 = 38{,}1$ Euro. ∎

Beispiel 13-14: Eine GmbH kann vielleicht in einem Jahr an eine Firmengruppe verkauft werden. Der Verkaufserlös, den die Gesellschafter erzielen, ist jedoch noch unsicher. Es kommt noch auf verschiedene Entwicklungen an; sie dürften positiv verlaufen, wenn auch die Wirtschaft sich allgemein gut entwickelt, und sie wären wohl eher ungünstig für die bisherigen Gesellschafter, wenn es der Gesamtwirtschaft schlecht geht (Korrelation mit dem Marktportfolio gleich 1).

Aufgrund der bisherigen Informationen wird ein Verkaufserlös in Höhe von 20 Millionen Euro erwartet, allerdings werden die Schwankungen (im Sinn einer Streuung oder Standardabweichung) im Bereich ±10 Millionen Euro veranschlagt. Die GmbH hat derzeit zwei Gesellschafter, jeder hält die Hälfte der Anteile. Frau Doris möchte ihre GmbH-Anteile jedoch schon heute Herrn Chen, dem anderen Gesellschafter, übertragen. Der Grund: Sie möchte nicht noch länger warten und das hohe Risiko tragen. Herr Chen ist zur Übernahme bereit und bietet 7 Millionen Euro für die Anteile. Ist das Angebot fair? Wird Frau Doris zustimmen?

Wir rechnen so: Der Bereich möglicher Erlöse für die Hälfte der GmbH-Anteile ist, wegen $E[\tilde{z}]=10$ und $S[\tilde{z}]=5$ durch die Untergrenze $A=5$ und die Obergrenze $B=15$ Millionen Euro beschrieben. Formel (13-13) liefert $W = 0{,}571 \cdot 5 + 0{,}381 \cdot 15 = 2{,}855 + 5{,}715 = 8{,}57$ Millionen Euro als Wert. Da "fair" in der Fachsprache "marktgerecht" bedeutet, liegt das Angebot von Herrn Chen, 7 Millionen Euro für die Anteile zu zahlen, unter dem fairen Preis. Im Sinn der Fachsprache ist es nicht fair. Vielleicht überrascht deshalb, dass Frau Doris positiv antwortet. Sie schreibt diese Notiz: "Vielen Dank, lieber Chen, gern nehme ich Ihr Angebot an. Ich bin, wie Sie wissen, äußerst risikoavers und zur Zeit in Geldnot. Von daher sind die gebotenen 7 Millionen Euro für mich höchst attraktiv. Zudem weiß ich, dass auch Sie wenig Geld zur Verfügung haben, und da finde ich Ihr Angebot großzügig. Es ist klar, dass eine externe Schätzung auf über 8 Millionen Euro gekommen wäre, doch funktioniert der tatsächliche Markt für GmbH-Anteile eben nicht so gut, wie bei einer Bewertung unterstellt wird. Nochmals herzlichen Dank." ■

Ein besonderer Fall ist schließlich der, in dem die Unter- und Obergrenze übereinstimmen, $A = B$. In diesem Fall hat die zu bewertende unsichere Zahlung keinerlei Schwankungsbreite. Dann ist der Wert W gleich der mit dem Zins i_M diskontierten sicheren Zahlung, $W = A/(1+i_M)$, und das muss auch so sein. Es gilt stets

$$d_1^A + d_1^B = \frac{1}{1+i_M} \qquad (13\text{-}14)$$

Die Wertformel (13-11) kann übrigens in dieser Form geschrieben werden:

$$W = \frac{1}{1+i_M} \cdot (p_A \cdot A + p_B \cdot B) \qquad (13\text{-}15)$$

Hierbei sind die beiden Größen p_A und p_B gemäß $p_A = d_1^A \cdot (1+i_M)$ und $p_B = d_1^B \cdot (1+i_M)$ festgelegt. Wegen (13-14) ergibt die Summe dieser beiden Größen 1, also $p_A + p_b = 1$. Das erlaubt, p_A und p_B als Wahrscheinlichkeiten anzusprechen und $p_A \cdot A + p_B \cdot B$ als Erwartungswert der beiden Ergebnisse zu interpretieren. Die Wertformel (13-15) besagt dann, dass der Wert gleich dem (mit dem Zinssatz) diskontierten Erwartungswert der beiden Ergebnisse ist. Weil hier kein Abschlag für das Risiko vorgenommen wird, sondern eben das erwartete Ergebnis mit dem Zinssatz diskontiert wird, werden Formeln der Art (13-15) und ihre Herleitung als *Risikoneutrale Bewertung* (*risk-neutral valuation*) bezeichnet. Bei diesen Ansätzen erscheint der Wert formal als (mit dem Zinssatz) diskontierter Erwartungswert der (in einzelnen Zuständen) möglichen Ergebnisse.[6] Hier haben wir zwei Zustände, das gute und das schlechte Wirtschaftsergebnis, und die mit der zu bewertenden Zahlung in diesen beiden Zuständen verbundenen Ergebnissen sind A und B.

Man beachte jedoch, dass die Wahrscheinlichkeiten, die in der Risikoneutralen Bewertung auftauchen, nicht mit den wirklichen Eintrittswahrscheinlichkeiten der Zustände übereinstimmen. In Wahrheit zeigt die Marktbewertung wohl auch eine gewisse Risikoaversion. Es handelt sich lediglich um rechnerische Größen, die es gestatten, den Wert so darzustellen, *als ob* der Marktwert aufgrund von Risikoneutralität zustande käme. Von daher sollten die Wahrscheinlichkeiten, die bei der Risikoneutralen Bewertung durch Rechnung gefunden werden, als *Pseudowahrscheinlichkeiten* bezeichnet werden.

13.6 Fragen

1. In einem Jahr wird eine Zahlung fällig. Sie hat den Erwartungswert € 107.000 und die Standardabweichung € 10.000. Sie ist vollständig mit der Rendite des Marktportfolios korreliert. A) Treffen Sie realistische Annahmen hinsichtlich des Zinssatzes und der Parameter der Marktrendite und berechnen Sie sodann den Wert der Zahlung. B) Kann der Wert durch die Risikoprämienmethode dargestellt werden? Wie hoch wären in diesem Fall die Kapitalkosten?
2. Ein Manager berichtet: "Der Cashflow unserer Firma sollte in einem Jahr −500.000 ± 300.000 Euro betragen." Ergänzen Sie diese Angaben und bewerten Sie diesen Cashflow.
3. Was besagt die Fünfer-Regel?[7]
4. Ein Budget wird von einem CFO mit den Worten präsentiert, dass der Cashflow in einem Jahr "zwischen 1 und 2 Millionen Euro liegen dürfte." Treffen Sie geeignete Annahmen hinsichtlich fehlender Angaben und bewerten Sie diesen Cashflow.
5. Was wird unter Risikoneutraler Bewertung verstanden?

---

[6] Ein Übersicht bieten: 1. C. W. SMITH: Option pricing: a review. *Journal of Financial Economics* 3 (1976), pp. 3-54. 2. KLAUS SPREMANN: The Simple Analytic of Arbitrage; in: G. BAMBERG und K. SPREMANN (eds.): *Capital Market Equilibria*. Springer Publishing Company, Berlin- New York 1986, pp. 189-208.

[7] Vergleiche Abschnitt 13.2.

14. Ausbau

Der Ausbau der Diskontierung beginnt mit der Betrachtung von Zahlungen, die nicht unbedingt in einem Jahr sondern zu einem *beliebigen Zeitpunkt* fällig werden. Sodann wenden wir uns dem Fall zu, in dem zusätzlich *Optionen* für die Replikation herangezogen werden müssen. Es folgt eine Formel für den Wert einer dichotomen (zweiwertigen) Zahlung.

14.1 Korrelation ≠ 1 275
14.2 Fälligkeitszeitpunkt ≠ 1 277
14.3 Lognormalverteilung 279
14.4 Marktübliche Transformationen 281
14.5 Zahlentabelle 285
14.6 Optionen 287
14.7 Dichotome Zahlung 289
14.8 Fragen 294

14.1 Korrelation ≠ 1

Der Ansatz der Replikation einer zu diskontierenden Zahlung hat auf die Wertformeln (13-5) und (13-10) für den allgemeinen Fall geführt beziehungsweise auf (13-6) und (13-13) für die genannten Finanzmarktdaten

$$i_M = 5\%, \ \mu_M = 9\%, \ \sigma_M = 20\%$$

Voraussetzung für die Herleitung war, dass die zu bewertende Zahlung in *einem* Jahr fällig wird und dass sie sich gleichgerichtet wie das Marktportfolio realisiert (Korrelationskoeffizient gleich 1). Wir wollen nun fragen, wie vorzugehen ist, wenn diese Voraussetzungen nicht erfüllt sind.

Die erste Argumentation bezieht sich auf die bislang unterstellte Korrelation der Zahlung mit dem Marktportfolio. Es wurde in Kapitel 7 erläutert, dass das Risiko von Zahlungen, die nicht vollständig mit dem

Marktportfolio korreliert sind, durch Diversifikation zum Teil ausgeglichen werden kann. In einem gut funktionierenden Markt — und Werte sind Preise in einem gut funktionierenden Markt — gibt es ausreichend viele solche Diversifikationsmöglichkeiten.

> Deshalb ist bei einer Bewertung einer unsicheren Zahlung $\tilde{z}$ nur jener Teil der Streuung $S[\tilde{z}]$ wertrelevant, der durch Diversifikation nicht zum Ausgleich gebracht werden kann.

Bezeichnet ρ den Koeffizienten der Korrelation zwischen $\tilde{z}$ und der Marktrendite $\tilde{r}_M$, und ist $\rho < 1$, so ist nicht $S[\tilde{z}]$ sondern nur $\rho \cdot S[\tilde{z}]$ wertbestimmend.

Anstelle von (13-5) oder (13-6) ist daher im Fall $\rho < 1$ die Wertformel

$$W^{(\rho)} = \frac{1}{1+i} \cdot E[\tilde{z}] - \rho \cdot \frac{\frac{1+\mu_M}{1+i_M}-1}{\sigma_M} \cdot S[\tilde{z}] \qquad (14\text{-}1)$$

beziehungsweise

$$W^{(\rho)} = 0{,}9524 \cdot E[\tilde{z}] - \rho \cdot 0{,}1905 \cdot S[\tilde{z}] \qquad (14\text{-}2)$$

anzuwenden.

Selbstverständlich können mit dieser Argumentation auch die Formeln (13-10) und (13-13), die den Wert anhand der Schranken A und B des Sigma-Bandes bestimmen, auf den Fall $\rho < 1$ angepaßt werden. Wir beginnen mit $E[\tilde{z}] = (A+B)/2$ sowie $S[\tilde{z}] = (B-A)/2$. Wird dies in (13-16) eingesetzt, folgt

$$W^{(\rho)} = 0{,}9524 \cdot (A+B)/2 - \rho \cdot 0{,}1905 \cdot (B-A)/2$$

Das kann leicht umgeformt werden:

$$W(\rho) = (0{,}9524 + \rho \cdot 0{,}1905) \cdot A/2 + (0{,}9524 - \rho \cdot 0{,}1905) \cdot B/2$$

Damit ist die Verallgemeinerung von (13-13) für den Fall beliebiger Korrelationskoeffizienten ρ gefunden:

$$W(\rho) = (0{,}4762 + \rho \cdot 0{,}09525) \cdot A + (0{,}4762 - \rho \cdot 0{,}09525) \cdot B \qquad (14\text{-}3)$$

Beispiel 14-1: Es soll eine Zahlung bewertet werden, die in einem Jahr zur Verfügung stehen wird, im Bereich von $A = 0$ bis $B = 100$ liegen dürfte und mit dem Marktportfolio positiv aber nicht vollständig korreliert ist, $\rho = 0{,}8$. Antwort: $W(\rho) = 0{,}5524 \cdot 0 + 4{,}6858 \cdot 100 = 46{,}86$. ∎

Die Modifikation von (13-10) kann auf demselben Weg gefunden werden. Wir können uns die Umformungen sparen, weil es noch einen direkteren Weg gibt.

Die eben vorgenommene Herleitung läßt erkennen: Der Wert $W(\rho)$ bei einer beliebigen Korrelation ρ ist eine gewichtete Kombination des Werts $W(1)$ bei Korrelation $\rho = 1$ und des Werts $W(0)$ bei Unkorreliertheit.

$$W(\rho) = (1-\rho) \cdot W(0) + \rho \cdot W(1) \qquad (14\text{-}4)$$

Da der Wert $W(0)$ bei Unkorreliertheit gleich dem mit dem Zinssatz diskontierten Erwartungswert ist, $W(0) = E[\tilde{z}]/(1+i_M) = (A+B)/(2 \cdot (1+i_M))$, gilt generell

$$W(\rho) = (1-\rho) \cdot \frac{E[\tilde{z}]}{2} + \rho \cdot W(1) \qquad (14\text{-}5)$$

und $W(1)$ ist durch die in vorangegangenen Kapitel 13 hergeleiteten Formeln bestimmt.

14.2 Fälligkeitszeitpunkt ≠ 1

Die zweite Ergänzung bezieht sich auf die Fälligkeit der zu bewertenden Zahlung. Was, wenn die Zahlung nicht genau in einem Jahr sondern in t Jahren fällig wird?

Wir werden diese Fälle in den nächsten Abschnitten analysieren, weil sich im Regelfall auch der Verteilungstyp der betrachteten Zahlungen mit dem Zeitpunkt der Verfügbarkeit der Zahlungen verändert.

Hier wollen wir die Argumentation der Replikation zunächst "mechanisch" auf den Fall $t \neq 1$ übertragen und die Ergebnisse zeigen.

- Wenn der Geldbetrag x für t Jahre zum Zinssatz i_M angelegt wird, entsteht $x \cdot (1+i_M)^t$ als sicheres Anlageergebnis.

- Wenn der Geldbetrag y für t Jahre risikobehaftet zur Marktrendite $\tilde{r}_M$ angelegt wird, entsteht ein unsicheres Anlageergebnis. Es hat den Erwartungswert $y \cdot (1+\mu_M)^t$ und eine Streuung, die ziemlich genau durch $y \cdot \sqrt{t} \cdot \sigma_M$ gegeben ist. Achtung: Sie ist proportional zur *Wurzel* aus der Zeit.

Entsprechend hätte man anstelle von (13-9) das Gleichungssystem

$$x \cdot (1+i_M)^t + y \cdot (1+\mu_M)^t = E[\tilde{z}]$$
$$y \cdot \sigma_M \cdot \sqrt{t} = S[\tilde{z}]$$
(14-6)

für die Bestimmung der Geldbeträge x und y, mit denen die durch ihren Erwartungswert $E[\tilde{z}]$ und ihre Streuung $S[\tilde{z}]$ beschriebene Zahlung repliziert wird. Mit dem nun hinlänglich bekannten Vorgehen kann (14-6) aufgelöst werden. Es folgt:

$$W = \frac{1}{(1+i)^t} \cdot E[\tilde{z}] - \frac{\left(\frac{1+\mu_M}{1+i_M}\right)^t - 1}{\sqrt{t} \cdot \sigma_M} \cdot S[\tilde{z}] \qquad (14\text{-}7)$$

Damit wäre der Wert der unsicheren Zahlung gefunden, die zum Zeitpunkt t verfügbar wird.

Beispiel 14-2: Es soll eine unsichere Zahlung bewertet werden, deren Erwartungswert $E[\tilde{z}] = 50$ und deren Streuung $S[\tilde{z}] = 50$ betragen; die Korrelation mit dem Marktindex sei $\rho = 1$. Als Finanzmarktdaten soll wieder $i_M = 5\%$, $\mu_M = 9\%$, $\sigma_M = 20\%$ unterstellt werden. Hinsichtlich der zeitlichen Verfügbarkeit der Zahlung soll mit $t = 1/2$, mit $t = 1$ und mit $t = 2$ gerechnet werden. Die Antwort: Der Wert ist 42,12 für $t = 1/2$, 38,09 für $t = 1$ und 31,63 für $t = 2$. ∎

Wieder könnte mit einer Umformulierung der Wert für Situationen dargestellt werden, in denen die zu diskontierende Zahlung nicht durch ihren Erwartungswert und ihre Streuung wie in (14-7) unterstellt, sondern durch eine Unterschranke und eine Oberschranke gegeben ist.

14.3 Lognormalverteilung

Die vorgeführte Methode der Diskontierung durch Nachbildung kann also auf unsichere Zahlungen übertragen werden, die in $t = 2, 3, 4,...$ anfallen. Zahlungen, die erst nach einigen Jahren Wirtschaftstätigkeit entstehen, verlangen jedoch eine Modifikation, die sich auf den Verteilungstyp bezieht.

- Unsichere Cashflows, Zahlungen oder Wirtschaftsergebnisse, die in unmittelbarer Zukunft anfallen, können durchaus als normalverteilt betrachtet werden. Warum? Die Unsicherheit entsteht dann vielfach als *Summe* verschiedener Zufallseinflüsse. Der Zentrale Grenzwertsatz der Wahrscheinlichkeitstheorie besagt, dass (unter gewissen Annahmen) die Summe zufälliger Einflüsse angenähert normalverteilt ist.

- Bei weit in der Zukunft liegenden Cashflows, Zahlungen oder Wirtschaftsergebnissen entsteht die Unsicherheit hingegen vielfach als *Produkt* verschiedener Zufallseinflüsse, ähnlich wie ein Wachstumsvorgang das Produkt der in den einzelnen Zeitstufen zu verzeichnenden Veränderungen ist. Bei langem Horizont dominieren multiplikative Effekte.

Wenn ein mehrjähriges Wirtschaftsergebnis das Produkt von Einzeleinflüssen ist, die zu den verschiedenen einzelnen Jahren eintreten, dann ist der Logarithmus des mehrjährigen Ergebnisses die Summe der Logarithmen der Einflüsse der einzelnen Jahre. Für den Logarithmus des Wirtschaftsergebnisses gilt dann wieder der zentrale Grenzwertsatz. Das bedeutet:

Der Logarithmus weit in der Zukunft liegender Cashflows, Zahlungen oder Wirtschaftsergebnisse ist normalverteilt. Die Cashflows, Zahlungen oder Wirtschaftsergebnisse selbst sind dann als *lognormalverteilt* anzusehen.

> Es ist in vielen Anwendungen davon auszugehen, dass die Cashflows einer Unternehmung, die bewertet werden soll, eher lognormalverteilt sind als normalverteilt. Gleiches gilt übrigens für die Anlageergebnisse, die mit einer mehrjährigen Anlage in das Marktportfolio zu verzeichnen sind.

Die Lognormalverteilung ist nicht mehr symmetrisch (wie die Normalverteilung). Sie hat eine Rechtsschiefe. Es kann zu sehr hohen Realisationen kommen. Das bedeutet, dass bei einer mehrjährigen Investition typischerweise ausgesprochen hohe Ergebnisse eintreten können, so dass der Erwartungswert größer als der Median der Verteilung ist. Diesen Sachverhalt berücksichtigen wir nun, wenn es um die Nachbildung von Zahlungen geht, die in $t = 2, 3, 4,...$ Jahren anfallen.

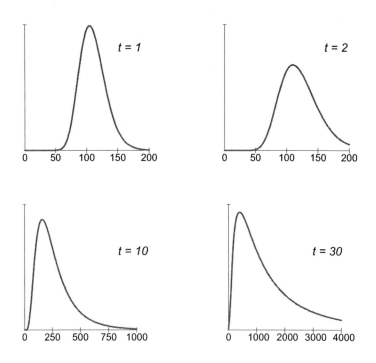

Bild 14-1: Die Verteilung der Ergebnisse einer Anlage von 100 in das Marktportfolio am Ende eines Anlagehorizonts von einem Jahr, zwei, zehn und dreißig Jahren — berechnet anhand der in Kapitel 6 besprochenen Daten für ein Portfolio von Aktien Schweiz.

Auch das nach einem Jahr erzielte Ergebnis ist eigentlich bereits lognormalverteilt, wenn wir für des Wachstumsvorgang unterstellen, bei dem es auf das Produkt verschiedener Zufallseinflüsse ankommt.

Deshalb gilt die Replikation, die wir nun vornehmen, für alle Zeitpunkte, $t = 2, 3, 4,...$ und läßt sich auf den Fall beliebiger Zeitpunkte, $t > 0$, übertragen.

So werden wir gleich nicht nur unsichere Zahlungen diskontieren können, die in einigen Jahren anfallen. Wir werden ebenso eine unsichere Zahlung diskontieren können, die in einer Stunde oder in einem Tag anfällt. Im letzteren Fall wäre, wenn mit 250 "Arbeits- und Börsentagen" gerechnet wird, $t = 1/250 = 0{,}004$.

14.4 Marktübliche Transformationen

Damit wenden wir uns einer unsicheren Zahlung $\tilde{z}_t$ zu, die in t Jahren anfällt, $t > 0$, und deren Realisation dann genau bekannt sein wird. Ihr heutiger Wert w soll bestimmt werden. Wieder wird angenommen, dass es marktgängige Transformationen gibt, mit denen ein heutiger Geldbetrag in sichere und in unsichere Ergebnisse transformiert werden kann, die in einem Jahr anfallen.

- So kann Geld zum Zinssatz angelegt werden. Die Verzinsung soll durch den stetigen Zinssatz beschrieben werden, für den wir jetzt den Buchstaben i verwenden (ohne den Index M, den wir zuvor verwendeten, um den einfachen Zinssatz zu beschreiben).

- Daneben ist es auch möglich, Geld zum Marktindex anzulegen. Dessen stetige Rendite sei mit $\tilde{r}$ bezeichnet (wieder lassen wir den Index M weg, den wir zuvor verwendeten, um die einfache Rendite zu beschreiben). Dabei entsteht ein unsicheres, lognormalverteiltes Ergebnis. Der Erwartungswert der stetigen Rendite sei nun mit μ, und ihre Streuung (Volatilität) mit σ bezeichnet.

Zunächst genügen die beiden genannten Transformationen, auch wenn es vielleicht noch weitere gibt. Wir erwähnten zuvor die Möglichkeit, in Optionen anzulegen.

Wenn es möglich ist, aus einem heutigen Geldbetrag w die zu bewertende Zahlung $\tilde{z}_t$ zu erzeugen, dann ist dieser Geldbetrag w ihr Wert.

Wie könnte die Replikation geschehen?

- Der Geldbetrag w soll wie zuvor in zwei Teile zerlegt werden, $w = x + y$.
- Der Teilbetrag x wird zum stetigen Zinssatz i angelegt. Dabei entsteht in t Jahren das sichere Ergebnis $x \cdot \exp(i \cdot t)$.
- Der Teilbetrag y wird zur unsicheren stetigen Rendite $\tilde{r}$ angelegt. Dabei entsteht ein Jahr später das unsichere Ergebnis $y \cdot \exp(\tilde{r} \cdot t)$.

Der Betrag w, $w = x + y$, ist demnach der Wert von $\tilde{z}_t$, wenn gilt:

$$x \cdot \exp(i \cdot t) + y \cdot \exp(\tilde{r} \cdot t) = \tilde{z}_t \qquad (14\text{-}8)$$

Diese Gleichung bedeutet, dass die beiden Wahrscheinlichkeitsverteilungen identisch sind. Auf der linken Seite steht eine Lognormalverteilung (sofern $y > 0$), und die zu bewertende Zahlung (rechte Seite) muss daher ebenso lognormalverteilt sein. Wenn die Replikation und die zu bewertende Zahlung übereinstimmende Wahrscheinlichkeitsverteilungen aufweisen, dann stimmen insbesondere die Parameter überein. Anstatt den Erwartungswert und die Standardabweichung zu betrachten, und (14-8) für diese Parameter auszudrücken, soll wie schon zuvor in Abschnitt 14.3 die als lognormalverteilt unterstellte Zahlung $\tilde{z}_t$ durch eine Untergrenze A_t und eine Obergrenze B_t beschrieben werden.

- Die Untergrenze A_t sei so definiert, dass $\tilde{z}_t$ nur mit Wahrscheinlichkeit 15,86% darunter liegt.

- Die Obergrenze B_t sei so definiert, dass $\tilde{z}_t$ nur mit Wahrscheinlichkeit 15,86% darüber liegt.

- Mit Wahrscheinlichkeit von 68,28% wird die zu bewertende Zahlung zwischen A_t und B_t liegen.

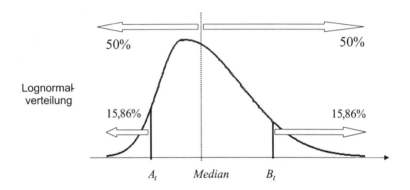

Bild 14-2: Für mehrjährige Investitionen sind lognormalverteilte Ergebnisse typisch. Aufgrund ihrer Rechtsschiefe rückt anstelle des Erwartungswerts der Median in das Zentrum des Interesses. Jeweils 50% der Realisationen sind geringer beziehungsweise größer als der Median. Analog zu zuvor sollen die Untergrenze A und die Obergrenze B so definiert werden, dass jeweils mit 15,86% Wahrscheinlichkeit die unsichere Zahlung einen kleineren Wert als A beziehungsweise einen größeren Wert als B annehmen wird.

In dieser Weise führt (14-8) auf diese Bedingung: Die Obergrenze und die Untergrenze der Replikation und der zu bewertenden Zahlung müssen übereinstimmen. Das läuft auf dieses lineare Gleichungssystem für x und y hinaus:

14. AUSBAU

$$x \cdot \exp(i \cdot t) + y \cdot \exp((\mu+\sigma) \cdot t) = B_t$$

$$x \cdot \exp(i \cdot t) + y \cdot \exp((\mu-\sigma) \cdot t) = A_t$$

(14-9)

In der Tat: Wenn die Anlage zum Marktportfolio "gut" läuft, ist die stetige Rendite $\mu+\sigma$ zu verzeichnen. Läuft sie "schlecht", dann beträgt die stetige Rendite nur $\mu-\sigma$.

Das Gleichungssystem (14-9) kann mit den üblichen Umformungen nach den gesuchten Variablen x und y aufgelöst werden. Das Ergebnis lautet:

$$x = \frac{e^{(\mu+\sigma) \cdot t}}{e^{i \cdot t} \cdot (e^{(\mu+\sigma) \cdot t} - e^{(\mu-\sigma) \cdot t})} \cdot A_t + \frac{-e^{(\mu-\sigma) \cdot t}}{e^{i \cdot t} \cdot (e^{(\mu+\sigma) \cdot t} - e^{(\mu-\sigma) \cdot t})} \cdot B_t$$

$$y = -(e^{(\mu+\sigma) \cdot t} - e^{(\mu-\sigma) \cdot t}) \cdot A_t + (e^{(\mu+\sigma) \cdot t} - e^{(\mu-\sigma) \cdot t}) \cdot B_t$$

(14-10)

Der Wert der durch die Schranken A_t und B_t beschriebenen und zum Zeitpunkt $t>0$ anfallenden, unsicheren Zahlung ist die Summe $w = x + y$, mithin:

$$w = \left[\frac{e^{(\mu+\sigma) \cdot t}}{e^{i \cdot t} \cdot (e^{(\mu+\sigma) \cdot t} - e^{(\mu-\sigma) \cdot t})} - (e^{(\mu+\sigma) \cdot t} - e^{(\mu-\sigma) \cdot t}) \right] \cdot A_t +$$
$$+ \left[\frac{-e^{(\mu-\sigma) \cdot t}}{e^{i \cdot t} \cdot (e^{(\mu+\sigma) \cdot t} - e^{(\mu-\sigma) \cdot t})} + (e^{(\mu+\sigma) \cdot t} - e^{(\mu-\sigma) \cdot t}) \right] \cdot B_t$$

(14-11)

Diese Formel (14-11) verallgemeinert (13-10) von $t=1$ auf beliebige Zeitpunkte $t>0$, zu denen die zu bewertende Zahlung anfällt. Wieder müssen, um den Wert der unsicheren Zahlung zu errechnen, die Unterschranke A_t und die Oberschranke B_t "diskontiert" und die diskontierten Schranken addiert werden,

$$w = d_t^A \cdot A_t + d_t^B \cdot B_t$$

(14-12)

Die Diskontfaktoren sind:

$$d_t^A = \frac{e^{(\mu+\sigma)\cdot t}}{e^{i\cdot t}\cdot(e^{(\mu+\sigma)\cdot t}-e^{(\mu-\sigma)\cdot t})} - (e^{(\mu+\sigma)\cdot t}-e^{(\mu-\sigma)\cdot t})$$

$$d_t^B = \frac{-e^{(\mu-\sigma)\cdot t}}{e^{i\cdot t}\cdot(e^{(\mu+\sigma)\cdot t}-e^{(\mu-\sigma)\cdot t})} + (e^{(\mu+\sigma)\cdot t}-e^{(\mu-\sigma)\cdot t})$$

(14-13)

Ein besonderer Fall ist der, in dem die Unter- und Obergrenze übereinstimmen, $A_t = B_t$. In diesem Fall hat die zu bewertende unsichere Zahlung keinerlei Schwankungsbreite. Dann ist der Wert w gleich der mit dem Zins i diskontierten sicheren Zahlung, $w = A_t / e^{i\cdot t}$, und das muss auch so sein. Es gilt stets

$$d_t^A + d_t^B = \frac{1}{e^{i\cdot t}} \qquad (14\text{-}14)$$

Deshalb entspricht die Wertformel (14-12) auch hier dem Ansatz der Risikoneutralen Bewertung. Der Wert kann demnach als mit dem Zinssatz diskontierter Erwartungswert der Ergebnisse A_t und B_t verstanden werden, welche die unsichere Zahlung bei den beiden Ereignissen hat. Die Ereignisse oder Zustände sind das gute beziehungsweise das schlechte Wirtschaftsergebnis. A_t und B_t sind die Ergebnisse, welche die zu bewertende Zahlung bei diesen Zuständen hat. Der Erwartungswert wird mit Pseudowahrscheinlichkeiten ermittelt, und die Replikation liefert gerade diese Pseudowahrscheinlichkeiten.

Für numerische Rechnungen sind Zahlen interessant. Der stetige Zinssatz sei $i = 4\%$ (das entspricht einem einfachen Zinssatz von $\exp(0{,}04) - 1 = 4{,}08\%$). Die Renditeerwartung für das zur Replikation verwendete Marktportfolio sei $\mu = 8\%$ und die Volatilität $\sigma = 20\%$. Aus diesen Daten folgen aus (14-13) für $t = 1$ die Diskontfaktoren $d_1^A = 0{,}6218$, $d_1^B = 0{,}3310$, für $t = 2$ $d_2^A = 0{,}6502$, $d_2^B = 0{,}2729$, für $t = 3$ $d_3^A = 0{,}6614$, $d_3^B = 0{,}2255$, ...

Beispiel 14-3:

- Ein Unternehmen generiert in den kommenden drei Jahren Ergebnisse, die jeweils "wohl zwischen 0 und 100 liegen". Das heißt, $A_1 = A_2 = A_3 = 0$ und $B_1 = B_2 = B_3 = 100$. Formel (14-11) liefert $w_1 = 33{,}90$, $w_2 = 27{,}29$ und $w_3 = 22{,}55$. Die Summe der Barwerte der drei Ergebnisse beträgt $W = w_1 + w_2 + w_3 = 83{,}74$.

- Ein zweites Unternehmen generiert in den kommenden drei Jahren Ergebnisse, die jeweils "wohl zwischen -10 und 100 liegen". Das heißt, $A_1 = A_2 = A_3 = -10$ und $B_1 = B_2 = B_3 = 100$. Es folgt $w_1 = 27{,}68$, $w_2 = 20{,}79$ und $w_3 = 15{,}94$. Die Summe der Barwerte der drei Ergebnisse beträgt $W = w_1 + w_2 + w_3 = 64{,}40$.

- Ein drittes Unternehmen generiert in den kommenden drei Jahren Ergebnisse, die jeweils "wohl zwischen -50 und 100 liegen". Das heißt, $A_1 = A_2 = A_3 = -50$ und $B_1 = B_2 = B_3 = 100$. Es folgt $w_1 = 2{,}80$, $w_2 = -5{,}22$ und $w_3 = -10{,}52$. Die Summe der Barwerte der drei Ergebnisse beträgt $W = w_1 + w_2 + w_3 = -12{,}94$. ∎

14.5 Zahlentabelle

Es versteht sich von selbst, dass die Wertformel (14-12) am schnellsten mit einem Spreadsheet ausgewertet werden kann. Indessen ist die Variation der Eingangsparameter nicht besonders groß. Empirische Studien belegen, dass die Risikoprämie $\mu - i \approx 4\%$ und die Volatilität $\sigma \approx 20\%$ betragen. Letztlich gibt es daher für die Bewertung nur *zwei* Eingangsparameter. Neben der Zeit t ist das der (stetige) Zins i.

Für verschiedene Werte dieser Eingangsparameter Zeit t und Zins i zeigt Bild 14-3 auf der nächsten Seite die Diskontfaktoren (14-13), mit denen die Ober- beziehungsweise Untergrenze der unsicheren Zahlung multipliziert werden. Die Summe der diskontierten Grenzen liefert dann den Wert der betreffenden Zahlung. Die anderen Eingangsparameter sind in der Tabelle gemäß $\mu = i + 4\%$ und $\sigma = 20\%$ festgelegt.

Beispiel 14-4: Herr Müller wird in zehn Jahren aus einem Vertrag mit einer Lebensversicherung eine Abschlußzahlung erhalten, die aufgrund der noch offenen Beteiligung unsicher ist. Anhand der ihm überlassenen Beispielrechnungen denkt der Kunde, sie sollte zwischen 80 und 120 betragen [Tausend Euro]. Da die Gesellschaft Mittel "in den Markt" investiert, rechnet er mit der Untergrenze, wenn die Wirtschaft insgesamt schlecht läuft, und er rechnet mit der Obergrenze, wenn sich die Wirtschaft insgesamt gut entwickelt. Für einen stetigen Zinssatz $i = 4\%$ und marktübliche Daten soll die Abschlußzahlung bewertet werden. Es folgt: $W = 0{,}069 \cdot 120 + 0{,}601 \cdot 80 = 56{,}36$. Herr Müller ist recht enttäuscht und meint: "Für mich liegt der Erwartungswert der Abschlußzahlung etwa bei 100, und wenn ich diesen Betrag mit einem stetigen Zinssatz $i = 4\%$ diskontiere, so folgt immerhin $100 \cdot \exp(-0{,}04 \cdot 10) = 67$. Wenn meine spätere Abschlußzahlung nur 56 [Tausend Euro] heute wert ist, dann ist das schon sehr wenig." ∎

Zins		t=1	2	3	4	5	6	7	8	9	10
0%											
	d_t^B	0,353	0,296	0,254	0,221	0,194	0,171	0,150	0,133	0,117	0,103
	d_t^A	0,647	0,704	0,746	0,779	0,806	0,829	0,850	0,867	0,883	0,897
2%											
	d_t^B	0,346	0,284	0,239	0,204	0,176	0,151	0,131	0,113	0,098	0,084
	d_t^A	0,634	0,677	0,702	0,719	0,729	0,736	0,739	0,739	0,738	0,734
4%											
	d_t^B	0,339	0,273	0,226	0,189	0,159	0,134	0,114	0,096	0,082	0,069
	d_t^A	0,622	0,650	0,661	0,664	0,660	0,652	0,642	0,630	0,616	0,601
6%											
	d_t^B	0,332	0,262	0,212	0,174	0,144	0,119	0,099	0,082	0,068	0,056
	d_t^A	0,610	0,625	0,623	0,613	0,597	0,579	0,558	0,537	0,515	0,492
8%											
	d_t^B	0,326	0,252	0,200	0,161	0,130	0,106	0,086	0,070	0,057	0,046
	d_t^A	0,597	0,600	0,587	0,565	0,540	0,513	0,485	0,457	0,430	0,403

Bild 14-3: Die Tabelle zeigt die Faktoren, mit denen die Obergrenze und die Untergrenze einer zu bewertenden Zahlung multipliziert werden muss, um mit der Summe im Sinn der Formel (13-26) den Wert zu ermitteln.

Beispiel 14-5: Ein Analyst soll eine Unternehmung mit der DCF-Methode bewerten. Die Cashflows der kommenden fünf Jahre werden explizit geplant. Im guten Fall steigen sie von 10 beginnend linear an bis auf 50, allerdings könnten sie im schlechten Fall auch stets −10 betragen. Für die Zeit danach wird der Fortführungswert mit dem Gordon-Modell bestimmt. Hierzu wird mit verschiedenen Annahmen hinsichtlich der Wachstumsrate gerechnet, so dass auch beim Fortführungswert eine gewisse Unsicherheit besteht und deshalb eine Untergrenze und eine Obergrenze angegeben sind. Der Fortführungswert bezieht sich ebenfalls auf $t=5$. Er dürfte wohl zwischen 0 und 500 liegen. Die Zahlen sind in nachstehender Tabelle in den ersten beiden Zeilen zusammengestellt, die rechte Spalte zeigt die Zahlen für den Fortführungswert. Intuitiv erhält der Analyst ein recht positives Bild hinsichtlich des Wertes.

	t = 1	2	3	4	5	5
B_t	+10	+20	+30	+40	+50	500
A_t	-10	-10	-10	-10	-10	0
d_t^B	0,339	0,273	0,226	0,189	0,159	0,159
d_t^A	0,622	0,650	0,661	0,664	0,660	0,660
$d_t^B \cdot B_t$	3,39	5,46	6,77	7,54	7,94	79,40
$d_t^A \cdot A_t$	-6,22	-6,50	-6,61	-6,64	-6,60	0
w_t	-2,83	-1,04	0,15	0,91	1,34	79,40
$DCF = \sum$ 77,92						

Die Angaben aus der Planung des Unternehmens (die obersten beiden Zeilen) sind nun zu ergänzen. Zunächst werden die Diskontfaktoren aufgenommen — der Zinssatz sei $i = 4\%$. Die weiteren drei Zeilen zeigen die Barwerte und den Wert. Der DCF ist die Summe, also der Wert.

Der Analyst ist über das Ergebnis selbst erstaunt. Es scheint ihm recht gering zu sein und er hält Rücksprache mit den Personen, die den Plan aufgestellt haben. Nach längerer Diskussion ist man bereit, den Fortführungswert insofern höher anzusetzen, als man für ihn die auf $t = 5$ bezogenen Zahlenwerte nicht mehr zwischen 0 und 500 sondern nun zwischen 100 und 500 für realistisch ansieht. Der DCF erhöht sich dadurch um 66 (vierte Zeile, rechte Spalte der Tabelle) auf 143,92.

14.6 Optionen

Bislang hatten wir zur Replikation einer unsichere Zahlung eine Kombination aus einer Anlage zum Zinssatz und einer Anlage zur Marktrendite eingesetzt. Selbstverständlich entstehen hierbei Ergebnisse, die genauso verteilt sind wie eine Anlage zur Marktrendite. Entsprechend müssen auch die zu bewertenden Zahlungen so verteilt sein.

In einigen praktisch wichtigen Situationen gibt es jedoch bei der zu bewertenden Zahlung besondere Fallunterscheidungen, etwa durch die Haftungsbeschränkung oder durch den Konkurs oder allgemeiner durch den Financial Distress. Die Haftungsbeschränkung und die Konkursgefahr werfen zweifellos wichtige Bewertungsfragen auf. In diesen Fällen können zusätzlich Optionen herangezogen werden, um die Replikation der zu bewertenden Zahlung zu bewerkstelligen. Die Optionen selbst können mit der Black-Scholes-Formel bewertet werden, und diese Formel ist durch Replikation hergeleitet worden.[1] Nur zur Erinnerung: Die Black-Scholes-Formel gibt den heutigen Wert C_0 eines Calls europäischer Art wider (Ausübung nur zum Verfallszeitpunkt t möglich), wobei das Underlying eine Aktie oder ein Aktienportfolio sein soll:

$$C_0 = S_0 \cdot N(d) - e^{-i \cdot t} \cdot K \cdot N(d - \sigma \cdot \sqrt{t}) \qquad (14\text{-}15)$$

Hier steht S_0 für den derzeitigen Kurs des Underlyings und K für den Ausübungspreis oder Strike der Calloption. Wie üblich bezeichnet $N(.)$ die Verteilungsfunktion der Standard-Normalverteilung, $N(d)$ also die Wahrscheinlichkeit für Realisationen kleiner als d. Die Argumente der Verteilungsfunktion in der Formel sind definiert durch:

$$d = \frac{\ln(\frac{S_0}{K}) + (i + \frac{\sigma^2}{2}) \cdot t}{\sigma \cdot \sqrt{t}} \qquad (14\text{-}16)$$

Die Größe i ist der stetige Zinssatz; er wird aus dem einfachen Zinssatz i_M durch $i = \ln(1 + i_M)$ berechnet. Der Ausdruck $e^{-i \cdot t}$ ist daher der Diskontfaktor, der für die Restlaufzeit t anzuwenden ist. Schließlich bezeichnet σ die Volatilität des Underlyings.

Zu den Voraussetzungen der Black-Scholes-Formel: Bis zum Ende der Laufzeit der Option sollen *keine Dividenden* gezahlt werden. Außerdem wird für den Kursverlauf vorausgesetzt, daß die stetige Gesamtrendite auf den Basiswert einer *Brownschen Bewegung* folgt. Die *Volatilität* des Underlyings soll während der Laufzeit *konstant* sein (Homoskedastizität) und auch der *Zinssatz* soll sich während der Optionslaufzeit *nicht verändern*.

Werden nun Optionen ebenso für die Replikation herangezogen, können auch unsichere Zahlungen bewertet werden, die nicht unbedingt so verteilt sind wie die Ergebnisse von Anlagen zum Marktportfolio. So wird beispielsweise die Replikation von Zahlungen möglich, die keine negativen Zahlenwerte annehmen können, weil eine Haftungsbeschränkung besteht. Solche Verteilungen sind in der Praxis wichtig. Natürlich sind auch die Optionen kein Allheilmittel, doch lassen sie sich kombi-

---

[1] Ein Übersicht zur Literatur und einige Erweiterungen bietet: STEFAN WECKBACH: Corporate Financial Distress: Unternehmensbewertung bei finanzieller Enge. Dissertation an der Universität St. Gallen, 2003.

niert einsetzen und dadurch können quasi beliebig verteilte unsichere Zahlungen repliziert werden.

Die Anwendung der Black-Scholes-Formel (14-15) wird besonders leicht, wenn für die Normalverteilung nicht eine gedruckte Tabelle zur Hand genommen werden muss. Es gibt eine Reihe von polynomialen Approximationen für N, die in Handbüchern für Statistik gesammelt zu finden sind. Eine dieser Approximationen ist nachstehend angeführt. Sie liefert Werte von N, die auf vier Dezimalen hinter dem Komma genau sind:[2]

$$N(\omega) = \begin{cases} 1 - N'(\omega) \cdot (a_1 \cdot k + a_2 \cdot k^2 + a_3 \cdot k^3) & \textit{falls } \omega \geq 0 \\ 1 - N(-x) & \textit{falls } x < 0 \end{cases}$$

wobei (14-17)

$$N'(\omega) = \frac{1}{\sqrt{2 \cdot \pi}} \cdot \exp\left(-\frac{\omega^2}{2}\right) \quad \textit{die Dichtefunktion}$$

$$k = \frac{1}{1 + 0{,}33267 \cdot \omega}$$

$a_1 = 0{,}4361836, \quad a_2 = -0{,}1201676, \quad a_3 = 0{,}9372980$

14.7 Dichotome Zahlung

Wir wollen nun eine Situation betrachten, in der die unsichere Zahlung *genau zwei* Zahlenwerte annehmen kann. Noch dazu nehmen wir (um das Prinzip besser erläutern zu können) vereinfachend an, dass die beiden Ergebnisse dieselbe Wahrscheinlichkeit von ½ besitzen. Die Zahlung ist zum Zeitpunkt t fällig. Das bessere Ergebnis B_t tritt ein, wenn auch "die Wirtschaft" bis dahin überdurchschnittlich läuft und das schlechtere Ergebnis A_t, $A_t \leq B_t$, tritt ein, wenn sich insgesamt die Wirtschaft unterdurchschnittlich verläuft. Die Wirtschaftsentwicklung wird durch das Marktportfolio beschrieben. Die dichotome Zahlung kann als Lotterie so dargestellt werden:

---

[2] Vergleiche: JOHN HULL: *Options, Futures, and other Derivative Securities.* Prentice-Hall, Englewood Cliffs 1989, p. 118.

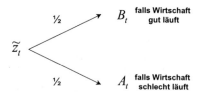

Die Frage lautet, welchen Wert — gemeint ist wieder ein Marktwert — diese zweiwertige unsichere Zahlung hat. Um die Antwort zu finden, wollen wir sie wieder replizieren. Diesmal ist der Einsatz von Optionen erforderlich. Ihr Underlying ist der Prozeß der Wirtschaftsentwicklung, also die Rendite des Marktportfolios. Sie soll durch eine Brownsche Bewegung beschrieben werden. Die stetige Gesamtrendite — sie beschreibt das in Euro ausgedrückte Anlageergebnis in logarithmischer Skala — ist zum Zeitpunkt t normalverteilt mit diesen Parametern:

$$E = \mu \cdot t \quad und \quad S = \sigma \cdot \sqrt{t}.$$

Der Wert der dichotomen Zahlung kann nun mit einem *Bull-Spread* repliziert werden, der sich auf *die Wirtschaft* als Underlying bezieht.

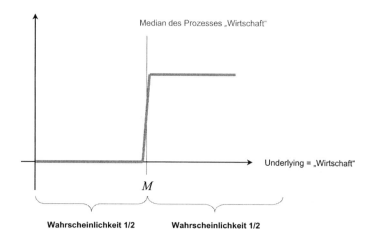

Bild 14-4: Ein wichtiges Replikationsinstrument ist der Bull-Spread.

- Um den Bull-Spread darzustellen, werden n Calls gekauft, die einen Strike haben, der etwas geringer als der Median M des Prozesses *Wirtschaft* ist, nämlich $M - \Delta$.

- Zugleich werden n Calls geschrieben, die einen Strike haben, der etwas höher als der Median M des Prozesses *Wirtschaft* ist, nämlich $M + \Delta$.

Durch diese Festlegung erhält der Inhaber des Bull-Spreads den geringeren Wert und den höheren Wert jeweils mit Wahrscheinlichkeit ½. Später wird dann ein Grenzübergang $n \to \infty$ vorgenommen.[3]

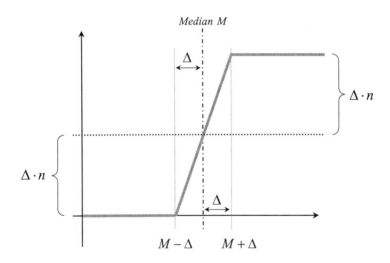

Bild 14-5: Es werden n Calls mit Strike M-Δ gekauft und n Calls mit Strike M+Δ verkauft.

Dieser Spread hat den Wert (verlangt den heutigen Geldeinsatz) von $n \cdot (C^- - C^+)$ wobei C^- den Wert einer Calloption mit Strike $M - \Delta$ bezeichnet (n solche Calls müssen ja für den Spread gekauft werden) und C^+ ist der Wert eines Calls mit Strike $M + \Delta$. Die Werte der Calls werden mit der Black-Scholes-Formel bestimmt.

---

[3] Auf diese Weise kann auch eine dichotome Zahlung repliziert werden, bei der die Wahrscheinlichkeiten für die beiden Ergebnisse, die sie haben kann, von ½ verschieden sind. Hierzu müssen die Ausübungspreise im Bull-Spread so verschoben werden, dass das Underlying — der Prozeß *Wirtschaft* — eben mit den durch die Lotterie gegebenen Wahrscheinlichkeiten unterhalb beziehungsweise oberhalb des Strikes liegen wird.

Die zweiwertige Zahlung $\tilde{z}_t$ wird insgesamt dadurch repliziert, dass

- ein Geldbetrag x zum (stetigen) Zinssatz i angelegt wird
- und v derartige Bull-Spreads verwendet werden;
- die direkte Anlage in das Marktportfolio wird für die Replikation der dichotomen Zahlung nicht benötigt.

Daher gilt für den Wert der dichotomen Zahlung:

$$W(\tilde{z}_t) = x + v \cdot \left(n \cdot (C^- - C^+)\right) \qquad (14\text{-}18)$$

Die Bestimmungsgleichungen zur Festsetzung von x und v sind:

$$\begin{aligned} A_t &= x \cdot e^{i \cdot t} \\ B_t &= x \cdot e^{i \cdot t} + v \cdot 2 \cdot \Delta \cdot n \end{aligned} \qquad (14\text{-}19)$$

Sie haben die Lösung

$$x = \frac{A_t}{e^{i \cdot t}} \quad \text{und} \quad v = \frac{B_t - A_t}{2 \cdot \Delta \cdot n} \qquad (14\text{-}20)$$

Folglich ist der Wert der dichotomen Zahlung so dargestellt:

$$W(\tilde{z}_t) = x + v \cdot n \cdot (C^- - C^+) = \frac{A_t}{e^{i \cdot t}} + \frac{B_t - A_t}{2 \cdot \Delta \cdot n} \cdot \left(n \cdot (C^- - C^+)\right) =$$

$$= \left\{\frac{1}{e^{i \cdot t}} - \frac{C^- - C^+}{2 \cdot \Delta}\right\} \cdot A_t + \left\{\frac{C^- - C^+}{2 \cdot \Delta}\right\} \cdot B_t \qquad (14\text{-}21)$$

$$= \left\{\frac{1}{e^{i \cdot t}} - \omega\right\} \cdot A_t + \omega \cdot B_t \quad \text{für} \quad \omega \equiv \frac{C^- - C^+}{2 \cdot \Delta}$$

Damit ist die dichotome Zahlung zwar bewertet, doch verlangt die Bewertung im konkreten Fall, für ein "hinreichend" klein gewähltes Delta die Preise der beiden Calls zu bestimmen und dann Omega numerisch zu errechnen. Im weiteren wird für Omega eine Formel abgeleitet, die sich unter Einsatz der Black-Scholes-Formel für die Preise der Calls ableitet, wobei ein Grenzübergang vorgenommen wird, bei dem Delta gegen Null strebt. Bei diesem Grenzübergang wird der Zähler in der

14. AUSBAU

Formel für Omega kleiner, doch auch der Nenner wird kleiner. Es zeigt sich:

$$C^- - C^+ \approx 2 \cdot \Delta \cdot e^{-i \cdot t} \cdot N\left(\frac{(-\mu + i - \sigma^2/2) \cdot t}{\sigma \cdot \sqrt{t}}\right)$$

und folglich konvergiert ω gegen den folgenden Zahlenwert:

$$\omega = \frac{C^- - C^+}{2 \cdot \Delta} \;\rightarrow\; e^{-i \cdot t} \cdot N\left(-\left(\frac{\mu - i}{\sigma} + \frac{\sigma}{2}\right) \cdot \sqrt{t}\right)$$

Dabei entsteht dieses Ergebnis: Die zu t fällige dichotome Zahlung $\tilde{z}_t$ mit den beiden Werten A_t und B_t hat den Wert

$$W = \left(e^{-i \cdot t} - q\right) \cdot A_t + q \cdot B_t$$

$$q = e^{-i \cdot t} \cdot N\left(-\left(\frac{\mu - i}{\sigma} + \frac{\sigma}{2}\right) \cdot \sqrt{t}\right)$$

(14-22)

Hier ist N die kumulierte Wahrscheinlichkeit der Normalverteilung. Es ist wieder zu sehen, dass die Wertformel (14-18) eine Form besitzt, die in Einklang mit der Risikoneutralen Bewertung steht.

Beispiel 14-6: Die zweiwertige Lotterie soll in einem Jahr ausbezahlt werden und mit gleichen Wahrscheinlichkeiten die Werte $A = 0$ und $B = 100$ annehmen, je nachdem wie die Wirtschaft läuft. Als Marktdaten sollen $i = 4\%$, $\mu - i = 4\%$ und $\sigma = 20\%$ herangezogen werden. Dafür gilt $e^{-0{,}04} = 0{,}9608$. Für das Argument der Normalverteilung in der Formel (14-18) folgt

$$N\left(-\left(\frac{0{,}04}{0{,}2} + \frac{0{,}2}{2}\right) \cdot \sqrt{1}\right) = N(-0{,}3) = 0{,}3821$$

also $q = 0{,}9608 \cdot 0{,}3821 = 0{,}3671$ und $(e^{-i \cdot t} - q) = (0{,}9608 - 0{,}3671) = 0{,}5937$. Daraus folgt der Wert: $W = 0{,}5937 \cdot A + 0{,}3671 \cdot B = 36{,}71$. ∎

Beispiel 14-7: Die zweiwertige Lotterie soll in einem Jahr ausbezahlt werden und mit gleichen Wahrscheinlichkeiten die Werte $A = -1.000.000$ und $B = 1.000.020$ annehmen, je nachdem wie die Wirtschaft läuft. Als Marktdaten sollen $i = 4\%$, $\mu - i = 4\%$ und $\sigma = 20\%$ herangezogen werden. Die Größen $e^{-i \cdot t}$, q und N können aus dem vorangestellten Beispiel entnommen werden und wieder gilt

$$W = 0{,}5937 \cdot A + 0{,}3671 \cdot B \qquad (14\text{-}23)$$

Mit den Ergebnissen der Lotterie, $A = -1.000.000$ und $B = 1.000.020$, folgt:

$$\begin{aligned}W &= -0{,}5937 \cdot 1.000.000 + 0{,}3671 \cdot 1.000.020 \\ &= -593.700 + 367.173 \quad = -226.527\end{aligned}$$

Die Anwendung der Wertformel (14-18) wird besonders leicht, wenn für die Normalverteilung eine numerisch leicht anzuwendende Formel wie (14-17) eingesetzt wird. Wir verwenden sie zur Berechnung nachstehender Tabelle.

$i = 4\%$	1/250	1/12	1/4	1/2	1	2	3	4	5	6
d_t^B	0,4923	0,4639	0,4360	0,4078	0,3671	0,3099	0,2676	0,2337	0,2056	0,1819
d_t^A	0,5075	0,5327	0,5541	0,5724	0,5937	0,6132	0,6194	0,6184	0,6131	0,6047

Bild 14-6: Die beiden Faktoren, mit denen der Oberwert und der Unterwert einer dichotomen Zahlung multipliziert werden muss, um mit der Summe im Sinn der Formel (14-17) ihren Wert zu ermitteln. Die Fälligkeit der dichotomen Zahlung geht von einem Tag (1/250) und einem Monat (1/12) bis zu 6 Jahren.

14.8 Fragen

1. Es soll mit der Wertformel (14-7) eine unsichere Zahlung bewertet werden, deren Erwartungswert $E[\tilde{z}] = 100$ und deren Streuung $S[\tilde{z}] = 100$ beträgt; die Korrelation mit dem Marktindex sei $\rho = 1$. Als Finanzmarktdaten soll $i_M = 5\%$, $\mu_M = 9\%$, $\sigma_M = 20\%$ unterstellt werden. Hinsichtlich der Fälligkeit der Zahlung soll mit $t = 1/2$, mit $t = 1$ und mit $t = 2$ gerechnet werden.

2. Ein Unternehmen generiert in den kommenden fünf Jahren Ergebnisse, die jeweils "wohl zwischen 0 und 100 liegen". Das heißt, $A_1 = A_2 = A_3 = A_4 = A_5 = 0$ und $B_1 = B_2 = B_3 = B_4 = B_5 = 100$. Wenden Sie zur Bewertung Formel (14-11) an und die nachstehenden Daten: Der stetige Zinssatz sei $i = 4\%$, die Renditeer-

wartung für das zur Replikation verwendete Marktportfolio sei $\mu = 8\%$ und die Volatilität $\sigma = 20\%$.

3. Bewerten Sie eine dichotome Zahlung, die am nächsten Tag fällig wird und entweder den Zahlenwert -100 oder $+100$ annimmt, jeweils mit Wahrscheinlichkeit ½, und wobei das gute Ergebnis dann eintritt, wenn der Markt positiv läuft, und das schlechte Ergebnis eintritt, wenn der Markt schlecht läuft. Als Marktdaten sollen $i = 4\%$, $\mu - i = 4\%$ und $\sigma = 20\%$ herangezogen werden.

4. Vergleichen Sie die Tabellen 14-3 und 14-5 für jene Einträge, für die sie sich überlappen (Zinssatz $i = 4\%$ und die Jahre 1 bis 6). A) Warum enthalten sie nicht dieselben Faktoren? B) Hat eine Zahlung, die *wohl* zwischen 0 und 100 liegen wird, einen höheren oder einen geringeren Wert im Vergleich zu einer dichotomen Zahlung, die entweder den Zahlenwert 0 oder den Zahlenwert 100 haben wird?

15. Konklusion

Eine Synthese bietet zur Wiederholung die wichtigsten Wertformeln. Es folgen die Verzeichnisse der Literatur und der Sachworte.

15.1 Synthese 297
15.2 Literatur 299
15.3 Sachworte 305

15.1 Synthese

Zuerst sollen die drei zentralen Definitionen in Erinnerung gerufen werden: Der *Wert* ist der Preis in einem gut funktionierenden Markt, womit die zu bewertende Kapitalanlage oder Unternehmung abstrakt in einem Modell beschrieben wird, das die wesentlichen Eigenschaften eines gut funktionierenden Marktes wiedergibt. Jede Bewertung wird anhand eines Modells vorgenommen. Mit *Diskontierung* sind Rechenmethoden bezeichnet, die den Wert (Barwert) einer sicheren oder unsicheren Zahlung liefern, die erst zu einem zukünftigen Zeitpunkt fällig wird. Eine solche Rechenmethode ist die Risikoprämienmethode. Sie stellt den Wert als Quotient dar. Im Zähler steht der Erwartungswert der zu bewertenden Zahlung und im Nenner eine Potenz des Diskontfaktors. Der Diskontfaktor wird durch die *Kapitalkosten* gegeben.

Entsprechend dieser Begriffsklärungen sind in diesem Buch drei große Gruppen von Themen behandelt worden. Die eine umfaßt Wertformeln, die andere die Art und Weise korrekter Diskontierung. Die dritte Thematik ist die der Kapitalkosten.

Was die Wertformeln betrifft, so wurden diese Ansätze dargestellt:

1. Das Gordon-Modell (3-8) und das Dividend-Discount-Modell, kurz DDM, (12-3). Hier wird der Equity-Value einer Unternehmung oder der Wert einer Aktie als Summe der Barwerte der Dividenden verstanden, die für die Zukunft erwartet werden können. Nach dem DDM können die erwarteten Dividenden in der Zukunft beliebige Höhe haben, jedoch wird immer wieder die Transversalität verlangt, vergleiche . Das Gordon-Modell ist ein Spezialfall des DDM. Es nimmt an, dass die erwarteten Dividen-

den mit einer gegeben Rate wachsen. Diese Rate soll wenigstens abschnittsweise konstant sein, vergleiche (3-14).

2. Multiples (Abschnitt 3.3): Beim Gordon-Modell ist der Wert ein Vielfaches der in einem Jahr erwarteten Dividende. An diesen Sachverhalt knüpfen Formeln, die eine Kapitalanlage oder Unternehmung durch ein Vielfaches (Multiple) einer Bezugsgröße bewerten. Diese Bewertungsformeln haben daher durchaus einen theoretischen Hintergrund. Sie sind in der Praxis sehr beliebt und, wie empirische Untersuchungen zeigen, vielfach recht genau.

3. Die DCF-Methode liefert ein ganzes Bündel von Wertformeln. Begonnen hat es mit dem allgemeinen Ansatz (9-1) beziehungsweise (9-2). Die Hauptidee der DCF-Methode besteht darin, nicht die schließlich zustande gekommen Ausschüttungen als Grundlage für die Bewertung zu nehmen. Statt dessen wird im unternehmerischen Prozeß ein Schritt zuvor angesetzt, gleichsam an der Entstehung der Ergebnisse. Sie sind gut durch Cashflows beschrieben. Die Wertformeln der DCF-Methode lassen sich danach unterteilen, ob der Equity-Value oder der Entity-Value bestimmt werden. Im letzten Fall ist zudem wichtig, ob im Zähler der korrekt versteuerte "Flow" steht oder der "Flow", der sich ergibt, wenn die Unternehmung voll eigenfinanziert wäre. Entsprechend stehen im Nenner die klassischen *WACC* (beziehungsweise die *MECC*, die Cost of Capital nach MILES und EZZEL. Die Kombinationen der Formeln (10-24) und (10-27) bietet ein leistungsfähiges Bewertungswerkzeug.

4. Eine wirkliche Besonderheit stellt die Residual Income Valuation dar. Hier entsteht unter einer gewissen Bedingung, bezeichnet als Clean Surplus Accounting (12-2), eine Beziehung zwischen dem Marktwert und dem Buchwert, vergleiche (12-7).

Das Buch hat, wo immer es möglich ist, von der traditionellen Risikoprämienmethode Gebrauch gemacht, vergleiche (6-28) und (6-30). In der Rückblende zeichnen sich indessen zwei Probleme ab. Der Theoretiker (und der Praktiker sollte das beachten, um nicht zu Fehlbewertungen zu gelangen) muss feststellen, dass die Risikoprämienmethode nicht immer funktioniert. Sie versagt, wenn der Erwartungswert der zu bewertenden Zahlung klein ist in Relation zu ihrer Streuung, vergleiche die Fünfer-Regel. Der zweite und praktisch besonders gravierende Problembereich liegt darin, dass die für die Risikoprämienmethode benötigten Kapitalkosten eigentlich nicht direkt bekannt sind oder bestimmt werden können. Selbst wenn das CAPM herangezogen wird ist zu beachten, dass praktisch nie das Beta bekannt ist — immerhin handelt es sich hier um das Beta einer Rendite, und die Rendite ist ja erst bekannt, wenn der Wert berechnet wurde. Zur Berechnung des Werts jedoch wird Beta benötigt. Nun gut, das *Zirkularitätsproblem* (Abschnitte 7.4 und 7.5) wurde in angegangen und behandelt. Praktisch bedeutsamer dürften Formeln sein, welche die Diskontierung direkt bewerkstelligen und beide genannten Probleme lösen. In solche Formeln fließen die Beschreibung der unsicheren Zahlung durch eine Obergrenze und eine Untergrenze ein. Vergleiche hierzu (13-11) für $t = 1$, (14-12) für beliebiges t und (14-22) für die dichotome Zahlung. Dies sind unsere allgemeinsten Bewertungsformeln.

Zu den *Kapitalkosten* sei schließlich noch darauf hingewiesen, dass sie je nach Verwendungszweck ganz unterschiedlich aussehen. Das hat schon die DCF-Methode gezeigt, wo *WACC* (Abschnitt 10.3) und *MECC* (Abschnitt 10.5) unterschieden worden sind. Beachtenswert ist der Unterschied zwischen der externen Verwendung der Kapitalkosten — etwa der Bewertung einer ganzen Unternehmung durch Analysten — und den *internen* Kapitalkosten, der Hurdle Rate, zur Entscheidung über neue Projekte (Abschnitt 8.3). Außerdem dürfen Kapitalkosten nicht mit *Kapitalerträgen* (Abschnitt 11.6) verwechselt werden, die als Grundlage für das *Pricing* dienen.

15.2 Literatur

DAVID ABOODY und BARUCH LEV: The Value Relevance of Intangibles: The Case of Software Capitalization. *Journal of Accounting Research*, Vol. 36, Studies on Enhancing the Financial Reporting Model. (1998), pp. 161-191.

ROBERT D. ARNOTT: Dividends and the Three Dwarfs. *Financial Analysts Journal* (2003), pp. 4-6.

ROBERT D. ARNOTT UND CLIFFORD S. ASNESS: Surprise! Dividends = Higher Earnings Growth. *Financial Analysts Journal* (2003), pp. 70-87.

JEFF BACIDORE, JOHN BOQUIST, TODD MILBOURN und ANJAN THAKOR: The Search for the Best Financial Performance Measure. *Financial Analysts Journal* 53 (Mai/Juni 1997) 3, pp. 11-20.

JÖRG BAETGE: *Bilanzanalyse*. Düsseldorf 1998.

WOLFGANG BALLWIESER: *Unternehmensbewertung und Komplexitätsreduktion*, 3. Auflage, Gabler, Wiesbaden 1990, p. 171.

GÜNTER BAMBERG und ADOLF GERHARD COENENBERG: *Betriebswirtschaftliche Entscheidungslehre*, 11. Auflage. Verlag Vahlen, 2002.

RICHARD G. BARKER: The role of dividends in valuation models used by analysts and fund managers. *European Accounting Review* 8 (1999) 2, pp. 195-218

SIMON Z. BENNINGA und ODED SARIG: *Corporate Finance: A Valuation Approach*. McGraw-Hill/Irwin, 1996.

WILLIAM BERANEK: The Weighted Average Cost of Capital and Shareholder Wealth Maximization. *The Journal of Financial and Quantitative Analysis* 12 (1977) 1, pp. 17-31.

V. L. BERNARD: The Feltham-Ohlson framework: Implications for empirists. *Contemporary Accounting Research* 11 (1995) 2, pp. 733-747.

S. BHOJRAJ und C. M. C. LEE: Who is my peer? A valuation-based approach to the selection of comparable firms. *Journal of Accounting Research* 40 (2002), pp. 407-439.

G. O. BIERWAG, GEORGE G. KAUFMAN und KHANG CHULSOON: Duration and Bond Portfolio Analysis: An Overview (in Duration and Portfolio Strategy). *The Journal of Financial and Quantitative Analysis*, Vol. 13, No. 4, Proceedings of Thirteenth Annual Conference of the Western Finance Association, June 20-26, 1978.

FISCHER BLACK und MYRON SCHOLES: The pricing of options ans corporate liabilities. *Journal of Political Economy* 81 (May-June 1973), pp. 637-659.

MARSHALL BLUME: Betas and their Regression Tendencies. *Journal of Finance* 30 (1975), pp. 785-795.

WALTHER BUSSE VON COLBE et al.: Ergebnis nach DVFA/SG: Gemeinsame Empfehlung der Schmalenbach-Gesellschaft zur Ermittlung eines von Sondereinflüssen bereinigten Jahresergebnisses je Aktie (joint recommendation). 2. Auflage, Stuttgart 1996.

DON M. CHANCE: Evidence on a Simplified Model of Systematic Risk. *Financial Management* 11 (1982) 3, pp. 53-63.

KEVIN COLE, JEAN HELWEGE und DAVID LASTER: Stock Market Valuation Indicators: Is This Time Different? *Financial Analysts Journal*, May/Jun96, Vol. 52 Issue 3, 1996, pp. 56-64.

THOMAS E. COPELAND und FRED J. WESTON: *Financial theory and corporate policy*, 3. Auflage Addison-Wesley, Reading 1998.

TOM COPELAND, TIM KOLLER und JACK MURRIN: *Valuation — Measuring and Managing the Value of Companies*. McKinsey & Company, Inc., 3. Auflage, 2000.

JOHN C. COX und STEPHEN A. ROSS: The valuation of options for alternative stochastic processes. *Journal of Financial Economics* 3 (1976), pp. 145-166.

PATRICIA M. DECHOW, AMY P. HUTTON und RICHARD G. SLOAN: An empirical assessment of the residual income valuation model. *Journal of Accounting and Economics* 26 (1999), pp. 1-34.

GORDON DONALDSON: *Corporate debt capacity: a study of corporate debt policy and the determination of corporate debt capacity*, 4th print, Boston, Mass, Harvard University, 1965.

A. P. R. DRUCKER: Budgeting and the Sales Quota. *The Accounting Review*, Vol. 4, No. 3. (Sep., 1929), pp. 175-180

JOCHEN DRUKARCZYK und BERNHARD SCHWETZLER: *Unternehmensbewertung*, Verlag Vahlen, 2002.

MICHAEL C. EHRHARDT und PHILLIP R. DAVES: Corporate Valuation: The Combined Impact of Growth and the Tax Shield of Debt on the Cost of Capital and Systematic Risk. *Journal of Applied Finance* 12, (2002) 2, pp. 31-38.

EUGENE F. FAMA und KENNETH R. FRENCH: The Cross-Section of Expected Stock Return. *The Journal of Finance*, Vol. 47, No. 2. (Jun., 1992), pp. 427-465.

EUGENE F. FAMA und KENNETH R. FRENCH: Size and book-to-market factors in earnings and returns. *Journal of Finance* 50 (1995), pp. 131-155.

EUGENE F. FAMA und KENNETH R. FRENCH: The Equity Premium, *Journal of Finance*, vol LVII (April 2002) 2, pp. 637-659.

15. KONKLUSION

JAMES L. FARRELL: The Dividend Discount Model: A Primer. *Financial Analysts Journal* 41 (1985) 6, pp. 16-25.

FASB: Statement of Cash Flows. *Journal of Accounting* (1988), pp. 139-169.

G. A. FELTHAM und JAMES A. OHLSON: Valuation and clean surplus accounting for operating and financial activities. *Contemporary Accounting Reserach* 11 (1995) 2, pp. 689-731.

G. A. FELTHAM und JAMES A. OHLSON: Residual earnings valuation with risk and stochastic interest rates. *The Accounting Review* 74 (1999) 2, pp. 165-183.

J. FERANCIS, P. OLSSON und D. R. OSWALD: Comparing the accuracy and explainability of dividend, free cash flow, and abnormal earnings equity value estimates. *Journal of Accounting Research* 38 (2000) 1, pp. 45-70.

FRANKLIN H. GIDDINGS: *The Idea and Definition of Value* (in Abstracts of Papers and Discussions; Contributions to Economic Theory). *Publications of the American Economic Association*, Vol. 8, No. 1. (Jan., 1893), pp. 87-95.

JACK HIRSHLEIFER und JOHN G. RILEY: *The Analytics of Uncertainty and Information.* Cambrifge Surveys of Economic Literature, 1992.

R. W. HOLTHAUSEN und R. L. WATTS: The relevance of the value-relevance literature for financial accounting standard setting. *Journal of Accounting and Economics* 31 (2001), pp. 3-75.

STEPHAN HOSTETTLER: *Economic Value Added.* Dissertation, Universität St. Gallen, Haupt, Bern 1997.

JOHN HULL: *Options, Futures, and other Derivative Securities.* Prentice-Hall, Engelwood Cliffs 1989.

WILLIAM J. HURLEY und LEWIS D. JOHNSON: A realistic dividend valuation model. *Financial Analysts Journal* 50 (1994) 4, pp. 50-53.

SVEN HUSMANN, LUTZ KRUSCHWITZ und ANDREAS LÖFFLER: Unternehmensbewertung unter deutschen Steuern. *Die Betriebswirtschaft* 62 (2002), pp. 24-43.

NORVALD INSTEFJORD: Financial innovation and delegation of control. *Economic Journal* 108 (1998) 451, pp. 1707-1732.

DAVID M. JONES: Fed Policy, Financial Market Efficiency, and Capital Flows (in Panel on Global Financial Markets and Public Policy). *The Journal of Finance*, Vol. 54, No. 4, Papers and Proceedings, Fifty-Ninth Annual Meeting, American Finance Association, New York, New York, January 4-6, 1999. (Aug., 1999), pp. 1501-1507.

J. G. KALLBERG und WILLIAM T. ZIEMBA: Mis-Specifications in Portfolio Selection Problems; in: *Risk and Capital* (GÜNTER BAMBERG und KLAUS SPREMANN, eds). Springer-Verlag, Berlin 1984, pp. 74-87.

ALEXANDER KEMPF und CHRISTOPH MEMMEL: Schätzrisiken in der Portfoliotheorie; in: *Handbuch Portfoliomanagement*, 2. Auflage (Jochen M. Kleeberg und Heinz Rehkugler, Hersg.). Uhlenbruch Verlag, Bad Soden / Taunus 2002, pp.895-919.

DENIS B. KILROY: Creating the Future: How Creativity and Innovation Drive Shareholder Wealth. *Management Decision* 37 (1999) 4, p. 363.

LUTZ KRUSCHWITZ: Risikozuschläge und Risikoprämien in der Unternehmensbewertung. *Der Betrieb* 54 (2001), pp. 2409-2413.

LUTZ KRUSCHWITZ: *Finanzierung und Investition.* 3. Auflage, Oldenbourg, München 2002.

WOLFGANG KÜRSTEN: 'Unternehmensbewertung unter Unsicherheit', oder: Theoriedefizit einer künstlichen Diskussion über Sicherheitsäquivalent- und Risikozuschlagsmethode — Anmerkungen (nicht nur) zu dem Beitrag von Bernhard Schwetzler in der zfbf. *Zeitschrift für betriebswirtschaftliche Forschung* 54 (2002), pp. 128-144.

KARLHEINZ KÜTING und ULRIKE EIDEL: Performance-Messung und Unternehmensbewertung auf Basis des EVA. *Wirtschaftsprüfung* 52 (November 1999) 21, pp. 829-838.

DOUGLAS J. LAMDIN: Valuation with the Discounted Dividend Model when Corporations Repurchase. *Financial Practice & Education* 10 (2000) 1, pp. 252-255. 4.

RONALD LANSTEIN und WILLIAM F. SHARPE: Duration and Security Risk (in Duration and Portfolio Strategy). *The Journal of Financial and Quantitative Analysis*, Vol. 13, No. 4, Proceedings of Thirteenth Annual Conference of the Western Finance Association, June 20-26, 1978.

C. LEE, J. MYERS und B. SWAMINATHAN: What is the intrinsic value of the Dow? Journal of Finance 54 (1999), pp. 1693-1741.

EUGENE M. LERNER und ALFRED RAPPAPORT: Limit DCF in capital budgeting. *Harvard Business Review* 46 (1968) 5, pp. 133-139.

K. LO und T. LYS: The Ohlson model: Contributions to valuation theory, limitations, and empirical applications. *Journal of Accounting, Auditing and Finance* 15 (2000) 3, pp. 337-367.

MICHAEL MAGILL und MARTINE QUINZII: Infinite horizon incomplete markets. *Econometrica* 62 (1994) 4, pp. 853-880.

HARRY M. MARKOWITZ: Portfolio Selection: *The Journal of Finance*, Vol. 7, No. 1. (March 1952), pp. 77-91.

HARRY M. MARKOWITZ: *Portfolio Selection: Efficient Diversification of Investments.* Wiley & Sons, New York, 1959.

M. J. MEPHAM: The Residual Income Debate. *Journal of Business Finance & Accounting* 7 (Summer 1980) 2, pp. 183-199.

ROBERT C. MERTON: Theory of rational option pricing. *Bell Journal of Economics and Management Science* 4 (Spring 1973), pp. 141-183.

PHILIPPE MICHEL: On the Transversality Condition in Infinite Horizon Optimal Problems. *Econometrica*, Jg. 50, (1982) 4, pp. 975-986.

PHILIPPE MICHEL: Some Clarifications on the Transversality Condition. *Econometrica*, 58 (1990) 3, pp. 705-723.

JAMES A. MILES und JOHN R. EZZELL: The Weighted Average Cost of Capital, Perfect Capital Markets, and Project Life: A Clarification. *The Journal of Financial and Quantitative Analysis* 15 (1980) 3, pp. 719-730.

JAMES A. MILES und JOHN R. EZZELL: Capital Project Analysis and the Debt Transaction Plan. *Journal of Financial Research* 6 (1983) 1, pp. 25-31.

JAMES A. MILES und JOHN R. EZZELL: Reformulating Tax Shield Valuation: A Note (in Notes). *The Journal of Finance* 40 (1985) 5, pp. 1485-1492.

FRANCO MODIGLIANI und MERTON H. MILLER: The Cost of Capital, Corporation Finance, and the Theory of Investment. *American Economic Review* 48 (1958), 3, pp. 261-297.

FRANCO MODIGLIANI und MERTON H. MILLER: Corporate Income Taxes and the Cost of Capital: A Correction. *American Economic Review* 53 (1963), pp. 433-443.

STEWART C. MYERS: Interactions of Corporate Financing and Investment Decisions — Implications for Capital Budgeting. *Journal of Finance* 29 (March 1974), pp. 1-25.

STEWARD C. MYERS und NICHOLAS S. MAJLUF: Corporate Financing and Investment Decisions When Firms Have Information That Investors Do Not Have. *Journal of Financial Economics* 35 (1994), pp. 99-122.

JING LIU, DORON NISSIM und JACOB THOMAS: Equity valuation using multiples. *Journal of Accounting Research* 40 (2002), pp. 135-172.

JING LIU, DORON NISSIM und JACOB THOMAS: Price multiples based on forecasts and reported values of earnings, dividends, sales, and cash flows: an international analysis. *Working Paper* September 2003.

CLAUDIO LODERER, PETRA JÖRG, KARL PICHLER, LUKAS ROTH UND PIUS ZGRAGGEN: *Handbuch der Bewertung.* Verlag Frankfurter Allgemeine Zeitung, Frankfurt 2002.

R. J. LUNDHOLM: A tutorial on the Ohlson and Feltham/Ohlson models: Answers to some frequently asked questions. *Contemporary Accounting Research* 11 (1995) 2, pp. 749-761.

FREDERICK R. MACAULAY, Some Theoretical Problems Suggested by the Movements of Interest Rates, Bond Yields, and Stock Prices in the U.S. since 1856, *New York National Bureau of Economic Research*, 1938.

MERTON H. MILLER und FRANCO MODIGLIANI: Dividend Policy, Growth, and the Valuation of Shares. *The Journal of Business*, Vol. 34, No. 4. (Oct., 1961), pp. 411-433.

RANDY MYERS: Metric Wars. *CFO* 12 (1996). 10, pp. 41-50.

J. O'HANLON UND K. V. PEASNELL: Residual income and value-creation: The missing link. *Review of Accounting Studies* 7 (2002), pp. 229-245.

JAMES A. OHLSON: The theory of value and earnings, and an introduction to the Ball and Brown Analysis. *Contemporary Accounting and Research* 8 (1991), pp. 1-19.

JAMES A. OHLSON: Earnings, Book Values, and Dividends in Equity Valuation. *Contemporary Accounting Research* 11 (1995) 2, pp. 661-687.

JAMES A. OHLSON: Residual Income Valuation: the Problems. *Working Paper der Stern School of Business*, New York University, March 2000.

K. G. PALEPU, P. M. HEALY und V. L. BERNARD: *Business Analysis and Valuation: Using Financial Statements.* South-Western College Publishing, Cinicinnati, Ohio, 2000.

KEN V. PEASNELL: On capital budgeting and income measurement. *Abacus* (June 1981), pp. 52-67.

KEN V. PEASNELL: Some formal connections between economic values and yields and accounting numbers. *Journal of Business Finance and Accounting* (October 1982), pp. 361-381.

KEN V. PEASNELL: A synthesis of equity valuation techniques and the terminal value calculation for the dividend discount model. *Review of Accounting Studies* 2 (1997), pp. 303-323.

STEPHEN H. PENMAN: *Financial Statement Analysis and Security Valuation.* Irwin / McGraw Hill, 2001.

OLIVER P. PFEIL: *Earnings from Intellectual Capital as a Driver of Shareholder Value.* Universität St. Gallen 2003.

ALFRED RAPPAPORT: Selecting Strategies that create shareholder value, *Harvard Business Review*, 59 (Mai - Juni 1981), pp. 139-149.

ALFRED RAPPAPORT: The Affordable Dividend Approach to Equity Valuation. *Financial Analysts Journal* 42 (1986) 4, pp. 52-58.

ALFRED RAPPAPORT: *Creating Shareholder Value: The New Standard for Business Performance.* Free Press, New York 1986.

ALFRED RAPPAPORT: *Creating Shareholder Value*, Simon & Schuster, London 1997.

ALFRED RAPPAPORT: *Creating Shareholder Value: A Guide for Managers and Investors.* Free Press, New York 1998.

HEINZ REHKUGLER und DIRK JANDURA: Kointegrations- und Fehlerkorrekturmodelle zur Finanzmarktprognose; in *Handbuch Portfoliomanagement*, 2. Auflage (Jochen M. Kleeberg und Heinz Rehkugler, Hersg.). Uhlenbruch Verlag, Bad Soden / Taunus 2002, pp.895-919.

RAYMOND R. REILLY und WILLIAM E. WECKER: On the Weighted Average Cost of Capital. *The Journal of Financial and Quantitative Analysis* 8 (1973) 1, pp. 123-126.

JOHAN ROOS, G. ROOS, N. C. DRAGONETTI und LEIF EDVINSSON, LEIF: *Intellectual Capital. Navigating in the new business landscape.* Mcmillan, London, 1997.

GERD ROSE: *Unternehmenssteuerrecht.* Verlag Erich Schmidt, Bielefeld 2001.

MARK RUBINSTEIN: The valuation of uncertain income streams and the pricing of options. *Bell Journal of Economics* (Autumn 1976), pp. 407-425.

BERND RUDOLPH und BERNHARD WONDRAK: Modelle zur Planung von Zinsänderungsrisiken und Zinsänderungschancen, *Zeitschrift für Wirtschafts- und Sozialwissenschaften* 106 (1986), pp. 337-361.

T. H. RYDBERG: Realistic Statistical Modelling of Financial Data. International Statistical Review 68 (2000), pp. 233-258.

BERNHARD SCHWETZLER: Unternehmensbewertung unter Unsicherheit — Sicherheitsäquivalent oder Risikozuschlagsmethode. *Zeitschrift für betriebswirtschaftliche Forschung* 52 (2000) pp.469-486.

KEITH SHWAYDER: A Proposed Modification to Residual Income- Interest Adjusted Income. *Accounting Review* 45 (1970) 2, pp. 299-307.

WILLIAM F. SHARPE: Capital Asset Prices: A Theory of Market Equilibrium under Conditions of Risk. *The Journal of Finance*, Vol. 19, No. 3. (Sep., 1964), pp. 425-442.

WILLIAM F. SHARPE: Portfolio Analysis. *The Journal of Financial and Quantitative Analysis*, Vol. 2, No. 2. (June, 1967), pp. 76-84.

WILLIAM F. SHARPE: *Portfolio Theorie and Capital Marktes.* McGraw-Hill, New York 2000.

JEREMY J. SIEGEL: *Stocks for the Long Run: The Definitive Guide to Financial Market Returns and Long-Term Investment Strategies.*

THEODOR SIEGEL und PETER BAREIS: *Strukturen der Besteuerung.* 3. Auflage, Oldenbourg, München 1999.

C. W. SMITH: Option pricing: a review. *Journal of Financial Economics* 3 (1976), pp. 3-54.

KLAUS SPREMANN: The Simple Analytic of Arbitrage; in: G. BAMBERG und K. SPREMANN (eds.): *Capital Market Equilibria.* Springer Publishing Company, Berlin-New York 1986, pp. 189-208.

KLAUS SPREMANN: Intergenerational Contracts and Their Decomposition. *Journal of Economics* 44 (1984) 3, pp. 237-253.

KLAUS SPREMANN: *Finanzanalyse und Unternehmensbewertung.* Oldenbourg-Verlag, München 2002, pp. 373-374.

KLAUS SPREMANN, OLIVER PFEIL und STEFAN WECKBACH: *Lexikon Value-Management.* Oldenbourg-Verlag München, 2002.

G. BENNETT STEWART: *The quest for value.* Harper, New York 1991.

EDWIN L. THEISS: Accounting and Budgeting: *The Accounting Review*, Vol. 10, No. 2. (Jun., 1935), pp. 156-161.

EDWIN L. THEISS: The Beginnings of Business Budgeting. *The Accounting Review*, Vol. 12, No. 1. (Mar., 1937), pp. 43-55.

JAMES TOBIN: Liquidity Preference as Behavior Towards Risk: *Review of Economic Studies* 25 (February 1958), pp. 65-86

STUART M. TURNBULL: Debt Capacity. *The Journal of Finance*, Vol. 34, No. 4. (Sep., 1979), pp. 931-940.

CHARLES A. TUTTLE: The Real Capital Concept. *The Quarterly Journal of Economics* 18 (1903) 1, pp. 54-96.

WILHELM H. WACKER, SABINE SEIBOLD und MARKUS OBLAU: *Steuerrecht für Betriebswirte.* Verlag Erich Schmidt, Bielefeld 2000.

STEFAN WECKBACH: *Corporate Financial Distress: Unternehmensbewertung bei finanzieller Enge.* Dissertation an der Universität St. Gallen, 2003.

JOCHEN WILHELM: Risikoabschläge, Risikozuschläge und Risikoprämien — Finanzierungstheoretische Anmerkungen zu einem Grundproblem der Unternehmensbewertung. Betriebswirtschaftliche Reihe — Passauer Diskussionspapiere, Diskussionsbeitrag B-9-02, 2002

OLIVER E. WILLIAMSON: *The economic institutions of capitalism: firms, markets, relational contracting.* Free Press, New York, NY 1985.

DWAYNE WRIGHTSMAN: Tax Shield Valuation and the Capital Structure Decision. *Journal of Finance* 33, (1978) 2, pp. 650-656.

J.M YANG,.: The Valuation of Intangibles. *The Accounting Review*, Vol. 2, No. 3. (Sep., 1927), pp. 223-231.

15.3 Sachworte

A

Abnormal Earnings, 223
Abstraktion und Modellebene, 25
Accounting-Performance, 221
Adjusted-Present-Value (APV), 196, 197
Antizipierte Performance, 223
Außenfinanzierung, 69
Autonomes Wachstum, 70, 73, 74

B

Bedeutung von Valuation, 2
Beta, 133, 134, 135, 137, 139, 148
Bewertung, generelle versus realitätsnahe, 27
BLACK, 124
Black-Scholes-Formel, 288
Budgetierung, 28
Budgetierte Investitionen, 179, 182

C

CAPM, 129, 131, 132, 147, 152, 153
Cashflow, 177, 178, 180, 191, 199, 204
Cashflows oder Dividenden, 173
Clean Surplus Accounting, 240, 250
Continuing Value, 172
Course-Outline, 8

D

Daten von Pictet, 158, 161
DCF-Methode, 176
Debt-Capacity, 48
Dichotome Zahlung, 289, 290, 293
Dirty Surplus, 241
Discounted Cashflow, 171, 172
Diskontierung, 253
Dividend-Discount-Modell (DDM), 241
DODD, 64
Duration, 75, 79, 80, 81

E

EBIT, 208
Economic-Performance, 221, 228
Economic Value Added (EVA), 225, 226, 227
Eigenschaften des gut funktionierenden Kapitalmarkts, 35
Entity-Value, 193, 195, 208, 209
Equity-Value, 183, 185, 195, 196, 206, 248
EZZEL, 210
Excess-Performance, 222

F

FAMA, 148, 163, 164
Finanzkapital, 18
Finanzwirtschaftliche Schätzung, 157
FISHER, 28, 29
Fisher-Separation, 32, 34
Flow-to-Entity, 197, 198, 199
Fortführungswert, 172

Freie Cashflow, 174, 179, 184, 187
Fremdkapitalquote, 188
FRENCH, 148, 163, 164
Fünfer-Regel, 258, 267

G

GAUß, 102
Gearing, 188
Gewinne diskontieren, 203
Gleichförmiges Wachstum, 50
Gordon-Modell, 47, 55, 62, 63, 174
GORDON, 57
GRAHAM, 27, 64

H

Hackordnung der Finanzierung, 205
HICKS, 77
Hurdle Rate, 165

I

Innenfinanzierung, 69
Investition, 18, 37, 39
Investivaufwand, 70, 73
Irrelevanztheorem, 69

K

Kapital, 15, 16
Kapitalertrag, 235, 236
Kapitalkosten, 121, 129, 254
Kapitalverzehr, 38, 39
Korrelation, 275, 276
KOSTOLANY, 163
Kurs-Gewinn-Verhältnis (KGV), 233

L

Lehrbuchformel, 120
Leveraging — Unleveraging, 187
Lognormalverteilung, 279, 280, 282

M

MACAULEY, 77
MARKOWITZ, 148, 264
Marktrendite, 157

MARSHALL, 224
Miles-Ezzel-Cost-of-Capital (MECC), 210, 211
Miles-Ezzel-Formel, 211
Median, 125, 126
MAJLUF, 205
MERTON, 125
MILES, 210
MILES-EZZEL-FORMEL, 211, 216
MILLER, 65, 215
MODIGLIANI, 65, 215
MYERS, 196, 205
Multiple, 52, 58, 63
Multiplikatorenansätze, 53

N
Net-Present-Value, 33
Normalverteilung, 102, 268, 289

O
Oberschranke, 268, 282
Ohlson-Modell, 244, 245, 248
Option, 287, 288
Organisches Wachstum, 72, 232, 234
Other Information, 246, 247

P
Payout-Ratio, 67
PEASNELL, 239, 243
Performance, 219, 221
Perlen und Lasten, 83
PONZI, 97
Ponzi-Schema, 96
Present-Value, 33, 48

R
RAPPAPORT, 170, 171
Realkapital, 17
Realwirtschaftliche Schätzung, 157, 162
Replikation, 104, 107, 261
Residual Income, 224, 240

Residual Income Valuation (RIV), 239
Risikoneutrale Bewertung, 272, 284, 293
Risikoprämie, 121, 255
Risikoprämienmethode, 109, 121

S
Schätzung der Marktrendite, 157
Security Market Line, 136, 160
Shareholder oder Stakeholder, 5
SHARPE, 135, 137
SMITH, 64
STERN, 71, 227
STEWART, 228

T
Tax-Shield, 194

U
Unsicherheit, 101
Unterschranke, 268, 282

V
Variable Information, 41
Verschuldungsgrad, 188
Verschuldungskapazität, 48
Verschuldungsprozesse, 95

W
WACC, 201, 202, 210, 211
Wachstum, 67, 70
Wert, 19, 21, 26
Wert als Preisvorschlag, 24
Wertformel, 119, 120, 265, 267, 270, 277, 283, 293
Wertverzehr, 38, 39, 40
Wertvorstellungen, 20
WIESE, 64
WILLIAMS, 65

Z
Zirkularitätsproblem, 143, 147, 202
Zufällige Performance, 222